普通高等学校"十三五"规划教材

新编经济法

刘廷涛 主 编

郭 亮 赵 鑫 副主编

中国铁道出版社有限公司
CHINA RAILWAY PUBLISHING HOUSE CO., LTD.

内容简介

本书主要介绍经济法的基本原理；经济法中的程序法，即经济纠纷的解决途经；经济法中的实体法，具体涵盖了企业法律制度、公司法、破产法、合同法、物权法、工业产权法概述、市场规制法律制度、金融法、税法、会计法和审计法、劳动合同法等。

本书适合作为普通高等院校经管专业教材，也可作为从事经济管理工作人员的参考用书。

图书在版编目(CIP)数据

新编经济法/刘廷涛主编．—北京：中国铁道出版社有限公司，2019.6

普通高等学校“十三五”规划教材

ISBN 978-7-113-25807-8

Ⅰ.①新… Ⅱ.①刘… Ⅲ.①经济法-高等学校-教材 Ⅳ.①D922.29

中国版本图书馆 CIP 数据核字(2019)第 093466 号

书　　名： 新编经济法
作　　者： 刘廷涛

策　　划： 潘星泉　　　读者热线：(010) 63550836
责任编辑： 潘星泉　卢　笛
封面设计： 刘　颖
责任校对： 张玉华
责任印制： 郭向伟

出版发行： 中国铁道出版社有限公司（100054，北京市西城区右安门西街 8 号）
网　　址： http://www.tdpress.com/51eds/
印　　刷： 北京铭成印刷有限公司
版　　次： 2019 年 6 月第 1 版　2019 年 6 月第 1 次印刷
开　　本： 787 mm×1 092 mm　1/16　**印张：** 18.5　**字数：** 441 千
书　　号： ISBN 978-7-113-25807-8
定　　价： 48.00 元

前　言

经济法课程是经济类、管理类和法学等各专业必修课，其目标在于通过本课程的学习，使学生理解和掌握我国常用的现行经济法律法规，能运用所学知识分析、解决现实中的经济法律问题，并在今后的实际工作中确立正确的法律观念，自觉遵守法律。为此，应以培养技术应用能力为主线设计学生的知识、能力、素质结构和培养方案，以应用为主旨和特征构建课程和教学内容体系，重视学生的技术应用能力的培养。

本书坚持以解决实际经济法律问题为根本目的，在编写的过程中，紧紧围绕经济法律实践工作流程，将实体法与程序法有机地结合起来，以保证本书的实用性和知识的全面性。在内容安排上，结合 2017 年最新颁布的《中华人民共和国民法总则》和其他新近修改的相关法律法规，使本书内容具有最新的时效性。为了方便教学，在体例安排方面，本书在侧重经济法的基本理论、基本知识、基本技能的同时，强调了对学生综合素质和实践能力的培养，力求将学习理论知识与实践能力紧密结合。为了方便教学，本书设计了以下教学栏目：

学习目标：是在充分分析书中的重点和难点问题的基础上要求学生掌握的内容，同时也是考查学生对知识的掌握程度的重要标尺。

引导案例：本书每章根据教学目的和教学内容的要求，将一些经典案例编入书中，激发学生的学习兴趣，带动学生将经济法的一些基本理论知识运用到具体案例当中，通过对案例的分析和讨论提高学生将理论知识运用于实践的能力。

知识链接：本书每章在必要之处添加“知识链接”栏目，将一些相关的知识编入书中，培养学生将相关知识融会贯通的能力，进而有助于学生综合素质的培养。

法律小贴士：为帮助学生对相关法律条文的全面了解和掌握，避免学生对不同部门法律知识学习的断裂和片面化，本书设计了“法律小贴士”栏目，为学生将相关法律知识的掌握形成一个完整的链条提供了条件。

自测题：本书每章均设“自测题”栏目。通过自测，学生可以检验自己对每章重要知识点的掌握程度，教师也可以通过学生对经济法律知识的掌握情况，对教学方案进行及时调整，使教与学达到最优的状态。

另外，本书还设置了“案例分析”“案例聚集”等栏目，从而使教学形式更加生动活泼，提高了可读性，有利于学生思考能力和应用能力的提升，也有利于教学的互动。

本书由宜春学院刘廷涛任主编，由哈尔滨理工大学郭亮和哈尔滨广厦学院赵鑫任副主编。具体分工如下：刘廷涛编写第1～5章；郭亮编写第9～13章；赵鑫编写第6～8章。全书由刘廷涛统稿和定稿。

本书在编写过程中参考和借鉴了大量的相关书籍、报纸、学术论文和网站的信息，在此表示感谢。由于经济法本身是一门不断发展的课程，加之编者水平有限，书中的疏漏在所难免，恳请专家、读者不吝赐教。

编　者

2018年12月

目　录

第1章 经济法概述

【学习目标】

掌握经济法的概念;理解经济法的特征;掌握经济法的形式;了解经济法的调整对象;掌握经济法律关系的概念及要素;掌握经济法律责任的概念、特征和承担方式。

【引导案例】

中华人民共和国成立特别是改革开放以来,中国的立法工作取得了举世瞩目的成就。截至2017年6月15日,我国已颁布法律260件、行政法规724件、地方性法规10 312件、司法解释505件、规章11 868件,[①]涵盖社会关系各个方面的法律部门已经齐全,各个法律部门中基本的、主要的法律已经制定,相应的行政法规和地方性法规比较完备,法律体系内部总体科学、和谐、统一,具有中国特色社会主义法律体系已经形成。中国特色社会主义法律体系是以宪法为统帅,以法律为主干,以行政法规、地方性法规为重要组成部分,由宪法相关法、民法、商法、行政法、经济法、社会法、刑法、诉讼与非诉讼程序法等多个部门法组成的有机统一整体。

问题:(1)有中国特色社会主义法律体系是如何划分的?

(2)经济法为什么能成为独立的部门法?

1.1 经济法的含义

1.1.1 经济法的概念

1.“经济法”词源

经济法源于法国空想社会主义者摩莱里1775年的著作《自然法典》。《自然法典》中的“经济法”一词只是针对分配领域的一种设想,并没有引起人们的广泛注意。空想共产主义者德萨米在1842年出版的《公有法典》主张的经济法主要是对社会分配关系的调整。德萨米认为经济法应当包含国家干预社会经济生活的法律思想,但这也仅仅是个人的法律设想,当时并没有此类立法实践。1916年,德国学者赫德曼在《经济字典》中使“经济法”概念化并迅速成为各国通用的法律概念,他认为经济法是经济规律在法律上的反映,揭示了经济法产生的客观必然性。由此,经济法的概念流行开来,并被越来越多的人所接受和使用,经济法从此成为通用的法律概念。

① 数据源于中国现行规范性法律文件数据库(www.chinalawindex.cn)。

2. 经济法的定义

1)我国学者对经济法所下的不同定义

经济法作为我国新兴法律部门,学者们对其有不同的认识,影响较大的经济法学说主要有如下几种:

(1)国家协调经济法论。杨紫煊教授认为,经济运行需要国家的协调,经济法就是调整国家在协调本国经济运行过程中所发生的经济关系的法律规范的总称,它是一个独立的法的部门。

(2)经济管理和经营协作经济法论(纵横统一论)。刘文华教授认为,经济法是对社会主义商品经济关系进行整体、系统、全面和综合调整的一个法律部门,但它并不调整全部经济关系,而是调整一定范围的经济关系。

(3)社会公共性论。王保树教授认为,经济法是调整发生在政府、政府经济管理机关和经济组织、公民之间的,以社会公共性为根本特征的经济管理关系的法律规范的总和。其调整对象的范围包括市场管理关系、宏观经济管理关系、对外经济管理关系。

(4)国家干预经济法论。李昌麒教授认为,经济法是调整需要由国家干预的经济关系的全部法律规范的总称。经济法调整的对象有四个,即微观经济调控关系、市场调控关系、宏观经济调控关系和社会分配关系。

(5)国家调节经济法论。漆多俊教授认为,经济法是调整国家、调节社会经济过程中所发生的各种社会关系,以保障国家调节,促进社会经济协调、稳定和发展的法律规范的总称。

2)本书对经济法的定义

经济法是调整因国家对经济活动的管理所产生的社会经济关系的法律规范的总称。首先,经济法是调整经济关系的法律规范;其次,经济法所调整的经济关系发生在国家的经济管理和经济协调活动过程中;最后,经济法是一系列法律规范的总称。

【知识链接】

经济法与民法、行政法的关系如下:

民法调整平等主体的自然人、法人和非法人组织之间的人身关系和财产关系。①

经济法是政府对经济的管理手段,其调整国家和企业之间以及企业内部等纵向经济关系或者行政管理关系,不是平等主体之间的经济关系,主要由有关经济法、行政法调整,民法基本上不作规定。

行政法的行政是指国家行政机关进行的执行、管理活动。经济法调整的经济管理关系和行政法调整的行政管理关系都是纵向的管理关系。经济法中的经济管理关系大多是由行政机关作为管理主体形成的行政管理关系,行政法中的行政管理关系中亦有相当部分涉及经济领域,并具有经济性的内容,因此这部分行政管理关系亦可称为经济管理关系。

本书考虑到经济管理专业学生专业知识需求的特殊性,仍将部分调整平等主体间财产关系的法律列入经济法之中。

---

① 由于《中华人民共和国民法总则》(以下简称《民法总则》)在 2017 年颁行,其中的“非法人组织”在其他相关法律中仍表述为“其他组织”,此后不再赘述。

3. 经济法的调整对象

1)宏观调控关系

市场经济中市场在资源配置中起基础性作用,为此,市场经济具有平等性、竞争性、法制性和开放性等特征。当经济运行到一定复杂与发达程度时,“市场之手”就会暴露出很多缺陷,为了促进经济的健康发展,就需要有国家的宏观调控的配合。国家引导和促进市场经济发展的关系就是“宏观调控关系”。

宏观调控关系一般指国家通过计划与产业政策的制定和实施,通过经济预算及对投资的引导,以及通过税收、金融、物价调节、土地利用规划、标准化管理等活动对市场运行进行干预和控制所产生的经济关系。

2)经济管理关系

经济管理关系是指国家为了建立社会主义市场经济秩序,维护国家、市场经营者和消费者的合法权益,在金融证券监管、税收征管、物价监督、贸易管制、企业登记管理及交易秩序管理等活动中所产生的经济关系。国家必须通过法律手段对市场经济进行管理,具体方式主要是通过制定反不正当竞争法、消费者权益保护法、产品质量法等对市场经济运行过程中的不正当行为进行规制。

3)经济组织内部经济关系

经济组织内部经济关系是指以企业为主体的各类经济组织在经济活动中发生的各种内部经济管理关系,具体包括经济组织的主体资格类型及各类型的内部组织管理、财务会计、投资立项、劳动用工、工资制度、奖惩措施和安全管理等。这些关系主要通过企业法、劳动法等法律制度进行调整。健全和完善的经济组织内部经济关系是保证社会经济关系健康有序发展的前提。

1.1.2　经济法的特征

1. 经济性

经济法反映社会生活的基本经济规律,以经济关系为基本的调整对象。经济法往往把经济制度、经济活动的内容和要求直接规定为法律,其反映了经济生活的基本经济规律,并服务于经济基础,受经济基础的决定和制约。

2. 综合性

经济法的综合性主要体现为经济法律规范的构成综合性和调整范围综合性。经济法律规范的构成综合性包括:从表现形式上看,经济法律规范既包括各种法律,也包括法令、条例、细则和办法等许多规范形式;从内容上看,经济法律规范既包括实体法规范,也包括程序法规范等。经济法律规范的调整范围综合性是指经济法既调整宏观经济领域的管理和调控关系,也调整微观经济领域的管理和协作关系。从调整的领域来看,经济法律规范包括工业、农业、财政、税收、金融,以及统计、审计、会计、海关、物价、环保、土地等各个领域。

3. 政策性

经济法的很多内容实际上就是国家政策的法律化。经济法成为国家自觉地对经济活动进行调控的重要手段,其重要任务是实现一定经济体制和经济政策的要求,其内容也会随着经济体制和国家政策的调整及变动而进行相应的调整。

4. 行政性

为了保证市场经济的发展,防止破坏市场秩序、影响公平竞争的行为发生,国家须以经济立法手段来调控和管理市场经济秩序,对违法行为进行惩治。为此,经济法更倾向于法的强制性、授权性、指导性,并多以限制或禁止性规定来规范主体作为或不作为,体现明显的行政主导性。

1.1.3 经济法的形式

经济法的形式是指经济法的存在或表现形式。我国的经济法属于成文法,但没有法典这一法律表现形式。其形式主要有:

1. 宪法

宪法是国家的根本大法,由全国人民代表大会制定和修改,具有最高法律效力。经济法以宪法为渊源,除与其他法律、法规、规章、命令、指示等一样,不得与之相违背之外,主要是从中吸收有关经济制度的精神。例如,它对经济法的相关规定有:"中华人民共和国的社会主义经济制度的基础是生产资料的社会主义公有制,即全民所有制和劳动群众集体所有制""国家在社会主义初级阶段,坚持公有制为主体、多种所有制经济共同发展的基本经济制度,坚持按劳分配为主体、多种分配方式并存的分配制度"等。宪法的规定为其他形式的经济立法提供了依据。

2. 法律

法律是由全国人民代表大会及其常委会制定的规范性文件,在地位和效力上仅次于宪法。以法律形式表现的经济法主要有《中华人民共和国合伙企业法》《中华人民共和国公司法》《中华人民共和国反不正当竞争法》《中华人民共和国产品质量法》《中华人民共和国消费者权益保护法》《中华人民共和国知识产权法》《中华人民共和国食品安全法》《中华人民共和国个人所得税法》《中华人民共和国商业银行法》等。

3. 行政法规

行政法规是国务院制定的规范性文件,其地位和效力仅次于宪法和法律,主要有《中华人民共和国企业所得税实施条例》《中华人民共和国外汇管理条例》《股票发行与交易管理暂行条例》《中华人民共和国企业法人登记管理条例》等。

4. 地方性法规

地方性法规是地方的立法机关与行政机关制定的规范性文件,它不得与宪法、法律和行政法规相抵触。例如:贵州省人民代表大会 2017 年颁布了《贵州省食品安全条例》。

5. 部门规章

部门规章是指国务院的组成部门及直属机构在其职权范围内制定的规范性文件,如中国证监会发布的《证券市场禁入暂行规定》和《公开发行股票公司信息披露实施细则》、中国人民银行颁发的《人民币银行结算账户管理办法》和《支付结算办法》等。

6. 司法解释

司法解释是最高人民法院发布的指导性文件和法律解释,是经济法的重要形式之一。最高人民法院颁发的《最高人民法院关于适用〈中华人民共和国合同法〉若干问题的解释(一)》《关于审理建筑物区分所有权纠纷案件具体应用法律若干问题的解释》等都属于司法解释。

7. 国际条约或协定

国际条约或协定是指我国作为国际法主体同外国或地区缔结的双边、多边协议和其他具有条约、协定性质的文件。上述文件生效以后对缔约国的国家机关、团体和公民就具有法律上的约束力,因而国际条约或协定便成为经济法的重要形式之一。比如:我国为加入世界贸易组织与相关国家签订的协议,如《农业协议》《与贸易有关的投资措施协议》《补贴与反补贴措施协议》等;我国与有关发达国家签订的双边投资保护协定,如《中美农业合作协议》、《中美关于中国加入 WTO 的双边协议》及中国与新西兰签署的《中华人民共和国政府和新西兰政府自由贸易协定》等。

1.2　经济法律关系

1.2.1　经济法律关系概述

1. 经济法律关系的概念

经济法律关系是指经济关系被经济法律规范确认和调整之后所形成的权利和义务关系,即经济法主体根据经济法律规范产生的、经济法主体之间在国家管理与协调过程中形成的权利与义务关系。

2. 经济法律关系的特征

经济法律关系是诸多法律关系中的一种,既具有法律关系的一般特点,也有其本身的特征。

1)经济法律关系是经济管理关系和经济协作关系相统一的法律关系

经济法调整的经济管理关系和经济协作关系之间尽管有差别,但它们又是有机联系、相互统一的,是统一在社会经济关系中的两个不可分割的方面。

2)经济法律关系是以经济权利和经济义务为内容的

任何法律关系都以当事人之间一定的权利和义务为内容。经济法律关系中的两个不可分割的方面就是经济权利和经济义务,否则就不是经济法律关系。这种经济权利和经济义务直接反映当事人之间的经济利益,体现了经济性。因此,经济法律关系的产生、变更,一般要采用法定的书面形式来表示,以体现经济法律关系的稳定性和严肃性,并作为将来可能发生争议的处理依据。

3)经济法律关系由三要素构成

经济法律关系要素是指构成经济法律关系的必要条件,它由经济法律关系的主体、经济法律关系的内容和经济法律关系的客体三个要素构成。

3. 经济法律关系的分类

经济法律关系可根据不同标准进行分类:

1)按经济内容分类

按经济内容,经济法律关系可分为计划法律关系、经济合同法律关系、税收法律关系、信贷法律关系等。

2)按法律性质分类

按法律性质,经济法律关系可分为组织法律关系和财产法律关系等。

3)按结构形态分类

按结构形态,经济法律关系可分为经济管理法律关系和经营协调法律关系等。

1.2.2 经济法律关系的主体

1. 经济法律关系的主体的概念

经济法律关系的主体简称经济法的主体,是指在经济法律关系中享有权利、承担义务的当事人或参加者。

经济法律关系的主体包括以下几方面:一是经济法律关系的主体能够以自己的名义独立地参加经济法律活动;二是经济法律关系的主体是经济权利的享有者和经济义务的担当者;三是经济法律关系的主体能够独立地承担经济法律责任。

2. 经济法律关系的主体资格

经济法律关系的主体必须具备一定的主体资格,只有具有经济法律关系的主体资格的当事人才能参加经济法律活动,享受经济权利和承担经济义务。经济法律关系的主体资格通过以下两种方式取得:一是法定取得,即依据法律的直接规定而取得;二是授权取得,即依据有授权资格的机关的授权,取得可以对社会经济生活实施某种干预的资格。

没有取得经济法律关系主体资格的任何主体都不能参与经济法律关系,不享有经济法律权利和承担经济法律义务,不受经济法律、法规的保护。

经济法律关系的主体要具有进行经济活动的资格,它就必须具有经济法上的权利能力和行为能力。经济权利能力是指经济法律关系的主体依照法律规定,享有经济权利和承担经济义务的资格。按照权利主体的不同,权利能力可分为自然人的权利能力和法人与社会组织的权利能力。经济行为能力是指经济法律关系的主体能以自己的行为行使权利和履行义务的资格。

3. 经济法律关系的具体主体

1)国家机关

国家机关是指国家行政机关中的经济管理机关,是行使经济管理职权、参与经济法律关系的主体,在市场管理和宏观经济调控过程中发挥着重要的作用。国家机关主要包括以下几类:综合性经济管理机关,主要负责对国民经济全局进行宏观调控,如财政部、中国人民银行等;行业性经济管理机关,主要负责对国民经济特定部门、行业进行管理,如交通部、农业部等;职能性经济管理机关,如国家税务总局、工商行政管理总局、国家审计署等。此外,国家也可作为一般的经济法的主体参加经济法律关系,如发行国债、以政府名义与外国签订经济贸易协定或国内采购合同。

2)法人

法人是具有民事权利能力和民事行为能力,依法独立享有民事权利和承担民事义务的组织。简言之,法人是具有民事权利主体资格的社会组织。法人具有以下特点:法人是一种社会组织;法人依法成立;法人具有民事权利能力和民事行为能力;法人能够独立承担民事责任。

【法律小贴士 1-1】

《民法总则》第五十八条规定，法人应当依法成立。法人应当有自己的名称、组织机构、住所、财产或者经费。法人成立的具体条件和程序依照法律、行政法规的规定。

3)非法人组织

非法人组织是不具有法人资格，但是能够依法以自己的名义从事民事活动的组织。非法人组织包括个人独资企业、合伙企业、不具有法人资格的专业服务机构等。非法人组织应当依照法律的规定登记。法律、行政法规规定，设立非法人组织须经有关机关批准的。依照其规定，非法人组织可以确定一人或者数人代表该组织从事民事活动。

4)自然人

自然人从出生时起到死亡时止，具有民事权利能力，依法享有民事权利，承担民事义务。自然人的能力包括民事权利能力和民事行为能力。民事权利能力是指国家通过法律赋予民事主体享有权利和承担义务的地位和资格。享有民事权利能力就可以参加民事活动，享有民事权利，承担民事义务。依据我国法律，自然人的民事权利能力始于出生，终于死亡，并且地位平等。民事行为能力是指民事主体能够以自己的行为参加民事活动，享有民事权利，承担民事义务的地位和资格。目前，作为经济法律关系主体的形式，我国有关法律、法规对从事经营活动的公民主要规定为个体工商户和农村承包经营户。其中，自然人在法律允许的范围内，依法经核准登记，从事工商业经营的，为个体工商户。个体工商户有两种类型：一是自然人一人经营，以自然人个人财产承担债务；二是家庭经营，以家庭财产承担债务。农村集体经济组织的成员，在法律允许的范围内，按照承包合同规定从事商品经营的，为农村承包经营户。农村承包经营户的类型及承担债务的方式与个体工商户相同。

18周岁以上的自然人为成年人。不满18周岁的自然人为未成年人。成年人为完全民事行为能力人，可以独立实施民事法律行为。

16周岁以上的未成年人，以自己的劳动收入为主要生活来源的，视为完全民事行为能力人。

8周岁以上的未成年人为限制民事行为能力人，实施民事法律行为由其法定代理人代理或者经其法定代理人同意、追认，但是可以独立实施纯获利益的民事法律行为或者与其年龄、智力相适应的民事法律行为。

不满8周岁的未成年人为无民事行为能力人，由其法定代理人代理实施民事法律行为。

1.2.3　经济法律关系的客体

经济法律关系的客体是指经济法律关系的主体享有的经济权利和承担的经济义务所共同指向的对象和目的，或者说是经济法律关系主体通过经济法律关系所追求的经济目标和经济利益。经济法律关系如果没有客体，它就失去了设立的意义和必要。因此，经济法律关系的客体是经济法律关系中不可缺少的因素。

不同的经济法律关系的权利、义务所要达到的具体要求和目标不同，因而反映的客体特征也有很大差异。通常，经济法律关系的客体主要有以下几类：

1. 物

物是指现实存在的、能为人们所控制和支配的、具有经济价值和实物形态的物品，以及可以充当一般等价物的货币和有价证券。物是经济法律关系中使用较为广泛的一种客体。根据传统法学理论，按照不同的标准，物可分为以下几种：生产资料和生活资料；流转物、限制流转物和禁止流转物；种类物和特定物；可分物和不可分物；固定资产和流动资产。

2. 行为

行为是指经济法主体为达到一定经济目的，实现其权利与义务而进行的有意识、有意志的活动。经济行为包括经济管理行为和完成工作行为两种。经济管理行为是指经济法主体行使经济管理权或经营管理权的行为，如经济决策行为、经济命令行为、审查批准行为、监督检查行为等；完成工作行为是指经济法主体的一方为对方完成一定的工作任务或为对方提供一定的劳务或服务，而对方根据完成工作或提供服务的数量和质量支付一定报酬的行为。

3. 智力成果

智力成果又称无形资产，是指人们通过脑力劳动所创造的无形财产。可以成为经济法律关系客体的智力成果主要有发明、实用新型、外观设计、商标、商业秘密、计算机软件、非专利技术、商誉及其他经济信息等。

1.2.4 经济法律关系的内容

经济法律关系的内容是指经济法律关系的主体依法享有的经济权利和经济职权，以及依法承担的经济义务和经济职责。它是经济法律关系的基础和核心，是经济法律关系的基本要素。经济法律关系的内容包括经济权利和经济义务两个部分。

1. 经济权利

经济权利是指经济法律关系主体在国家干预经济过程中依法具有的自己为或不为一定行为和要求他人为或不为一定行为的资格。

经济法律关系主体享有经济职权和其他经济权利。

1)经济职权

经济职权是指国家经济管理机关进行经济管理时依法享有的权利。对于国家机关来说，这种职权既是权利又是义务。经济职权必须依法行使，不得滥用；同时，经济职权亦不可随意转让和放弃。经济职权的内容包括经济决策权、命令权、审批权、确认权、许可权等。

2)其他经济权利

除经济职权以外的经济权利可以统称为其他经济权利，主要包括所有权、经营管理权、法人财产权、经济债权、工业产权等。

2. 经济义务

经济义务是指经济法律关系主体在国家干预经济的过程中依法必须为一定行为和不为一定行为的责任。

经济义务的含义包括：经济法律关系的义务主体应根据权利主体的要求，依法为和不为一定的行为，以保证权利主体的权益得到实现；义务主体必须履行的义务限制在法定或约定的范围；义务主体应自觉履行义务，不履行或履行不当将受到法律的制裁。

1.2.5　经济法律关系的发生、变更和消灭

经济法律关系的发生、变更和消灭需要具备以下条件：一是经济法律规范，这是经济法律关系产生的基本依据；二是经济法主体，即权利与义务的实际承担者；三是经济法律事实，是指能引起经济法律关系发生、变更和消灭的客观现象。

法律事实是一种客观存在的社会生活中的事实，而不是当事人主观的内心意思。根据法律事实的发生是否具有直接的人的意志性，法律事实可以分为事件与法律行为。

事件是指不以经济法主体的主观意志为转移而产生的法律事实，包括自然现象（如自然灾害）和社会现象（如战争、会计政策变更等）。

法律行为是指以经济法主体意志为转移，能够引起经济法律关系发生、变更和消灭的有意识的活动，包括合法行为和违法行为。

法律事实能否引起一定的法律后果或者引起何种特定的法律后果，最终都取决于法律的规定。只有为法律规范支配的事实才是法律事实。有的法律关系的发生、变更和消灭只需一个法律事实出现即可成立，有的法律关系的发生、变更和消灭则需要两个或者两个以上法律事实同时具备。引起某一法律关系发生、变更和消灭的数个法律事实的总和称为事实构成。法律事实出现时会产生如下法律后果：一是引起经济法律关系的产生。只有通过法律事实，才能使经济法律所规定的权利和义务转化为当事人实际享有的权利和承担的义务。二是引起经济法律关系变更。这通常包括主体变更、内容变更、客体变更。三是引起经济法律关系消灭，使主体之间的权利义务不再存在。

1.3　经济法律责任

1.3.1　经济法律责任的概念

法律责任是指因违反了法定义务或约定义务而由行为人承担的不利后果。在国家干预和调控经济的过程中，经济法律关系主体如果因为故意或者过失而违反经济法律、法规，给自然人、法人和非法人组织造成损失的，也应当承担不利的后果。所以，经济法律责任是指在国家干预和调控社会经济过程中，因主体违反经济法律、法规而依法应承担的具有强制性的不利的法律后果。

1.3.2　经济法律责任的特征

1. 经济性

经济性是经济法的重要特征，也是经济法律责任的重要特征。经济法律责任发生在国家对经济管理和经济协调活动的过程中，主要表现为经济法律关系主体违反经济法定义务，要承担相应的责任。虽然经济法律责任的实现方式包括经济制裁、行政制裁和刑事制裁，即制裁方式并非都具有经济性，但经济制裁是一种重要的责任方式。

2. 否定性

经济法律责任是由于违反经济法律规范所规定的法定义务和当事人之间的约定义务，给

对方造成了一定的直接的或间接的损失，并给整个经济秩序的有序运行造成了一定的影响，因此法律会对这种行为给予否定性评价，对违反法定或约定义务的一方给予相应的惩罚。

3. 单向性

根据法律的基本原理，权利和义务是对等的，没有无权利的义务，也没有无义务的权利；不能要求一方只享有权利而不承担义务，也不能要求另一方只承担义务而不享有权利。在经济法律关系中，权利和义务同样具有对等性，但经济法律责任作为一种否定性的义务只能由违反经济法律、法规所规定的法定义务或约定义务的一方承担，具有单向性特征。事实上，经济法律责任的单向性与权利义务的对等性并不矛盾，因为经济法律责任是经济法律关系主体一方因没有履行法定义务或约定义务而应承担的第二义务或后续性义务。

4. 强制性

法律的强制性是法律与其他社会规范的重要区别。法律的强制性主要体现在法律责任的承担上。经济法律责任同样也是一种法定的强制性义务，其具体形式由经济法律规范予以明文规定，并由国家强制力保证实施。

1.3.3 经济法律责任的构成

经济法律责任的构成是认定经济法律责任时所必须考虑的因素。由于经济法律责任会给责任主体带来法定的不利后果，因此必须科学、合理地确定法律责任的构成，保证当事人双方的合法权益，以维持社会秩序、促进社会经济的发展。一般认为，经济法律责任的构成包括责任主体、违法行为或违约行为、损害结果、因果关系、主观过错五方面。

1. 责任主体

经济法律责任的实现首先要有承担者。在经济法律活动中，经济法律责任主体是由于违反法律、违约或违反其他法律规定的事由而承担法律责任的自然人、法人或其他社会组织，经济法律责任主体必须具有一定的权利能力和行为能力。由于经济法律责任产生于国家对经济进行宏观调控和管理的过程中，所以国家也是经济法律责任的主体。例如，当国家机关以国家名义不正确地行使权力，实施错误吊销营业执照或超额罚款行为而给当事人造成损失时，国家就会成为经济法律责任主体，承担国家赔偿责任。

2. 违法行为或违约行为

经济法律责任的核心构成要素是违法行为或违约行为。违法行为或违约行为包括作为和不作为两类。作为是指行为主体以积极的行动，实施了法律所禁止或合同所不允许的行为；不作为是指行为主体以消极的行动，不履行法律所规定的或合同所约定的义务。例如，行为人违反产品质量法或知识产权法的有关规定，生产伪劣产品或销售侵权产品的行为，以及国家机关擅自审批、擅自减免税款的行为就是以积极的行动实施了法律所禁止或合同所不允许的行为，即以作为的方式触犯了相应的法律规定，因而产生了相应的法律责任；而纳税主体不履行纳税义务，偷税漏税，或者国家机关工作人员玩忽职守、不履行法定义务的行为就是不作为，同样要承担法律责任。

3. 损害结果

损害结果是法律所保护的合法权益遭受了侵害的证明，经济法律责任承担主体的行为必须给国家、社会或个人造成了损害结果。损害结果是指违法行为或违约行为侵犯他人或社会的权利和利益所造成的损失和伤害。损害结果既包括实际损害，也包括间接损害；既包括有形的损害，也包括无形的损害；既包括对国家和社会的损害，也包括对个人的损害。

4. 因果关系

因果关系是违法行为或违约行为与损害结果之间的必然联系。经济法律责任的承担要求行为与损害事实之间必须具有内在的、必然的引起和被引起的关系。因果关系是归责的基础和前提，是认定经济法律责任的基本依据。因果关系对于认定经济法律行为责任主体和决定经济法律责任范围都具有重要意义。因果关系必须是客观存在的，不能以人的意志为转移。在经济法律活动中，因果关系极为复杂，一个结果可能由多个原因造成，即一果多因；一个原因也可能导致多个结果，即一因多果。无论是哪种情况，在认定事实时，都必须分析哪些原因是与法律责任认定有关的因素，并排除一些偶然的因素，正确认定因果关系。一般情况下，如果违法行为仅仅是损害事实产生的外部的、偶然的条件，则不应要求经济法主体承担经济法律责任。

5. 主观过错

经济法律责任的承担不仅要具备客观条件，还必须具备主观条件。主观条件就是指行为人在实施某种行为时是否有主观过错。主观过错是指行为人实施违法行为或违约行为时的主观心理状态。它是法律责任构成的要件之一。不同的主观心理状态与认定经济法律关系主体是否承担经济法律责任及承担何种经济法律责任有着直接的联系。主观过错包括故意和过失两类。故意是指明知自己的行为会发生危害社会的结果，希望或者放任这种结果发生的心理状态；过失是指应当预见自己的行为可能发生危害社会的结果，因为疏忽大意而没有预见，或者已经预见但轻信能够避免，以致发生这种结果的心理状态。当然，也有个别的经济违法行为实行无过错责任原则，但这是特殊原则，适用范围较小，法律对哪些行为适用无过错责任原则有明确的规定。

1.3.4　经济法律责任的承担方式

根据法律的规定，经济法律关系主体对其违法行为必须承担经济法律责任。由于经济法律是由国家制定的具有强制性的规范性文件，所以经济法律责任只能由国家通过对违法主体实施一定的强制性措施和强制要求其承担一定的不利后果而实现。概括起来，经济法律责任的承担方式主要有经济责任、行政责任和刑事责任三种。

1. 经济责任

经济责任是指对违反经济法律、法规并依法应承担经济法律责任的国家机关、自然人、法人或非法人组织所采取的具有经济和财产权益内容的惩罚性措施。经济责任是经济法律责任的主要实现方式，具有惩罚性和补偿性双重功能。对于国家机关的经济违法行为（如滥用行政权力），侵犯自然人、法人或者非法人组织的合法权益的，要求其承担赔偿责任，即国家赔偿；对于自然人、法人或者非法人组织在经济活动中的违法行为，则要求其承担没收违法所得或罚款的经济责任。

2. 行政责任

行政责任是指国家行政机关对违反经济法律、法规并依法应承担经济法律责任的行为人依行政程序而要求其承担的不利后果。行政责任包括行政处罚和行政处分。行政处罚主要适用于公民、法人或其他组织在国家干预经济过程中因不履行义务、不当履行义务或有违法行为时而对其所采取的制裁措施，如责令停产停业、吊销营业执照等；行政处分主要适用于行政机关工作人员在宏观调控和经济管理过程中因违反经济法律、法规而产生的经济法律责任，如警告、记过、记大过等。

3. 刑事责任

刑事责任是经济法律责任中最严厉的一种责任形式，是指经济法律关系主体严重违反经济法律、法规，根据法律规定已经构成犯罪，并依法应当承担限制人身自由、剥夺财产，甚至剥夺生命的强制性刑事责任。

【法律小贴士 1-2】

《中华人民共和国行政处罚法》规定，行政机关为牟取本单位私利，对应当依法移交司法机关并追究刑事责任的不移交，以行政处罚代替刑罚的，由上级行政机关或者有关部门责令纠正；拒不纠正的，对直接负责的主管人员给予行政处分；徇私舞弊、包庇纵容违法行为的，依照刑法有关规定追究刑事责任。

《中华人民共和国刑法》规定，单位为谋取不正当利益而行贿，或者违反国家规定，给予国家工作人员以回扣、手续费，情节严重的，对单位判处罚金，并对其直接负责的主管人员和其他直接责任人员处5年以下有期徒刑或者拘役。

自 测 题

一、单项选择题

1. 下列法的形式中，由全国人民代表大会及其常务委员会经一定立法程序制定颁布的规范性文件是(　　)。

A. 宪法　　B. 行政法规　　C. 法律　　D. 行政规章

2. 下列属于法律行为的是(　　)。

A. 某服装厂与某服装销售商订立了一份合同

B. 塔克拉玛干沙漠三个月没下雨

C. 海湾战争爆发

D. 海底火山爆发

3.《中华人民共和国税收征收管理法》在经济法的体系中属于(　　)。

A. 宏观调控法　　B. 市场规制法　　C. 金融调控法　　D. 计划调控法

4. 下列选项中不属于经济法律关系客体的是(　　)。

A. 空气　　B. 消费资料

C. 完成一定工作的行为　　D. 嘉奖表彰

5. 下列选项中不属于经济法责任中惩罚性责任的是(　　)。

A. 罚款　　B. 吊销营业执照

C. 损害赔偿　　D. 信用减等

二、多项选择题

1. 根据我国法律制度的规定，下列选项中能够成为法律关系主体的有(　　)。

A. 自然人　　B. 商品　　C. 法人　　D. 行为

2. 下列选项中属于我国经济法调整对象的有(　　)。

A. 宏观经济调控关系

B. 市场规制关系

C. 刑事违法关系

D. 民事诉讼关系

3. 我国法的形式主要有宪法、法律、行政法规、地方性法规、行政规章、国际条约等。下列选项中属于行政法规的有(　　)。

A. 国务院发布的《总会计师条例》

B. 国务院发布的《企业财务会计报告条例》

C. 黑龙江省人大常委会发布的地方会计管理条例

D. 财政部发布的《企业会计准则》

4. 下列选项中可以成为法律关系主体的有(　　)。

A. 私有企业　　B. 集体企业

C. 合伙人　　D. 外国社会组织

5. 根据民事法律制度的规定，下列选项中属于民事责任形式的有(　　)。

A. 返回财产　　B. 没收非法财产

C. 赔偿损失　　D. 罚款

第2章 经济纠纷的解决途径

【学习目标】

了解经济纠纷的概念，掌握经济纠纷解决方式的种类；掌握经济仲裁法律关系的范围、仲裁协议的效力；了解仲裁程序、掌握经济诉讼案件的受案范围与管辖；了解经济诉讼审判程序，能够解决简单的经济和民事纠纷。

【引导案例】

2016年7月，石家庄市A健身房与广州市B健身器械公司签订了一份购销合同。合同的仲裁条款规定："因履行合同发生的争议，由双方协商解决；无法协商解决的，由仲裁机构仲裁。"9月，双方发生争议，A健身房向其所在地的石家庄市仲裁委员会递交了仲裁申请书，但B健身器械公司拒绝答辩。11月，双方经过协商，重新签订了一份仲裁协议，将此合同争议提交B健身器械公司所在地的广州市仲裁委员会仲裁。

事后，A健身房担心广州市仲裁委员会实行地方保护，偏袒B健身器械公司，故未申请仲裁，而向合同履行地人民法院提起诉讼，且起诉时说明此前两次仲裁的情况。法院受理此案，并向B健身器械公司送达了起诉状副本，B健身器械公司向法院提交了答辩状，法院经审理判决原告A健身房败诉。

问题：(1)购销合同中的仲裁条款是否有效？请说明理由。

(2)争议发生后，双方签订的协议是否有效？为什么？

(3)原告A健身房向法院提起诉讼正确与否？为什么？

(4)人民法院审理本案是否正确？为什么？

在市场经济条件下，经济法律关系主体为实现经济目标，不可避免地会发生各种经济权益争议，产生经济纠纷。为了维持社会主义市场经济秩序，保护当事人的合法权益，必须利用有效手段，及时解决这些纠纷。

经济纠纷是指经济法律关系主体之间因经济权利和经济义务的矛盾而引起的争议。它包括平等主体之间涉及经济内容的纠纷和自然人、法人或者其他组织作为行政管理相对人与行政机关之间因行政管理所发生的涉及经济内容的纠纷，具体包括：经济合同纠纷，如买卖合同纠纷、借款合同纠纷等；经济侵权纠纷，如专利权或商标权侵权纠纷、所有权侵权纠纷、经营权侵权纠纷等。其中，合同纠纷是经济纠纷的主要部分。

【法律小贴士2-1】

为了保护当事人的合法权益，维持社会经济秩序，必须利用有效手段，及时解决这些纠纷。在我国，解决经济纠纷的方式主要有协商、调解、仲裁、民事诉讼、行政复议、行政诉讼。

近年来，随着我国经济的高速发展，经济纠纷日益增加，在实践中，解决经济纠纷的方式主要有仲裁、行政复议和诉讼等。仲裁是由双方当事人选定的仲裁机构对纠纷进行审理并作出裁决。行政复议是指公民、法人和非法人组织认为行政机关的具体行政行为侵犯其合法权益,依法向特定行政机关提出申请,由受理该申请的行政机关对原具体行政行为依法进行审查并作出行政复议决定的活动。一般而言,经济诉讼适用于民事诉讼法,所以经济诉讼是民事诉讼的组成部分。民事诉讼是指法院在当事人和其他诉讼参与人的参与下,以审理、判决、执行等方式解决民事纠纷的活动,以及由这些活动所产生的各种诉讼关系的总和。

2.1 仲　裁

2.1.1 仲裁和仲裁法概述

1. 仲裁

仲裁是指发生争议的双方当事人,根据其在争议发生前或争议发生后所达成的协议,由一定的机构或个人以第三者的身份居中作出具有约束力的裁决,解决当事人之间争议的一种制度。

仲裁作为解决经济纠纷的主要方式,具有以下特点:

1)自愿协商

仲裁以双方当事人自愿协商为基础,并由双方当事人自愿选择的中立第三者进行裁判。因此,仲裁是最能体现当事人意思自治原则的争议解决方式。

由于仲裁充分体现当事人的意思自治,仲裁中的具体程序可以由双方当事人协商确定,因此,与诉讼相比,仲裁程序更加灵活,更具有弹性。

2)一裁终局制

仲裁实行一裁终局制,仲裁裁决一经仲裁庭作出即发生法律效力。这样,当事人之间的纠纷能够迅速得以解决,这使得仲裁所需费用相对较少。更重要的是,由于仲裁的自愿性、专业性,当事人之间隔阂较小,且商业秘密不必公之于世,这对双方当事人之间今后的商业机会影响较小。

仲裁这种纠纷解决方式比诉讼更简单、快捷,更容易降低纠纷解决成本。

3)专业性

经济纠纷多涉及诸多专业知识,仲裁机构都备有分专业的、由专家组成的仲裁员名册供当事人进行选择,专家仲裁由此成为经济仲裁的重要特点。仲裁是不公开进行的,仲裁员负有保密义务。

4)独立性

仲裁机构独立于行政机构和其他机构,仲裁机构之间也无隶属关系。在仲裁过程中,仲裁庭独立进行仲裁,不受任何行政机关、社会团体和个人的干涉,也不受仲裁机构的干涉,显示出极大的独立性。

2. 仲裁法的概念

仲裁法是指由国家制定或认可的,规定仲裁的范围和基本原则、仲裁机构的地位及设立、仲裁庭的组成和仲裁程序的进行、当事人和仲裁机构在仲裁活动中必须遵守的行为规则、仲裁裁决的效力及执行等内容以及调整由此引起的仲裁法律关系的法律规范的总称。

仲裁法有广义和狭义之分。狭义的仲裁法即仲裁法典,是国家最高权力机关制定颁布的关于仲裁的专门法律。1994 年 8 月 31 日第八届全国人民代表大会常务委员会第九次会议通过的《中华人民共和国仲裁法》(以下简称《仲裁法》)即为狭义的仲裁法。广义的仲裁法除指仲裁法典外,还包括所有涉及仲裁制度的法律中的相关法律规范。

3. 我国仲裁法的特点

1)机构仲裁

《仲裁法》规定:当事人订立仲裁协议时,应当选定具体的仲裁委员会,对仲裁委员会没有约定或者约定不明确的,可以补充协议;达不成补充协议的,仲裁协议无效。这表明,在我国只能采取机构仲裁的方式,而不能进行临时仲裁。

2)当事人自愿选择

《仲裁法》规定:当事人采用仲裁方法解决纠纷,应当双方自愿,达成协议,并规定当事人达成仲裁协议,一方向人民法院起诉的,人民法院不予受理。自愿选择是《仲裁法》最基本的原则,即当事人如没有达成协议,仲裁机构无权受理纠纷;若当事人达成协议,该协议不但对当事人有约束力,而且对人民法院也有约束力。如一方当事人不按协议提交仲裁解决,而是向人民法院起诉,人民法院则不受理。

3)仲裁和调解相结合

《仲裁法》明确规定:仲裁庭在作出裁决前,可以先行调解。当事人自愿调解的,仲裁庭应当调解;调解不成的,仲裁庭应及时作出裁决。调解达成协议的,仲裁庭应当制作调解书或者根据协议的结果制作裁决书。调解书与裁决书具有同等法律效力。

4)对涉外仲裁进行特别规定

基于涉外仲裁自身的特点,《仲裁法》以专章对涉外仲裁的特定事项作出了有别于国内仲裁的特别规定,其包括涉外仲裁机构的设立、仲裁员资格、采取保全措施的法院、涉外仲裁裁决的撤销、不予执行等。

2.1.2 仲裁范围

《仲裁法》规定:平等主体的公民、法人和其他组织之间发生的合同纠纷和其他财产权益纠纷,可以仲裁。

下列纠纷不能提请仲裁:①关于婚姻、收养、监护、扶养、继承纠纷;②依法应当由行政机关处理的行政争议;③劳动争议和农业集体经济组织内部的农业承包合同纠纷。

【案例分析 2-1】

A 工商局从 B 办公用品商店购买了一批办公用品,后因质量问题与该商店发生纠纷。同时,A 工商局又因征收市场管理费与 B 办公用品商店发生争议。请问这两项争议是否可以通过仲裁方式解决?

分析提示:在前一争议中,由于双方处于平等主体地位,所发生的争议属于平等主体之间发生的财产纠纷,双方的纠纷可以通过仲裁方式解决。在后一争议中,双方属于行政管理与被管理的关系,所发生的争议属于行政争议,不属于《仲裁法》的适用范围,双方的纠纷不能通过仲裁方式解决。

2.1.3　仲裁原则

仲裁原则是指在仲裁过程中仲裁机构和当事人应当遵循的基本原则，具体包括以下几方面：

1. 自愿原则

当事人有权自由选择仲裁委员会和仲裁员，有权自由决定仲裁事项。

仲裁的自愿原则主要体现在：①当事人是否将他们之间发生的纠纷提交仲裁，由双方当事人自愿协商决定；②当事人将哪些争议事项提交仲裁，由双方当事人自行约定；③当事人将他们之间的纠纷提交哪个仲裁委员会仲裁，由双方当事人自愿协商决定；④仲裁庭如何组成、由谁组成，由当事人自主选定；⑤双方当事人还可以自主约定仲裁的审理方式、开庭方式等有关的程序事项。

2. 独立仲裁原则

仲裁应当依法独立进行，不受行政机关、社会团体和个人的干涉。独立仲裁原则体现在仲裁与行政脱钩，仲裁委员会独立于行政机关，与行政机关没有隶属关系，仲裁委员会之间也没有隶属关系。同时，仲裁庭独立裁决案件，仲裁委员会及其他机关、社会团体和个人不得干预。

3. 当事人权利平等原则

在仲裁过程中，不论公民还是法人，也不论法人的所有制性质及相互之间有无隶属关系，在适用实体法和程序法上一律平等对待，不允许任何人、任何组织享有法律之外的特权。

4. 以事实为依据，以法律为准绳，公平合理解决纠纷的原则

仲裁庭在处理争议时，要依照法律的规定查明案件的事实真相；要认真听取当事人双方的陈述，全面收集、调查、审查和判断证据；要以法律、法规作为评判当事人之间的是非曲直、确定其权利义务关系的标准。在法律没有规定或者规定不完备的情况下，仲裁庭可以按照公平合理的一般原则来解决纠纷。

2.1.4　仲裁机构

我国的仲裁机构包括仲裁委员会和仲裁协会。

1. 仲裁委员会

由于仲裁委员会由当事人协议选定，仲裁不实行级别管辖和地域管辖，为此，仲裁委员会可以在直辖市和省、自治区人民政府所在地的市设立，也可以根据需要在其他设区的市设立，不按行政区划层层设立。

【知识链接 2-1】

根据《仲裁法》的规定，仲裁委员会由主任 1 人、副主任 2～4 人和委员 7～11 人组成。

仲裁委员会的主任、副主任和委员由法律、经济贸易专家和有实际工作经验的人员担任。在仲裁委员会的组成人员中，法律、经济贸易专家不得少于 2/3。

2. 仲裁协会

中国仲裁协会是社会团体法人。中国仲裁协会实行会员制。各仲裁委员会是中国仲裁协会的法定会员。中国仲裁协会是仲裁委员会的自律性组织，根据由全国会员大会制定的章程对仲裁委员会及其组成人员、仲裁员的违纪行为进行监督；根据《仲裁法》和《中华人民共和国民事诉讼法》(以下简称《民事诉讼法》)的有关规定制定仲裁规则和其他仲裁规范性文件。

2.1.5 仲裁协议

1. 仲裁协议的概念

仲裁协议是指当事人双方自愿将已经发生的或将来可能发生的纠纷提交仲裁机构进行裁决的共同意思表示。

仲裁协议包括合同中订立的仲裁条款和以其他书面形式在纠纷发生前或者纠纷发生后达成的请求仲裁的协议。其他书面形式包括以合同书、信件和数据电文(包括电报、电传、传真、电子数据交换和电子邮件)等形式达成的请求仲裁的协议。

2. 仲裁协议的内容

一份完整、有效的仲裁协议必须具备法定的内容，否则仲裁协议将被认定为无效。根据《仲裁法》的规定，仲裁协议应当包括下列内容：

1)请求仲裁的意思表示

请求仲裁的意思表示是仲裁协议的首要内容，因为当事人以仲裁方式解决纠纷的意愿正是通过仲裁协议中请求仲裁的意思表示体现出来的。对仲裁中意思表示的具体要求是明确、肯定，当事人应在仲裁协议中明确地肯定将争议提交仲裁解决的意思表示。

2)仲裁事项

仲裁事项即当事人提交仲裁的具体争议事项。在仲裁实践中，当事人只有把订立于仲裁协议中的争议事项提交仲裁，仲裁机构才能受理。同时，仲裁事项也是仲裁庭审理和裁决纠纷的范围，即仲裁庭只能在仲裁协议确定仲裁事项的范围内进行仲裁，超出协议范围进行仲裁，所作出的仲裁裁决经一方当事人申请，法院可以不予执行或者撤销。

3)选定的仲裁委员会

仲裁委员会是受理仲裁案件的机构。由于仲裁没有法定管辖的规定，因此，仲裁委员会是由当事人自主选定的。如果当事人在仲裁协议中不选定仲裁委员会，仲裁就无法进行。

仲裁的意思表示、仲裁事项和选定的仲裁委员会这三项内容必须同时具备，仲裁协议在内容上才能符合《仲裁法》的规定而成为有效的仲裁协议。

3. 仲裁协议的效力

仲裁协议一经依法成立，即具有法律约束力。仲裁协议独立存在，合同的变更、解除、终止或者无效，不影响仲裁协议的效力。

【法律小贴士 2-2】

有下列情形之一的仲裁协议无效：①约定的仲裁事项超出法律规定的仲裁范围的；②无民事行为能力人或者限制民事行为能力人订立仲裁协议的；③一方采取胁迫手段，迫使对方订立仲裁协议的。

仲裁庭有权确认合同的效力。当事人对仲裁协议的效力有异议的，可以请求仲裁委员会作出决定或者请求法院作出裁定。一方请求仲裁委员会作出决定,另一方请求法院作出裁定的,由法院裁定。当事人对仲裁协议的效力有异议的,应当在仲裁庭首次开庭前提出。

当事人达成仲裁协议,一方向法院起诉未声明有仲裁协议,法院受理后,另一方在首次开庭前提交仲裁协议的,法院应当驳回起诉,但仲裁协议无效的除外;另一方在首次开庭前未对法院受理该案提出异议的,视为放弃仲裁协议,法院应当继续审理。

2.1.6　仲裁程序

仲裁程序主要包括申请和受理、仲裁庭的组成、开庭和裁决等环节。

1. 仲裁的申请和受理

1)申请

当事人申请仲裁应当符合下列条件:有仲裁协议; 有具体的仲裁请求和事实、理由; 属于仲裁委员会的受理范围。

当事人申请仲裁,应当向仲裁委员会递交仲裁协议、仲裁申请书及副本。

仲裁申请书应当载明下列事项:①当事人的姓名、性别、年龄、职业、工作单位和住所,法人或者其他组织的名称、住所和法定代表人或者主要负责人的姓名、职务;②仲裁请求和所根据的事实、理由;③证据和证据来源、证人姓名和住所。

2)受理

仲裁委员会收到仲裁申请书之日起 5 日内,认为符合受理条件的,应当受理,并通知当事人;认为不符合受理条件的,应当书面通知当事人不予受理,并说明理由。

【案例聚焦 2-1】

甲公司与乙公司签订一份承揽合同,并在合同中单独规定了仲裁条款,约定双方发生合同争议时提请某仲裁机关仲裁(假定该仲裁条款合法有效)。事后,甲公司发现在订立合同时对有关事项存在重大误解。本案中,甲公司可以向某仲裁机构申请撤销合同。根据《仲裁法》的有关规定,仲裁协议合法有效的,具有排除诉讼管辖权的作用,对双方当事人诉讼权的行使产生一定的限制。当事人双方发生协议约定的争议时,任何一方只能申请仲裁,而不能向人民法院起诉。当事人向人民法院起诉的,人民法院应当不予受理。

2. 仲裁庭的组成

仲裁庭可以由 1 名仲裁员或者 3 名仲裁员组成。由 3 名仲裁员组成的,设首席仲裁员。当事人约定由 3 名仲裁员组成仲裁庭的,应当各自选定或者各自委托仲裁委员会主任指定 1 名仲裁员,第 3 名仲裁员由当事人共同选定或者共同委托仲裁委员会主任指定。第 3 名仲裁员是首席仲裁员。仲裁委员会应当将仲裁庭的组成情况书面通知当事人。当事人也有权提出回避申请。

3. 开庭和裁决

仲裁应当开庭进行。当事人协议不开庭的,仲裁庭可以根据仲裁申请书、答辩书以及其他材料作出裁决,仲裁不公开进行。当事人协议公开的,可以公开进行,但涉及国家秘密的除外。

当事人应当对自己的主张提供证据。仲裁庭认为有必要收集的证据,可以自行收集。证据应当在开庭时出示,当事人可以质证。

当事人申请仲裁后,可以自行和解。达成和解协议的,可以请求仲裁庭根据和解协议作出裁决书,也可以撤回仲裁申请。当事人达成和解协议,撤回仲裁申请后反悔的,可以根据仲裁协议申请仲裁。仲裁庭在作出裁决前,可以先行调解。当事人自愿调解的,仲裁庭应当调解;调解不成的,应当及时作出裁决。调解达成协议的,仲裁庭应当制作调解书或者根据协议的结果制作裁决书。调解书经双方当事人签收后,即发生法律效力。

在调解书签收前当事人反悔的,仲裁庭应当及时作出裁决。裁决应当按照多数仲裁员的意见作出,少数仲裁员的不同意见可以记入笔录。仲裁庭不能形成多数意见时,裁决应当按照首席仲裁员的意见作出。

【知识链接 2-2】

当事人提出证据证明裁决有下列情形之一的,可以向仲裁委员会所在地的中级人民法院申请撤销裁决:没有仲裁协议的;裁决的事项不属于仲裁协议的范围或者仲裁委员会无权仲裁的;仲裁庭的组成或者仲裁的程序违反法定程序的;裁决所依据的证据是伪造的;对方当事人隐瞒了足以影响公正裁决的证据的;仲裁员在仲裁该案时有索贿受贿、徇私舞弊、枉法裁决行为的。

人民法院经组成合议庭审查核实裁决有前款规定情形之一的,应当裁定撤销。人民法院认定该裁决违背社会公共利益的,应当裁定撤销。

当事人应当履行裁决。一方当事人不履行的,另一方当事人可以依照《民事诉讼法》的有关规定向法院申请执行。受理申请的法院应当执行。当事人申请执行仲裁裁决案件,由被执行人住所地或者被执行的财产所在地的中级人民法院管辖。

2.2 行政复议

2.2.1 行政复议的概念

1999 年 4 月 29 日第九届全国人民代表大会常务委员会第九次会议通过了《中华人民共和国行政复议法》(以下简称《行政复议法》),该法自 1999 年 10 月 1 日起施行,是行政复议活动进行的基本法律依据。2009 年 8 月 27 日,全国人大常委会第十次会议通过对其修订,同日公布施行。

行政复议是指公民、法人或者其他组织不服行政主体作出的具体行政行为,认为行政主体的具体行政行为侵犯了其合法权益,依法向法定的行政复议机关提出复议申请,行政复议机关依法对该具体行政行为进行合法性、适当性审查,并作出行政复议决定的行政行为。它是公民、法人或其他组织通过行政救济途径解决行政争议的一种方法。行政复议有以下特征:

第一,行政复议所处理的争议是行政争议。这里的行政争议主要是指主体在行政管理过程中因实施具体行政行为而与相对人发生的争议,这种争议的核心是该具体行政行为是否合法、适当。

第二，行政复议主要采用书面审查的方式，必要时也可以通过听证的方式审理。

第三，行政复议以具体行政行为为审查对象，并附带审查部分抽象行政行为。行政主体作出的行政行为可以分为具体行政行为和抽象行政行为。

2.2.2　行政复议的范围

1. 行政复议受理的范围

第一，对行政机关作出的警告、罚款、没收违法所得、没收非法财物、责令停产停业、暂扣或吊销许可证、暂扣或吊销执照、行政拘留等处罚决定不服的。

第二，对行政机关作出的限制人身自由或查封、扣押、冻结财产等行政强制措施决定不服的。

第三，对行政机关作出的有关许可证、执照、资质证、资格证等证书变更、中止、撤销的决定不服的。

第四，对行政机关作出的关于确认土地、矿藏、水流、森林、山岭、草原、荒地、滩涂、海域等自然资源的所有权或使用权的决定不服的。

第五，认为行政机关侵犯合法的经营自主权的。

第六，认为行政机关变更或废止农业承包合同、侵犯其合法权益的。

第七，认为行政机关违法集资、征收财物、摊派费用或违法要求履行其他义务的。

第八，认为符合法定条件，申请行政机关颁发许可证、执照、资质证、资格证等证书，或申请行政机关审批、登记有关事项，行政机关没有依法办理的。

第九，申请行政机关履行保护人身权利、财产权利、受教育权利的法定职责，行政机关没有依法履行的。

第十，申请行政机关依法发放抚恤金、社会保险金或最低生活保障费，行政机关没有依法发放的。

第十一，认为行政机关的其他具体行政行为侵犯其合法权益的。

2. 不得行政复议事项

第一，不服行政机关的抽象行政行为的，依有关规定通过监督途径提出处理要求。这主要是指针对不特定的人作出的具有普遍性的法规等。

第二，不服行政机关作出的行政处分或其他人事处理决定的，依照有关法律、行政法规的规定提出申诉。

第三，不服行政机关对民事纠纷作出的调解或其他处理，依法申请仲裁或向人民法院提起诉讼，人民法院已经受理的。

2.2.3　行政复议程序

1. 行政复议申请

1）申请行政复议主体及期限

公民、法人或者其他组织认为具体行政行为侵犯其合法权益的，可以自知道该具体行政行为之日起 60 日内提出行政复议申请，但是法律规定的申请期限超过 60 日的除外。因不可抗力或者其他正当理由耽误法定申请期限的，申请期限自障碍消除之日起继续计算。申请可以是书面的,也可以是口头的。

行政复议申请已被行政复议机关依法受理的,或者法律、法规规定应当先向复议机关申请行政复议、对行政复议决定不服再向人民法院提起行政诉讼的,在法定行政复议期限内不得向人民法院提起行政诉讼。申请人向人民法院提起行政诉讼,人民法院已经依法受理的,不得申请行政复议。

2)行政复议管辖

(1)对县级以上地方各级人民政府工作部门的具体行政行为不服的,由申请人选择,可以向该部门的本级人民政府申请行政复议,也可以向上一级主管部门申请行政复议。对海关、金融、国税、外汇管理等实行垂直领导的行政机关和国家安全机关的具体行政行为不服的,向上一级主管部门申请行政复议。

(2)对地方各级人民政府的具体行政行为不服的,向上一级地方人民政府申请行政复议。对省、自治区人民政府依法设立的派出机关所属的县级地方人民政府的具体行政行为不服的,向该派出机关申请行政复议。

(3)对国务院部门或者省、自治区、直辖市人民政府的具体行政行为不服的,向作出该具体行政行为的国务院部门或者省、自治区、直辖市人民政府申请行政复议。

2. 行政复议受理

行政复议机关收到行政复议申请后,应当在5日内进行审查。对不符合法律规定的行政复议申请,决定不予受理,并书面告知申请人;对符合法律规定,但是不属于本机关受理的行政复议申请,应当告知申请人向有关行政复议机关提出。除上述规定外,行政复议申请自行政复议机关负责法制工作的机构收到之日起即为受理。

行政复议机关受理行政复议申请,不得向申请人收取任何费用。

除有下列情形之一的,行政复议期间具体行政行为不停止执行:①被申请人认为需要停止执行的;②行政复议机关认为需要停止执行的;③申请人申请停止执行,行政复议机关认为其要求合理,决定停止执行的;④法律规定停止执行的。

3. 行政复议审查和决定

行政复议原则上采取书面审查的办法,但是申请人提出要求或者行政复议机关负责法制工作的机构认为有必要时,可以向有关组织和人员调查情况,听取申请人、被申请人和第三人的意见。

行政复议的举证责任由被申请人承担。

行政复议机关应当自受理申请之日起60日内作出行政复议决定,但是法律规定的行政复议期限少于60日的除外。

2.3 民事诉讼

经济诉讼一般适用于民事诉讼法,经济诉讼是民事诉讼的组成部分。

2.3.1 民事诉讼法概述

1. 民事诉讼法概念

民事诉讼法是国家制定的规范法规和诉讼参与人的各种诉讼活动及由此产生的各种诉

讼关系的法律规范的总称。

1991 年 4 月 9 日第七届全国人民代表大会第四次会议通过了《民事诉讼法》。该法根据 2007 年 10 月 28 日第十届全国人民代表大会常务委员会第三十次会议《关于修改〈中华人民共和国民事诉讼法〉的决定》第一次修正，根据 2012 年 8 月 31 日第十一届全国人民代表大会常务委员会第二十八次会议《关于修改〈中华人民共和国民事诉讼法〉的决定》第二次修正，根据 2017 年 6 月 27 日第十二届全国人民代表大会常务委员会第二十八次会议《关于修改〈中华人民共和国民事诉讼法〉和〈中华人民共和国行政诉讼法〉的决定》第三次修正。

2. 民事诉讼法的特征

1)民事诉讼法是部门法

它调整的是民事诉讼关系和民事诉讼活动，这种调整对象是特有的，是其他部门法无法调整的。

2)民事诉讼法是保证民事实体法贯彻实施的程序法

民事诉讼法是关于民事诉讼活动时应遵守的法律规定，其主要内容是民事诉讼主体的诉讼权利和诉讼义务，以及保障民事诉讼主体诉讼权利和落实诉讼义务的规定。

3)处分原则和调解原则的特有性

处分原则和调解原则是民事诉讼法的特有原则，这是由民事活动本身所决定的，也是与其他诉讼法律相比最明显的特征。

4)民事诉讼法具有广义性

民事诉讼法的广义性是与民事诉讼的广泛性相适应的。由于民事诉讼广泛适用于民事、经济、劳动争议、专利、商标、海事、债务偿偿和法律规定的其他特殊类型的案件，因此民事诉讼法也就广泛地适用于民事诉讼范围内的各类案件的诉讼。

2.3.2　民事诉讼法基本制度

1. 公开审判制度

公开审判制度是指人民法院的审判活动除合议庭评议案件外，还应向群众和社会公开的制度。所谓公开，一是向群众公开，即允许群众旁听法院对案件的审判；二是向社会公开，即允许新闻记者对案件审理的情况进行报道，将案情公布于众。依照法律的规定，除不予公开和可以不公开审理的案件外，一律依法公开审理。同时，不论是否公开审理，案件宣判时一律公开进行。公开审判是相对于秘密审判而言的，公开审判取代秘密审判是诉讼制度文明进步的表现。

2. 合议制度

合议制度是相对于独任制而言的，是指由 3 名以上单数审判人员组成合议庭对民事案件进行审理的制度。

合议制度是民主集中制原则在民事审判工作中的体现和具体运用。实行这一制度有利于充分发挥集体的智慧和力量，防止审判人员认识上的主观片面性，保证案件审理的质量。除法律规定的特殊情况外，民事案件的审判均实行合议制。

3. 回避制度

回避制度是指审判人员和其他有关人员遇到法律规定不宜参加案件审理的情形时，退出案件审理活动的制度。

回避制度对于保证案件的公正审判具有十分重要的意义,各国民事诉讼法均规定了回避制度。回避制度一般包括回避方式、回避原则、回避制度适用的对象、回避的程序问题。

4. 两审终审制度

两审终审制度是指一个民事案件经过两级法院的审判,案件的审判即宣告终结的制度。根据该制度,一个民事案件经第一审人民法院审判后,当事人如果不服,有权依法向上一级人民法院提出上诉,上一级人民法院对上诉案件审理后作出的判决和裁定,是终审判决、裁定,当事人不得再提起上诉。

2.3.3 民事诉讼管辖

1. 级别管辖

级别管辖就是上下级法院在受理第一审民事案件的分工和权限,一般按案件影响的大小、繁简程度和诉讼标的金额大小来确定级别管辖。

基层人民法院管辖第一审民事案件,法律另有规定的除外。

中级人民法院管辖下列第一审民事案件:重大涉外案件是指争议标的额大,或案情复杂,或居住在国外的当事人人数众多的涉外案件;在本辖区有重大影响的案件。

高级人民法院管辖的第一审民事案件为在本辖区有重大影响的第一审民事案件。

最高人民法院管辖的第一审民事案件为在全国有重大影响的案件。

2. 地域管辖

地域管辖是指同级人民法院间在各自辖区受理第一审民事案件的分工和权限。

在地域管辖问题上一般采用"原告就被告"的原则,即通常由被告住所地人民法院管辖;被告住所地与经常居住地不一致的,由经常居住地人民法院管辖。

《民事诉讼法》规定,下列民事诉讼,由原告住所地人民法院管辖;原告住所地与经常居住地不一致的,由原告经常居住地人民法院管辖:一是对不在中华人民共和国领域内居住的人提起的有关身份关系的诉讼;二是对下落不明或者宣告失踪的人提起的有关身份关系的诉讼;三是对被劳动教养的人提起的诉讼;四是对被监禁的人提起的诉讼。

因继承遗产纠纷提起的诉讼,由被继承人死亡时住所地或者主要遗产所在地人民法院管辖。有动产、不动产的,以不动产所在地为主要遗产所在地;动产有多项的,价值高的动产所在地为遗产所在地。

**【案例分析 2-2】**

福建省三江制衣有限公司在井冈山市投资办厂,经注册登记成立井冈山市制衣有限公司(即本案的原告)。2012 年 12 月 30 日,原告井冈山市制衣有限公司与被告(所在地为福建省福州市台江区)签订建设工程设计合同,合同未约定交付设计图纸的地点。合同签订后,被告多次到井冈山市实地勘验,最后把设计完成的一部分设计图纸交给原告井冈山市制衣有限公司的总部福建省三江制衣有限公司(所在地为福建省福州市台江区),一部分交给原告井冈山市制衣有限公司的筹建办公室(所在地为江西省井冈山市)。由于被告未按期交付全部设计图纸,且交付的图纸有的为无效图纸,双方就此引发了纠纷。经双方多次协商未果,原告井冈山市制衣有限公司选择以合同履行地确定管辖法院,并以江西省井冈山市

为合同履行地，向江西省井冈山市人民法院起诉要求解除合同。本案中法院能否支持原告的诉讼请求？

分析提示：《民事诉讼法》规定，因合同纠纷提起的诉讼，由被告所在地或合同履行地人民法院管辖。本案的被告所在地为福建省福州市，合同履行地为福建省福州市和江西省井冈山市，根据《民事诉讼法》的规定，“两个以上法院都有管辖权的诉讼，原告可以向其中一个人民法院起诉”，即福建省福州市台江区人民法院和江西省井冈山市人民法院对本案都有管辖权。

（本案例由作者根据相关材料改编）

2.3.4　民事诉讼时效

1. 民事诉讼时效与民事诉讼时效期间

民事诉讼时效是指权利人经过法定期限不行使自己的权利，依法律规定其胜诉权便归于消灭的制度。

民事诉讼时效期间是指权利人请求人民法院保护其民事权利的法定期间。

在民事诉讼中，向人民法院请求保护民事权利的诉讼时效期间为 3 年，法律另有规定的除外。下列的诉讼时效期间为 1 年：身体受到伤害要求赔偿的；出售质量不合格的商品未声明的；延付或者拒付租金的；寄存财物被丢失或者损毁的。

诉讼时效期间从知道或者应当知道权利被侵害时起计算，但是，从权利被侵害之日起超过 20 年的，人民法院不予保护。有特殊情况的，人民法院可以延长诉讼时效期间。

超过诉讼时效期间，当事人自愿履行的，不受诉讼时效限制。

规定按照小时计算期间的，从规定时开始计算。规定按照日、月、年计算期间的，开始的当天不算入，从下一天开始计算。

期间的最后一天是星期日或者其他法定休假日的，以休假日的次日为期间的最后一天。期间的最后一天的截止时间为 24 点。有业务时间的，到停止业务活动的时间截止。

2. 诉讼时效的中止、中断与延长

诉讼时效的中止是指在诉讼时效进行中，因发生一定的法定事由而使权利人不能行使请求权，暂时停止计算诉讼时效期间，以前经过的时效期间仍然有效，待阻碍时效进行的事由消失后，继续计算诉讼时效期间。根据《民法通则》的规定，只有在诉讼时效期间的最后 6 个月内发生前述事由的，才能中止诉讼时效。如果在诉讼时效期间的最后 6 个月前发生上述法定事由，到最后 6 个月开始时法定事由已消除的，则不能发生诉讼时效中止。如果该法定事由到最后 6 个月开始时仍然继续存在，则应自最后 6 个月开始时中止诉讼时效，直到该障碍消除。

诉讼时效的中断是指在诉讼时效进行中，因发生一定的法定事由，致使已经经过的时效期间统归无效，待时效中断的法定事由消除后，诉讼时效期间重新计算。下列事由可以引起诉讼时效中断：权利人提起诉讼；当事人一方向义务人提出请求履行义务的要求；当事人一方同意履行义务。

诉讼时效的延长是指人民法院对已经完成的诉讼时效，根据特殊情况而予以延长。特殊情况是指权利人由于客观的障碍在法定诉讼时效期间不能行使请求权的情形，具体由人民法院判定，这是法律赋予司法机关的一种自由裁量权。

2.3.5 民事诉讼证据

1. 证据的概念和特征

民事诉讼证据是指能够证明民事案件真实情况的一切事实。证据具有如下特征：

1)客观性

证据是证明待证事实的根据或者方法,它必须是可靠、可信的,证据事实必须是客观存在的材料,而不是任何人的猜测或者主观臆造的产物。

2)关联性

这是指作为证据的事实不仅必须是一种客观存在,而且它必须是与案件所要查明的事实存在逻辑上的联系,从而能够说明案件事实。正因为如此,它才能以其自身的存在单独或与其他事实一道证明案件真实的存在或者不存在。

3)合法性

证据的合法性是指证据必须由当事人按照法定程序提供,或者由法定机关、法定人员按照法定的程序调查、收集和审查。

2. 民事诉讼证据种类

根据《民事诉讼法》的规定,我国民事诉讼证据的表现形式可以分为书证、物证、视听资料、证人证言、当事人的陈述、鉴定结论、勘验笔录七种。

1)书证

书证是指以文字、符号、图形等所记载的内容或表达的思想来证明案件真实的证据。

书证具有以下三个特征:①书证并不是一般的物品,而是用文字符号记录和表达一定思想内容的物品。②书证把一定的思想内容固定下来,以此表达人们的思想,并能为一般人所认知或了解,证明有关的案件事实。③书证是固定在一定的物体上的思想内容,所以有较强的客观性和真实性,不像言词证据那样,容易因为有关人员主观意识的改变而改变,也不存在因时间久远造成记忆模糊而影响其证明力的现象。

2)物证

物证是指以其存在的形状、质量、规格、特征等来证明案件事实的证据。

同其他证据相比,物证有如下特征:①稳定性。物证是客观存在的物品或者痕迹,只要及时收集,用科学的方法提取和固定,就具有较强的稳定性。②可靠性。物证是以其自身的客观存在的形状、规格、痕迹等证明案件事实,不受人们主观因素的影响和制约,只要判明物证是真实的,它就具有很强的可靠性和较强的证明力。

3)视听资料

视听资料是指利用录音、录像、电子计算机储存的资料和数据等来证明案件事实的一种证据。它包括录像带、录音片、传真资料、电影胶卷、微型胶卷、电话录音、雷达扫描资料和计算机存储数据及资料等。

4)证人证言

证人是指知晓案件事实并应当事人的要求和法院的传唤到法庭作证的人,证人就案件事实向法院所作的陈述称为证人证言。

需要注意以下几类人:①不能正确表达意志的人,不能作为证人。②诉讼代理人不能在一个案件中既作代理人又作证人。③审判员、陪审员、书记员、鉴定人、翻译人员和参与民事诉讼的检察人员不能同时在自己参与的案件中作为证人。

5)当事人的陈述

当事人的陈述是指当事人在诉讼中就与本案有关的事实向法院所作的陈述。

6)鉴定结论

鉴定结论是指鉴定人运用专业知识、专门技术对案件中的专门性问题进行分析、鉴别、判断后作出的结论。

7)勘验笔录

所谓勘验,是指人民法院审判人员,在诉讼过程中,为了查明一定的事实,对与案件争议有关的现场、物品或物体亲自进行或指定有关人员进行查验、拍照、测量的行为。就查验的情况与结果制成的笔录称为勘验笔录。

2.3.6　民事诉讼当事人及诉讼代理人

1. 民事诉讼当事人的概念

民事诉讼当事人是指因民事上的权利义务关系发生纠纷,以自己的名义进行诉讼,并受人民法院裁判拘束的利害关系人。一般来说,同时符合以下三个要求的主体就可以成为民事诉讼当事人:

第一,以自己的名义起诉或者应诉,实施诉讼行为。

第二,向法院请求解决争议,保护民事权益。

第三,接受法院裁判的约束。

2. 民事诉讼当事人的分类

根据民事诉讼当事人在诉讼中所处的地位和享有的诉讼权利、承担的诉讼义务不同,民事诉讼当事人可以分为原告、被告、共同诉讼人、诉讼代表人、第三人。

1)原告

原告是认为自己的民事权益受到侵害,或者与他人发生争议,为维护其合法权益而向人民法院提起诉讼,引起诉讼程序发生的人。

2)被告

被告是指被诉称侵犯原告民事权益或与原告发生民事权益争议,被人民法院通知应诉的人。

3)共同诉讼人

当事人一方或双方各为 2 人以上,其诉讼标的是共同的,或者是同一种类,人民法院认为可以合并审理并经当事人同意的民事诉讼为共同诉讼。共同诉讼人是指共同诉讼中的当事人一方或双方为 2 人以上共同起诉或共同应诉的人。

4)诉讼代表人

诉讼代表人是指众多当事人的一方,推选出的代表,为维护本方的利益而进行诉讼活动的人。诉讼代表人代表本方当事人进行诉讼,不同于共同诉讼人。诉讼代表人是本案实体法律关系的主体,而不同于法定代表人和诉讼代理人。

5)第三人

民事诉讼的第三人是指对他人争议的诉讼标的有独立的请求权,或者虽无独立的请求权，但案件的处理结果与其有法律上的利害关系而参加诉讼的人。第三人分为有独立请求权的第三人和无独立请求权的第三人。

3. 民事诉讼代理人

民事诉讼代理人是指根据法律规定或者当事人的委托，代当事人进行民事诉讼活动的人。诉讼代理人具有以下特征：

第一，具有诉讼行为能力。诉讼代理人的职责是在代理权限范围内代理当事人实施诉讼行为和接受诉讼行为，维护当事人的合法权益，这就要求诉讼代理人必须有诉讼行为能力。

第二，以被代理人的名义，并且为了维护被代理人的利益进行诉讼活动。诉讼代理人不是案件的一方当事人，不能以自己的名义，为了维护自己的利益进行诉讼活动。

第三，在代理权限范围内实施诉讼行为。诉讼代理人在代理权限范围内实施的诉讼行为才是诉讼代理行为，才产生诉讼代理的法律后果。

第四，诉讼代理的法律后果由被代理人承担。诉讼代理人超越诉讼代理权实施的诉讼行为则不是诉讼代理行为，其法律后果只能由诉讼代理人自己承担，除非被代理人对越权的诉讼代理行为予以追认。

第五，同一案件中只能代理一方当事人。在诉讼中，双方当事人的利益是对立的，若同时为双方当事人的代理人，可能会损害一方当事人的利益。

《民事诉讼法》规定的诉讼代理人可以分为两类：法定诉讼代理人和委托诉讼代理人。前者是指根据法律规定，代理无诉讼行为能力的当事人为诉讼行为的人；后者是根据当事人或者其法定代理人委托，代当事人为诉讼行为的人。

【法律小贴士 2-3】

委托诉讼代理人包括律师、当事人的近亲属、社会团体和当事人所在单位推荐的人，以及经人民法院许可的公民。无民事行为能力人、限制民事行为能力人或者可能损害被代理人利益的人以及人民法院认为不宜作诉讼代理人的人，不能作为诉讼代理人。

2.3.7 民事诉讼程序

1. 第一审普通程序

第一审普通程序是人民法院审理第一审民事案件所适用的最基本的程序。它具体包括起诉、受理、审理前的准备、开庭审理。

1)起诉

起诉是指原告依法向人民法院提出诉讼请求的行为。起诉必须具备的条件是：原告是与本案有直接利害关系的公民、法人或其他组织；有明确的被告；有具体的诉讼请求和事实、理由；属于人民法院受理民事诉讼的范围和受诉人民法院管辖。

2)受理

受理是指人民法院经过审查起诉，认为符合法定条件，予以立案的诉讼活动。人民法院收到民事诉状或者口头起诉，经审查，符合起诉条件的，应当在 7 日内立案，并及时通知当事人；认为不符合起诉条件的，应当在 7 日内裁定不予受理。原告对裁定不服的，可以提起上诉。

3)审理前的准备

审理前的准备是指人民法院在受理案件后进入开庭审理之前所进行的准备工作。这主要有以下几项:送达起诉状副本和提出答辩状;告知当事人诉讼权利义务及合议庭组成人员;审阅诉讼材料,调查收集必要的证据;追加当事人。

4)开庭审理

(1)开庭准备。人民法院确定开庭日期后,应当在开庭前 3 日通知当事人和其他诉讼参与人。通知当事人用传票,通知其他诉讼参与人用通知书。对于公开审理的案件,人民法院应当在开庭审理前 3 日发布公告,公告当事人姓名、案由和开庭的时间、地点,以便群众旁听、记者采访报道。

(2)法庭调查。在开庭审理时,应进行法庭调查,包括当事人陈述,证人出庭作证,出示物证、书证和视听资料,宣读鉴定结论,宣读勘验笔录。

当事人对自己提出的主张,有责任提供证据,即谁主张、谁举证。当事人及其诉讼代理人因客观原因不能自行收集的证据,或者人民法院认为审理案件需要的证据,人民法院应当调查收集。

当事人对自己提出的诉讼请求所依据的事实或者反驳对方诉讼请求所依据的事实有责任提供证据加以证明。没有证据或者证据不足以证明当事人的事实主张的,由负有举证责任的当事人承担不利后果。

【案例聚焦 2-2】

小芳与小容住在同一个小区,且是闺蜜。2014 年 10 月的一天,小容说做生意急需用钱,向小芳借信用卡一用,小芳很放心地将额度为 10 万元的民生银行信用卡借给了小容,说好小容要按银行的时限要求及时还款,小容每月支付小芳 500 元作为报酬。

当天,小芳就将信用卡借给了小容,因为双方很熟悉,就没有写借条。小容刚开始刷了几次信用卡都按时归还了,但是,她在 2015 年 2 月用信用卡刷了 99 300 元,未按期归还。小芳收到银行的通知时,发现已联系不到小容,小容举家搬迁不知去向了。

小芳无奈之下起诉到法院。因没有写借条,小芳想到两人的微信聊天记录可作为证据。双方的微信聊天记录了小容的相关信息,两人在聊天时小容向小芳问过信用卡的密码。

当地法院经审理认为,小容虽然未向小芳出具借条,但从小芳提交的微信聊天记录来看,小芳的民生银行信用卡由小容持有,且小容使用信用卡向小芳借钱,与小芳陈述内容可以相互印证。法院据此认定了小容通过借信用卡透支消费的方式向小芳借款的事实,认定双方形成民间借贷关系。最终法院判决支持小芳要求小容还钱的诉求。

本案的争议焦点是微信可否作为直接证据使用。

2013 年施行的《民事诉讼法》明确了电子数据是法定的证据类型。微信的信息以电子数据的形式存在,显然属于该类证据范畴,但微信证据要成为认定案件事实的依据并不容易,须满足两个前提条件:

一是微信使用人就是当事人双方。因微信不是实名制,若不能证明微信使用人系当事人,则微信证据在法律上与案件无法产生关联性。微信使用人的身份确认有四个途径:对方当事人自认;微信头像或微信相册照片辨认;网络实名、电子数据发出人认证材料或机主身份认证;第三方机构即软件供应商腾讯公司协助调查。

二是微信证据的完整性。此条件关涉微信证据的真实性及关联性,因微信证据为生活化的片段式记录,如不完整可能断章取义,也不能反映当事人的完整的真实意思表示。建立专门的电子数据证据鉴定机构并明确其认证规则,是目前"微信"证据发展的必然需求。

(本案例由作者根据资料改编)

(3)法庭辩论。定案的所有证据都必须经过法庭的辩论和质证。即使是不得在公开开庭时出示的证据,也必须经过双方当事人的辩论和质证。

(4)评议和宣判。合议庭的人员在法庭调查和法庭辩论的基础上,认定案件事实,确定适用的法律,最后宣告案件的审理结果。这是开庭审理的最后阶段。

2. 简易程序

简易程序是指基层人民法院及其派出法庭审理简单民事案件和简单经济纠纷案件所适用的程序。

对简单的民事案件,原告可以口头起诉。当事人双方可以同时到基层人民法院及其派出法庭,请求解决纠纷。基层人民法院及其派出法庭可以当即审理,也可以另定日期审理。采用简易程序,可以用简便方式随时传唤当事人、证人。简单的民事案件由审判员一人独任审理,但必须有书记员记录。审判人员可以根据案件的具体情况,简化案件审理的方式和步骤,不受普通程序中关于开庭审理阶段和顺序的限制。

【法律小贴士 2-4】

人民法院适用简易程序审理民事案件,应当在立案之日起 3 个月内审结,且为不变期间,当事人或法院都不得申请延长。

3. 第二审程序

第二审程序是人民法院审理上诉案件所适用的诉讼程序。在民事诉讼中,当事人不服人民法院第一审判决或裁定而提起上诉,人民法院受理后即进入第二审程序。

【知识链接 2-3】

第二审程序与第一审普通程序的区别在于:审判程序发生的原因不同;审级不同;审判组织不同;审理对象不同,第二审程序审理第一审判决;审理的方式不同,第二审程序可以开庭审理或者径行判决;裁判的效力不同,第二审程序审结后的裁判是发生法律效力的裁判,不得上诉。

1)提起第二审程序的条件

法定的上诉对象是指依法可以上诉的判决和裁定。可以上诉的判决包括地方各级人民法院适用普通程序和简易程序审理的第一审判决、第二审人民法院发回原审人民法院重审后所作出的判决。可以上诉的裁定包括人民法院作出的不予受理的裁定、人民法院对当事人的管辖异议作出的裁定、驳回起诉的裁定。

【法律小贴士 2-5】

提起第二审程序必须有法定的上诉人和被上诉人,必须在法定的上诉期内提出上诉,必须提交上诉状。

2)上诉的受理

上诉的受理是指人民法院通过法律程序,对当事人提起的上诉进行审查,对符合上诉条件的案件予以受理的行为。上诉状应当通过原审人民法院提出,并按照对方当事人或者代表人的人数提出副本。当事人直接向第二审人民法院上诉的,第二审人民法院应当在 5 日内将上诉状移交原审人民法院。

3)上诉案件的审理

法院在审理前的准备工作有:组成合议庭;审阅案卷,询问当事人、证人,进行调查。第二审人民法院对上诉案件,经过审理,按照下列情形,分别处理:原判决认定事实清楚,适用法律正确的,判决驳回上诉,维持原判决;原判决适用法律错误的,依法改判;原判决认定事实错误,或者原判决认定事实不清,证据不足,裁定撤销原判决,发回原审人民法院重审,或者查清事实后改判;原判决违反法定程序,可能影响案件正确判决的,裁定撤销原判决,发回原审人民法院重审。当事人对重审案件的判决、裁定,可以上诉。

【法律小贴士 2-6】

人民法院审理对判决的上诉案件,应当在第二审立案之日起 3 个月内审结。有特殊情况需要延长的,由本院院长批准。人民法院审理对裁定的上诉案件,应当在第二审立案之日起 30 日内作出终审裁定。对裁定的上诉案件的审结期限,不能延长。

自　测　题

一、单项选择题

1. 下列各项中符合《仲裁法》规定的有(　　)。

A. 仲裁实行自愿原则

B. 仲裁一律公开进行

C. 仲裁实行级别管辖和地域管辖

D. 当事人不服仲裁裁决可以向人民法院起诉

2. 根据行政复议法律制度的规定,下列各项中不属于行政复议参加人的是(　　)。

A. 申请人　　B. 被申请人

C. 第三人　　D. 行政复议机关

3. 因不动产纠纷提起的诉讼,有权管辖的人民法院是(　　)。

A. 合同签订地人民法院　　B. 原告住所地人民法院

C. 被告住所地人民法院　　D. 不动产所在地人民法院

4. 根据民事诉讼法律制度的规定,当事人不服人民法院第一审判决的,有权在判决书送达之日起一定期间内向上一级人民法院提起上诉。该期间是(　　)日。

A. 5　　B. 10　　C. 15　　D. 30

5. 根据民事法律制度的规定,对始终不知道自己权利受侵害的当事人,其最长诉讼时效期间是(　　)年。

A. 2　　B. 5　　C. 20　　D. 30

二、多项选择题

1. 下列纠纷中适用于《民事诉讼法》,可以提起民事诉讼的是(　　)。

A. 侵害名誉权纠纷　　B. 企业破产案件

C. 劳动合同纠纷　　D. 按照督促程序解决的债务案件

2. 下列各项中符合我国《仲裁法》规定,不能申请仲裁解决的是(　　)。

A. 公司某职员与公司发生的劳动合同纠纷

B. 甲、乙两企业间的货物买卖合同纠纷

C. 甲、乙两人的遗产继承纠纷

D. 对工商吊销营业执照不服而产生的纠纷

3. 根据规定,下列情形中诉讼时效期间为1年的有(　　)。

A. 寄存财物被丢失或损毁的

B. 延付或者拒付租金的

C. 货物买卖合同纠纷

D. 身体受到伤害要求赔偿的

4. 根据《仲裁法》的规定,下列各项中属于仲裁协议必备内容的有(　　)。

A. 仲裁事项

B. 选定的仲裁委员会

C. 选定的仲裁员

D. 请求仲裁的意思表示

5. 下列有关诉讼时效的表述中不正确的有(　　)。

A. 1年的诉讼时效期间从权利人的权利被侵害之日起计算

B. 权利人提起诉讼是诉讼时效中止的法定事由之一

C. 只有在诉讼时效期间的最后6个月内发生诉讼时效中止的法定事由,才能中止时效的进行

D. 诉讼时效中止的法定事由发生之后,已经经过的时效期间统归无效

三、案例分析题

1. 甲工厂与乙公司签订了一份加工承揽合同,合同约定6个月后,甲工厂将成品交给乙公司,乙公司收货后1个月内付清款项。6个月后,甲工厂按期将成品交付乙公司,但乙公司迟迟不付货款,拖欠近4个月。甲工厂多次找乙公司请求其支付货款,并赔偿损失。乙公司认为甲工厂加工的成品质量不合格,坚持不予付款。后双方经协商达成书面仲裁协议。1周后,甲工厂向协议书约定的仲裁委员会申请仲裁,乙公司却向合同履行地人民法院提起诉讼,人民法院未予受理。

问题:(1)本案中,人民法院不受理此案是否正确?

(2)双方在纠纷发生后达成的书面仲裁协议是否成立?为什么?

(3)如果乙公司提出仲裁协议无效,应由谁来裁定,如何审查?

2. 2017年1月12日,机电公司与机械加工公司签订一份机电设备加工合同,合同约定,机械加工公司于2017年2月底之前为机电公司完成一套机电设备加工任务,部分原材料及加工费总计为66万元,于设备交付后7日内一次性付清,如果一方违约,应向对方支付合同

标的额总价 10%的违约金。合同签订后,双方又单独签订一仲裁协议,约定在合同履行过程中,如果就标的物的质量问题发生争议,协商解决不成时,应提交甲仲裁委员会仲裁。合同履行后,就机电设备质量问题双方发生争议。机电公司于 2017 年 5 月 10 日向人民法院起诉,人民法院受理案件后,向被告机械加工公司送达了起诉状副本,并在被告进行实体答辩的情况下对争议案件进行了审理,作出责令机械加工公司重新加工设备并支付违约金的判决。判决作出后,机械加工公司以存在仲裁协议,人民法院无权受理为由上诉。

问题:(1)机械加工公司的上诉理由是否成立?人民法院的判决是否有效?

(2)如果机械加工公司在接到起诉状副本后,以存在仲裁协议为理由对人民法院的管辖权提出抗辩,人民法院应当如何处理?

(3)如果就上述争议,机电公司申请甲仲裁委员会仲裁解决,仲裁委员会受理案件后,经过审理作出责令机械加工公司重新加工设备并支付违约金的仲裁裁决,那么,该仲裁裁决是否有效?

第3章 企业法律制度

【学习目标】

了解企业及企业法的基本知识;掌握个人独资企业设立条件、设立程序,个人独资企业的投资人及事务管理,个人独资企业的解散与清算;掌握合伙和合伙企业的概念及特征、合伙企业法的概念及适用范围,合伙企业的设立、变更、终止及清算;了解特殊的普通合伙及有限合伙的相关规定;理解合伙企业的财产、事务执行及债务清偿等有关的法律规定;理解外商投资企业法的内容。

【引导案例】

2017年3月,甲、乙、丙、丁设立一合伙企业。为提高企业运作效率,经全体合伙人商议决定,委托甲单独执行合伙企业事务,乙、丙、丁不参与执行合伙企业事务。2017年8月,乙与丙达成协议,将其在合伙企业中的全部财产份额转让给丙,随后通知甲、丁,但丁表示不同意。2017年9月,该合伙企业与大地公司签订一买卖合同,大地公司依约交付货物后,合伙企业迟迟未交付货款。因联系上的便利,且认为合伙人需对合伙企业的债务承担无限连带责任,大地公司遂直接向丙要求以丙个人财产清偿货款。

问题:(1)由甲单独执行合伙企业事务是否符合相关法律规定?

(2)乙、丙之间转让财产份额的行为是否符合相关法律规定?

(3)大地公司直接向丙要求以丙个人财产清偿货款是否合理?

3.1 企业法律制度概述

3.1.1 企业的概念和特征

企业是指依法设立的以营利为目的,从事商品生产经营或者服务活动的具有独立的或相对独立的法律人格的组织。它是社会经济生活中独立的市场主体,是现代社会中最常见、最基本的经济组织形式。企业区别于其他社会组织的特征主要有:

1. 企业是一种经济组织

企业是由一定的生产要素有机结合而组成的集体,具有一定的组织形式。这里的生产要素指的是人和物。企业的这一特征使它与非组织的自然人、个体工商户区分开来。

2. 企业必须依法设立

目前我国对各类企业的设立在法律上都有明确的规定,企业必须依照法律规定的条件和程序才能成立,并取得权利能力和行为能力。企业的设立条件和程序因所依据的法律不同而有差别。

3. 企业活动的目的是营利

成立企业的目的就是获得利润并使投资者获益。企业的这一特征使它与不从事经营性活动的其他社会组织区分开。企业从事的经营性活动既包括物质资料的生产、销售等生产经营活动,也包括技术、咨询等满足人们生产、生活各方面需要的服务活动。

4. 企业具有独立或相对独立的法律人格

不同类型的企业具有不同的法律人格。公司是企业法人,具有独立的法人人格;个人独资企业和合伙企业属非法人企业,不具有法人人格,但是法律仍赋予其一定的主体资格。例如:企业有固定的生产经营场所,可以以自己的名义签订合同,对外进行经营性活动,以自己的名义进行起诉和应诉等,这些都表现出相对的独立性。

3.1.2　企业的分类

企业在长期发展过程中形成了多种形态,依照不同的标准,可以对企业作不同的分类。

1. 按照企业投资者的出资方式和责任形式划分

按照企业投资者的出资方式和责任形式的不同,企业可分为个人独资企业、合伙企业、公司企业和外商投资企业。这是企业最基本、最典型的分类。西方发达国家大都采用这种标准划分企业,在我国,随着市场经济的发展和现代企业制度的建立,我国法律也采用这一划分标准。

2. 按照企业是否取得法人资格划分

按照企业是否取得法人资格,企业可分为法人企业和非法人企业。符合法人条件、依法取得法人资格的企业为法人企业。公司是企业法人,因此公司是最典型的法人企业。不符合法人条件、不能依法取得法人资格的企业为非法人企业,个人独资企业、合伙企业等是非法人企业。

3. 依照企业的所有制性质划分

按照企业的所有制性质的不同,企业可分为全民所有制企业、集体所有制企业和私营企业。所有制性质曾经是我国划分企业法律形式的主要标准。

3.1.3　企业法

企业法是调整企业在设立、组织、活动、终止过程中发生的社会关系的法律规范的总称。企业法是由调整企业的全部法律规范组成的,也就是调整企业从设立到终止发生的社会关系的全部法律规范,不能简单地将企业法理解为是某一部企业法律或法规,世界上还没有哪个国家制定过名为"企业法"的专门法律。

新中国成立以来,随着我国经济体制改革的不断深入和适应市场经济的要求,我国制定了一系列有关企业的法律法规。自 1993 年 12 月 29 日第八届全国人大常委会第五次会议通过了《中华人民共和国公司法》(以下简称《公司法》)以来,该法经历了多次大的修订,目前实行的是 2018 年 10 月 26 日第十三届全国人民代表大会常务委员会第四次会议通过、自公布之日起实施的《公司法》。1997 年 2 月 23 日制定的《中华人民共和国合伙企业法》(以下简称《合伙企业法》)已经于 2006 年 8 月 27 日第十届全国人大常委会第二十三次会议修订通过,自 2007 年 6 月 1 日起施行。1999 年 8 月 30 日通过了《中华人民共和国个人独资企业法》(以下简称《个人独资企业法》),自 2000 年 1 月 1 日起施行。我国现行的关于企业方面的法律、法规还有:《中华人民共和国中外合资经营企业法》《中华人民共和国中外合作经营企业法》

《中华人民共和国外资企业法》《中华人民共和国乡村集体所有制企业条例》《中华人民共和国私营企业暂行条例》《国有企业监事会暂行条例》等。

3.2 个人独资企业法律制度

3.2.1 个人独资企业的概念和法律特征

1. 个人独资企业的概念

依照《个人独资企业法》,个人独资企业是指在中国境内设立,由一个自然人投资,财产为投资人个人所有,投资人以其个人财产对企业债务承担无限责任的经营实体。在我国,个人独资企业长期以来是私营企业的一种形式,而且数量众多。

2. 个人独资企业的法律特征

与公司、合伙企业相比,个人独资企业的法律特征主要表现在以下几方面:

1)个人独资企业是由一个自然人投资的企业

根据《个人独资企业法》的规定,设立个人独资企业只能是一个自然人,国家机关、国家授权投资的机构或者国家授权的部门、企业、事业单位等都不能作为个人独资企业的设立者。《个人独资企业法》规定,外商独资企业不适用本法,因此,《个人独资企业法》中讲的自然人是指中国公民。

2)个人独资企业的财产为投资人个人所有

个人独资企业只有一个自然人投资人,企业的财产应当归属于这个投资人所有。个人独资企业投资人对所投资企业的财产享有占有、使用、收益和处分的权利。

3)个人独资企业不具有法人资格,对外承担无限责任

个人独资企业是自然人从事商业经营的一种组织形式,但这种组织本身不是独立的法律主体,不具有法人资格;表现在责任形式上,就是个人独资企业的投资人作为债务人,要以其全部个人财产对其所投资的个人独资企业债务承担责任。

【案例分析 3-1】

家住山东的张知于 2017 年 2 月 1 日夜间接到在北京读大学的儿子张小强的电话,请他赶紧到北京帮助处理债务纠纷。原来张小强在读大学二年级时就做起了计算机生意并注册了个人公司,生意较好,但 1 月份一笔近 20 万元的生意因上当受骗,卖出的都是假冒伪劣产品。按合同约定张小强要赔偿全部损失,但张小强称自己的财产仅有 6 万元,无偿还能力。对方要求其家长负连带责任,声称若不偿还,就起诉到法院。张小强怕事态闹大,无奈请父母出面帮助解决。对方要求张小强的家长张知承担责任是否有法律依据?

分析提示:个人独资企业是指依法在中国境内设立,由一个自然人投资,财产为投资人个人所有,投资人以其个人财产对企业债务承担无限责任的经营实体。个人独资企业的投资人作为债务人,要以其全部个人财产对其所投资的个人独资企业债务承担责任。因此,对方要求张小强的家长张知承担责任完全没有法律依据,是得不到法院支持的。

4)个人独资企业是一个经营实体

个人独资企业如何成为经营实体,法律在其设立条件中作了相应的规定。《个人独资企业法》规定:个人独资企业成立后无正当理由超过 6 个月未开业的,或者开业后自行停业连续

6个月以上的，吊销营业执照。这项规定的目的是，个人独资企业在设立时必须是一个经营实体，而在成立后也必须持续地作为一个经营实体存在，不能名存实亡，成为一个虚置的名称。

5）个人独资企业的内部机构设置简单，经营管理方式灵活

个人独资企业的投资人既是企业的所有者，又可以是企业的经营者，对企业的事务有绝对的控制权和支配权，完全可以按照自己的意志去经营所属的企业。因此，法律对其内部机构和经营管理方式不像对公司或其他企业那样加以严格的规定。

3.2.2　个人独资企业的设立

1. 设立个人独资企业应具备的条件

《个人独资企业法》规定了设立个人独资企业应当具备的条件：

1）投资人为一个自然人

投资人是指向企业投入资金、实物或劳务、技术的人。个人独资企业的投资人只能是自然人，而不能是法人。该自然人应该具有完全的民事权利能力和民事行为能力，否则无法进行经营活动。另外，由于我国《个人独资企业法》规定，外商独资企业不适用该法，因此，企业的投资人应为我国公民。

【法律小贴士 3-1】

依据我国相关法律，并不是所有的中国公民都可以投资设立个人独资企业，无民事行为能力人、国家公务员、党政机关领导干部、警官、法官、检察官、现役军人等人员，不得作为投资人申请设立个人独资企业。

2）有合法的企业名称

个人独资企业的名称是其作为经营实体对外交往的标志。企业只准使用一个名称，并且在登记主管机关辖区内不得与已登记注册的同行业企业名称相同或者近似。个人独资企业的企业名称不能使用“有限”、“有限责任”或“公司”字样。

【知识链接 3-1】

个人独资企业的名称应当与其责任形式及从事的营业相符合。

首先，个人独资企业的名称要与其责任形式相符合。个人独资企业为无限责任的情况，即表明投资者对由其投资经营的活动或由其投资组成的企业所生债务，承担全部、无限清偿责任，而不以其投入的某特定财产为限。个人独资企业名称不能含“有限”“有限责任”等字样。

其次，个人独资企业的名称要与其从事的营业相符合。不能将法律、行政法规禁止经营的业务作为自己的业务范围，不能将未获有关部门审批经营的业务作为自己的业务范围在名称中加以标榜。个人独资企业名称要与其从事的营业范围相符合。比如，明明是从事玩具汽车生产的企业，而在企业名称中冠以汽车生产厂家的名称，是不允许的。个人独资企业的名称要与其从事的营业的地域范围相符合。比如，明明是一个门脸很小的企业，而在其企业名称中冠以“中国”“国际”“全国”“国家”等字样，是不允许的。此外，也不得随便在其名称中冠以行政区划。总之，不允许在其名称中标明与其从事的营业不相符合的容易造成他人误解的文字内容。

3)有投资人申报的出资

投资人申报的出资是指在设立个人独资企业时,投资人承诺将投入企业资本的总和。个人独资企业作为一个生产经营性实体,从事的是经济活动,投资人又只有一个,投资人是一定要投入相当的人财物等生产要素的。投资人申报的出资不是注册资本,只是经营条件,不具有对债权人给予担保的效力,因此法律对其具体数量、出资方式未予规定。

4)有固定的生产经营场所和必要的生产经营条件

固定的生产经营场所和必要的生产经营条件是企业开展经营活动的物质基础。生产经营场所包括企业的住所和与生产经营相适应的处所。住所是企业的主要办事机构所在地,是企业的法定地址。处所是企业的生产经营场所。《个人独资企业法》规定住所只能有一处,而生产经营场所可以根据实际需要设置,可能是一处或多处。只有一处生产经营场所时,其处所即是住所,当有多处生产经营场所时,主要办事机构所在地即为其住所。

5)有必要的从业人员

这是指要有与其生产经营范围、规模相适应的从业人员。从业人员是指参与企业业务活动的人员,包括从事业务活动的投资人和企业依法招用的职工。对从业人员的人数法律并未作限定。只有投资人一人从事业务活动的,也符合有必要的从业人员的条件。

2. 个人独资企业的设立程序

申请设立个人独资企业,应当由投资人或者其委托的代理人向个人独资企业所在地的企业登记机关提交设立申请书、投资人身份证明、生产经营场所使用证明等文件。委托代理人申请设立登记时,应当出具投资人的委托书和代理人的合法证明。

登记机关应当在收到设立申请文件之日起 15 日内,对符合《个人独资企业法》规定条件的予以登记,并发给营业执照;对不符合《个人独资企业法》规定条件的,不予登记,并发给企业登记驳回通知书。个人独资企业设立分支机构,应当由投资人或者其委托的代理人向分支机构所在地的登记机关申请设立登记。分支机构的民事责任由设立该分支机构的个人独资企业承担。个人独资企业在存续期间登记事项发生变更的,应当在作出变更决定之日起 15 日内依法向登记机关申请办理变更登记。

3. 个人独资企业成立日期及其法律效力

个人独资企业的营业执照的签发日期,为个人独资企业成立日期。在领取个人独资企业营业执照前,投资人不得以个人独资企业名义从事经营活动。

3.2.3 个人独资企业的投资人及事务管理

1. 个人独资企业的投资人

个人独资企业的投资人为一个具有中国国籍的自然人,但法律、法规规定禁止从事营业性活动的人,不得作为投资人申请设立个人独资企业。例如:我国法律禁止公务员、党政干部、警察等经商,因此他们不能申办个人独资企业。

1)个人独资企业投资人的权利

个人独资企业投资人对本企业的财产依法享有所有权,可以转让继承。

2)个人独资企业投资人的责任

个人独资企业投资人在申请企业设立登记时,明确以其家庭共有财产作为个人出资的,应当依法以家庭共有财产对企业债务承担无限责任。

【案例分析3-2】

2017年1月,某甲开了一个餐馆,申请并领取了个人独资企业营业执照。如某甲是明确以其家庭财产作为个人出资的,2月份该餐馆由于经营不善,欠了外债10万元,某甲可否主张以其个人财产承担责任?

分析提示:个人独资企业投资人在申请企业设立登记时,明确以其家庭共有财产作为个人出资的,应当依法以家庭共有财产对企业债务承担无限责任。因此,某甲不能主张以其个人财产承担责任。

2. 个人独资企业事务管理

1)个人独资企业事务管理的方式

个人独资企业的投资人可以自行管理企业事务,也可以委托或者聘用其他具有民事行为能力的人负责企业的事务管理。投资人委托或者聘用他人管理个人独资企业事务,应当与受托人或者被聘用的人签订书面合同,明确委托的具体内容和授予的权利范围。

投资人对受托人或者被聘用的人员职权的限制,不得对抗善意第三人。这里的善意第三人是指本着合法交易的目的,诚实地通过受托人或者被聘用的人员,与个人独资企业从事交易的人,包括法人、非法人团体和自然人。个人独资企业的投资人与受托人或者被聘用的人员之间有关权利义务的限制只对受托人或者被聘用的人员有效,对第三人并无约束力,受托人或者被聘用的人员超出投资人的限制与善意第三人的有关业务交往应当有效。

【案例分析3-3】

甲于2016年11月申请设立独资企业A,委托乙管理本企业事务,并与乙约定:乙代表企业与他人签订合同如超过100万元需经甲同意。2017年5月,乙代表企业A与善意第三人丙签订了一份150万元的合同,并未征得甲的同意。问:乙、丙之间的合同是否有效?

分析提示:该合同有效。甲、乙的约定为内部协议,不能对抗善意第三人。如果该合同给甲造成损害,则应由乙承担民事赔偿责任。

受托人或者被聘用的人员应当履行诚信、勤勉义务,按照与投资人签订的合同负责个人独资企业的事务管理。《个人独资企业法》第二十条规定:投资人委托或者聘用的管理个人独资企业事务的人员不得有下列行为:①利用职务上的便利,索取或者收受贿赂;②利用职务或者工作上的便利侵占企业财产;③挪用企业的资金归个人使用或者借贷给他人;④擅自将企业资金以个人名义或者以他人名义开立账户储存;⑤擅自以企业财产提供担保;⑥未经投资人同意,从事与本企业相竞争的业务;⑦未经投资人同意,同本企业订立合同或者进行交易;⑧未经投资人同意,擅自将企业商标或者其他知识产权转让给他人使用;⑨泄露本企业的商业秘密;⑩法律、行政法规禁止的其他行为。

2)个人独资企业事务管理的内容

(1)会计事务管理。个人独资企业应当依法设置会计账簿,进行会计核算。

(2)用工事务管理。个人独资企业招用职工的,应当依法与职工签订劳动合同,保障职工的劳动安全，按时、足额发放职工工资。

(3)社会保险事务管理。个人独资企业应按照国家规定参加社会保险，为职工缴纳社会保险费。

3.2.4 个人独资企业的解散和清算

1. 解散

个人独资企业解散是指个人独资企业终止活动，使其民事主体资格消灭的行为。这既包括自行解散，也包括强制解散。

1)自行解散

个人独资企业自行解散规定了两种情形：

(1)投资人决定解散。个人独资企业由一个自然人投资，财产为投资者个人所有。由于只有一个投资人，因此，投资人个人可以自己决定解散企业的问题。

(2)投资人死亡或者被宣告死亡，无继承人或者继承人决定放弃继承。在投资人死亡或宣告死亡的情况下，如果其继承人继承了个人独资企业，则企业可以继续存在，只需办理投资人的变更登记；若出现无继承人或全部继承人均决定放弃继承的情形，独资企业失去继续经营的必备条件，故应当解散。

【知识链接 3-2】

根据《民法通则》的规定，投资人被宣告死亡应当符合下列条件：投资人下落不明满 4 年，或者因意外事故下落不明，自事故发生之日起满 2 年，或者因意外事故下落不明，经有关机关证明该投资人已不可能生存；要经投资人的利害关系人申请。

利害关系人的顺序一是配偶，二是父母和子女，三是兄弟姐妹、祖父母、外祖父母、孙子女、外孙子女，四是其他与投资人具有民事权利义务关系的人。

根据《民事诉讼法》的规定，人民法院受理宣告投资人死亡的申请后，应当发出寻找下落不明投资人的公告，公告期为 1 年。因意外事故下落不明的，经有关机关证明该投资人不可能生存的，公告期为 3 个月。公告期满后仍不能确定其下落的，应当作出死亡宣告。被宣告死亡的投资人，判决宣告之日为其死亡的日期，发生死亡的法律后果。投资人死亡或者被宣告死亡，即发生继承的问题。继承人有权接受继承，也有权放弃继承。个人独资企业作为遗产，按《中华人民共和国继承法》的规定由投资人的继承人继承。如果投资人没有继承人，或者虽然有继承人，但是继承人明确表示放弃继承，个人独资企业因无人继承而导致没有新的投资人就应当解散。

2)强制解散

(1)被依法吊销营业执照。比如，个人独资企业成立后无正当理由超过 6 个月未开业的，或者开业后自行停业连续 6 个月以上的，吊销营业执照。在这种情形下，个人独资企业就应当解散。

(2)法律、行政法规规定的其他情形。解散仅仅是个人独资企业消灭的原因，企业并非因解散的事实发生而立即消灭。企业的清算是处理解散企业未了的法律关系的程序，清算结束，进行注销登记，企业才最后消灭。

2. 清算

清算是企业解散的法律后果，就是对解散企业的财产进行清理，收回债权，偿还债务，如果有剩余财产，依法进行分配。清算结束后，企业作为经济实体的资格就消灭了。企业解散，无论是自行解散还是强制解散，都必须依法进行清算。个人独资企业的清算有两种方式：

1)投资人自行清算

个人独资企业的投资人自己对企业进行清算，是因为个人独资企业是投资人一人投资，财产为投资人个人所有，不存在其他投资人的问题。

投资人自行清算的，应当在清算前 15 日内书面通知债权人，无法通知的，应当予以公告，即法律规定的通知书和公告两种方式。对个人独资企业明知的债权人，采取发通知书的方式；对不明知的债权人，采取公告的方式，比如在公开发行的报纸上登载。企业债权人应当在接到通知之日起 30 日内，未接到通知的，应当在公告之日起 60 日内，向投资人申报债权。

2)人民法院指定清算人清算

对于债权人申请人民法院指定清算人进行清算，也应当采取通知书和公告两种方式。但《个人独资企业法》对此未作具体规定，因为这种情况下是人民法院指定清算人，法院会告知其清算程序。

3. 个人独资企业解散后原投资人责任

个人独资企业是一个自然人投资，企业财产为投资人个人所有，投资人是以其个人财产对企业债务承担无限责任的。个人独资企业解散后，原投资人对个人独资企业存续期间的债务仍应承担偿还责任，但债权人在 5 年内未向债务人提出偿债请求的，该责任消灭。

4. 个人独资企业解散时财产清偿顺序

1)所欠职工工资和社会保险费用

职工工资和社会保险费用直接关系到职工的生活和养老、医疗、失业等保障问题，涉及人民群众的切身利益，所以将所欠职工工资和社会保险费用列为清偿的第一顺序。

2)所欠税款

个人独资企业应当缴纳所得税、增值税、消费税、城镇土地使用税、印花税等。

3)其他债务

这是指个人独资企业应当承担的债务，包括合同之债、侵权之债等。

3.3　合伙企业法

3.3.1　合伙企业法概述

1. 合伙企业的概念、类型和特征

1)合伙企业的概念

合伙企业指自然人、法人和其他组织依照《合伙企业法》在中国境内设立的普通合伙企业和有限合伙企业。合伙企业与个人独资企业相比有诸多的优点，如可以从众多的合伙人处筹集资本，合伙人共同偿还债务，合伙人对企业盈亏负有完全责任，有助于提高企业的信誉等。

2)合伙企业的类型

合伙企业包括普通合伙企业和有限合伙企业两种形式。

普通合伙企业是指由普通合伙人组成,合伙人对合伙企业债务承担无限连带责任的合伙企业。

有限合伙企业是指由普通合伙人和有限合伙人组成,普通合伙人对合伙企业债务承担无限连带责任,有限合伙人以其认缴的出资额为限对合伙企业债务承担责任的合伙企业。

【法律小贴士 3-2】

国有独资公司、国有企业、上市公司以及公益性的事业单位、社会团体不得成为普通合伙人。

【知识链接 3-3】

普通合伙企业和有限合伙企业的区别如表 3-1 所示。

表 3-1 普通合伙企业和有限合伙企业的区别

区别	普通合伙企业	有限合伙企业
合伙人的规定	有 2 个以上合伙人。合伙人为自然人的,应当具有完全民事行为能力	①2 个以上 50 个以下的合伙人; ②由普通合伙人和有限合伙人组成; ③至少有 1 个普通合伙人
出资方式的规定	货币、实物、土地使用权、知识产权、劳务或者其他财产权利	①货币、实物、土地使用权、知识产权、劳务或者其他财产权利; ②有限合伙人不得以劳务出资
事务执行的规定	共同执行和委托执行	①由普通合伙人执行合伙事务; ②有限合伙人不执行合伙事务,不得对外代表有限合伙企业
竞业禁止的规定	合伙人不得自营或者同他人合作经营与本合伙企业相竞争的业务	有限合伙人可以同本有限合伙企业进行交易,但是,合伙协议另有约定的除外
关联交易的规定	除合伙协议另有约定或者经全体合伙人一致同意外,合伙人不得同本合伙企业进行交易	有限合伙人可以自营或者同他人合作经营与本有限合伙企业相竞争的业务,但是,合伙协议另有约定的除外
出质的规定	合伙人以其在合伙企业中的财产份额出质的,须经其他合伙人一致同意	有限合伙人可以将其在有限合伙企业中的财产份额出质,但是,合伙协议另有约定的除外
财产转让的规定	除合伙协议另有约定外,合伙人向合伙人以外的人转让其在合伙企业中的全部或者部分财产份额时,须经其他合伙人一致同意	有限合伙人可以按照合伙协议的约定向合伙人以外的人转让其在有限合伙企业中的财产份额,但应当提前 30 日通知其他合伙人
入伙人对入伙前企业债务的责任	对入伙前合伙企业的债务承担无限连带责任	新入伙的有限合伙人对入伙前有限合伙企业的债务,以其认缴的出资额为限承担责任
退伙人对退伙前企业债务的责任	退伙人对基于其退伙前的原因发生的合伙企业债务,承担无限连带责任	有限合伙人退伙后,对基于其退伙前的原因发生的有限合伙企业债务,以其退伙时从有限合伙企业中取回的财产承担责任

3)合伙企业的特征

(1)以合伙协议为基础。只有全体合伙人毫无保留地接受了合伙协议的全部条款,合伙企业才能产生。

(2)以共同出资为前提。合伙企业的原始财产只能来自合伙人的出资,这是合伙企业这种营利性组织的物质基础。

(3)合伙人共同经营、共享收益、共担风险。虽然有限合伙企业中的有限合伙人并不执行合伙事务,且其收益和风险与普通合伙人也有区别,但本质上仍不失这一特征。

(4)合伙事务可以授权部分合伙人执行。每一位合伙人平等的经营管理权的享有,并不意味着合伙人必须亲自行使该权利。无论普通合伙企业还是有限合伙企业,都可以由一个或者几个合伙人负责执行合伙事务。

(5)有极强的人合性和延续的可能性。合伙企业的人合性远高于公司企业。合伙人的纷争或者某一合伙人的退出、死亡、丧失行为能力都可以导致合伙企业的解散。当然,这并不影响合伙企业在理论上继续维持下去。

2. 合伙企业法的概念

合伙企业法有广义和狭义之分。狭义的合伙企业法是指由国家最高立法机关依法制定的规范合伙企业合伙关系的专门法律,即《合伙企业法》。广义的合伙企业法是指国家立法机关或其他有权部门依法制定的,调整合伙企业合伙关系的各种法律规范的总称,包括《合伙企业法》及国家有关法律、行政法规和规章中关于合伙企业的法律规范。

3. 合伙企业的法律地位

我国立法以及理论通说均明确肯定合伙企业的民事主体资格,但同时又认为其不具有法人资格,属于在自然人、法人之外的第三民事主体。合伙企业成为民事主体的依据是:

1)具有相对独立的财产

依照《合伙企业法》,合伙人以非货币出资的,应依法办理财产权转移手续;合伙人出资、以合伙企业名义取得的收益以及依法取得的其他财产,均为合伙企业的财产;在合伙企业清算前合伙人不得请求分割合伙企业的财产。

2)经营管理上具有相对独立性

一般而言,涉及合伙企业不动产、其他重要财产处分以及变更名称等事项,都需要全体普通合伙人一致同意的意思表示。这一意思表示区别于单个合伙人的意思,也非各个合伙人意思表示的简单相加,而是一种"团体意思"。

3)在经营责任承担上具有相对独立性

由于普通合伙人对合伙企业的责任承担连带责任,合伙企业的责任承担与合伙人的个人责任承担存在牵连。但是,这毕竟是以合伙企业自身财产先行清偿为前提的。只有在合伙企业财产不足以清偿债务时,才有普通合伙人承担责任的问题。

3.3.2 普通合伙企业

1. 普通合伙企业的设立

1)有两个以上合伙人

合伙人为自然人的,应具备完全民事责任能力。合伙企业必须有两个以上的投资主体共同投资，其设立人数不得少于两人。《合伙企业法》规定：合伙人可以是自然人，也可以是法人或者其他组织。当投资人为自然人时，自然人必须具有完全民事行为能力；当投资人是法人或其他组织时，其不得为国有独资公司、国有企业、上市公司以及公益性的事业单位、社会团体。

2)有书面合伙协议

合伙协议是依法由全体合伙人协商一致、以书面形式订立的合伙企业的契约。合伙协议经全体合伙人签名、盖章后生效。合伙人按照合伙协议享有权利，履行义务。修改或者补充合伙协议，应当经全体合伙人一致同意，但是合伙协议另有约定的除外。合伙协议未约定或者约定不明确的事项，由合伙人协商决定；协商不成的，依照《合伙企业法》和其他有关法律、行政法规的规定处理。

【法律小贴士 3-3】

合伙协议应当载明下列事项：①合伙企业的名称和主要经营场所的地点；②合伙目的和合伙经营范围；③合伙人的姓名或者名称、住所；④合伙人的出资方式、数额和缴付期限；⑤利润分配、亏损分担方式；⑥合伙事务的执行；⑦入伙与退伙；⑧争议解决办法；⑨合伙企业的解散与清算；⑩违约责任。

3)有合伙人认缴或实际缴付的出资

合伙人可以用货币、实物、知识产权、土地使用权或者其他财产权利出资，也可以用劳务出资。合伙人以实物、知识产权、土地使用权或者其他财产权利出资，需要评估作价的，可以由全体合伙人协商确定，也可以由全体合伙人委托法定评估机构评估。合伙人以劳务出资的，其评估办法由全体合伙人协商确定，并在合伙协议中载明。

合伙人应当按照合伙协议约定的出资方式、数额和缴付期限履行出资义务。以非货币财产出资的，依照法律、行政法规的规定，需要办理财产权转移手续的，应当依法办理。

4)有合伙企业的名称和生产经营场所

合伙企业的名称应当符合企业名称登记管理的要求，并且应当标明“普通合伙”字样。生产经营场所是指合伙企业从事生产经营活动的所在地，合伙企业一般只有一个生产经营场所，即在企业登记机关登记的营业地点。生产经营场所的法律意义在于确定债务履行地、诉讼管辖、法律文书送达地等。

5)法律、行政法规规定的其他条件

法律、行政法规有其他规定的，应当具备相应条件。《合伙企业法》规定：外国企业或者个人在中国境内设立合伙企业的管理办法由国务院规定。

【案例聚焦 3-1】

2017 年 2 月，赵某与张三、李四 3 个朋友计划共同出资合伙经营一家酒吧，合伙协议决定使用张三的个体工商营业执照，并决定：赵某与张三各出资 5 000 元，李四出资 10 000 元。利润分配比例为 25%∶25%∶50%。张三向朋友借款 4 000 元，购买酒吧办公用品。后来张三提出，这 4 000 元债务应该按照 25%∶25%∶50%的利润分配比例承担，赵某与李四都不同意，于是发生争议。

本案中，3 人共同出资，按照约定分配利润，是符合法律规定的，合伙协议也是合法的，其他条件也没有违反法律规定。但是，他们没有按照法律规定，经过工商行政管理部门核准登记，使用张三的个体工商营业执照代替合伙企业的营业执照，是不合法的。张三向朋友借款 4 000元，购买酒吧办公用品时，该合伙企业还没有成立，因此，不能以合伙企业名义从事民事活动。借款确实是用于购买酒吧办公用品，应该由 3 人共同承担，应当按照利润分配比例承担这笔债务。

2. 普通合伙企业的设立程序

第一，由全体合伙人指定的代表或者共同委托的代理人申请设立登记。

第二，向企业登记机关提出申请，并提交相关文件。申请设立合伙企业，应当向企业登记机关提交登记申请书、合伙协议书、合伙人身份证明等文件。合伙企业的经营范围中有属于法律、行政法规规定在登记前须经批准的项目的，该项经营业务应当依法经过批准，并在登记时提交批准文件。

第三，企业登记机关审核并作出是否登记的决定。申请人提交的登记申请材料齐全、符合法定形式，企业登记机关能够当场登记的，应予当场登记，发给营业执照。除前述规定情形外，企业登记机关应当自受理申请之日起 20 日内，作出是否登记的决定。予以登记的，发给营业执照；不予登记的，应当给予书面答复，并说明理由。

合伙企业的营业执照签发日期，为合伙企业成立日期。合伙企业领取营业执照前，合伙人不得以合伙企业名义从事合伙业务。此外，合伙企业设立分支机构，应当向分支机构所在地的企业登记机关申请登记，领取营业执照。

3. 普通合伙企业的财产与普通合伙企业的事务执行

1)普通合伙企业财产

(1)普通合伙企业财产的构成。

①合伙人的出资。当合伙人的出资转入合伙企业时，就变成了合伙企业的财产。

②合伙企业存续期间，合伙人的出资和所有以合伙企业名义取得的收益均为合伙企业的财产。合伙企业作为一个独立的经济实体，以其名义取得的收益作为合伙企业获得的财产，是合伙财产的一部分。

(2)普通合伙企业财产的性质。合伙企业的合伙财产，具有共有财产性质，即由合伙人共同管理和使用。对合伙财产的占有、使用、收益和处分，均应当依据全体合伙人的共同意志进行。合伙企业存续期间除非有合伙人退伙等法定事由，合伙人不得请求分割合伙企业的财产。

(3)普通合伙企业财产的转让。合伙企业财产的转让是指合伙人将自己在合伙企业中的财产份额转让与他人。由于合伙企业及其财产性质的特殊性，其财产的转让，将会影响合伙企业以及合伙人的切身利益，因此，《合伙企业法》对合伙企业财产的转让作了以下限制性规定：

① 除合伙协议另有约定外，合伙人向合伙人以外的人转让其在合伙企业的全部或者部分财产份额时，应经其他合伙人一致同意。

合伙人之间转让其在合伙企业中的全部或者部分财产份额时，应当通知其他合伙人。

②合伙人依法转让其财产份额时，在同等条件下，其他合伙人有优先购买权，但是，合伙协议另有约定的除外。

③合伙人以外的人依法受让合伙企业的财产份额的，经修改合伙协议即成为合伙企业的合伙人，依照本法和修改后的合伙协议享有权利，履行义务。

④合伙人以其在合伙企业中的财产份额出质的，须经其他合伙人一致同意；未经其他合伙人一致同意，其行为无效，由此给善意第三人造成损失的，由行为人依法承担赔偿责任。

【法律小贴士 3-4】

合伙人以其在合伙企业中的财产份额出质（质押担保）的，须经其他合伙人一致同意；未经其他合伙人一致同意，其行为无效，由此给善意第三人造成损失的，由行为人依法承担赔偿责任。合伙人在合伙企业清算前，不得请求分割合伙企业的财产，但是，《合伙企业法》另有规定的除外。合伙人在合伙企业清算前私自转移或者处分合伙企业财产的，合伙企业不得以此对抗善意第三人。

2）普通合伙企业的事务执行

（1）合伙事务执行的形式。根据《合伙企业法》的规定，合伙人执行合伙事务可以有两种形式：一是全体合伙人共同执行合伙事务。在采取这种形式的合伙企业中，按照合伙协议的约定，各个合伙人都直接参与经营，处理合伙企业的事务，对外代表合伙企业。二是委托一名或数名合伙人执行合伙事务，其他合伙人不再执行合伙事务。未接受委托执行合伙事务的其他合伙人，不再执行合伙企业的事务。“执行合伙事务”主要是指享有执行权的人对外有权代表这个合伙企业并以这个合伙企业的名义，对外进行活动，但并非所有合伙事务的决定权都可以被授予个别合伙人。

【法律小贴士 3-5】

合伙企业的下列事务必须经全体合伙人一致同意：①改变合伙企业的名称；②改变合伙企业的经营范围、主要经营场所的地点；③处分合伙企业的不动产；④转让或处分合伙企业的知识产权和其他财产权利；⑤以合伙企业名义为他人提供担保；⑥聘任合伙人以外的人担任合伙企业的经营管理人员。

（2）合伙人在执行合伙事务中的权利和义务。

①合伙人在执行合伙事务中的权利。根据《合伙企业法》的规定，合伙人在执行合伙事务中的权利包括以下几方面：合伙人对执行合伙事务享有同等的权利；不执行合伙事务的合伙人有权监督执行事务合伙人执行合伙事务的情况；合伙人为了解合伙企业的经营状况和财务状况，有权查阅合伙企业会计账簿等财务资料；合伙人分别执行合伙事务的，执行事务合伙人可以对其他合伙人执行的事务提出异议，提出异议时，应当暂停该项事务的执行，如果发生争议，依合伙协议约定的办法或全体合伙人过半数通过的办法处理争议；被委托执行合伙事务的合伙人不按照合伙协议或者全体合伙人的决定执行事务的，其他合伙人可以决定撤销该委托。

②合伙人在执行合伙事务中的义务。根据《合伙企业法》的规定，合伙人在执行合伙事务

中的义务包括以下两方面：由一个或者数个合伙人执行合伙事务的，执行事务合伙人应当定期向其他合伙人报告事务执行情况以及合伙企业的经营和财务状况；普通合伙人不得自营或者同他人合作经营与本合伙企业相竞争的业务。

【案例分析 3-4】

2016 年 9 月，李某与郝某各出资 5 万元，设立了福顺昌挂面厂。挂面厂建好后，经营状况很好，每月有 2 万元利润。郝某见有利可图，又于 2017 年 3 月，与刘某各出资 15 万元，兴建了瑞芙祥挂面厂，该厂与福顺昌挂面厂仅相距一条街。由于瑞芙祥挂面厂规模大，采用流水线生产，成本很低，不久就占领了大部分当地市场。福顺昌挂面厂几乎处于半停产状态，这给李某造成了极大的损失，而郝某却从瑞芙祥挂面厂获得了丰厚的利润。李某与郝某交涉未果，遂向法院提起诉讼。法院应如何处理此案？

分析提示：郝某在与李某合伙设立挂面厂后，为获取更多的利润，又与他人合伙设立另一家规模更大的挂面厂，其行为违反了关于合伙人竞业禁止的法律规定，侵犯了李某的合法权益。因此，郝某应该对福顺昌挂面厂或者合伙人李某的损失，依法承担赔偿责任。

③合伙企业事务执行的决议办法。合伙人对合伙企业有关事项作出决议，按照合伙协议约定的表决办法办理。合伙协议未约定或者约定不明确的，实行合伙人一人一票并经全体合伙人过半数通过的表决办法。《合伙企业法》对合伙企业的表决办法另有规定的，从其规定。有约定按约定，没有约定按法定。

④合伙企业的利润分配和亏损分担。由一个或者数个合伙人执行合伙事务的，其执行合伙事务所产生的收益归全体合伙人，所产生的费用和亏损由全体合伙人承担。合伙企业的利润分配和亏损分担，按照合伙协议的约定办理；合伙协议未约定或者约定不明确的，由合伙人协商决定；协商不成的，由合伙人按照实缴出资比例分配和分担；无法确定出资比例的，由合伙人平均分配和分担。

【法律小贴士 3-6】

合伙协议不得约定将全部利润分配给部分合伙人或者由部分合伙人承担全部亏损。

⑤ 非合伙人合伙事务的执行。根据《合伙企业法》的规定，经全体合伙人同意，合伙企业可以聘任合伙人以外的人担任合伙企业的经营管理人员。被聘任的合伙企业的经营管理人员应当在合伙企业授权范围内履行职务。被聘任的合伙企业的经营管理人员超越合伙企业授权范围履行职务，或者在履行职务过程中因故意或者重大过失给合伙企业造成损失的，依法承担赔偿责任。

4. 普通合伙企业的对外关系

合伙企业的对外关系，主要涉及合伙企业对外代表权的效力、合伙企业和合伙人的债务清偿等问题。

1）对外代表权的效力

《合伙企业法》规定：执行合伙企业事务的合伙人，对外代表合伙企业。这主要有三种情况：

(1)由全体合伙人共同执行合伙企业事务的,全体合伙人都有权对外代表合伙企业,即全体合伙人都取得了合伙企业的对外代表权。

(2)由部分合伙人执行合伙企业事务的,只有受托执行合伙企业事务的那一部分合伙人有权对外代表合伙企业,而不执行合伙企业事务的合伙人则不具有对外代表合伙企业的权利。

(3)特别事务的处理:由于特别授权在单项合伙事务上有执行权的合伙人,依照授权范围可以对外代表合伙企业。

执行合伙企业事务的合伙人在取得对外代表权后,可以以合伙企业的名义进行经营活动,在其授权的范围内作出法律行为,即合伙人执行合伙事务的权利和对外代表合伙企业的权利,都会受到一定的内部限制。《合伙企业法》规定:合伙企业对合伙人执行合伙企业事务以及对外代表合伙企业权利的限制,不得对抗不知情的善意第三人。

2)合伙企业和合伙人债务的清偿

(1)合伙人的连带清偿责任。合伙企业对其债务,应先以其全部财产进行清偿。合伙企业财产不足清偿到期债务的,各合伙人应当承担无限连带清偿责任。各合伙人所有的个人财产,除去依法不可执行的财产,如合伙人及其家属的生活必需品、已设定抵押权的财产等,均可用于清偿。

(2)合伙人之间的债务分担和追偿。以合伙企业财产清偿合伙企业债务时,其不足的部分,由各合伙人按照分担亏损比例,用其在合伙企业出资以外的个人财产承担清偿责任。

5. 入伙与退伙

1)入伙

入伙是指合伙企业存续期间,合伙人以外的第三人加入合伙,从而取得合伙人资格。

(1)入伙的条件和程序。

① 必须经全体合伙人一致同意,合伙协议另有约定的除外。

② 依法订立书面入伙协议。订立入伙协议时,原合伙人应当向新合伙人如实告知原合伙企业的经营状况和财务状况。

(2)入伙的法律后果。入伙的新合伙人与原合伙人享有同等权利,承担同等责任。入伙协议另有约定的,从其约定。新合伙人对入伙前合伙企业的债务承担无限连带责任。

【案例分析 3-5】

朱某与甲、乙两人商议合伙开办一小食品加工厂,3 人商定各出资 2 万元,订立了书面协议。在准备生产过程中,发现资金仍然不够,朱某于是动员胞弟朱丙支持他们 2 万元。朱丙表示出资可以,但要参加合伙企业的盈余分配。经朱某与甲、乙两合伙人商议,对朱丙参加盈余分配表示同意,但约定朱丙不得参与合伙企业的经营活动,并正式写下书面协议。朱丙的出资行为能否视为新加入合伙企业?

分析提示:依据《合伙企业法》,他们有书面协议,朱丙参加盈余分配,不参与合伙企业的经营活动,应认为是新加入合伙企业。同时,有关约定也不违反法律规定。

2)退伙

退伙是指合伙企业存续期间,合伙人退出合伙企业,从而丧失合伙人资格。退伙一般有两个原因：一是自愿退伙；二是法定退伙。

(1)自愿退伙。自愿退伙是指合伙人基于自愿的意思表示而退伙。自愿退伙可以分为协议退伙和通知退伙两种。

① 协议退伙。《合伙企业法》规定：合伙协议约定合伙期限的，在合伙企业存续期间，有下列情形之一的，合伙人可以退伙：合伙协议约定的退伙事由出现；经全体合伙人一致同意；发生合伙人难以继续参加合伙的事由；其他合伙人严重违反合伙协议约定的义务。

② 通知退伙。《合伙企业法》规定：合伙协议未约定合伙期限的，合伙人在不给合伙企业事务执行造成不利影响的情况下，可以退伙，但应当提前30日通知其他合伙人。合伙人违反上述规定退伙的，应当赔偿由此给合伙企业造成的损失。

(2)法定退伙。法定退伙是指合伙人因出现法律规定的事由而退伙。法定退伙分为当然退伙和除名两种。

① 当然退伙。《合伙企业法》规定，合伙人有下列情形之一的，当然退伙：作为合伙人的自然人死亡或者被依法宣告死亡；个人丧失偿债能力；作为合伙人的法人或者其他组织依法被吊销营业执照、责令关闭、撤销，或者被宣告破产；法律规定或者合伙协议约定合伙人必须具有相关资格而合伙人丧失该资格；合伙人在合伙企业中的全部财产份额被人民法院强制执行。退伙事由实际发生之日为退伙生效日。

② 除名。合伙人有下列情形之一的，经其他合伙人一致同意，可以决议将其除名：未履行出资义务；因故意或者重大过失给合伙企业造成损失；执行合伙事务时有不正当行为；发生合伙协议约定的事由。

对合伙人的除名决议应当书面通知被除名人。被除名人接到除名通知之日，除名生效，被除名人退伙。被除名人对除名决议有异议的，可以自接到除名通知之日起30日内，向人民法院起诉。

(3)退伙的法律后果。这分为两种情况：一是财产继承；二是财产清算与损益分配。

① 财产继承。合伙人死亡或者被依法宣告死亡的，对该合伙人在合伙企业中的财产份额享有合法继承权的继承人，按照合伙协议的约定或者经全体合伙人一致同意，从继承开始之日起，取得该合伙企业的合伙人资格。

继承人不愿意成为合伙人，合伙企业应当向合伙人的继承人退还被继承合伙人的财产份额。合伙人的继承人为无民事行为能力人或者限制民事行为能力人的，经全体合伙人一致同意，可以依法成为有限合伙人，普通合伙企业依法转为有限合伙企业。全体合伙人未能一致同意的，合伙企业应当将被继承合伙人的财产份额退还该继承人。

② 财产清算与损益分配。《合伙企业法》规定：合伙人退伙，其他合伙人应当与该退伙人按照退伙时的合伙企业财产状况进行结算，退还退伙人的财产份额。退伙人对给合伙企业造成的损失负有赔偿责任的，相应扣减其应当赔偿的数额。退伙时有未了结的合伙企业事务的，待该事务了结后进行结算。退伙人在合伙企业中财产份额的退还办法，由合伙协议约定或者由全体合伙人决定，可以退还货币，也可以退还实物。退伙人对基于其退伙前的原因发生的合伙企业债务，承担无限连带责任。合伙人退伙时，合伙企业财产少于合伙企业债务的，如果合伙协议约定亏损分担比例的，退伙人应当按照约定比例分担亏损。未约定的，退伙人应当与其他合伙人平均分担亏损。

【知识链接 3-4】

合伙企业与第三人的关系，主要表现在与善意第三人的关系、与合伙企业债权人的关系、与合伙人的债权人的关系等方面。

合伙企业对合伙人执行合伙事务以及对外代表合伙企业权利的限制，不得对抗善意第三人。第三人有理由相信有限合伙人为普通合伙人并与其交易的，该有限合伙人对该笔交易承担与普通合伙人同样的责任。

(4)债务的清偿。合伙企业对其债务，应先以其全部财产进行清偿；合伙企业财产不足以清偿到期债务的，各普通合伙人应当承担无限连带责任。承担债务的比例由合伙协议约定，未约定的由各合伙人平均分担。所谓无限责任，即其承担责任不以出资额为限。所谓连带责任，是指以下两点：

① 每个合伙人均须对合伙企业债务负责，债权人可以请求全体、部分或个别合伙人清偿；被请求人须立即清偿全部债务，不得以自己承担的份额为限拒绝。

② 在合伙人内部，某合伙人清偿的债务数额超过其应当承担的数额时，有权向其他合伙人追偿。合伙人发生与合伙企业无关的债务，相关债权人不得以其债权抵销其对合伙企业的债务，也不得代位行使合伙人在合伙企业中的权利。合伙人的自有财产不足清偿其与合伙企业无关的债务的，该合伙人可以以其从合伙企业中分取的收益用于清偿，债权人也可以依法请求人民法院强制执行该合伙人在合伙企业中的财产份额用于清偿，此时，其他合伙人有优先购买权；其他合伙人未购买，又不同意将该财产份额转让给他人的，依照《合伙企业法》为该合伙人办理退伙结算，或者办理削减该合伙人相应财产份额的结算。

3.3.3 有限合伙企业

有限合伙企业是指对合伙企业债务承担无限责任的普通合伙人与承担有限责任的有限合伙人共同组成的合伙企业。

与普通合伙企业相比，有限合伙企业具有资本优势，这是因为有限合伙人享有有限责任的特权；与公司相比较，有限合伙企业又具有信用的优势，这是由于普通合伙人对合伙企业债务承担无限责任或者无限连带责任。有限合伙企业将资金与管理有机地结合起来，尤其有利于高风险企业的投融资。

1. 有限合伙企业的设立条件

第一，有限合伙企业由两个以上 50 个以下合伙人设立，但是法律另有规定的除外。有限合伙企业至少应当有一个普通合伙人。

第二，合伙协议除符合普通合伙企业的规定外，还应当载明下列事项：①普通合伙人和有限合伙人的姓名或者名称、住所；②执行事务合伙人应具备的条件和选择程序；③执行事务合伙人权限与违约处理办法；④执行事务合伙人的除名条件和更换程序；⑤有限合伙人入伙、退伙的条件、程序以及相关责任；⑥有限合伙人和普通合伙人相互转变程序。

第三，有限合伙人可以用货币、实物、知识产权、土地使用权或者其他财产权利作价出资。有限合伙人不得以劳务出资。有限合伙人应当按照合伙协议的约定按期足额缴纳出资；未按期足额缴纳的，应当承担补缴义务，并对其他合伙人承担违约责任。有限合伙企业登记事项中应当载明有限合伙人的姓名或者名称及认缴的出资数额。

第四，有限合伙企业名称中应当标明“有限合伙”字样。

2. 有限合伙企业的事务执行

1)有限合伙企业的事务执行的形式

有限合伙企业由普通合伙人执行合伙事务。执行事务合伙人可以要求在合伙协议中确定执行事务的报酬及报酬提取方式。有限合伙人不执行合伙事务，不得对外代表有限合伙企业。有限合伙人的下列行为不视为执行合伙事务：①参与决定普通合伙人入伙、退伙；②对企业的经营管理提出建议；③参与选择承办有限合伙企业审计业务的会计师事务所；④获取经审计的有限合伙企业财务会计报告；⑤对涉及自身利益的情况，查阅有限合伙企业财务会计账簿等财务资料；⑥在有限合伙企业中的利益受到侵害时，向有责任的合伙人主张权利或者提起诉讼；⑦执行事务合伙人怠于行使权利时，督促其行使权利或者为了本企业的利益以自己的名义提起诉讼；⑧依法为本企业提供担保。

2)有限合伙人的权利与义务

(1)有限合伙人可以同本有限合伙企业进行交易，但是，合伙协议另有约定的除外。

(2)有限合伙人可以自营或者同他人合作经营与本有限合伙企业相竞争的业务，但是，合伙协议另有约定的除外。

(3)有限合伙人可以将其在有限合伙企业中的财产份额出质，但是，合伙协议另有约定的除外。

(4)有限合伙人可以按照合伙协议的约定向合伙人以外的人转让其在有限合伙企业中的财产份额，但应当提前30日通知其他合伙人。

(5)第三人有理由相信有限合伙人为普通合伙人并与其交易的，该有限合伙人对该笔交易承担与普通合伙人同样的责任。

(6)有限合伙人未经授权以有限合伙企业名义与他人进行交易，给有限合伙企业或者其他合伙人造成损失的，该有限合伙人应当承担赔偿责任。

3)利润分配与亏损分担

有限合伙企业不得将全部利润分配给部分合伙人，但是合伙协议另有约定的除外。

3. 有限合伙人的入伙与退伙

1)入伙

新入伙的有限合伙人对入伙前有限合伙企业的债务，以其认缴的出资额为限承担责任。

2)退伙

有限合伙人有下列情形之一的，当然退伙：作为合伙人的自然人死亡或者被依法宣告死亡；作为合伙人的法人或者其他组织依法被吊销营业执照、责令关闭、撤销，或者被宣告破产；法律规定或者合伙协议约定合伙人必须具有相关资格而合伙人丧失该资格；合伙人在合伙企业中的全部财产份额被人民法院强制执行。

作为有限合伙人的自然人在有限合伙企业存续期间丧失民事行为能力的，其他合伙人不得因此要求其退伙。

作为有限合伙人的自然人死亡、被依法宣告死亡或者作为有限合伙人的法人及其他组织终止时，其继承人或者权利承受人可以依法取得该有限合伙人在有限合伙企业中的资格。

有限合伙人退伙后，对基于其退伙前发生的有限合伙企业债务，以其退伙时从有限合伙企业中取回的财产承担责任。

4. 有限合伙人与普通合伙人的转化

除合伙协议另有约定外，普通合伙人转变为有限合伙人，或者有限合伙人转变为普通合伙人，应当经全体合伙人一致同意。

有限合伙人转变为普通合伙人的，对其作为有限合伙人期间有限合伙企业发生的债务承担无限连带责任；普通合伙人转变为有限合伙人的，对其作为普通合伙人期间合伙企业发生的债务承担无限连带责任。有限合伙企业仅剩有限合伙人的，应当解散；有限合伙企业仅剩普通合伙人的，转为普通合伙企业。

3.3.4 合伙企业解散和清算

1. 解散

合伙企业的解散是指各合伙人解除合伙协议，合伙企业终止活动，合伙企业因某些法律事实的发生而使其民事主体资格归于消灭的法律行为。

《合伙企业法》规定，合伙企业有下列情形之一的，应当解散：①合伙期限届满，合伙人决定不再经营；②合伙协议约定的解散事由出现；③全体合伙人决定解散；④合伙人已不具备法定人数满 30 天；⑤合伙协议约定的合伙目的已经实现或者无法实现；⑥依法被吊销营业执照、责令关闭或者被撤销；⑦法律、行政法规规定的其他原因。

2. 清算

1)确定清算人

清算人由全体合伙人担任；未能由全体合伙人担任清算人的，经全体合伙人过半数同意，可以自合伙企业解散事由出现后 15 日内指定一个或者数个合伙人，或者委托第三人，担任清算人。15 日内未确定清算人的，合伙人或者其他利害关系人可以申请人民法院指定清算人。

2)通知和公告债权人

清算人自被确定之日起 10 日内将合伙企业解散事项通知债权人，并于 60 日内在报纸上公告。债权人应当自接到通知书之日起 30 日内，未接到通知书的自公告之日起 45 日内，向清算人申报债权，清算人应当对债权进行登记。清算期间，合伙企业存续，但不得开展与清算无关的经营活动。

3)财产的清偿顺序

根据《合伙企业法》的规定，合伙企业财产在支付清算费用后，按下列顺序清偿：合伙企业所欠职工工资和社会保险费用、法定补偿金；合伙企业所欠税款；合伙企业的债务；返还合伙人的出资。

合伙企业财产按上述顺序清偿后仍有剩余的，按照合伙协议约定的利润分配比例进行分配；合伙协议未约定分配比例的，由合伙人平均分配。合伙企业清算时其全部财产不足清偿其债务的，由合伙人以个人的财产，按照合伙协议约定的比例承担清偿责任；合伙协议未约定比例的，由合伙人平均承担清偿责任。

4)清偿的结果

清算结束，清算人应编制清算报告，经全体合伙人签章后报送登记机关，申请注销登记。注销登记后合伙企业消灭，但原普通合伙人对合伙企业存续的债务仍应承担无限连带责任。合伙企业不能清偿到期债务的，债权人也可以申请其破产，普通合伙人仍要承担无限连带责任。

**【案例分析 3-6】**

某合伙企业在清算时，其企业财产加上各合伙人的可执行财产，共计有 50 万元现金和价值 150 万元的实物。其负债为：职工工资 10 万元，银行贷款 40 万元和其他债务 160 万元，欠缴税款 60 万元。本案该如何清算和清偿？

分析提示：根据《合伙企业法》的规定，合伙企业财产在支付清算费用后，按下列顺序清偿：①合伙企业所欠职工工资和社会保险费用、法定补偿金；②合伙企业所欠税款；③合伙企业的债务；④返还合伙人的出资。因此，应首先用现金 50 万元中的 10 万元偿还职工工资；其次用余下的现金 40 万元缴纳税款；再次以实物变现所得 150 万元中的 20 万元缴齐税款；最后用余下的 130 万元偿还银行贷款与其他债务，尚有 70 万元缺口。对于未能清偿的债务，由合伙人在今后继续承担连带清偿责任。债权人享有在清算结束后以原合伙人为连带债务人，继续请求清偿的权利。如果债权人在连续 5 年内未向债务人提出清偿请求，则债务人的清偿责任归于消灭。

3.4　外商投资企业法

3.4.1　外商投资企业法概述

1. 外商投资企业

1)外商投资企业的概念和特征

外商投资企业是指外国投资者经中国政府批准，在中国境内投资举办的企业。

外商投资企业具有以下基本特征：外商投资企业是外商直接投资举办的企业；外商投资企业是吸引外国私人投资举办的企业；外商投资企业是依照中国的法律和行政法规，经中国政府批准，在中国境内设立的企业。

2)外商投资企业的种类

外商投资企业是一个总括概念，包括所有含有外资成分的企业。按照外商在企业注册资本和资产中所占股份和份额的比例不同以及其他法律特征的不同，外商投资企业可以分为三种类型：中外合资经营企业、中外合作经营企业和外商独资经营企业。

2. 外商投资企业法

1)外商投资企业法的概念

外商投资企业法是调整有关外商投资企业在经济运行中发生的社会关系的法律规范的总称。其主要内容包括外商投资企业的组织形式、设立与登记程序、法律地位、投资关系、法律文件、中外双方的权利义务、组织机构、管理关系、劳动关系、税收、外汇关系、解散和清算等。

2)我国的外商投资企业法

我国的外商投资企业法主要包括《中华人民共和国中外合资经营企业法》(以下简称《中外合资经营企业法》)、《中华人民共和国中外合作经营企业法》(以下简称《中外合作经营企业法》)、《中华人民共和国外资企业法》(以下简称《外资企业法》)、《中华人民共和国中外合资经营企业法实施条例》《中华人民共和国中外合作经营企业法实施细则》《中华人民共和国外资企业法实施细则》《国务院关于鼓励外商投资的规定》《中外合资经营企业合营各方出资的若干规定》《指导外商投资方向规定》《外商投资产业指导目录》《中西部地区外商投资优势产业目录》《关于设立外商投资股份有限公司若干问题的暂行规定》等。

3.4.2 中外合资经营企业法律制度

1. 中外合资经营企业概述

中外合资经营企业是指由外国公司、企业和其他经济组织或者个人同中国的公司、企业或者其他经济组织,依照中国的法律和行政法规,经中国政府批准,设在中国境内的,由双方共同投资、共同经营,按照各自的出资比例共担风险、共负盈亏的企业。

中外合资经营企业具有如下特征:中国公民个人不能成为合营者;企业的组织形式为有限责任公司,具有法人资格;注册资本中外方合营者的出资比例一般不得低于25%;中外各方依照出资比例分享利润,分担风险,回收投资;不设股东会,其最高权力机构为董事会。

2. 中外合资经营企业法律制度的主要内容

1)设立条件

中国境内设立的中外合资经营企业,应当能够促进中国经济的发展和科学技术水平的提高,有利于社会主义现代化建设。有下列情况之一的,不予批准:有损中国主权的;违反中国法律的;不符合中国国民经济发展要求的;造成环境污染的;签订的协议、合同、章程显失公平,损害中外合资经营一方权益的。

2)设立程序

申请设立中外合资经营企业,应向审批机关报送下列正式文件:①设立合营企业的申请书;②合营各方共同编制的可行性研究报告;③由合营各方授权代表签署的合营企业协议、合同和章程;④由合营各方委派的合营企业的董事长、副董事长、董事人选名单;⑤审批机构规定的其他文件。

在中国境内设立的中外合资经营企业,必须经国务院对外经济贸易主管部门审查批准,发给批准证书。中外合资经营企业应当在收到审批机关发给的批准证书之日起1个月内向工商行政管理机关办理登记手续。

3)注册资本和投资总额

合营企业的注册资本,是指为设立合营企业在登记管理机构登记的资本总额,应为合营各方在合营企业合同中认缴的出资额之和。

合营企业的投资总额由中外投资各方各自的投资额和以合营企业的名义的借款这两部分组成,它等于合营企业的自有资金及该企业的借贷资金之和。

中外合资经营企业的注册资本和投资总额之间必须保持合理的比例关系:

合营企业的投资总额在300万美元以下(含300万美元)的,其注册资本至少应占投资总额的7/10,即股与债之比为7∶3。

合营企业的投资总额在300万美元以上到1 000万美元的,其注册资本至少应占投资总额的1/2,即股与债之比为1∶1;投资总额在420万美元以下的,注册资本不得少于210万美元。

合营企业的投资总额在1 000万美元以上到3 000万美元的,其注册资本至少应占投资总额的2/5，即股与债之比为2∶3；投资总额在1 250万美元以下的，注册资本不得低于500万美元。

合营企业的投资总额在3 000万美元以上的，其注册资本至少应占投资总额的1/3，即股与债之比为1∶2(债可为股的2倍)；投资总额在3 600万美元以下的，注册资本不得低于1 200万美元。

4)合营企业内合资各方的投资比例

在合营企业的注册资本中，外国合营者的投资比例一般不低于25%，即我国的法律只规定了外国合营方投资的最低限额，没有规定外资所占比例的最高限额。

5)合营企业内合资各方的投资方式

根据《中外合资经营企业法》及其实施条例的规定，合营企业各方可以货币、实物、工业产权和专有技术以及场地使用权等进行出资。

6)合营企业股份的转让

合营企业的股份转让是依法享有的权利。合营的任何一方转让其出资，必须经合营他方同意。合营一方转让其部分或全部出资额时，合营他方在同等条件下有优先购买权。合营企业的股份转让必须经原审批机关批准并在工商行政管理机构办理相关的登记手续。

7)中外合资经营企业的管理制度

合营企业应由中外双方根据各自的出资比例，共同承担管理的责任，共同参与企业的决策和管理活动。合营企业设立董事会，实行董事会领导下的经理负责制，这是合营企业管理体制的核心内容。合营企业应设立正、副总经理，全面主持企业的日常管理工作。

8)中外合资经营企业的经营期限、解散和清算

(1)中外合资经营企业的经营期限。中外合资经营企业的合资经营期限，按不同行业、不同情况，作不同的约定。约定了合资经营期限的企业，在合资各方同意的条件下可以延长，但应在经营期限届满前6个月向审查批准机关提出申请。审查批准机关应自接到申请之日起1个月内决定批准或不批准。

(2)中外合资经营企业的解散。解散的原因主要有：中外合资经营期限届满；企业发生严重亏损，无力继续经营；中外合资经营一方不履行中外合资经营协议、合同、章程规定的义务，致使企业无法继续经营；企业因自然灾害、战争等不可抗力遭受严重损失，无法继续经营；中外合资经营企业未达到其经营目的，同时又无发展前途；中外合资经营企业合同、章程规定的其他解散原因已经出现。

(3)中外合资经营企业的清算。中外合资经营企业宣告解散时，应当进行清算。合资企业应当按照有关的规定成立清算委员会，由清算委员会负责清算事宜。清算结束后，由清算委员会提出清算结束报告，提请董事会会议通过后，报告审批机关，并向登记管理机关办理注销登记手续，缴销营业执照。

3.4.3　中外合作经营企业的法律制度

1. 中外合作经营企业概述

1)中外合作经营企业的概念

中外合作经营企业亦称契约式合营企业。它是由外国公司、企业和其他经济组织或者个

人同中国的公司、企业或者其他经济组织，依照中国的法律和行政法规，经中国政府批准，设在中国境内的，由双方通过合作经营企业合同约定各自的权利和义务的企业。

2）中外合作经营企业的法律特征

中外合作经营企业具有如下法律特征：①属于契约型合营企业；②企业形式多样化；③组织机构和管理方式灵活；④一般采取先让外方回收投资的做法，合作期满企业的资产均归中方所有。

2. 中外合作经营企业法律制度的主要内容

1）合作各方的出资方式

中外合作者的投资或者提供的合作条件可以是现金、实物、场地使用权、工业产权、非专利技术和其他财产权利。

2）合作企业法人资格的可选择性

合作企业符合中国法律关于法人条件的规定的，依法取得法人资格。这就意味着法律允许合作企业办成企业法人，也允许其办成不具备法人资格的联营式企业。

3）合作各方利润的分配

合作各方按照合作企业合同的约定，分配收益或者产品，承担风险和亏损。这一规定说明合作企业的利润分配可以具有其自身的灵活性，即由合作各方在合同中约定和订明。

4）合作企业的组织管理形式

合作企业可以采取董事会负责制，也可以采取联合管理制。

5）合作企业结业时财产的处置

《中外合作经营企业法》规定：合作企业期满结业时，应当依照法定程序对企业的资产和债权债务进行清算。在此基础上，中外合作者应当依照合作企业合同的约定，确定合作企业财产的归属。在实践中，合作企业合同通常约定，外国合作者在合作期限内先行回收投资，而在合作期满时，合作企业的全部固定资产都无偿地归中方所有。

3.4.4 外资企业的法律制度

1. 外资企业概述

外资企业是指外国的公司、企业和其他经济组织或者个人，依照中国的法律和行政法规，经中国政府批准，设在中国境内的，全部资本由外国投资者投资的企业。但其不包括外国公司、企业和其他经济组织在中国境内设立的分支机构。

外资企业具有如下特征：外资企业的全部资本都由外国投资者投资，企业的利润、风险和亏损也由外国投资者独立享有或承担；外国投资者可以是公司、企业、其他经济组织和个人；外资企业是依照中国法律在中国境内设立的企业；外资企业是独立的经济法律关系主体，能够自主经营、自负盈亏，独立承担民事责任。

2. 外资企业的主要法律制度

1）外国投资者的出资

外国投资者可以用可自由兑换的外币出资，也可以用机器设备、工业产权、专有技术等作价出资。经审批机关批准，外国投资者还可以用其从中国境内兴办的其他外商投资企业获得的人民币利润出资。

外国投资者以工业产权、专有技术出资的，应满足两个条件：该工业产权、专有技术是外商投资者自己所有的；对工业产权、专有技术的作价应与国际上通常的作价原则一致，其作价金额不得超过外资企业注册资本的20%。

外国投资者可以分期缴付出资，但最后一期出资应当在营业执照签发之日起3年内缴清。其中，第一期出资不得少于外国投资者认缴出资额的15%，并应在外资企业营业执照签发之日起90天内缴清。如不能按比例在法定期限内缴付出资，则外资企业批准证书自动失效。在缴付每期出资后，都应当聘请中国的注册会计师验证，并出具验资报告，报审批机关和工商行政管理机关备案。

2）组织机构

外资企业的组织机构的设置，中国政府不加干涉，因此机构设置相对自由、灵活。根据《外资企业法》的规定，外资企业的组织形式为有限责任公司，经批准也可以为其他组织形式。

自 测 题

一、单项选择题

1. 下列关于个人独资企业的表述中正确的是（　　）。

A. 个人独资企业的投资人可以是自然人、法人或者其他组织

B. 个人独资企业的投资人对企业债务承担无限责任

C. 个人独资企业不能以自己的名义从事民事活动

D. 个人独资企业具有法人资格

2. 甲为某普通合伙企业的合伙人，该合伙企业经营手机销售业务。甲拟再设立一家经营手机销售业务的个人独资企业。下列关于甲能否设立该个人独资企业的表述中符合《合伙企业法》规定的是（　　）。

A. 甲经其他合伙人一致同意，可以设立该个人独资企业

B. 甲可以设立该个人独资企业，除非合伙协议另有约定

C. 甲如不执行合伙企业事务，就可以设立该个人独资企业

D. 甲只要具有合伙人的身份，就不可以设立该个人独资企业

3. 下列关于个人独资企业法律特征的表述中正确的是（　　）。

A. 个人独资企业是独立的民事主体，可以独立地承担民事责任

B. 个人独资企业具有法人资格

C. 个人独资企业的投资人对企业债务承担有限责任

D. 个人独资企业的投资人只能是中国公民

4. 根据《合伙企业法》的规定，有限合伙人出现一定情形时当然退伙。下列不属于有限合伙人当然退伙情形的是（　　）。

A. 有限合伙人丧失民事行为能力

B. 有限合伙人死亡

C. 有限合伙人被宣告破产

D. 有限合伙人在合伙企业中的全部财产份额被人民法院强制执行

5. 某普通合伙企业委托合伙人杨某执行合伙事务。根据《合伙企业法》的规定，下列关于杨某执行合伙事务权利与义务的表述中正确的是(　　)。

A. 只能由杨某对外代表该合伙企业

B. 除合伙协议另有约定外，杨某可以自行决定改变该合伙企业主要经营场所的地点

C. 除合伙协议另有约定外，杨某可以自行处分该合伙企业的不动产

D. 杨某可以自营与该合伙企业竞争的业务

6. 某外国投资者通过购买境内某公司股权设立中外合资经营企业，该合营企业的注册资本为700万美元。根据外商投资企业法律制度的规定，该合营企业的投资总额最高应为(　　)万美元。

A. 1 000　　B. 1 400　　C. 1 750　　D. 2 100

7. 2015年3月，甲、乙、丙、丁成立一有限合伙企业，甲为普通合伙人，乙、丙、丁为有限合伙人。2016年3月丙转为普通合伙人。2015年8月该合伙企业欠银行30万元，直至2017年3月合伙企业被宣告破产仍未偿还。下列关于甲、乙、丙、丁对30万元银行债务承担责任的表述中符合《合伙企业法》规定的是(　　)。

A. 乙、丁应以其认缴的出资额为限对30万元债务承担清偿责任，甲、丙承担无限连带责任

B. 乙、丙、丁应以其认缴的出资额为限对30万元债务承担清偿责任，甲承担无限责任

C. 乙、丁应以其实缴的出资额为限对30万元债务承担清偿责任，甲、丙承担无限连带责任

D. 乙、丙、丁应以实缴的出资额为限对30万元债务承担清偿责任，甲承担无限责任

二、多项选择题

1. 个人独资企业聘用的经营管理人员，未经投资人同意，不得从事的行为有(　　)。

A. 从事与本企业相竞争的业务　　B. 同本企业订立合同或者进行交易

C. 将企业专利权转让给他人使用　　D. 将企业商标权转让给他人使用

2. 某个人独资企业决定解散，并进行清算。该企业财产状况如下：企业尚有可用于清偿的财产10万元；欠缴税款3万元；欠职工工资1万元；欠社会保险费用0.5万元；欠甲公司到期债务5万元；欠乙未到期债务2万元。根据《个人独资企业法》的规定，该个人独资企业在清偿所欠税款前，应先行清偿的款项有(　　)。

A. 所欠职工工资1万元

B. 所欠社会保险费用0.5万元

C. 所欠甲公司到期债务5万元

D. 所欠乙未到期债务2万元

3. 根据《合伙企业法》的规定，下列关于合伙企业合伙人出资形式的表述中正确的是(　　)。

A. 普通合伙人可以用知识产权出资

B. 有限合伙人可以用实物出资

C. 普通合伙人可以用土地使用权出资

D. 有限合伙人可以用劳务出资

4. 关于有限合伙企业的概念理解，下列说法正确的是(　　)。

A. 有限合伙企业必须是由有限合伙人和普通合伙人共同组成的

B. 有限合伙企业至少应当有1个有限合伙人

C. 有限合伙中普通合伙人对合伙企业债务承担无限连带责任

D. 有限合伙中有限合伙人对合伙企业债务以其实缴的出资额为限承担有限责任

5. 甲、乙、丙准备设立一家普通合伙企业，在其拟定的合伙协议中的下列内容不符合规定的有(　　)。

A. 以劳务出资的甲对企业债务承担有限责任

B. 企业名称中只标明“合伙”字样

C. 由乙执行企业事务

D. 出资最多的丙有权修改合伙协议

6. 甲是某普通合伙企业合伙人，因病身亡，其继承人只有乙。关于乙继承甲的合伙财产份额的下列表述中符合《合伙企业法》规定的有(　　)。

A. 乙可以要求退还甲在合伙企业的财产份额

B. 乙只能要求退还甲在合伙企业的财产份额

C. 乙因继承财产份额而当然成为合伙企业的合伙人

D. 经其他合伙人同意，乙因继承而成为合伙企业的合伙人

三、案例分析题

1. 刘某是某高校的在职研究生，经济上独立于其家庭。2015年8月在工商行政管理部门注册成立了一家主营信息咨询的个人独资企业，取名为“远大信息咨询有限公司”，注册资本为人民币1元。公司成立后经营形势看好，收益甚丰，黄某与刘某订立协议参加该个人独资企业的投资经营，并注入投资5万元人民币。该企业在经营过程中先后聘用工作人员10名。刘某认为自己开办的是私人企业，不需要为职工办理社会保险，因此没有给职工缴纳社会保险费，也没有与职工签订劳动合同。后来该独资企业经营不善导致负债10万元，刘某决定于2017年6月自行解散企业，但因为企业财产不足清偿而被债权人、企业职工诉诸人民法院。

问题：(1)该企业的设立是否合法？

(2)刘某允许另一人参加投资、共同经营的行为是否合法？

(3)该企业的债权人要求是否成立？

(4)刘某是否有权解散该企业？

(5)黄某是否应当承担无限连带责任？

2. 王某、张某、李某与范某开办的独资企业甲共同签订了一份合伙协议，拟共同生产经营一种新式取暖设备，王某、范某各出资30万元，张某以其取暖设备专利作价出资50万元，李某则以其劳务作价出资20万元。对以上出资，合伙人经协商确定，不再委托法定评估机构进行评估。同时他们向企业登记机关申请设立登记，企业名称定为“光明有限合伙厂”。在申请登记期间，恰有一厂家急需取暖设备，于是他们便以“光明有限合伙厂”的名义与该厂家签订了一份购销合同。

问题：上述内容哪些不符合《合伙企业法》的规定？为什么？

3. 中国某企业与外国某企业在中国境内拟共同投资设立一中外合资经营企业。双方拟订的合营企业协议中，部分条款如下：①合营企业投资总额为900万美元，注册资本为400万美元。其中，中方出资260万美元，外方出资140万美元，双方一次缴清出资。②中方出资方式及数额：现金60万美元，厂房作价100万美元，场地使用权作价100万美元；外方出资方式及数额：以合营企业财产作担保从银行取得的贷款70万美元，工业产权作价70万美元。③合营企业的董事长、副董事长均由中方担任。④合营企业的总经理由外方担任。

问题：根据中外合资经营企业法律制度的规定，指出该合营企业协议中不符合法律规定之处，并简要说明理由。

第4章 公 司 法

【学习目标】

掌握公司的概念、特征和分类，并重点掌握有限责任公司、股份有限公司的设立和组织机构；了解股权的内容、股份的发行和转让，公司债券的发行和转让等法律问题；能运用所学知识分析和解决有关公司的具体法律问题。

【引导案例】

甲股份有限公司（以下简称甲公司）董事会由7名董事组成。有一天，董事长张某召集并主持召开董事会会议，出席会议的共6名董事。董事会会议作出如下决议：①增选职工代表李某为监事；②为拓展市场，成立乙分公司；③为子公司丙与A企业签订的买卖合同提供连带责任保证，该保证的数额超过了公司章程规定的限额。在讨论该保证事项时，董事赵某投了反对票，其意见被记载于会议记录。其他董事均认为丙公司经营状况良好，信用风险不大，对该保证事项投了赞成票。出席会议的全体董事均在会议记录上签了名。

乙分公司依法成立后，在履行与丁公司的买卖合同过程中，与对方发生纠纷，被诉至法院。法院判决乙分公司赔付货款并承担诉讼费用。乙分公司无力清偿，丁公司转而请求甲公司承担责任。

丙公司在与A企业签订的买卖合同债务履行期届满后未履行债务，A企业要求甲公司承担保证责任。甲公司因承担保证责任而遭受严重损失。

问题：(1)董事会会议决议增选职工代表李某为监事是否符合法律规定？简要说明理由。

(2)丁公司请求甲公司承担责任是否符合法律规定？简要说明理由。

(3)对于甲公司因承担保证责任而遭受的损失，与会董事应如何承担法律责任？

4.1 公司与公司法概述

4.1.1 公司的含义与种类

1. 公司的概念与特征

公司是指股东依照公司法的规定，以出资方式设立，股东以其认缴的出资额或认购的股份为限对公司承担责任，公司以其全部独立法人财产对公司债务承担责任的企业法人。

从法律上讲，我国的公司主要有四个特征：

1)公司依法定程序设立

公司必须依法定条件、法定程序设立。一方面，公司的章程、资本、组织机构、活动原则等必须合法;另一方面,公司设立要经过法定程序进行工商登记。公司除依公司法设立之外,有时还必须符合其他法律的规定,如商业银行法、保险法、证券法等行业管理法律,有时公司还可能是依据特别法或行政命令设立。

【案例分析 4-1】

2016 年 12 月,张三和李四两人共同投资设立两个企业,张三以现金出资,李四以实物和劳务出资。企业成立后,效益很好,2017 年 3 月,张三和李四商议把企业改成股份有限公司,于是就在企业门口挂上了“披头士股份有限公司”的牌子。该企业的性质如何?他们的这一做法合法吗?

分析提示:该企业的性质应为合伙企业。根据《中华人民共和国公司法》(以下简称《公司法》)的有关规定,公司必须依法定条件、法定程序设立。因此,他们私自在企业门口挂披头士股份有限公司的牌子的做法是不合法的。

2)公司以营利为目的

所谓营利,是指为了谋取超出资本的利益并将其分配给投资者的行为。以营利为目的是指股东即出资者设立公司的目的是为营利。这一特征使公司区别于以公益为目的的事业单位法人和以行政管理为目的的国家机关法人。此外,公司的营利活动应是具有连续性的营业,一次性的、间歇性的营利行为不构成经营性的营业活动。

3)公司具有社团性

公司是股东在出资基础上集合而成的社团法人。所谓社团法人,是由两人以上集合组成的法人。社团法人成立的目的是谋求成员的利益。传统公司法理论认为,公司就是这样一种经济组织。社团性的基础是复数的社员。一般认为,一人公司的出现并不能否认公司的社团性,只不过是公司社团性的例外罢了。

4)公司具有法人资格

法人是指具有民事权利能力和民事行为能力,依法独立享有民事权利和承担民事义务的社会组织。公司是企业法人,应当符合《民法通则》规定的法人条件,最主要的是有独立的法人财产和独立承担民事责任。《公司法》规定的有限责任公司和股份有限公司均具有法人资格,股东以其认缴的出资额或认购的股份为限对公司承担有限责任。这里的有限责任是指股东对公司的有限责任,公司对债权人的责任则是无限的,即公司要以其全部财产对其债务承担责任。

【案例分析 4-2】

甲、乙、丙三家公司共同出资于 2016 年 8 月设立 A 有限责任公司(简称 A 公司)。2017 年 6 月,A 公司以资金周转困难为由,向王某借款 200 万元作为生产的流动资金,约定借款期限为 1 年。但到了约定的还款时间,A 公司无力偿还欠款。王某遂以其 3 家股东甲、乙、丙公司为被告诉至法院,请求判令被告返还借款。王某是否可以向 A 公司的 3 家股东甲、乙、丙公司追偿债务?

分析提示:本案中,因为 A 公司是甲、乙、丙公司共同出资依法设立的公司。甲、乙、丙公司已经履行了出资义务,只在此出资范围内承担有限责任。所以王某不能向 A 公司的 3 家股东甲、乙、丙公司追偿债务。

2. 公司的分类

1）无限公司、有限公司、股份有限公司、两合公司和股份两合公司

以股东对公司债务所承担的责任为标准，可以将公司分为无限公司、有限公司、股份有限公司、两合公司和股份两合公司。

无限公司亦称无限责任公司，是指股东对公司债务负无限连带清偿责任的公司。无限公司是各类公司中出现最早的，存在于大陆法系国家，英美法系国家一般将其视为普通合伙。

有限公司亦称有限责任公司，是指股东对公司债务仅以其出资额为限承担有限责任的公司。

股份有限公司亦称股份公司，是指将公司的全部资本划分为等额股份，股东按其所认购的股份对公司债务承担责任的公司。

两合公司是指由一个以上的无限责任股东和一个以上的有限责任股东组成的公司。

股份两合公司是指股份有限公司与无限责任公司的组合，无限责任股东对公司债务负无限连带责任，有限责任部分的资本则划分为股份，可以发行股票，其股东仅以其认购的股份对公司债务承担责任的公司。

在上述公司类型中，有限责任公司和股份有限公司是当今最典型的两种公司形式，两者的区别如表 4-1 所示。

表 4-1　有限责任公司与股份有限公司的区别

区别	有限责任公司	股份有限公司
信用基础	人合兼资合公司	纯粹人合公司
成立要件	较简单	较复杂
筹资方式	发起设立	发起或募集设立
组织机构	可以简化	不得简化
表现形式	普通公司（一人公司）	普通公司
股权基础	出资额	股份
股权转让	限制	自由
经营者	全体股东	特定机构
信息公开程度	低	高

2）母公司和子公司

以一个公司对另一个公司的控制与支配关系为标准，可以将公司分为母公司和子公司。

母公司是指因拥有其他公司一定比例股份或者根据协议可以控制或支配其他公司的公司，又称控股公司。

子公司和母公司是相对应的概念。子公司是指全部股份或达到控股程度的股份被另一个公司控制，或者依照协议被另一个公司实际控制的公司。

子公司和母公司都具有法人资格，依法独立享有民事权利，承担民事责任。《公司法》规定：公司可以设立子公司，子公司具有独立法人资格，依法独立承担民事责任。

**【案例分析 4-3】**

2016 年，甲有限责任公司（简称甲公司）与乙合伙企业共同出资设立丙有限责任公司（简称丙公司），出资比例分别为 80％和 20％。2017 年，由于丙公司经营不善，欠丁公司 100 万

元，现无力偿还。丁公司了解到，甲公司经济实力雄厚，且甲公司实际上是丙公司的母公司，于是向法院起诉，要求甲公司承担100万元的债务。该起诉能否得到法院的支持?

分析提示：不能。原因在于子公司和母公司一样，都具有法人资格，依法独立享有民事权利，承担民事责任。作为母公司的甲公司是丙公司的股东，除非有《公司法》规定的适用公司法人人格否定的情形，否则不能直接要求甲公司承担责任。

3)资合公司、人合公司、人合兼资合公司

以公司信用基础的不同为标准，可以将公司分为资合公司、人合公司、人合兼资合公司。这是大陆法系国家公司法学者对公司所进行的一种学理分类。

资合公司是指以公司的资本额和资产条件为公司信用基础的公司。股份有限公司即为典型的资合公司。

人合公司是指以股东的个人信用作为公司的信用基础的公司。人合公司中股东结合的基础主要是个人信用，公司经营活动的基础也主要是个人信用，而不是公司的资本。

人合兼资合公司是指以股东的个人信用和公司的资本信用为公司信用基础的公司。

4)总公司和分公司

以公司的内部管辖关系为标准，可以将公司分为总公司和分公司。

总公司又称本公司，是指管辖公司全部组织的总机构。根据我国法律，公司应该至少有三个分支机构，才可以在名称中使用“总”的字样。

分公司是指被总公司所管辖的公司分支机构。分公司没有独立的名称、章程，没有独立的财产，不具有法人资格，仅为总公司的附属机构。

5)本国公司、外国公司和跨国公司

以公司的国籍为标准，可以将公司分为本国公司、外国公司和跨国公司。

本国公司是指依本国法律，在本国境内设立的公司。

外国公司是指依外国法律，在外国设立的公司。

跨国公司是指在多个国家设有公司的公司，通常具有两个以上的国籍。

【知识链接 4-1】

各国公司的法定类型如图 4-1 所示。

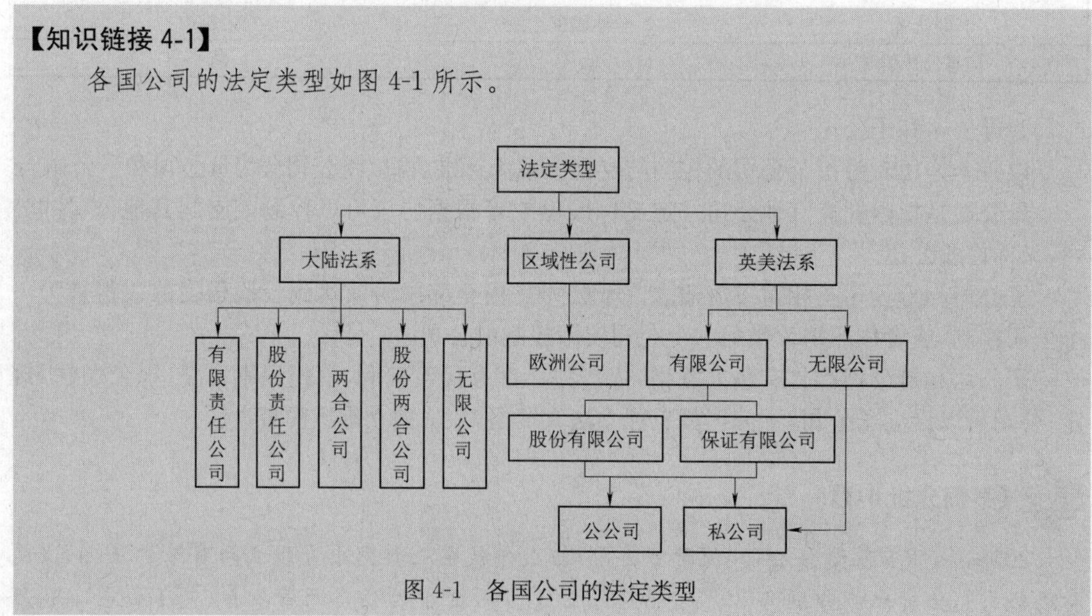

图 4-1 各国公司的法定类型

4.1.2　公司法的概念与性质

1. 公司法的概念

公司法是指规定公司的设立、组织、活动、解散及其他对内对外关系的法律规范的总称。公司法的概念有广义与狭义之分。狭义的公司法仅指专门调整公司问题的法典，如《公司法》。广义的公司法除包括专门的公司法典外，还包括其他有关公司的法律、法规、行政规章、司法解释以及其他各法之中的调整公司组织关系、规范公司组织行为的法律规范，如《公司登记管理条例》《民法通则》《中外合资经营企业法》等法中的相关规定。

2. 公司法的性质

1)公司法是组织法和行为法相结合的法律

所谓组织法，是指规范某种社会组织的产生和消灭、组织机构及其运行规则的法律规范。所谓行为法，是指约束或规范某种行为的法律规范。公司法确定了公司的法律地位、公司的类型、设立条件及组织机构等，同时，还规定了公司的内部行为规则以及与公司组织的运作和发展相关的外部行为规则。

2)公司法是强制法和任意法相结合的法律

所谓法律的强制性，就是法律的规定必须严格遵循，当事人不得改变，不得变通；所谓法律的任意性，就是法律的规定，当事人可以加以选择，法律允许当事人做另外的规定或者约定，法律的条文只有在当事人没有另外规定和约定的情况下才适用。公司法有鲜明的管理性，因此，其规范有较多的强制性，目的是为保证公司主体适格，以维护交易安全和经济秩序，同时，也以一定的任意规范体现股东和公司的意思自治。

3)公司法是实体法和程序法相结合的法律

实体法是指规定具体权利义务内容或者法律保护的具体情况的法律；程序法是保障实体法所规定的权利义务关系的实现而制定的诉讼程序的法律。公司法中有大量的实体法律规范，如公司组织机构及其权限，股东的权利、义务等，同时也规定了若干程序性规则，如公司的设立、变更、清算和解散程序，公司机关的议事规则和程序等。

4)公司法是具有一定的国际性的国内法

国内法是指由某一国家制定或认可，并在本国主权管辖内生效的法律。公司法是由一国立法机关制定和实施的，主要在该国国内施行的法律，因此属于国内法。由于现代社会经济交往的频繁和经济活动对主体的共性化要求，各国公司法在保留其固有特色的同时，其内容也明显带有国际性，我国公司法也不例外。

4.2　有限责任公司

4.2.1　有限责任公司的概念与特征

有限责任公司又称有限公司，是指由1个以上50个以下的股东设立的，股东以其认缴的出资额为限对公司承担有限责任，公司以其全部财产对公司债务承担责任的企业法人。有限责任公司具有以下法律特征：

1. 股东承担有限责任

有限责任公司的股东仅以其出资额为限对公司的债务承担责任，此外，对公司的债权人不承担任何责任。这是有限责任公司与无限公司及合伙企业的根本区别。

【法律小贴士】

根据《公司法》的规定，公司股东滥用公司法人独立地位和股东有限责任、逃避债务、严重损害公司债权人利益的，应当对公司债务承担连带责任。

2. 股东人数受限制

因为有限责任公司是具有较强人合性的资合公司，股东须相互信任，这就决定了股东人数不可能太多，有必要规定上限，一般限制为50人。股东人数超过50人则要变更公司形式为股份有限公司。我国的《公司法》承认了一人公司，因此，有限责任公司的股东人数为1～50人。

3. 股东出资具有非股份性

有限责任公司的资本一般不分为等额股份，股东出资也不以股份为单位计算，而直接以出资额计算。这是有限责任公司与股份有限公司最重要的区别。

4. 机构设置具有灵活性

有限责任公司设立程序简便，只有发起设立，而无募集设立；组织机构也较简单、灵活，其股东会由全体股东组成，董事会由股东会选举产生；规模较小、股东人数较少的有限责任公司可以不设董事会和监事会，而由执行董事和执行监事来代替。

5. 公司资本具有封闭性

有限责任公司资本只能由全体股东认缴，不能向社会募集股份，也不能发行股票。公司发给股东出资数额的证明书称股单，股单也不能在证券市场上流通转让。另外，有限责任公司一般对股东出资的转让有严格的限制。

【案例分析4-4】

2011年5月，甲、乙、丙3人准备出资设立一有限公司。2011年6月14日，3人共同签订了《发起人协议》，约定公司资本全部由3名股东认缴，其中甲以货币30万元出资，乙以办公用房作为出资，而丙本准备以劳务作为出资。在查阅《公司法》后，他们了解到不能以劳务出资，故改为以非专利技术作为出资。在验资时，丙未能向会计师提供承诺在公司成立后转让非专利技术的承诺函，故最终该项非专利技术出资未得到认可，丙只得改以现金出资5万元。丙同时与其他股东约定，一旦公司成立后，公司应聘请其作为公司的技术总监。公司成立后，丙如约成为公司的技术总监。2017年，丙提出要将其所持有的全部股份转让给丁，但甲认为丁并不熟悉公司所从事的行业，无法如丙那样为公司服务，故不同意向丁转让股份，并提出由其购买丙所持的股份。最终，丙所持的股份由甲购得。

问题：(1)怎样理解有限责任公司的人资两合性？

(2)设立有限责任公司有几种出资方式？

分析提示：本案中，丙原计划以劳务作为出资，这不符合《公司法》的规定，故最终只得以货币出资。这明显不同于合伙企业。合伙企业中的合伙人可以以劳务出资，只要各合伙人对此达成一致即可。究其根本，就在于有限责任公司的对外信用基础除了股东个人信用外，还在于公司的资本信用。合伙企业则完全在于合伙人的个人信用。此外，丙在转让其出资时必须取得其他股东过半数的同意，且甲根据《公司法》的规定行使优先购买权，阻止了丁成为公司的股东，这充分体现了有限责任公司的人合性质。有限责任公司往往较股份有限公司更强调股东之间的相互信任，股东在直接参与公司经营时，往往更强调股东间的信任与合作，因此，股东意欲转让出资时，其他股东可以通过对优先购买权的行使，防止他们不信任的其他人介入公司成为新股东。

4.2.2　有限责任公司的设立

公司的设立是指为了取得公司主体资格而依法定程序进行的一系列法律行为的总称。设立公司，应当向工商行政管理机关申请设立登记。设立公司必须符合《公司法》规定的条件，法律、行政法规规定设立公司必须报经批准的，应当在公司登记前依法办理批准手续。

1. 有限责任公司设立的条件

1)有符合公司章程规定的全体股东认缴的出资额

有限责任公司的注册资本为在公司登记机关登记的全体股东认缴的出资额。法律、行政法规以及国务院决定对有限责任公司注册资本实缴、注册资本最低限额另有规定的，从其规定。

2)股东符合法定人数

有限责任公司由1～50个股东出资设立。国家可以单独出资、由国务院或者地方人民政府授权本级人民政府国有资产监督管理机构履行出资人职责设立有限责任公司，即国有独资公司。《公司法》也规定了一人有限责任公司，允许设立只有一个自然人股东或者一个法人股东的有限责任公司。

3)股东共同制定公司章程

有限责任公司设立时，由全体股东共同制定公司章程，股东应当在公司章程上签名、盖章。公司章程应当载明下列事项：公司名称和住所；公司经营范围；公司注册资本；股东的姓名或者名称；股东的出资方式、出资额和出资时间；公司的机构及其产生办法、职权、议事规则；公司法定代表人；股东会会议认为需要规定的其他事项。

【知识链接4-2】

公司章程是指公司依法制定的，规定公司名称、住所、经营范围、经营管理制度等重大事项的基本文件，或是指公司必备的规定公司组织及活动的基本规则的书面文件，是以书面形式固定下来的股东共同一致的意思表示。公司章程是公司组织和活动的基本准则，是公司的宪章。公司章程的基本特征是要具备法定性、真实性、自治性和公开性。作为公司组织与行为的基本准则，公司章程对公司的成立及运营具有十分重要的意义，它既是公司成立的基础，也是公司赖以生存的灵魂。

4)有公司名称

公司名称是公司具有独立人格和对外经营活动的标志，也是公司的法定登记事项。公司在设定自己的名称时，必须符合法律、法规的规定，并经过工商行政管理部门进行预先核准登记。公司名称通常由行政区划、字号、所属行业、组织形式依次构成。设立有限责任公司，必须在公司名称中标明"有限责任公司"或者"有限公司"字样。

5)建立符合有限责任公司要求的组织机构

根据《公司法》规定,有限责任公司的组织机构包括股东会、董事会和监事会,法律另有规定的除外。

6)有公司住所

公司必须有自己的住所,其住所可以与其经营场所一致,也可以不一致。根据《公司法》的规定,有限责任公司以其主要办事机构所在地为住所。

【案例聚焦 4-1】

美国的丹尼斯·霍普利用联合国 1967 年《外层空间条约》的漏洞,注册了月球大使馆公司,自任总裁,销售月球土地,每英亩 31.5 美元。李某如法炮制,于 2005 年向北京市工商局朝阳分局申请成立月球大使馆公司,被工商局否决。事后,他又申请注册北京月球村航天科技有限公司,并于 9 月 5 日获得营业执照,自任首席执行官。其住所为北京朝阳区安贞桥的深房大厦,注册资本 1 000 万元,实缴 10 万元,主要经营项目为太空旅游和月球开发。该公司在住所挂牌为"月球大使馆",实际从事的是月球土地销售活动,每英亩 298 元,并为购买者颁发月球土地证书。购买者拥有月球土地的所有权以及土地以上及地下 3 公里以内的矿物产权。10 月 19 日正式开盘,3 天内共有 34 名顾客购买了 49 英亩月球土地。10 月 28 日,朝阳分局发现,其经营对象为虚无缥缈的月球土地,且对其没有支配和处分权,便以涉嫌投机倒把为由,扣留了其营业执照和相关财物,随后作出吊销营业执照、责令退回财物和罚款 5 万元的决定。

(本案例由作者根据资料改编)

2. 有限责任公司的设立程序

《公司法》及《公司登记管理条例》对有限责任公司设立的程序作了明确的规定。同股份有限公司相比,其设立程序较为简单。

1)发起人发起

有限责任公司只能以发起设立方式设立,投资者通常首先签署发起设立协议,对公司的投资者、各方投资比例、公司名称等基本事项予以明确约定。

2)办理公司名称的预先核准登记手续

预先核准的公司名称要符合法律对公司名称的构成要求,同时公司名称不得与他人的公司名称相同或相近。通过预先核准的公司名称可以保留 6 个月的优先使用权利。

3)制定和通过公司章程

公司章程是对股东、董事、监事及公司高级管理人员具有约束力的调整公司内部组织关系和经营行为的自治规则,它是公司设立、运营过程中处理内外关系的重要文件,制定公司章程是公司设立的必经程序。《公司法》规定:公司章程需经全体股东同意并签名、盖章,报登记主管机关批准后,发生法律效力。

4)设立审批

法律、行政法规规定设立公司必须报经批准的,还应当在公司登记前依法办理批准手续。

5)缴纳出资

缴纳出资是股东在公司设立中履行设立协议或公司章程规定的出资义务的行为。

有限责任公司的注册资本为在公司登记机关登记的全体股东认缴的出资额。新公司法规定股东出资为认缴制,在公司成立时可不必实际缴纳出资。股东可以用货币出资,也可以用实物、知识产权、土地使用权等可以用货币估价并可以依法转让的非货币财产作价出资,但是,法律、行政法规规定不得作为出资的财产除外。对作为出资的非货币财产应当评估作价,核实财产,不得高估或者低估作价。法律、行政法规对评估作价有规定的,从其规定。

【案例分析 4-5】

2017 年,甲、乙、丙 3 人经协商,准备成立一家有限责任公司,主要从事服装生产。甲为公司提供厂房和设备,经评估作价 25 万元;乙从银行借款 20 万元现金作为出资;丙原为一家私营企业的服装厂厂长,具有丰富的管理经验,提出以管理能力出资,作价 15 万元。甲、乙、丙签订协议后,向工商局申请注册。

请问:(1)本案包括哪几种出资形式? 根据《公司法》的规定分析甲、乙、丙的出资效力。

(2)该公司的成立是否符合《公司法》的规定? 为什么?

分析提示:(1)本案例中有 3 种出资形式,即实物、现金、无形资产。甲的出资为实物出资,符合《公司法》的规定;乙虽然是从银行借的资金,但并不影响其出资能力,故属货币出资,符合《公司法》的规定;丙的出资是无形资产,但《公司法》只规定知识产权等可以用货币估价并可依法转让的非货币财产作价出资,以管理能力作为出资,因其难以估价并不可转让,不符合《公司法》的规定。

(2)该公司可以成立。按照我国新修订的《公司法》规定,有符合公司章程规定的全体股东认缴的出资额公司即可成立。有限责任公司的注册资本为在公司登记机关登记的全体股东认缴的出资额。股东人数也符合规定。

股东应当按期足额缴纳公司章程中规定的各自所认缴的出资额。股东不按期缴纳出资的,除应当向公司足额缴纳外,还应当对已按期足额缴纳出资的股东承担违约责任。有限责任公司成立后,发现作为设立公司出资的非货币财产的实际价额显著低于公司章程所定价额的,应当由交付该出资的股东补足其差额,公司设立时的其他股东承担连带责任。

【案例聚焦 4-2】

上海代尔软件技术有限公司是于 2000 年 4 月 5 日经工商登记成立的有限责任公司,公司注册资金 50 万元,由公司法定代表人汤发林的 15 万元和上海坤施实业有限公司的 35 万元组成。同年,上海代尔软件技术有限公司分 3 次收到上海金汇科技发展有限公司法定代表人何炳鳌(以上海金汇科技发展有限公司名义,下同)投资的款、物 11.85 万元。为确定何炳鳌在上海代尔软件技术有限公司的股东地位,2001 年 2 月 16 日,汤发林、万代坤(上海坤施实业有限公司法定代表人)、何炳鳌签订会谈纪要一份,确认上海代尔软件技术有限公司是由汤、万、何投资组成,何对公司出资的 10 万元已实际到位,汤、万对此无异议;至 2001 年 2 月 16 日,实际到位投资金额为 25 万元,由何的 10 万元和汤、万的共同投资 15 万元组成;上海代尔软件技术有限公司在公司工商登记时遗漏何为投资股东,三方同意进行变更,追认何为公司股东。事后上海代尔软件技术有限公司未据此协议申请工商变更登记。同年6月13日,上海金汇科技发展有限公司诉至法院要求上海代尔软件技术有限公司归还投资款、物计11.85万元并赔偿相应利息损失。

法院经审理后认为,本案三方投资协议合法有效,虽未经工商变更登记,亦不影响其效力。股东出资可以依法转让,但不得擅自抽回。依照《合同法》《公司法》的有关规定,法院判决驳回上海金汇科技发展有限公司的诉讼请求。

(本案例由作者根据资料改编)

6)确立公司的组织机构

根据《公司法》的规定,除一人公司和国有独资公司外,有限责任公司应设立股东会,作为公司的权力机构;除规模较小、股东人数较少的有限责任公司外,一般还应设立董事会和监事会。

7)申请设立登记

股东的首次出资经依法设立的验资机构验资后,由全体股东指定的代表或者共同委托的代理人向公司登记机关报送公司登记申请书、公司章程、验资证明等文件,申请设立登记。

8)登记发给营业执照

公司登记机关对申请登记时提供的材料进行审查后,认为符合法律规定的,将予以登记并发给营业执照。自此,有限责任公司宣告成立,并取得法人资格。

【案例聚焦 4-3】

2016年9月,某房地产开发有限公司与另外6家企业共同筹建某开发股份有限公司,资本总额为1 200万元,7家企业认购500万元,其余700万元向社会公开募集。10月,发起人认足了500万元的股份,由于厂房需要装修,故筹建处向某装潢公司购买一批材料,价值70万元,商定某开发股份有限公司一经成立即向装潢公司付款。一周后,装潢公司按约将货物运至筹建处指定的仓库。公开募股期限届满后,仅募集620万元,公司无法成立。某装潢公司向7个发起人请求偿付货款70万元,他们却相互推诿,拒付货款。装潢公司遂以7个发起人为被告向法院提起诉讼,法院支持了原告的诉讼请求。

【知识链接 4-3】

公司设立与公司成立的区别如表4-2所示。

表 4-2　公司设立与公司成立的区别

区别	公司设立	公司成立
性质	当事人的意愿	当事人的意愿适法
时间	前	后
效果	设立中的公司	公司主体资格成就
当事人	发起人和认购人	全体成员与登记机关
法律内容	实体法或程序法	程序法

4.2.3　有限责任公司的组织机构

1. 股东会

1)股东会的性质和职权

有限责任公司的股东会由公司全体股东组成，是公司的权力机构。根据《公司法》的规定，股东会行使下列职权：决定公司的经营方针和投资计划；选举和更换非由职工代表担任的董事、监事，决定有关董事、监事的报酬事项；审议批准董事会的报告；审议批准监事会或者监事的报告；审议批准公司的年度财务预算方案、决算方案；审议批准公司的利润分配方案和弥补亏损方案；对公司增加或者减少注册资本作出决议；对发行公司债券作出决议；对公司合并、分立、解散、清算或者变更公司形式作出决议；修改公司章程；公司章程规定的其他职权。

2)股东会会议制度

(1)股东会会议的召开。股东会会议分为定期会议和临时会议。定期会议应当按照公司章程的规定按时召开。代表 1/10 以上表决权的股东、1/3 以上的董事、监事会或者不设监事会的公司的监事提议召开临时会议的，应当召开临时会议。

首次股东会会议由出资最多的股东召集和主持。有限责任公司设立董事会的，股东会会议由董事会召集，董事长主持；董事长不能履行职务或者不履行职务的，由副董事长主持；副董事长不能履行职务或者不履行职务的，由半数以上董事共同推举 1 名董事主持。有限责任公司不设董事会的，股东会会议由执行董事召集和主持。董事会或者执行董事不能履行或者不履行召集股东会会议职责的，由监事会或者不设监事会的公司的监事召集和主持；监事会或者监事不召集和主持的，代表 1/10 以上表决权的股东可以自行召集和主持。

(2)股东会的决议。召开股东会会议，应当于会议召开 15 日以前通知全体股东，但是，公司章程另有规定或者全体股东另有约定的除外。股东会应当对所议事项的决定作成会议记录，出席会议的股东应当在会议记录上签名。

股东会会议作出修改公司章程、增加或者减少注册资本的决议，以及公司合并、分立、解散或者变更公司形式的决议，必须经代表 2/3 以上表决权的股东通过。股东会的议事方式和表决程序，除《公司法》有规定的外，由公司章程规定。

2. 董事会和经理

1)董事会的性质

董事会是公司的业务执行机关。董事会由股东会选举产生，向股东会负责。股东人数较少或者规模较小的有限责任公司，可以设 1 名执行董事，不设董事会。执行董事可以兼任公司经理。执行董事的职权由公司章程规定。

2)董事会的组成和职权

(1)董事会的组成。有限责任公司设董事会，其成员为 3～13 人。两个以上的国有企业或者其他两个以上的国有投资主体投资设立的有限责任公司，其董事会成员中应当有公司职工代表；其他有限责任公司董事会成员中也可以有公司职工代表。董事会中的职工代表由公司职工通过职工代表大会、职工大会或者其他形式民主选举产生。

董事会设董事长 1 人，可以设副董事长。董事长、副董事长的产生办法由公司章程规定。

(2)董事会的职权。根据《公司法》的规定，董事会对股东会负责，行使下列职权：召集股东会会议，并向股东会报告工作；执行股东会的决议；决定公司的经营计划和投资方案；制订公司的年度财务预算方案、决算方案；制订公司的利润分配方案和弥补亏损方案；制订公司增加或者减少注册资本以及发行公司债券的方案；制订公司合并、分立、变更公司形式、解散的方案；决定公司内部管理机构的设置；决定聘任或者解聘公司经理及其报酬事项，并根据经理的提名决定聘任或者解聘公司副经理、财务负责人及其报酬事项；制定公司的基本管理制度；公司章程规定的其他职权。

(3)董事的任期。董事任期由公司章程规定，但每届任期不得超过 3 年。董事任期届满，连选可以连任。董事任期届满未及时改选，或者董事在任期内辞职导致董事会成员低于法定人数的，在改选出的董事就任前，原董事仍应当依照法律、行政法规和公司章程的规定，履行董事职务。

3)董事会会议

董事会会议由董事长召集和主持；董事长不能履行职务或者不履行职务的，由副董事长召集和主持；副董事长不能履行职务或者不履行职务的，由半数以上董事共同推举 1 名董事召集和主持。

董事会应当对所议事项的决定作成会议记录，出席会议的董事应当在会议记录上签名。董事会决议的表决实行一人一票。董事会的议事方式和表决程序，除《公司法》有规定的外，由公司章程规定。

4)经理

(1)经理的性质。有限责任公司可以设经理，由董事会决定聘任或者解聘，经理对董事会负责。公司经理是负责公司日常经营管理的人员，是董事会的辅助管理人员。

(2)经理的职权。根据《公司法》的规定，经理依法行使下列职权：主持公司的生产经营管理工作，组织实施董事会决议；组织实施公司年度经营计划和投资方案；拟订公司内部管理机构设置方案；拟订公司的基本管理制度；制定公司的具体规章；提请聘任或者解聘公司副经理、财务负责人；决定聘任或者解聘除应由董事会决定聘任或者解聘以外的负责管理人员；董事会授予的其他职权。

公司章程对经理职权另有规定的，从其规定。经理列席董事会会议。

【案例分析 4-6】

凤凰有限责任公司 2016 年经济效益不好，许多股东都认为，主要原因是公司的总经理王某经营能力差、经验不足。于是，在 2016 年年末召开股东会的时候，经股东提议，股东会作出罢免公司总经理王某并任命李某为新总经理的决议。试分析此决议的效力。

分析提示：根据《公司法》的规定，经理对董事会负责，因此经理的任命或解聘都应该由董事会作出。股东会无权直接作出任命或解聘公司经理的决议。所以，本案中股东会的此项决议无效。

3. 监事会

1)监事会的性质

监事会又称监察人会议，是公司依照《公司法》和公司章程设立的，监督公司各项事务的内部监督机关。

2)监事会的组成和职权

(1)监事会的组成。有限责任公司设立监事会,其成员不得少于3人。股东人数较少或者规模较小的有限责任公司,可以设1～2名监事,不设立监事会。监事会应当包括股东代表和适当比例的公司职工代表,其中职工代表的比例不得低于1/3,具体比例由公司章程规定。监事会中的职工代表由公司职工通过职工代表大会、职工大会或者其他形式民主选举产生。监事会设主席1人,由全体监事过半数选举产生。监事会主席召集和主持监事会会议;监事会主席不能履行职务或者不履行职务的,由半数以上监事共同推举1名监事召集和主持监事会会议。董事、高级管理人员不得兼任监事。

(2)监事会的职权。监事会、不设监事会的公司的监事行使下列职权:检查公司财务;对董事、高级管理人员执行公司职务的行为进行监督,对违反法律、行政法规、公司章程或者股东会决议的董事、高级管理人员提出罢免的建议;当董事、高级管理人员的行为损害公司的利益时,要求董事、高级管理人员予以纠正;提议召开临时股东会会议,在董事会不履行《公司法》规定的召集和主持股东会会议职责时召集和主持股东会会议;向股东会会议提出提案;依法对董事、高级管理人员提起诉讼;公司章程规定的其他职权。

除此之外,监事会、不设监事会的公司的监事发现公司经营情况异常,可以进行调查;必要时,可以聘请会计师事务所等协助其工作,费用由公司承担。监事可以列席董事会会议,并对董事会决议事项提出质询或者建议。

(3)监事的任期。监事的任期每届为3年。监事任期届满,连选可以连任。监事任期届满未及时改选,或者监事在任期内辞职导致监事会成员低于法定人数的,在改选出的监事就任前,原监事仍应当依照法律、行政法规和公司章程的规定,履行监事职务。

3)监事会会议

有限责任公司监事会每年至少召开一次会议。监事可以提议召开临时监事会会议。监事会的议事方式和表决程序,除法律有规定的外,由公司章程规定。监事会决议应当经半数以上监事通过。监事会应当对所议事项的决定作成会议记录,出席会议的监事应当在会议记录上签名。

监事会、不设监事会的公司监事行使职权所必需的费用,由公司承担。

4. 董事、监事、高级管理人员任职资格的限制、义务及责任

1)董事、监事、高级管理人员任职资格的限制

董事、监事、高级管理人员拥有公司的决策权、监督权和执行权,他们在很大程度上实际控制公司的运营。与股东不同,他们仅是公司的代理者,而非公司的所有者。他们与股东的利益有很大程度的一致性,并因此被赋予充分的职权;同时,他们又有自己独立的利益,甚至可能与股东和公司存在着冲突。为此,《公司法》规定,有下列情形之一的,不得担任公司的董事、监事、高级管理人员:①无民事行为能力或者限制民事行为能力;②因贪污、贿赂、侵占财产、挪用财产或者破坏社会主义市场经济秩序,被判处刑罚,执行期满未逾5年,或者因犯罪被剥夺政治权利,执行期满未逾5年;③担任破产清算的公司、企业的董事或者厂长、经理,对该公司、企业的破产负有个人责任的,自该公司、企业破产清算完结之日起未逾3年;④担任因违法被吊销营业执照、责令关闭的公司、企业的法定代表人,并负有个人责任的,自该公司、企业被吊销营业执照之日起未逾3年;⑤个人所负数额较大的债务到期未清偿。

2)董事、监事、高级管理人员对公司的义务及责任

现代公司制度的发展促使公司内部所有权和经营权分离的趋势日渐加剧,公司的董事、监事等高级管理人员的权利也不断扩大。公司内部机构之间必然形成分工负责相互制衡机制,从而杜绝公司内部权力过于集中。为解决我国目前公司治理中存在的问题,《公司法》明确规定了董事、监事和高级管理人员的义务,集中体现在忠实和勤勉两方面。

(1)忠实、勤勉义务。《公司法》规定:董事、监事、高级管理人员应当遵守法律、行政法规和公司章程,对公司负有忠实义务和勤勉义务。

董事、监事、高级管理人员不得利用职权收受贿赂或者其他非法收入,不得侵占公司的财产。

《公司法》规定,董事、高级管理人员不得有下列行为:挪用公司资金;将公司资金以其个人名义或者以其他个人名义开立账户存储;违反公司章程的规定,未经股东会、股东大会或者董事会同意,将公司资金借贷给他人或者以公司财产为他人提供担保;违反公司章程的规定或者未经股东会、股东大会同意,与本公司订立合同或者进行交易;未经股东会或者股东大会同意,利用职务便利为自己或者他人谋取属于公司的商业机会,自营或者为他人经营与所任职公司同类的业务;接受他人与公司交易的佣金归为己有;擅自披露公司秘密;违反对公司忠实义务的其他行为。董事、高级管理人员违反前款规定所得的收入应当归公司所有。

(2)董事、监事、高级管理人员违反忠实、勤勉义务的责任。董事、监事、高级管理人员执行公司职务时违反法律、行政法规或者公司章程的规定,给公司造成损失的,应当承担赔偿责任。

4.2.4 一人有限责任公司的特别规定

1. 一人有限责任公司的概念和特征

一人有限责任公司,是指只有一个自然人股东或者一个法人股东的有限责任公司。一人有限责任公司与一般的有限责任公司相比,具有如下法律特征:①公司仅有一个股东,且该唯一股东持有公司的全部出资额或股份。②一人有限责任公司的股东对公司的债务原则上承担有限责任,只要股东能将自己财产和公司财产分开,法律即可承认一人有限责任公司的独立地位。③内部结构相对简单。一人有限责任公司不设股东会,股东、董事、经理身份往往重合。④只能是有限责任公司。我国《公司法》只承认一人有限责任公司,即只有一个自然人股东或者一个法人股东的有限责任公司。

2.《公司法》对一人有限责任公司的特别规制

为了防止一人有限责任公司可能会引起的负面效果,《公司法》规定了诸多特殊规则:①明确公示其一人有限责任公司身份。在公司登记和营业执照中应载明自然人或法人独资的信息。②转投资受到很大限制。一个自然人只能设立一个一人有限责任公司,且该一人有限责任公司不能投资设立新的一人有限责任公司。此规定不适用于法人及其设立的一人有限责任公司。③财务会计要求严格。一人有限责任公司应当在每一会计年度终了时编制财务会计报告,并经会计事务所审计。④简化公司机关设置。一人有限责任公司不设股东会,公司章程和重大决策由股东作出,关于公司的经营方针和投资计划应以书面方式作出,并由股东签名后备置于公司。⑤确立一人公司的法人人格否认制度。一人有限责任公司股东不能证明公司财产独立于股东自己的财产的,应当对公司债务承担连带责任。

【知识链接 4-4】

一人有限责任公司与个人独资企业的区别如表 4-3 所示。

表 4-3　一人有限责任公司与个人独资企业的区别

区别	一人有限责任公司	个人独资企业
成立依据	公司法	个人独资企业法
成立条件	严格	宽松
人格状态	法人	商个人
成员责任	有限责任	无限责任
信息披露	强制披露	工作要求

4.2.5　国有独资公司

1. 国有独资公司的概念和特征

国有独资公司是指国家单独出资、由国务院或者地方人民政府授权本级人民政府国有资产监督管理机构履行出资人职责的有限责任公司。国有独资公司具有以下特征：①国有独资公司由国家单独出资，由国务院或者地方人民政府授权本级人民政府国有资产监督管理机构开办。②国有独资公司章程由国有资产监督管理机构制定，或者由董事会制定报国有资产监督管理机构批准。③重要的国有独资公司，按照国务院的规定确定。

2. 国有独资公司的组织机构

1)股东会职权的行使

国有独资公司不设股东会，由国有资产监督管理机构行使股东会职权。国有资产监督管理机构可以授权公司董事会行使股东会的部分职权，决定公司的重大事项，但公司的合并、分立、解散、增减注册资本和发行公司债券，必须由国有资产监督管理机构决定。其中，重要的国有独资公司合并、分立、解散、申请破产的，应当由国有资产监督管理机构审核后，报本级人民政府批准。

2)董事会和经理

国有独资公司设立董事会，依照《公司法》的规定及国有资产监督管理机构的授权来行使职权。董事每届任期不得超过 3 年。董事会成员中应当有公司职工代表。董事会成员由国有资产监督管理机构委派；但是，董事会成员中的职工代表由公司职工代表大会选举产生。董事会设董事长 1 人，可以设副董事长。董事长、副董事长由国有资产监督管理机构从董事会成员中指定。

国有独资公司设经理，由董事会聘任或者解聘。经国有资产监督管理机构同意，董事会成员可以兼任经理。

国有独资公司的董事长、副董事长、董事、高级管理人员，未经国有资产监督管理机构同意，不得在其他有限责任公司、股份有限公司或者其他经济组织兼职。

3)监事会

国有独资公司监事会成员不得少于 5 人，其中职工代表的比例不得低于 1/3，具体比例由公司章程规定。监事会成员由国有资产监督管理机构委派；但是，监事会中的职工代表由公司职工代表大会选举产生。监事会主席由国有资产监督管理机构从监事会成员中指定。

监事会的职责,以财务监督为主,确保国有资产不受侵害。监事会不参与、不干预企业的经营决策和经营管理活动。

4.2.6 有限责任公司的股权转让

股权是股东基于股东资格而享有的从公司获取经济利益并参加公司经营管理的权利。股权转让是指股东将自己依据股东身份而享有的权利按照一定的程序让与他人,转让人丧失股东资格及股东权,受让人取得股东资格及股东权的行为。有限责任公司虽为资合公司,但有人合因素,因此股权转让受到较多限制。

1. 股东间转让

根据《公司法》的规定,有限责任公司的股东之间可以相互转让其全部或者部分股权。一般情况下,股东间可以自由地转让股权,但是,公司章程对股权转让另有规定的,从其规定。

2. 向股东以外的人转让

根据《公司法》的规定,股东向股东以外的人转让股权,应当经其他股东过半数同意。股东应就其股权转让事项书面通知其他股东征求同意,其他股东自接到书面通知之日起满 30 日未答复的,视为同意转让。其他股东半数以上不同意转让的,不同意的股东应当购买该转让的股权;不购买的,视为同意转让。

经股东同意转让的股权,在同等条件下,其他股东有优先购买权。两个以上股东主张行使优先购买权的,协商确定各自的购买比例;协商不成的,按照转让时各自的出资比例行使优先购买权。公司章程对股权转让另有规定的,从其规定。

人民法院依照法律规定的强制执行程序转让股东的股权时,应当通知公司及全体股东,其他股东在同等条件下有优先购买权。其他股东自人民法院通知之日起满 20 日不行使优先购买权的,视为放弃优先购买权。

3. 特殊情况下的股权转让

根据《公司法》的规定,有下列情形之一的,对股东会该项决议投反对票的股东可以请求公司按照合理的价格收购其股权:①公司连续 5 年不向股东分配利润,而公司该 5 年连续盈利,并且符合《公司法》规定的分配利润条件的;②公司合并、分立、转让主要财产的;③公司章程规定的营业期限届满或者章程规定的其他解散事由出现,股东会会议通过决议修改公司章程使公司存续的。

自股东会会议决定通过之日起 60 日内,股东与公司不能达成股权收购协议的,股东可以自股东会会议决议通过之日起 90 日内向人民法院提起诉讼。

《公司法》规定:自然人股东死亡后,其合法继承人可以继承股东资格,但是,公司章程另有规定的除外。

4.3 股份有限公司

4.3.1 股份有限公司的概念与特征

股份有限公司是由两个或两个以上股东组成,公司全部资产划分为等额股份,股东以其认购的股份为限对公司承担责任,公司以其全部资产对公司债务承担责任的企业法人。股份有限公司具有如下法律特征：

1. 典型的资合性

股份有限公司的信用基础为公司资本，而非股东个人信用。股东之间主要以财产为连接，彼此之间无须存在特殊的信赖和信任。股份具有流通性，股东也在不断地变化中。因此，股份有限公司是典型的资合性公司。

2. 股东责任有限性

股份有限公司的股东仅以其认购的股份为限对公司承担责任。

3. 公司资本股份性

股份是股东对股份有限公司的出资所形成的公司资本，经等比例分割后所形成的均等份额。根据《公司法》的规定，股份有限公司全部资产划分为等额股份。

4. 公司发起人的人数受到特殊限制

发起人是筹办公司设立事务并承担设立失败风险的人。在公司设立完成后，发起人通常转变为股东，称为"发起人股东"。《公司法》规定：设立股份有限公司，应当有 2 人以上 200 人以下为发起人，其中须有半数以上在中国境内有住所。

5. 公司股票的流通性

股票是公司签发的证明股东所持股份的凭证，是股份的表现形式。股票原则上可以自由买卖流通，如上市交易则要在证券交易所挂牌交易。

6. 公司信息公开程度较高

由于股票可自由交易，股份有限公司更适合成为公众的投资对象。为保护投资者的利益，公司在发行股票和持续经营中，应当承担向公众或者投资者公开相关信息的责任。

4.3.2　股份有限公司的设立

1. 股份有限公司的设立条件

第一，发起人符合法定人数。股份有限公司发起人承担公司筹办事务，发起人应当签订发起人协议，明确各自在公司设立过程中的权利和义务。设立股份有限公司，应当有 2 人以上 200 人以下为发起人，其中须有半数以上的发起人在中国境内有住所。

第二，有符合公司章程规定的全体发起人认购的股本总额或者募集的实收股本总额。股份有限公司采取发起设立方式设立的，注册资本为在公司登记机关登记的全体发起人认购的股本总额。在发起人认购的股份缴足前，不得向他人募集股份。股份有限公司采取募集方式设立的，注册资本为在公司登记机关登记的实收股本总额。法律、行政法规以及国务院决定对股份有限公司注册资本实缴、注册资本最低限额另有规定的，从其规定。

第三，股份发行、筹办事项符合法律规定。

第四，发起人制定公司章程，采用募集方式设立的经创立大会通过。股份有限公司章程应当载明下列事项：公司名称和住所；公司经营范围；公司设立方式；公司股份总数、每股金额和注册资本；发起人的姓名或者名称、认购的股份数、出资方式和出资时间；董事会的组成、职权、任期和议事规则；公司法定代表人；监事会的组成、职权、任期和议事规则；公司利润分配办法；公司的解散事由与清算办法；公司的通知和公告办法；股东大会会议认为需要规定的其他事项。

第五，有公司名称，建立符合股份有限公司要求的组织机构。公司名称必须标明"股份有限公司"或者"股份公司"字样，必须符合有关法律、行政法规的规定。公司须建立与法律规定相一致的组织机构。

第六,有公司住所。公司以其主要办事机构所在地为住所。

2. 股份有限公司的设立程序

股份有限公司的设立,可以采取发起设立或者募集设立的方式。发起设立,是指由发起人认购公司应发行的全部股份而设立公司;募集设立,是指由发起人认购公司应发行股份的一部分,其余股份向社会公开募集或者向特定对象募集而设立公司。设立方式不同,设立程序也有所不同。

1)发起设立的程序

(1)发起人订立公司章程。

(2)发起人认足股份。以发起设立方式设立股份有限公司的,发起人应当书面认足公司章程规定其认购的股份,并按照公司章程规定缴纳出资。以非货币财产出资的,应当依法办理其财产权的转移手续。

(3)发起人缴纳股款。公司全体发起人的首次出资额不得低于注册资本的20%,其余部分由发起人自公司成立之日起2年内缴足,投资公司可以在5年内缴足。在缴足前,不得向他人募集股份。

(4)发起人组建公司机构。发起人首次缴纳出资后,应当选举董事会和监事会。

(5)公司设立登记。董事会向公司登记机关报送公司章程、由依法设定的验资机构出具的验资证明以及法律、行政法规规定的其他文件,申请设立登记。

2)募集设立的程序

(1)发起人订立公司章程并认购股份。在募集设立中,发起人应该一次性足额认缴其股份,发起人认购的股份不得少于公司股份总数的35%。法律、行政法规另有规定的,从其规定。

(2)认股人认股。发起人向社会公开募集股份,必须公告招股说明书,并制作认股书。发行股份的股款缴足后,必须经依法设立的验资机构验资并出具证明。

(3)召开创立大会。创立大会是在股份有限公司募集设立过程中由发起人、认股人所组成的决议机构。发起人应当自股款缴足之日起30日内主持召开公司创立大会。

(4)申请设立登记。董事会应于创立大会结束后30日内,向公司登记机关报送有关文件,申请设立登记。以募集方式设立股份有限公司公开发行股票的,还应当向公司登记机关报送国务院证券监督管理机构的核准文件。

【知识链接 4-5】

发起设立和募集设立的区别见表4-4。

表4-4 发起设立和募集设立的区别

区别	发起设立	募集设立
适用公司	有限责任公司和股份有限公司	股份有限公司
设立程序	设立人	设立人和其他出资人
资本来源	简单	复杂
发起人出资额	认购的股东总额	实收的股本总额
资本表现	注册资本的20%	注册资本的35%

3. 发起人的责任

发起人对股份有限公司承担以下责任：①当公司不能成立时，发起人对设立行为所产生的债务和费用负担连带责任，对认股人已缴纳的股款负返还股款并加算银行同期存款利息的连带责任。②在公司设立过程中，由于发起人的过失导致公司利益遭受损害的，发起人应当对公司承担赔偿责任。③股份有限公司成立后，发起人未按照公司章程的规定缴足出资的，应当补缴，其他发起人承担连带责任。发现作为设立公司出资的非货币财产的实际价格显著低于公司章程所定价额的，应当由缴纳该出资的发起人补足其差额，其他发起人承担连带责任。

4.3.3　股份有限公司的组织机构

1. 股东大会

1）股东大会的组成和职权

股份有限公司股东大会由全体股东组成，是公司的权力机构。其职权范围与有限责任公司股东会的职权相同。

2）股东大会会议的召开

股东大会会议由董事会召集，董事长主持；董事长不能履行职务或者不履行职务的，由副董事长主持；副董事长不能履行职务或者不履行职务的，由半数以上董事共同推举 1 名董事主持。董事会不能履行或者不履行召集股东大会会议职责的，监事会应当及时召集和主持；监事会不召集和主持的，连续 90 日以上单独或者合计持有公司 10％以上股份的股东可以自行召集和主持。

股东大会会议分为年会和临时会议。股东大会应当每年召开一次年会。有下列情形之一的，应当在两个月内召开临时股东大会：①董事人数不足公司法规定人数或者公司章程所定人数的 2/3 时；②公司未弥补的亏损达实收股本总额 1/3 时；③单独或者合计持有公司 10％以上股份的股东请求时；④董事会认为必要时；⑤监事会提议召开时；⑥公司章程规定的其他情形。

3）股东大会的表决

股东出席股东大会会议，所持每一股份有一表决权。股东可以委托代理人出席股东大会会议，代理人应当向公司提交股东授权委托书，并在授权范围内行使表决权。但是，公司持有的本公司股份没有表决权。股东大会作出决议，必须经出席会议的股东所持表决权过半数通过。但是，股东大会作出修改公司章程、增加或者减少注册资本的决议，以及公司合并、分立、解散或者变更公司形式的决议，必须经出席会议的股东所持表决权的 2/3 以上通过。

股东大会选举董事、监事，可以根据公司章程的规定或者股东大会的决议，实行累积投票制。累积投票制是指股东大会选举董事或者监事时，每一股份拥有与应选董事或者监事人数相同的表决权，股东拥有的表决权可以集中使用。

2. 董事会及经理

1）董事会的组成和职权

股份有限公司设董事会，其成员为 5～19 人。董事会成员中可以有公司职工代表。董事会中的职工代表由公司职工通过职工代表大会、职工大会或者其他形式民主选举产生。董事的任期、董事会的职权与有限责任公司的规定相同。

董事会设董事长 1 人,可以设副董事长。董事长和副董事长由董事会以全体董事的过半数选举产生。董事长召集和主持董事会会议,检查董事会决议的实施情况。副董事长协助董事长工作,董事长不能履行职务或者不履行职务的,由副董事长履行职务;副董事长不能履行职务或者不履行职务的,由半数以上董事共同推举 1 名董事履行职务。

2)董事会会议的召开

董事会每年度至少召开两次会议,每次会议应当于会议召开 10 日前通知全体董事和监事。代表 1/10 以上表决权的股东、1/3 以上董事或者监事会,可以提议召开董事会临时会议。董事长应当自接到提议后 10 日内,召集和主持董事会会议。董事会召开临时会议,可以另定召集董事会的通知方式和通知时限。

3)董事会的表决

董事会会议应有过半数的董事出席方可举行。董事会作出决议,必须经全体董事的过半数通过。董事会决议的表决实行一人一票制。

董事会会议应由董事本人出席,董事因故不能出席,可以书面委托其他董事代为出席,委托书中应载明授权范围。董事会应当对会议所议事项的决定作成会议记录,出席会议的董事应当在会议记录上签名。董事应当对董事会的决议承担责任。董事会的决议违反法律、行政法规或者公司章程、股东大会决议,致使公司遭受严重损失的,参与决议的董事对公司负赔偿责任。但经证明在表决时曾表明异议并记载于会议记录的,该董事可以免除责任。

4)经理

股份有限公司设经理,由董事会决定聘任或者解聘。《公司法》关于有限责任公司经理职权的规定,适用于股份有限公司经理。公司董事会可以决定由董事会成员兼任经理。

3. 监事会

股份有限公司设立监事会,其成员不得少于 3 人。监事的任期及监事会的职权与有限责任公司的规定相同。

监事会应当包括股东代表和适当比例的公司职工代表,其中职工代表的比例不得低于 1/3,具体比例由公司章程规定。监事会中的职工代表由公司职工通过职工代表大会、职工大会或者其他形式民主选举产生。

监事会设主席 1 人,可以设副主席。监事会主席和副主席由全体监事过半数选举产生。监事会主席召集和主持监事会会议;监事会主席不能履行职务或者不履行职务的,由监事会副主席召集和主持监事会会议;监事会副主席不能履行职务或者不履行职务的,由半数以上监事共同推举 1 名监事召集和主持监事会会议。董事、高级管理人员不得兼任监事。

监事会每 6 个月至少召开一次会议。监事可以提议召开临时监事会会议。监事会应当对所议事项的决定作成会议记录,出席会议的监事应当在会议记录上签名。

4. 董事、监事、高级管理人员的资格和义务

股份有限公司董事、监事、高级管理人员的资格和义务与有限责任公司的规定相同。

4.3.4 股份有限公司的股份发行与转让

1. 股份的概念

股份是股东对股份有限公司的出资所形成的公司资本,经等比例分割后所形成的均等份额。股份是股份有限公司资本构成的基本单位，也是股东权利和股东地位的体现。

2. 股票的概念

股份有限公司的股票是公司签发的证明股东所持股份的凭证。简单地说，股票是股份的表现形式。

3. 股票的记载内容

根据《公司法》的规定，股票应采用纸面形式或者国务院证券监督管理机构规定的其他形式，并载明下列主要事项：公司名称；公司成立日期；股票种类、票面金额及代表的股份数；股票的编号。

股票由法定代表人签名，公司盖章。发起人的股票，应当标明发起人股票字样。

4. 股份有限公司的股份发行

股份的发行是指为了设立股份有限公司或者募集新增股份而向社会公众公开出售股份。股份发行的条件和程序应当符合《公司法》和《中华人民共和国证券法》（以下简称《证券法》）的有关规定。

公司发行的股票可以为记名股票，也可以为无记名股票。公司向发起人、法人发行的股票，应当为记名股票，并应当记载该发起人、法人的名称或者姓名，不得另立户名或者以代表人姓名记名。

公司发行记名股票的，应当置备股东名册，记载下列事项：①股东的姓名或名称及住所；②各股东所持股份数；③各股东所持股票的编号；④各股东取得股份的日期。发行无记名股票的，公司应当记载其股票数量、编号及发行日期。

股份发行可以为平价和溢价发行，我国法律禁止低于股票票面金额发行股票。

5. 股份有限公司的股份转让

1）股份转让的限制

发起人持有的本公司股份，自公司成立之日起 1 年内不得转让。公司公开发行股份前已发行的股份，自公司股票在证券交易所上市交易之日起 1 年内不得转让。

公司董事、监事、高级管理人员应当向公司申报所持有的本公司的股份及其变动情况，在任职期间每年转让的股份不得超过其所持有本公司股份总数的 25%，所持本公司股份自公司股票上市交易之日起 1 年内不得转让。上述人员离职后半年内，不得转让其所持有的本公司股份。公司章程可以对公司董事、监事、高级管理人员转让其所持有的本公司股份作出其他限制性规定。

公司不得收购本公司股份，但是，有下列情形之一的除外：①减少公司注册资本；②与持有本公司股份的其他公司合并；③将股份奖励给本公司职工；④股东因对股东大会作出的公司合并、分立决议持异议，要求公司收购其股份的。

公司由于上述第一至第三种情形收购本公司股份的，应当经股东大会决议。公司收购本公司股份后，属于第一种情形的，应自收购之日起 10 日内注销；属于第二和第四种情形的，应当在 6 个月内转让或者注销。

公司将收购的本公司股份奖励给本公司职工，不得超过本公司已发行股份总额的 5%，用于收购的资金应当从公司的税后利润中支出，所收购的股份应当在 1 年内转让给职工。

公司不得接受本公司的股票作为质押权的标的。

2)股份转让的场所

股东转让其股份,应当在依法设立的证券交易场所进行或者按照国务院规定的其他方式进行。

【案例分析 4-7】

2017 年 6 月 2 日,甲市某公司职员李某与江某协商转让乙公司股票,李某欲将 2 000 股该种股票转让给江某,以 6 月 2 日沪市证券交易所挂牌交易的平均价每股 10 元作为股价。当日江某将 2 万元交给李某,李某向江某出具了一张收条。收条上写明:收到江某人民币 2 万元,买入股票 2 000 股,由本人代为保管,在江某认为要进行交易时,本人提供方便。6 月 30 日,该种股票的股价大幅度上涨。江某欲抛售股票,但李某拒绝提供股票。双方发生纠纷,江某起诉到法院,要求法院判令李某返还股票。

分析提示:李某与江某在 6 月 2 日私自转让股票的行为,违反了法律规定,为无效民事法律行为,双方应返还财产。故判决李某转让给江某 2 000 股乙公司股票的行为无效,李某应返还江某人民币 2 万元。

3)股份转让的方式

记名股票由股东以背书方式或者法律、行政法规规定的其他方式转让,转让后由公司将受让人的姓名或者名称及住所记载于股东名册。无记名股票的转让,由股东将该股票交付给受让人后即发生转让的效力。

4.3.5 上市公司

1. 上市公司的特殊性

上市公司是指所发行的股票经过国务院或者国务院授权的证券监督管理部门批准在证券交易所上市交易的股份有限公司。上市公司除具备一般股份公司的一般属性外,还具有下列特点:

1)上市公司是股份有限公司

股份有限公司可为非上市公司,但上市公司必须是股份有限公司。

2)上市公司股票在证券交易所上市

证券交易所是依据国家有关法律,经政府证券主管机关批准设立的集中进行证券交易的有形场所。唯有股票在证券交易所上市交易的股份有限公司,才是上市公司。

3)法律对上市公司规定有特殊的规则

由于上市公司是公众持股的公司,为了保护公众投资者的利益,上市公司应遵守特殊的规则。根据《证券法》的规定,上市公司必须严格履行信息披露义务,必须设立上市公司特有的公司机关,必须遵守特有的决议规则,必须接受证券监督管理机构的监督。

2. 股票上市的条件

根据《证券法》的规定,股份有限公司申请股票上市,应当符合《证券法》规定的下列条件:股票经国务院证券监督管理机构核准已公开发行;公司股本总额不少于人民币 3 000 万元;公开发行的股份达到公司股份总数的 25%以上;公司股本总额超过人民币 4 亿元的,公开发行股份的比例为 10%以上;公司最近 3 年无重大违法行为,财务会计报告无虚假记载。证券交易所可以规定高于前款规定的上市条件，并报国务院证券监督管理机构批准。国家鼓励符合产业政策并符合上市条件的公司股票上市交易。

3. 上市公司董事会秘书

上市公司设董事会秘书，负责公司股东大会和董事会会议的筹备、文件保管以及公司股东资料的管理，办理信息披露事务等事宜。

4. 上市公司的信息披露义务

根据《证券法》的规定，上市公司有持续信息公开的义务，依法披露其信息，必须真实、准确、完整，不得有虚假记载、误导性陈述或重大遗漏。上市公司主要通过编制定期或临时报告履行信息披露义务，如中期报告、年度报告、重大事件临时报告等。

5. 上市公司的特别规定

上市公司应当遵守《公司法》关于公司、股份有限公司的一般规定，但考虑到上市公司的特殊性，《公司法》设置了如下特殊规则：

1)独立董事制度

独立董事是来自公司外部的与公司没有关联关系的非执行董事。这一制度源于美国，上市公司设立独立董事的目的在于提升公司的专业化运作，检查和评判内部董事的工作绩效，最大限度地谋求股东利益尤其是小股东利益，加强对董事会的监督约束，完善法人治理结构。《公司法》规定，上市公司设立独立董事，具体办法由国务院规定。

2)重大资产处置

上市公司在1年内购买、出售重大资产或者担保金额超过公司资产总额的30%的，应当由股东大会作出决议，并经出席会议的股东表决权的2/3以上通过。

3)关联交易表决规则

上市公司董事与董事会会议决议事项所涉及的企业有关联关系的，不得对该项决议行使表决权，也不得代理其他董事行使表决权。该董事会会议由半数的无关联关系董事出席即可举行，董事会会议所作决议须经无关联关系董事过半数通过。出席董事会的无关联关系董事人数不足3人的，应将该事项提交上市公司股东大会审议。

4)董事会秘书

由于上市公司股东人数众多、信息披露义务较重，因而上市公司专门设立了一个董事会秘书的职务，负责公司股东大会和董事会会议的筹备、文件保管以及公司资料的管理，办理信息披露事务等事宜。根据《公司法》的规定，董事会秘书属于公司的高级管理人员，应该承担《公司法》规定的高级管理人员的义务。

【知识链接 4-6】

独立董事是指独立于公司股东且不在公司内部任职，与公司或公司经营管理者没有重要的业务联系或专业联系，并对公司事务作出独立判断的董事。中国证监会在《关于在上市公司建立独立董事制度的指导意见》中指出，上市公司独立董事是指不在上市公司担任除董事外的其他职务，并与其所受聘的上市公司及其主要股东不存在可能妨碍其进行独立客观判断关系的董事。独立董事制度最早起源于20世纪30年代，1940年美国颁布的《投资公司法》是其产生的标志。

4.4 公司的变更、解散和清算

4.4.1 公司的合并与分立

1. 公司的合并

公司的合并是指两个以上的公司依照法定程序变为一个公司的行为。公司合并的形式有两种:一是吸收合并,即一个公司吸收其他公司,被吸收的公司解散;二是新设合并,即两个以上公司合并设立一个新的公司,合并各方解散。公司合并时,合并各方的债权、债务,应当由合并后存续的公司或者新设的公司承继。

2. 公司的分立

公司的分立是指一个公司依法分为两个以上的公司。公司的分立也有两种形式:一是派生分立,即本公司继续存在,从本公司中派生出一个或几个新公司;二是新设分立,即本公司注销,并分立成两个以上新的公司。公司分立前的债务由分立后的公司承担连带责任,但是,公司在分立前与债权人就债务清偿达成的书面协议另有约定的除外。

3. 公司合并与分立的程序

公司合并和分立由公司股东会或股东大会决议,有限责任公司合并和分立必须经代表 2/3 以上表决权的股东通过;国有独资公司的合并和分立应由国有资产监督管理机构决定;股份有限公司合并和分立,必须经出席股东大会会议股东所持表决权的 2/3 以上通过。

公司合并应当由合并各方签订合并协议,并编制资产负债表及财产清单。公司应当自作出合并决议之日起 10 日内通知债权人,并于 30 日内在报纸上公告。债权人自接到通知书之日起 30 日内,未接到通知书的自公告之日起 45 日内,可以要求公司清偿债务或者提供相应的担保。

公司分立,其财产作相应的分割。公司分立,应当编制资产负债表及财产清单。公司应当自作出分立决议之日起 10 日内通知债权人,并于 30 日内在报纸上公告。

公司合并或者分立登记事项发生变更的,应当依法向公司登记机关办理变更登记;公司解散的,应当依法办理公司注销登记;设立新公司的,应当依法办理公司设立登记。

4.4.2 公司的增资、减资

公司增加或者减少注册资本是公司重大事项的变动,有限责任公司必须经代表 2/3 以上表决权的股东通过,股份有限公司必须经出席股东大会会议股东所持表决权的 2/3 以上通过。

1. 增资

增资即增加注册资本,是指公司经营期间,依照法定程序增加公司注册资本。公司注册资本的增加,会增强公司的实力,提高公司的信用,有利于保护债权人利益,对社会交易安全影响不大,因此各国公司法对公司增资一般不作过多限制。

2. 减资

减资即减少注册资本,是指公司经营期间,依照法定程序减少注册资本的行为。公司减少注册资本不仅会涉及公司法人财产运作基础的变化，而且会影响公司股东权利义务履行的扩张与增减，并对公司董事或监事等管理人员的职责产生法律上的要求，同时又关乎债权人等第三人的利益，因此各国公司法均采取非常慎重的态度，规定严格的减资程序。

根据《公司法》及相关法律规范，公司减资应遵循下列程序：制订减资方案，作出减资决议；公司必须编制资产负债表及财产清单，并通知和公告债权人；债权人自接到通知书之日起 30 日内，未接到通知书的自公告之日起 45 日内，有权要求公司清偿债务或者提供相应的担保；办理减资登记手续。公司董事会应严格按照股东会或者股东大会的决议实施减资。

公司增加或者减少注册资本，应当依法向公司登记机关办理变更登记。

4.4.3　公司解散、清算

1. 公司的解散

公司的解散是指对成立的公司，因公司章程或法律规定的事由出现，依法使公司法人资格消灭的法律行为。公司因下列原因解散：公司章程规定的营业期限届满或者公司章程规定的其他解散事由出现；股东会或者股东大会决议解散；因公司合并或者分立需要解散；依法被吊销营业执照、责令关闭或者被撤销；人民法院依持有公司全部股东表决权 10%以上股东的请求对公司予以解散。

2. 公司的清算

公司的清算是指终结解散公司法律关系、消灭解散公司法人资格的程序。

1)清算组的成立

公司解散(因合并或者分立需要解散的除外)，应当在解散事由出现之日起 15 日内成立清算组，开始清算。

2)清算组的职权

清算组在清算期间行使下列职权：清理公司财产，分别编制资产负债表和财产清单；通知、公告债权人；处理与清算有关的公司未了结的业务；清缴所欠税款以及清算过程中产生的税款；清理债权、债务；处理公司清偿债务后的剩余财产；代表公司参与民事诉讼活动。

3)清算组的义务

清算组在清理公司财产、编制资产负债表和财产清单后，发现公司财产不足清偿债务的，应当依法向人民法院申请宣告破产。公司经人民法院裁定宣告破产后，清算组应当将清算事务移交给人民法院。公司清算结束后，清算组应当制作清算报告，报股东会、股东大会或者人民法院确认，并报送公司登记机关，申请注销公司登记，公告公司终止。清算组成员应当忠于职守，依法履行清算义务。清算组成员不得利用职权收受贿赂或者其他非法收入，不得侵占公司财产。清算组成员因故意或者重大过失给公司或者债权人造成损失的，应当承担赔偿责任。

4)财产的分配

清算组在清理公司财产、编制资产负债表和财产清单后，应当制订清算方案，并报股东会、股东大会或者人民法院确认。公司财产在分别支付清算费用、职工的工资、社会保险费用和法定补偿金，缴纳所欠税款，清偿公司债务后的剩余财产，有限责任公司按照股东的出资比例分配，股份有限公司按照股东持有的股份比例分配。清算期间，公司存续，但不得开展与清算无关的经营活动。公司财产在未按前款规定清偿前,不得分配给股东。

5)清算的完结

公司清算结束后,清算组应当制作清算报告,报股东会、股东大会或者人民法院确认,并报送公司登记机关,申请注销登记,公告公司终止。

自 测 题

一、单项选择题

1.《公司法》规定的公司形式为(　　)。

A. 有限责任公司和股份有限公司　　B. 无限公司

C. 资合公司　　D. 两合公司

2. 根据《公司法》的规定,下列各项中不属于有限责任公司监事会职权的是(　　)。

A. 检查公司财务　　B. 解聘公司财务负责人

C. 提议召开临时股东会议　　D. 建议罢免违反公司章程的经理

3. 根据《公司法》的规定,公司成立时间是(　　)。

A. 工商行政管理机关作出予以核准登记的决定之日

B. 工商行政管理机关签发企业法人营业执照之日

C. 申请人收到企业法人营业执照之日

D. 公司成立公告发布之日

4. 根据公司法律制度的规定,下列各项中属于有限责任公司股东会职权的是(　　)。

A. 决定公司的经营计划和投资方案

B. 修改公司章程

C. 聘任或者解聘公司经理

D. 选举和更换全部监事

5. 某有限责任公司打算与另一公司合并,该合并方案必须经(　　)。

A. 代表 1/2 以上表决权的股东通过　　B. 代表 2/3 以上表决权的股东通过

C. 全体股东通过　　D. 出席股东会的全体股东通过

二、多项选择题

1. 有限责任公司和合伙企业的相同特点有(　　)。

A. 以营利为目的　　B. 具有法人资格

C. 有独立的名称　　D. 独立对外签订合同

2. 下述有关股东出资的命题符合《公司法》规定的有(　　)。

A. 公司全体股东的首次出资额不得低于注册资本的 20%,也不得低于法定的注册资本最低限额,其余部分由股东自公司成立之日起 2 年内缴足;其中,投资公司可以在 5 年内缴足

B. 全体股东的货币出资金额不得低于有限责任公司注册资本的 30%

C. 股东一旦交付出资就不得抽逃出资

D. 股东可以用货币出资,也可以用实物、知识产权、土地使用权等可以用货币估价并可以依法转让的非货币财产作价出资;但是,法律、行政法规规定不得作为出资的财产除外

3. 根据《公司法》的规定，股份有限公司发生下列情形时，应当召开临时股东大会(　　)。

A. 董事人数不足公司章程所定人数的2/3时

B. 公司未弥补的亏损达到股本总额的1/3时

C. 持有公司股份5%的股东请求时

D. 监事会提议召开时

4. 乙公司是甲公司的分公司，根据公司法律制度的规定，下列关于乙公司的表述中正确的有(　　)。

A. 乙公司不具有法人资格

B. 乙公司具有法人资格

C. 乙公司独立承担民事责任

D. 乙公司进行经营活动的民事责任由甲公司承担

5. 甲、乙、丙共同出资设立了A有限责任公司，后丙与丁达成协议，准备将其在A公司的出资全部转让给丁，丙就此事书面通知甲和乙征求意见。下列解决方案中符合规定的有(　　)。

A. 如果甲和乙接到书面通知满30日未答复，视为不同意转让

B. 由甲和乙共同购买丙的全部出资

C. 如果甲、乙均不同意转让又不愿购买，丙无权将出资转让给丁

D. 如果甲、乙均不同意转让又不愿购买，丙可以将出资转让给丁

6. 某股份有限公司的董事会由11人组成，其中董事长1人、副董事长2人。该董事会某次会议发生的下列行为中不符合《公司法》规定的有(　　)。

A. 因董事长不能出席会议，董事长指定一位副董事长王某主持该次会议

B. 通过了增加公司注册资本的决议

C. 通过了解聘公司现任经理，由副董事长王某兼任经理的决议

D. 会议所有议决事项均载入会议记录后，由主持会议的副董事长王某和记录员签名存档

三、案例分析题

1. 某有限责任公司董事长李某认为该公司的章程已经不符合公司发展的需要，因此决定召开临时股东会议，修改公司章程。2016年12月5日，股东张某等9人收到了仅由李某署名、没有董事会署名的会议通知，并于12月7日参加了股东会。在12月7日的股东会上，李某宣读了公司章程修改草案，该草案引起了激烈的争论，李某等代表3/5股权的5名股东投票同意，张某等代表2/5股权的4名股东则投了反对票。最后，会议主持人李某宣布，按照少数服从多数的原则，公司章程修改案通过。

问题：此案中哪些做法违反现行法律规定？为什么？

2. 甲股份有限公司董事会由11名董事组成。2017年5月10日，公司董事长张某召集并主持召开董事会会议，出席会议的有8名董事，另有3位董事因事请假。董事会会议讨论的下列事项，经表决有6名董事同意而获通过：

(1)鉴于公司董事会成员工作任务加重，决定给每位董事会成员涨30%工资。

(2)鉴于监事会成员中的职工代表李某生病，决定由本公司职工王某参加监事会。

(3)鉴于公司的财务会计工作任务日益繁重，拟将财务科升格为财务部，并面向社会公开招聘会计人员3人。招聘会计人员事宜及财务科升格为财务部的方案经股东大会通过后付诸实施。

问题：(1)甲公司董事会会议的召开和表决程序是否符合法律规定？为什么？

(2)甲公司董事会通过的事项有无不符合法律规定之处？请分别说明理由。

第5章 企业破产法律制度

【学习目标】

掌握破产界限、破产申请的提出、破产申请的受理；掌握债权人会议的组成与召集、职权与决议；了解管理人制度，和解、重整程序；掌握破产宣告及其法律效力，破产财产的概念、范围；掌握破产债权，破产财产的处置与分配；熟悉取回权、别除权与抵销权，熟悉破产救济与破产责任的法律政策规定。

【引导案例】

海航贸易有限责任公司（以下简称贸易公司）系由甲公司和乙公司分别出资300万元和200万元设立，贸易公司实际到位的注册资本为400万元，甲公司尚有100万元出资因公司章程规定的出资期限未到期而没有完全履行出资义务。贸易公司在经营中因投资决策发生严重失误，造成重大损失，不能清偿到期债务，向其所在地的人民法院申请破产。人民法院于2016年2月8日受理了该破产申请后，指定了管理人全面接管贸易公司。经审理人民法院于2017年1月8日依法宣告贸易公司破产。管理人对贸易公司的相关事项清理如下：

(1)2015年4月20日向丙公司无偿赠与一批物资，价值30万元。

(2)2015年1月24日向丁银行借款10万元，借期2年。其借款利息截至2016年2月8日为8万元，其后截至2017年1月8日为15万元。

(3)2015年12月16日与甲公司签订一份买卖合同，约定甲公司为贸易公司定制一批特殊规格的服装，合同标的额为68万元，由甲公司于2016年4月上旬交货，货到付款。现双方均尚未履行该合同，管理人决定解除该合同，由此造成甲公司实际经济损失为10万元。

(4)武汉一债权人因参加债权人会议发生差旅费1万元，南京一债权人为参加贸易公司的破产清算而聘请律师的费用2万元。

(5)2016年6月19日贸易公司的一幢危房突然倒塌，致路人戊不幸受到伤害，遭受损失3万元。

(6)贸易公司经评估确认尚有资产1 200万元（变现价值），应付工资300万元、基本养老保险费用100万元、基本医疗保险费用50万元、应缴税金400万元、其他流动负债1 950万元；破产费用100万元。

问题：(1)甲公司享有的破产债权是多少数额？其尚未缴纳的出资是否应补缴？分别说明理由。

(2)贸易公司向丙公司赠与物资的行为是否可以撤销？说明理由。

(3)丁银行享有的破产债权是多少？说明理由。

(4)丁银行享有的破产债权在破产清算中能得到清偿的具体数额是多少？（小数点后数字保留2位）

5.1 破产和破产法概述

5.1.1 破产的概念和特征

所谓破产，是指在债务人不能清偿到期债务时，经债权人或者债务人申请，由人民法院依法定程序宣告其破产并强制执行其全部财产，公平清偿给全体债权人，或者在人民法院的监督下，由债权人会议达成和解协议或重整计划以使企业复苏，避免企业倒闭清算的法律制度。破产的特征表现为：

1. 破产是一种特殊的执行程序

破产程序要在人民法院的介入和主持下进行，从申请、受理、审理到执行都是如此。

2. 破产适用的前提是债务人不能清偿到期债务

这种不能清偿到期债务，可能是资不抵债，也可能是资产大于债务，但是无法归还，因此只有通过破产程序。只有当债务人不能清偿到期债务时，才会严重影响债权人的利益的实现，妨碍民事流转(交易)的安全。

3. 破产的目的是使债权人得到公平清偿

在现代市场经济条件下，一个债务人往往有多个债权人，当债务人的财产不足以清偿多个到期债务时，债权人分别行使权力则会使同一顺序的多个债权人难以获得同等的受偿机会。破产制度将债务人的全部财产集中起来，按法定顺序和债权比例分配给各个债权人，不能清偿的部分也由各个债权人共同分担损失，免除债务人的责任，从而使债权人的债权得到较公平的清偿，也实现了对债务人的保护，进而实现对社会利益的维护。

4. 破产是一种特殊的偿债手段

破产是通过消灭债务人主体资格来实现清偿债务的程序。破产还债是通过消灭债务人主体资格来实现的，而一般的履行债务不会消灭债务人主体资格。

应当指出，各国实质意义上的破产制度早已突破了破产清算程序的界限，而成为包括破产和解及破产整顿等预防性法律制度在内的统一整体。

5.1.2 企业破产法的概念和立法发展概况

1. 企业破产法的概念

企业破产法是指调整破产债权人和债务人、法院、管理人以及其他破产参加人相互之间在破产过程中所发生的社会关系的法律规范的总称。其主要包括破产程序规范和破产实体规范。在我国，狭义的企业破产法是指第十届全国人民代表大会常务委员会第二十三次会议于2006年8月27日通过，自2007年6月1日起施行的《中华人民共和国企业破产法》(以下简称《企业破产法》)。广义的企业破产法还包括其他处理破产案件的程序规范和实体规范，如1991年4月9日公布实施的《民事诉讼法》中关于企业法人破产还债程序的规定以及公司法、合伙企业法、保险法等关于破产的实体性规范。

2. 破产法的适用范围

根据《企业破产法》的规定，企业破产法适用范围为：①企业法人，即适用于所有具有法人资格的企业。②商业银行、证券公司、保险公司等金融机构出现破产原因后，国务院金融监督管理机构可以向人民法院提出对该金融机构进行重整或者破产清算的申请。③为缓解其他非法人组织的破产无法可依的问题，规定企业法人之外的其他组织（如合伙企业）如果属于破产清算的，可以参照适用《企业破产法》规定的程序。

【知识链接 5-1】

2006 年 8 月，十届全国人大常委会第二十三次会议通过了《企业破产法》，它从立法上确立了真正意义上的企业破产制度。《企业破产法》共分 12 章 136 条，不仅重新界定了企业破产清偿顺序，而且平衡了劳动债权与担保债权的权益。《企业破产法》有 6 大亮点：它的适用范围涵盖了所有的企业法人；引入了管理人制度；引入了重整制度；规定了跨境破产制度；规定了破产责任；规定了金融机构破产等。

5.2　破产案件的申请和受理

5.2.1　破产原因

破产原因又称破产界限，是指适用破产程序所依据的特定的法律条件或法律事实，也就是受理破产案件的实质条件。

《企业破产法》规定了企业法人破产界限的三种情形：①不能清偿到期债务，并且资产不足以清偿全部债务。②不能清偿到期债务，明显缺乏清偿能力。③有明显丧失清偿能力的可能，该项仅适用于提起重整申请。

宣告债务人破产必须符合法律规定的破产界限，但并非所有达到破产界限的企业均应被宣告破产。根据《企业破产法》的规定，债权人申请破产有下列情形之一的，不予宣告破产：①公用企业和与国计民生有重大关系的企业，政府有关部门给予资助或者采取其他措施帮助清偿债务的；②取得担保，自破产申请之日起 6 个月内清偿债务的。

5.2.2　破产案件的申请

破产申请是指破产申请人向法院请求受理破产案件，适用破产程序，宣告破产的意思表示。《企业破产法》采用了申请主义，即债务人在符合破产界限时，可以向人民法院提出重整、和解或者破产清算申请；债务人不能清偿到期债务，债权人可以向人民法院提出对债务人进行重整或者破产清算的申请；企业法人已解散但未清算或者未清算完毕，资产不足以清偿债务的，依法负有清算责任的人应当向人民法院申请破产清算。向人民法院提出破产申请，应当提交破产申请书和有关证据。破产申请应当向债务人住所地人民法院提出。

当事人提出破产申请，除了提交破产申请书之外，还应当依法提交必要的证明材料。根据《企业破产法》的规定，债务人提出申请的，还应当向人民法院提交财产状况说明、债务清册、债权清册、有关财务会计报告、职工安置预案以及职工工资的支付和社会保险费用的缴纳情况。

破产申请应当向有管辖权的人民法院提出，破产案件依法应由债务人住所地人民法院管辖。根据最高人民法院的规定，破产案件的级别管辖，按如下原则确定：①县、县级市或区的工商行政管理机关核准登记企业的破产案件,由基层人民法院管辖;②地区、地级市(含本级)以上工商行政管理机关核准登记企业的破产案件,由中级人民法院管辖。

5.2.3 破产案件的受理

破产案件的受理是指人民法院在收到破产申请后,认为申请符合法定条件而予以接受,并由此开始破产程序的司法行为。人民法院收到破产申请后,应当就破产的形式要件和实质要件进行审查。这些要件包括:申请人资格;被申请人的破产能力;接受申请法院的管辖权;申请是否符合法定要求(如是否提供了证据材料等);债务人是否达到破产界限;是否存在破产障碍要件等。经审查认为破产申请符合要求,债务人构成破产的,人民法院应当受理;不符合法定条件的,人民法院应当裁定驳回申请。

人民法院应当自裁定受理破产申请之日起 25 日内通知已知债权人,并予以公告。通知和公告应当载明下列事项:①申请人、被申请人的名称或者姓名;②人民法院受理破产申请的时间;③申报债权的期限、地点和注意事项;④管理人的名称或者姓名及其处理事务的地址;⑤债务人的债务人或者财产持有人应当向管理人清偿债务或者交付财产的要求;⑥第一次债权人会议召开的时间和地点;⑦人民法院认为应当通知和公告的其他事项。

5.2.4 破产案件受理的法律效果

法院受理破产申请,意味着破产程序的开始。破产程序开始后,债务人的财产进入保全状态,债权人的权利行使也受到约束,具体地说,产生以下效果:

1. 对债务人的约束

自破产案件受理之日起,债务人及其法定代表人承担以下义务:

1)财产保全义务、说明义务和提交义务

保全债务人的财产和掌握债务人在财务、经营和其他有关方面的信息,是人民法院审理破产案件和债权人行使权利的重要条件。因此,保护和移交财产、如实说明有关情况和完整、真实地提交有关材料,是债务人的重要义务。

2)不对个别债权人清偿的义务

人民法院受理破产申请后,债务人不得对个别债权人清偿债务,也不得以其财产设立新的担保。

2. 对债权人的约束

破产程序的一个重要任务,就是维护债权人集体受偿的秩序。因此,破产程序开始的一个重要效果,就是自动冻结债权人的个别追索行为。这种自动冻结(又称自动停止)在《企业破产法》上表现为以下两项规定:①破产案件受理后,债权人只能通过破产程序行使权利。债权人不得个别追索债务,也不能向法院提起新的民事诉讼。②有财产担保的债权人,在破产案件受理后至破产宣告前的期间,未经人民法院准许,不得行使优先权。

3. 对其他人的约束

人民法院受理破产申请后,债务人的债务人或者财产持有人应当向管理人清偿债务或者交付财产。

债务人的债务人或者财产持有人故意违反前款规定向债务人清偿债务或者交付财产,使债权人受到损失的,不免除其清偿债务或者交付财产的义务。

4. 对其他民事程序的影响

破产程序开始后，为了实现公平清偿，有关债务人财产的所有请求和争议原则上必须在同一程序中审理。为此，《企业破产法》有如下规定：

1)民事诉讼程序的中止或终结

破产案件受理后：向债务人请求给付的经济纠纷案件，尚未审结而无连带责任人的，应当终结诉讼，由债权人向受理破产案件的人民法院申报债权；尚未审结而另有连带责任人的，应当中止诉讼，由债权人向受理破产案件的人民法院申报债权，待破产程序终结后恢复审理。债务人向他人请求给付的经济纠纷案件，受诉法院不能在 3 个月内结案的，应当移送受理破产案件的人民法院。

2)民事执行程序的中止

破产案件受理后，对债务人财产的其他民事执行程序必须中止。这里所说的"其他民事执行程序"是指对非依破产程序所产生的法律文书的个别执行程序。这些文书包括：未执行或者未执行完毕的已生效民事判决、裁定；已向人民法院提出执行申请但尚未执行或者未执行完毕的仲裁裁决、公证机关依法赋予强制执行效力的债权文书。

3)财产保全的中止

破产案件受理后，一切依个别债权人请求而实施的对债务人的财产保全应当中止。对于已经查封、扣押、冻结或者以其他方式予以保全的债务人财产，应当解除保全措施，纳入破产财产管理。

【知识链接 5-2】

破产申请人有四类：第一，债务人。债务人不能清偿到期债务，并且资产不足以清偿全部债务或者明显缺乏清偿能力时，债务人可以申请破产(还可以申请和解或者重整)。第二，债权人。债务人不能清偿到期债务时，债权人可以申请破产清算。需要注意的是，这里不包括债务人资产不足以清偿全部债务或者明显缺乏清偿能力，这是因为债务人的资产情况，债权人作为外人无法知晓，所以只要债务人不能清偿到期债务，债权人就可以向法院申请债务人破产(还可以申请重整)。第三，依法负有清算责任的人。企业法人已解散但未清算或者未清算完毕，资产不足以清偿债务时，依法负有清算责任的人应当向人民法院申请破产清算。第四，商业银行、证券公司、保险公司等金融机构不能清偿到期债务，并且资产不足以清偿全部债务或者明显缺乏清偿能力的，国务院金融监督管理机构可以向人民法院提出对该金融机构进行破产清算的申请(还可以申请重整)。

5.3　管理人制度

破产管理人贯穿于破产清算、破产重整和破产和解等破产程序，具有多种功能。

5.3.1　管理人的产生、变更和消灭

所谓管理人，是指法院受理破产案件后接管债务人财产并负责债务人财产管理和其他事务的专业人员。在整个破产程序中，管理人始终处于中心地位，破产程序能否顺利进行，在很

大程度上取决于管理人的设置是否合理，以及管理人是否认真地履行了职责。

管理人由人民法院指定。债权人会议认为管理人不能依法、公正执行职务或者有其他不能胜任职务情形的，可以申请人民法院予以更换。管理人没有正当理由不得辞去职务。管理人辞去职务应当经人民法院许可。

5.3.2 管理人的职责

管理人应当履行下列职责：第一，接管债务人的财产、印章和账簿、文书等资料；第二，调查债务人财产状况，制作财产状况报告；第三，决定债务人的内部管理事务；第四，决定债务人的日常开支和其他必要开支；第五，在第一次债权人会议召开之前，决定继续或者停止债务人的营业；第六，管理和处分债务人的财产；第七，代表债务人参加诉讼、仲裁或者其他法律程序；第八，提议召开债权人会议；第九，人民法院认为管理人应当履行的其他职责。

5.3.3 管理人的权利和义务

关于管理人的权利和义务，《企业破产法》作了详细规定，具体包括：管理人经人民法院许可，可以聘用必要的工作人员；管理人的报酬由人民法院确定，债权人会议对管理人的报酬有异议的，有权向人民法院提出；管理人应当勤勉尽责，忠实执行职务；管理人依照本法规定执行职务，向人民法院报告工作，并接受债权人会议和债权人委员会的监督；管理人应当列席债权人会议，向债权人会议报告职务执行情况，并回答询问。

5.4 债权申报与债权人会议

5.4.1 债权申报

债权申报是债权人在破产案件受理后依法定程序主张并证明其债权，以便参加破产程序的法律行为。人民法院受理破产申请后，应当确定债权人申报债权的期限。

债权申报期限自人民法院发布受理破产申请公告之日起计算，最短不得少于30日，最长不得超过3个月。债权人应当在法定期限内申报其债权。具体期限为：收到法院通知的债权人，应在收到通知后30日内申报债权。未收到通知的债权人，应当自公告之日起3个月内申报债权。限定债权申报期间，对于破产程序及时、顺利进行是必要的。只有在债权人人数和债权数额业已确定的情况下，才能召开债权人会议和进行清算分配。

债权人逾期未申报债权的，视为自动放弃债权。其后果是不再是债权人，无权出席债权人会议，无表决权，不能参加破产财产分配。逾期未申报的债权人失去通过破产程序获得清偿的资格。

破产案件受理前成立的对债务人的债权，均为可申报的债权。未到期的债权，在破产案件受理时视为到期。有财产担保的债权和无财产担保的债权均可申报。债务人的保证人在履行担保义务向债权人清偿后，可以在所为之清偿的范围内申报债权。连带债务的债权人在连带债务人之一破产时，享有在破产程序中申报债权的权利。债务人所欠职工的工资和医疗、伤残补助、抚恤费用，所欠的应当划入职工个人账户的基本养老保险、基本医疗保险费用，以及法律、行政法规规定应当支付给职工的补偿金，不必申报，由管理人调查后列出清单并予以公示。

债权人申报债权时，应当向人民法院提交下列材料：①债权发生的事实与证据；②债权性质、数额、有无担保，并附证据。

人民法院对于申报的债权，应当指派专人，进行登记造册，编制债权表。登记造册时，应当对有财产担保的债权和无财产担保的债权分别登记。申报的债权须经债权人会议审查确认，方为确定。在我国《企业破产法》中，审查债权的唯一主体是债权人会议，这是债权人自治原则的体现。人民法院不负责审查债权。

5.4.2　债权人会议

1. 债权人会议的性质

债权人会议是在人民法院受理破产案件后，为保障债权人的合法权益，表达债权人的意志和统一债权人的行动而由全体申报债权的债权人组成的临时性的议事机构。债权人会议是全体债权人参加破产程序并集体行使权利的决议机构。从性质上讲，债权人会议是债权人团体在破产程序中的意思发表机关。也就是说，债权人会议的职能是要使全体债权人能够作为一个整体，就他们的权利行使和权利处分作出共同的意思表示，并为维护他们的共同利益而采取必要的行动。所以，债权人会议本质上是一个组织体，而不是临时的集会活动。

2. 债权人会议的组成

所有债权人都是债权人会议成员。这里所说的债权人是指在法定期限内已向法院申报债权的人，包括有财产担保的债权人、无财产担保的债权人和代替债务人清偿债务后的保证人等。

债权人会议成员分为有表决权的债权人和无表决权的债权人两种。有表决权的债权人是指有权出席债权人会议和发表意见，并有权对债权人会议议决事项投票表达个人意志的债权人。无表决权的债权人是指有权出席债权人会议和发表意见，但无权对债权人会议议决事项投票表达个人意志的债权人。有财产担保的债权人未放弃优先受偿权时，不享有表决权，因为它不参加破产财产的分配。债权人会议设会议主席，即负责主持和召集债权人会议的人，由人民法院在第一次债权人会议召开时，从有表决权的债权人中指定。第一次债权人会议由人民法院召集，自债权申报期限届满之日起 15 日内召开。以后的债权人会议，在人民法院认为必要时，或者管理人、债权人委员会、占债权总额 1/4 以上的债权人向债权人会议主席提议时召开。

债务人的上级主管部门可以派员列席债权人会议，债务人的法人代表必须列席并有义务回答债权人的询问；拒绝列席的，人民法院可依法拘传。

3. 债权人会议的职权

债权人会议行使下列职权：核查债权；申请人民法院更换管理人，审查管理人的费用和报酬；监督管理人；选任和更换债权人委员会成员；决定继续或者停止债务人的营业；通过重整计划；通过和解协议；通过债务人财产的管理方案；通过破产财产的变价方案；通过破产财产的分配方案；人民法院认为应当由债权人会议行使的其他职权。

4. 债权人会议的议事规则

《企业破产法》规定：债权人会议的决议，由出席会议的有表决权的债权人过半数通过，并且其所代表的债权额占无财产担保债权总额的 1/2 以上。但是，本法另有规定的除外。例如,通过和解协议草案的决议,必须占无担保债权总额的 2/3 以上。

由此可见,债权人会议决议的通过,应当同时具备两个条件:第一,按人数计算,出席会议的有表决权的债权人过半数赞成;第二,按金额计算,一般情况下,赞成票所代表的债权额占无财产担保债权总额的半数以上,但是,在通过和解协议的情况下,应当占这一总额的 2/3 以上。这里所说的“过半数”不包括本数,“半数以上”和“2/3 以上”均包括本数。

债权人会议的决议,对于全体债权人均有约束力。也就是说,债权人会议的决议是债权人团体的共同意思表示。一旦决议依法定程序获得通过,各债权人不论是否出席了会议,不论是否参加表决,也不论是否投票赞成,都当然地受决议的约束。

债权人认为债权人会议的决议违反法律规定,损害其利益的,可以在债权人会议作出决议后 7 日内提请法院裁定。

5.5 和解与重整程序

5.5.1 和解程序

所谓和解程序,是指不能清偿到期债务的债务人,与债权人之间就债务人债务的减免或者延期以及其他解决债务的措施达成协议,以中止破产程序,避免破产清算的制度。

1. 和解申请

根据《企业破产法》的规定,债务人可以依照本法规定,直接向人民法院申请和解;也可以在人民法院受理破产申请后、宣告债务人破产前,向人民法院申请和解。债务人申请和解,应当提出和解协议草案。人民法院经审查认为和解申请符合规定的,应当裁定和解,予以公告,并召集债权人会议讨论和解协议草案。

2. 和解协议的表决

根据《企业破产法》的规定,和解协议以以下方法通过:①债权人会议通过和解协议的决议,由出席会议的有表决权的债权人过半数同意,并且其所代表的债权额占无财产担保债权总额的 2/3 以上。②债权人会议通过和解协议的,由人民法院裁定认可,终止和解程序,并予以公告。管理人应当向债务人移交财产和营业事务,并向人民法院提交执行职务的报告。③和解协议草案经债权人会议表决未获得通过,或者已经债权人会议通过的和解协议未获得人民法院认可的,人民法院应当裁定终止和解程序,并宣告债务人破产。

3. 和解的法律后果

和解的法律后果包括:①对债务人的特定财产享有担保权的权利人,自人民法院裁定和解之日起可以行使权利。②经人民法院裁定认可的和解协议,对债务人和全体和解债权人均有约束力。③和解债权人是指人民法院受理破产申请时对债务人享有无财产担保债权的人。④债务人应当按照和解协议规定的条件清偿债务。

4. 和解失败处理

第一,因债务人的欺诈或者其他违法行为而成立的和解协议,人民法院应当裁定无效,并宣告债务人破产。和解债权人因执行和解协议所受的清偿,在其他债权人所受清偿同等比例的范围内,不予返还。

第二，债务人不能执行或者不执行和解协议的，人民法院经和解债权人请求，应当裁定终止和解协议的执行，并宣告债务人破产。

第三，人民法院裁定终止和解协议执行的，和解债权人在和解协议中作出的债权调整的承诺失去效力。和解债权人因执行和解协议所受的清偿仍然有效，和解债权未受清偿的部分作为破产债权。

第四，人民法院受理破产申请后，债务人与全体债权人就债权债务的处理自行达成协议的，可以请求人民法院裁定认可，并终结破产程序。按照和解协议减免的债务，自和解协议执行完毕时起，债务人不再承担清偿责任。

5.5.2　重整程序

1. 重整的概念和特征

重整是指不对无偿付能力债务人的财产立即进行清算，而是在法院的主持下由债务人与债权人达成协议，制订重整计划，规定在一定的期限内，债务人按一定的方式全部或部分地清偿债务，同时债务人可以继续经营其业务的制度。

重整是在企业无力偿债但有复苏希望的情况下，经债权人同意，允许企业继续经营，实现债务调整和企业重组，使企业摆脱困境，走向复兴的一项制度。重整的特征有：

1)在重整保护期内，债务人可以继续经营

债务人可以继续经营的目的是以经营所得逐步偿还债务，最终使债权人获得最大利益，从而避免在实行破产清算的情况下的财产损失及其他消极后果。实行重整，债权人必须作出某种让步，按照重整计划的安排接受清偿。在重整期内，对所有债权实行冻结，甚至享有担保物权的债权人也不能优先受偿，而必须按照重整计划实现债权。

2)实行重整的企业应当按照重整计划改进经营

重整计划必须由股东、债权人按照一定的程序通过，一旦通过，对所有股东、债权人等都产生拘束力。如果股东、债权人没有通过重整计划，则债权人可以申请法院宣告终止重整程序，进入破产清算程序。如果重整企业不执行重整计划，债权人也可以申请法院终止重整计划的实行。另外，重整的方法比较灵活。在重整期限内，重整企业可以采取改善经营、财产出让、企业兼并、资本变更等措施，在债务重组的同时，实现企业再建。

2. 重整申请和重整期间

1)重整申请

重整是《企业破产法》新引入的一个重要程序，目的是使面临困境但有挽救希望的企业特别是大中型企业避免破产清算，恢复生机。《企业破产法》规定：债务人或者债权人可以依照本法规定，直接向人民法院申请对债务人进行重整。债权人申请对债务人进行破产清算的，在人民法院受理破产申请后、宣告债务人破产前，债务人或者出资额占债务人注册资本 1/10 以上的出资人，可以向人民法院申请重整。该法还规定，人民法院经审查认为重整申请符合本法规定的，应当裁定债务人重整，并予以公告。据此规定，债权人和债务人均有权向人民法院申请重整。符合法律规定的，人民法院应当裁定债务人重整，并予以公告。

2)重整期间

根据《企业破产法》的规定，重整期间自人民法院裁定债务人重整之日起，至重整程序终止。在重整期间,经债务人申请、人民法院批准,债务人可以在管理人的监督下自行管理财产和营业事务。有前述规定情形的,依照《企业破产法》规定已接管债务人财产和营业事务的管理人应当向债务人移交财产和营业事务,管理人的职权由债务人行使。管理人负责管理财产和营业事务的,可以聘任债务人的经营管理人员负责营业事务。

3)重整期间债务人行为规范

重整期间债务人的行为规范主要包括以下五方面:①在重整期间,对债务人的特定财产享有的担保权暂停行使。但是,担保物有损坏或者价值明显减少的可能,足以危害担保权人权利的,担保权人可以向人民法院请求恢复行使担保权。②在重整期间,债务人或者管理人为继续营业而借款的,可以为该借款设定担保。③债务人合法占有的他人财产,该财产的权利人在重整期间要求取回的,应当符合事先约定的条件。④在重整期间,债务人的出资人不得请求投资收益分配。⑤在重整期间,债务人的董事、监事、高级管理人员不得向第三人转让其持有的债务人的股权。但是,经人民法院同意的除外。

4)重整程序的终止

根据《企业破产法》的规定,在重整期间,有下列情形之一的,经管理人或者利害关系人请求,人民法院应当裁定终止重整程序,并宣告债务人破产:①债务人的经营状况和财产状况继续恶化,缺乏挽救的可能性;②债务人有欺诈、恶意减少债务人财产或者其他显著不利于债权人的行为;③由于债务人的行为致使管理人无法执行职务。

3. 重整计划的制订和批准

《企业破产法》规定:债务人或者管理人应当自人民法院裁定债务人重整之日起 6 个月内,同时向人民法院和债权人会议提交重整计划草案。

根据《企业破产法》的规定,重整计划草案应当包括下列内容:债务人的经营方案;债权分类;债权调整方案;债权受偿方案;重整计划的执行期限;重整计划执行的监督期限;有利于债务人重整的其他方案。

根据《企业破产法》的规定,重整计划由债务人负责执行。

5.6 破 产 清 算

5.6.1 破产宣告

破产宣告是指法院依据当事人的申请或法定职权裁定宣布债务人破产以清偿债务的行为。债权人或债务人的破产申请只有经过人民法院审查,认为债务人已具备破产宣告条件时,才作出破产宣告的裁定。

1. 破产宣告的期限

破产宣告是法院对债务人具有破产原因的事实作出有法律效力的认定。根据《企业破产法》的规定,人民法院依照本法规定宣告债务人破产的,应当自裁定作出之日起 5 日内送达债务人和管理人,自裁定作出之日起 10 日内通知已知债权人,并予以公告。

2. 破产宣告的效力

人民法院宣告企业破产的裁定自宣告之日起发生法律效力。破产宣告对于破产案件的效果，就是破产案件转入破产清算程序。在破产案件受理后、破产宣告以前，债务人还可以通过和解或者其他方式(如取得担保，在短期内清偿债务)而避免破产清算。破产一经宣告，则破产案件不可逆转地进入清算程序。

1)对债务人的效力

(1)债务人成为破产企业，破产企业仅在清算意义上存续。

(2)债务人财产成为破产财产。破产宣告后，债务人的财产成为破产财产，即成为归管理人占有、支配并用于破产分配的财产。

(3)破产宣告后，对企业破产负有个人责任的企业法定代表人自企业被批准注销之日起 3 年之内不能担任公司的董事、监事和经理。

2)对债权人的效力

对债权人来说，破产宣告使他们获得了行使权利的特别许可。在破产宣告前，所有的债权请求都处于冻结状态。破产宣告后，因破产宣告以前的原因而发生的请求权，须依照破产程序的规定接受清偿。

(1)未到期的债权视为到期。破产宣告时未到期的债权，视为已到期债权，但是应当减去未到期的利息。

(2)有财产担保的债权人可以由担保物获得清偿。破产宣告后、破产分配前，有财产担保的债权人可以随时请求就担保物获得优先清偿，受偿不足的部分按一般破产债权处理。

(3)对破产企业负有债务的债权人享有破产抵销权。《企业破产法》规定，债权人对破产企业负有债务的，可以在破产清算前抵销。

(4)无担保债权人依破产分配方案获得清偿。无财产担保的债权人不享有由特定财产优先受偿的权利，而只能依照法律规定的清偿顺序，通过法定程序集体确定分配方案，就破产财产获得清偿。

3. 破产宣告前终结破产程序的法定情形

《企业破产法》规定，破产宣告前，有下列情形之一的，人民法院应当裁定终结破产程序，并予以公告：①第三人为债务人提供足额担保或者为债务人清偿全部到期债务的；②债务人已清偿全部到期债务的。

5.6.2 破产财产

破产财产是指在破产宣告后至破产程序终结前，由管理人接管的可以依照破产程序对破产债权人的债权进行清偿的破产企业的财产。

根据《企业破产法》的规定，我国企业破产财产由下列财产构成：

1. 破产案件受理时属于破产企业经营管理的全部财产

这些财产大体包括四类：有形财产，如厂房、机器设备、运输工具、原材料、产成品和办公用品等；无形财产，如土地使用权、专利权、商标权、著作权、专有技术、特许权等；货币和有价证券；投资权益，如破产企业在其他公司中享有的股权。

2. 破产企业在破产申请受理后至破产程序终结前所取得的财产

其主要包括以下六种：因破产企业的债务人的清偿和财产持有人的交还而取得的财产；因未履行合同的继续履行而取得的财产；由破产企业享有的投资权益所产生的收益；破产财

产所生的孳息，如房租、银行利息；清算期间继续营业的收益，应注意的是破产宣告后，破产企业在有利于破产债权人利益的前提下，可以进行必要的营业，由此增加的营业所得就应归入破产财产；基于其他合法原因而取得的财产，如因他人侵犯破产企业的专利权而获得的赔偿。

3. 应当由破产企业行使的其他财产权利

其包括专利权、商标权、专有技术以及破产企业原来与其他企业联营所投入的财产和应得的利益等。

5.6.3 破产债权

破产债权是基于破产宣告前的原因而发生的，能够通过破产分配由破产财产公平受偿的财产请求权。《企业破产法》规定：债务人被宣告破产后，债务人称为破产人，债务人财产称为破产财产，人民法院受理破产申请时对债务人享有的债权称为破产债权。人民法院受理破产申请前成立的无财产担保的债权和放弃优先受偿权利的有财产担保的债权为破产债权。

根据我国现行法律规定和司法解释，破产债权的范围包括：①无财产担保的债权；②放弃了优先受偿权的债权；③有财产担保的债权；④破产人的连带债务人，因代替破产人清偿债务而取得的求偿权；⑤应计算利息的债权，至破产宣告之日止的利息；⑥待履行合同之相对人的赔偿请求权；⑦其他合法请求权。

下列请求权不属于破产债权：①行政机关、司法机关对破产企业的罚款、罚金以及其他有关费用；②人民法院受理破产案件后债务人未支付应付款项的滞纳金；③破产宣告后的债务利息；④债权人参加破产程序所支出的费用；⑤破产企业的股权、股票持有人在股权、股票上的权利；⑥破产财产分配开始后向清算组申报的债权；⑦超过诉讼时效的债权；⑧债务人开办单位对债务人未收取的管理费、承包费。

【案例分析】

某大酒店经上级主管部门同意，于 2017 年 3 月 2 日申请宣告破产。在破产程序中，债权人纷纷申报债权，提出的给付请求如下：①陈教授于 2016 年被该酒店保安人员殴打致伤，住院治疗 8 个月，要求赔偿医疗费 8 730 元。②因该酒店歌舞厅从事“三陪”被查处，市公安局于 2017 年 2 月 26 日对其作出处罚决定：罚款 1 万元，限 7 日内缴纳。③某旅行社与该酒店签订的合同，因酒店被宣告破产而终止，旅行社要求赔偿由此造成的损失 18 000 元。④该酒店经理以酒店名义借用某公司小轿车一辆供其亲属使用，现该公司要求返还。

问题：如果你是清算组成员，你认为哪些能够成为破产债权？

分析提示：本案中，第①项和第③项是破产债权。

5.6.4 破产费用和共益债务

1. 破产费用

破产费用是指法院在受理破产案件时收取的案件受理费及管理人为破产债权人的共同利益而在破产程序中所支出的各项费用的总和。由于这些费用是为破产债权人的共同利益而支出的，按照民事执行费用由债务人承担的规则和共益费用优先受偿的规则，这些费用应当从破产财产中优先拨付。

1)破产案件的诉讼费用

其包括：①破产申请费用；②破产管理人为收回破产财产提起诉讼或进行其他法律程序所发生的费用，以及破产管理人以破产企业名义应诉而发生的诉讼费用等；③破产案件在诉讼过程中产生的其他费用，如证据保全费、调查费、财产保全费、公告费、鉴定费、送达费、勘验费，以及人民法院认为其他应当支付的诉讼费用。

2)管理、变价和分配债务人(破产人)财产的费用

其包括但不限于债务人财产的保管费用、保养与修缮费用、拍卖或变价变卖费用、变更权属费用、仓储费用、运输费用、保险费用、评估费用、公告及通知债权人受领财产的送达邮寄费用、提存预分配财产费用等。

3)破产管理人执行职务的费用、报酬和聘用工作人员的费用

需要注意的是：破产管理人报酬的支付必须要向人民法院提出书面申请并经过审查批准程序，以防出现自己给自己支付报酬的局面。

2. 共益债务

《企业破产法》规定，人民法院受理破产申请后发生的下列债务，为共益债务：①因管理人或者债务人请求对方当事人履行双方均未履行完毕的合同所产生的债务；②债务人财产受无因管理所产生的债务；③因债务人不当得利所产生的债务；④为债务人继续营业而应支付的劳动报酬和社会保险费用以及由此产生的其他债务；⑤管理人或者相关人员执行职务致人损害所产生的债务；⑥债务人财产致人损害所产生的债务。

3. 清偿原则

《企业破产法》规定：破产费用和共益债务由债务人财产随时清偿。债务人财产不足以清偿所有破产费用和共益债务的，先行清偿破产费用。债务人财产不足以清偿所有破产费用或者共益债务的，按照比例清偿。债务人财产不足以清偿破产费用的，管理人应当提请人民法院终结破产程序。人民法院应当自收到请求之日起15日内裁定终结破产程序，并予以公告。

5.6.5　破产财产的分配

根据《企业破产法》的规定，破产财产在优先清偿破产费用和共益债务后，依照下列顺序清偿：①破产人所欠职工的工资和医疗、伤残补助、抚恤费用，所欠的应当划入职工个人账户的基本养老保险、基本医疗保险费用，以及法律、行政法规规定应当支付给职工的补偿金；②破产人欠缴的除前项规定以外的社会保险费用和破产人所欠税款；③普通破产债权，破产财产不足以清偿同一顺序的清偿要求的，按照比例分配。破产企业的董事、监事和高级管理人员的工资按照该企业职工的平均工资计算。

5.6.6　破产程序的终结

1. 破产程序的终结的概念

破产程序的终结是破产程序的最后阶段，也是每一破产程序的必经环节。

破产程序的终结分为正常终结和非正常终结两种情况。前者是指破产程序进行终了时

的终结,即破产程序在所有的债权人均依该程序获得了全额清偿,或虽未获全额清偿但破产财产已全部分配完毕的情况下发生的终结。后者是在破产程序进行过程中的终结,是指破产程序在其进行中因出现法定事由致使继续进行已无必要而发生的终结,包括因整顿成功而终结和因破产财产不足以支付破产费用而终结两种情形。

2. 破产终结的基本程序

第一步,管理人提请人民法院终结破产程序。破产人无财产可供分配的,管理人应当请求人民法院裁定终结破产程序;管理人在最后分配完结后,应当及时向人民法院提交破产财产分配报告,并提请人民法院裁定终结破产程序。

第二步,人民法院裁定。人民法院应当自收到管理人终结破产程序的请求之日起 15 日内作出是否终结破产程序的裁定。

第三步,人民法院裁定终结的,应当予以公告。

3. 破产终结后的法律后果

第一,管理人向破产人的原登记机关办理注销登记。管理人应当自破产程序终结之日起 10 日内,持人民法院终结破产程序的裁定,向破产人的原登记机关办理注销登记。

第二,管理人于办理注销登记完毕的次日终止执行职务,但是,存在诉讼或者仲裁未决情况的除外。

第三,自破产程序依照《企业破产法》第四十三条第四款或者第一百二十条的规定终结之日起 2 年内,有下列情形之一的,债权人可以请求人民法院按照破产财产分配方案进行追加分配:一是发现有依照第三十一条、第三十二条、第三十三条、第三十六条规定应当追回的财产的;二是发现破产人有应当供分配的其他财产的。

第四,有前款规定情形,但财产数量不足以支付分配费用的,不再进行追加分配,由人民法院将其上交国库。

第五,破产人的保证人和其他连带债务人,在破产程序终结后,对债权人依照破产清算程序未受清偿的债权,依法继续承担清偿责任。

**【案例聚焦】**

A 市宏伟机械有限责任公司是在 A 市工商行政管理局登记的国有企业。由于经营管理不善,A 市宏伟机械有限责任公司不能清偿到期债务,该公司法定代表人吴××决定公司破产。2016 年 5 月 26 日,吴××向公司所在区人民法院申请宣告破产。法院征得 A 市宏伟机械有限责任公司上级主管部门同意,受理后,召集并主持了债权人会议。

A 市宏伟机械有限责任公司最大的债权人是 A 市某食品公司。A 市某食品公司享有 20 万元有财产担保的债权。A 市宏伟机械有限责任公司第二大债权人是 B 市咏顺贸易公司。A 市宏伟机械有限责任公司欠 B 市咏顺贸易公司 15 万元。法院指定 A 市某食品公司担任债权人会议主席。经过一段时间的审理,法院作出裁定宣告 A 市宏伟机械有限责任公司破产,由其上级主管部门接管,进行清算活动。

本案中,有下述几处是违法的:①宏伟机械有限责任公司法定代表人自行决定申请企业破产是不合法的。②向该公司所在区的人民法院申请企业破产是不合法的。③A 市某食品公司担任债权人会议主席是不合法的。④法院的裁定是不合法的。

5.6.7　破产责任

破产责任是指有关方面违反企业破产法律所应承担的法律责任，包括民事责任、行政责任、刑事责任等。破产责任表现为有关人员造成企业严重亏损、导致企业破产，包括如下三种类型：

第一，债权人的责任。如果债权人在破产程序进行中，从事了欺诈或与债务人恶意串通等违法行为，应当承担相应的责任。

第二，破产管理人、重整执行人、监督人等在破产程序进行中，未依法履行职务或利用职务之便获取非法利益，应当承担相应的责任。

第三，债务人企业的法定代表人或直接责任人等的责任。这种责任具体又包括以下两种情形：一是作为债务人的企业从事隐匿资产、逃避债务等欺诈行为，其法定代表人或直接责任人应当向债权人承担民事赔偿责任。债权人也有权在法定期间内通过破产管理人请求法院宣告其侵害债权人利益的民事行为无效。二是债务人企业的法定代表人或直接责任人对导致破产有故意、重大过失甚至构成犯罪的，应当承担相应的民事责任、行政责任甚至刑事责任。

【知识链接 5-3】

关于破产财产的范围，我国虽然采取的是膨胀主义原则，但在企业破产的情况下，并非所有的财产都属于破产财产，有些财产应排除在破产财产之外，概括起来主要有：

(1)债务人基于仓储、保管、加工承揽、委托交易、代销、借用、寄存、租赁等法律关系占有、使用的他人财产。

(2)破产企业已作为债务担保物的财产。但如果担保物的价款超过其所担保的债务数额，超过部分属于破产财产。

(3)担保物灭失后产生的保险金、补偿金、赔偿金等代位物。

(4)依法禁止扣押执行的财产，如企业保卫部门的枪支弹药、涉及国家机密的文件档案等，应上交国家有关部门。

(5)破产企业内党、团、工会等社团组织的经费及购置的财产。但这些组织无偿占用的破产企业的财产仍属破产财产。

(6)企业在破产前向职工筹借的款项。该款项被视为破产企业所欠职工工资，借款利息按照借款实际使用时间和银行同期存款利率计算。但职工在破产前作为资本金投资的款项，应当作为破产财产。

(7)破产企业的职工住房、学校、托幼园(所)、医院等福利性设施。这些设施不计入破产财产，由破产企业所在地人民政府接收处理，其职工由接收单位安置。但上述福利性设施没有必要续办并能整体出让的，可以计入破产财产。

(8)试点地区破产企业土地使用权的转让所得用于安置破产企业职工的部分。

(9)特定物买卖中，尚未转移占有但相对人已完全支付对价的特定物。

(10)债务人在所有权保留买卖中尚未取得所有权的财产。

(11)所有权专属于国家且不得转让的财产。

自 测 题

一、单项选择题

1. 根据破产法的有关规定，人民法院受理破产案件后，对债务人财产的其他民事执行程序所带来的法律后果是(　　)。

A. 中止执行　　B. 继续执行　　C. 终结执行　　D. 与破产程序合并执行

2. 人民法院受理破产申请后，管理人接管债务人的财产之前，对于已经开始而尚未终结的有关债务人的民事诉讼或者仲裁，下列说法正确的是(　　)。

A. 应当中止

B. 继续进行

C. 移交到受理破产案件的人民法院继续审理

D. 终结审理

3. 根据《企业破产法》的规定，自人民法院裁定批准重整计划之日起，在重整计划规定的监督期内，负责监督重整计划执行的主体为(　　)。

A. 人民法院　　B. 债权人会议　　C. 管理人　　D. 债权人委员会

4. 根据《企业破产法》的规定，下列关于债权人会议的表述中不正确的是(　　)。

A. 未放弃优先受偿权的有财产担保的债权人对通过和解协议的事项无表决权

B. 债权人不得委托代理人出席债权人会议并行使表决权

C. 依法申报债权的债权人为债权人会议成员

D. 有表决权的债权人经人民法院指定可担任债权人会议主席

5. 甲公司租赁乙公司的注塑设备1台，在租赁期间人民法院受理了甲公司的破产申请，进入破产程序。乙公司出租的该台设备，应由乙公司(　　)。

A. 向人民法院申报债权　　B. 向甲公司申请收回

C. 向人民法院申请收回　　D. 向管理人申请收回

6. 下列属于共益债务的是(　　)。

A. 管理人对破产财产进行分配而发生的费用

B. 管理人为破产财产的估价聘请的资产评估专业人员而支付的劳动报酬

C. 管理人继续履行合同时发生的运送货物的运费和保险费

D. 人民法院受理债务人的破产案件依照职权发生的由债务人负担的调查费用、公告费和文件送达费用

二、多项选择题

1. 根据《企业破产法》的规定，破产界限的实质标准是债务人不能清偿到期债务。下列情形中可以界定为债务人不能清偿到期债务的有(　　)。

A. 债务人不能以财产、信用或能力等任何方式清偿债务

B. 债务人停止支付到期债务并呈连续状况

C. 债务人资不抵债

D. 债务人对主要债务在可预见的相当长时间内持续不能偿还

2. 根据《企业破产法》的规定，下列有关破产申请受理效力的表述中正确的有(　　)。

A. 债务人的法定代表人未经人民法院许可不得离开住所地

B. 债务人不得对个别债权人的债务进行清偿

C. 管理人对债务人和对方当事人均未履行完毕的合同有权决定继续履行

D. 有关债务人的民事诉讼只能向受理破产申请的人民法院提起

3. 根据企业破产法律制度的规定，下列各项中不属于债权人会议职权的有(　　)。

A. 更换管理人　　B. 更换债权人委员会成员

C. 确定管理人的报酬标准　　D. 对外代表债务人

4. 关于债权人委员会，下列说法正确的有(　　)。

A. 债权人会议可以决定设立债权人委员会

B. 债权人委员会全部由债权人组成

C. 债权人委员会成员不得超过9人

D. 债权人委员会成员应当经人民法院书面决定认可

5. 关于破产清偿顺序，下列说法错误的是(　　)。

A. 优先清偿破产费用和共益债务

B. 破产财产在优先清偿破产费用和共益债务后，要先清偿欠缴的税款

C. 破产财产在优先清偿破产费用和共益债务后，要先清偿普通破产债权

D. 破产财产不足以清偿同一顺序的清偿要求的，按照比例分配

三、案例分析题

2015年5月，A公司与B公司订立了一份80万元的购货合同。合同约定：2015年6月1日B公司发货，2015年6月10日A公司交付货款。B公司如期付货，但A公司未按合同规定交付货款。

2015年6月20日，B公司上门催讨货款，A公司借口货物质量不合格，拒绝付款。此后，B公司因为董事会人员调整，公司内部一直处于混乱状态，没有再提起A公司欠款之事。2017年7月10日，由于山洪暴发冲坏了B公司的办公大楼和厂房，2017年8月20日，B公司才恢复正常经营。2017年9月1日，B公司新任领导再次提起A公司欠款问题，准备提起诉讼。B公司新任领导认为虽已超过2年诉讼时效，但由于山洪暴发属于不可抗力，应引起诉讼时效的中止。经了解，B公司得知A公司的另一债权人D公司已经向人民法院申请A公司破产的申请。

2017年10月1日人民法院依法宣告A公司破产。A公司主要的债权、债务情况如下：

(1)2015年5月20日，A公司以自己价值250万元的办公楼作抵押，向工商银行贷款200万元，期限3年。

(2)2015年9月30日，A公司又以该办公楼作抵押，向建设银行贷款150万元，期限1年。因A公司不能清偿到期贷款，建设银行已于2017年2月1日向法院起诉，案件正在审理过程中。

(3)D公司为A公司债务的保证人，在2016年4月10日曾代替A公司清偿债务65万元，但D公司在2016年4月20日曾欠A公司债务50万元，D公司向管理人提出行使抵销权，抵销对A公司的50万元的债务。

(4)上述用于抵押的办公楼拍卖价款为250万元。

问题:(1)B公司诉讼时效的中止的说法是否正确？为什么？

(2)工商银行是否享有优先受偿权？为什么？

(3)D公司能否行使抵销权？为什么？

(4)建设银行享有的A公司抵押财产的债权是多少？为什么？

第6章 合 同 法

【学习目标】

掌握合同及合同法的概念;掌握合同法的基础理论知识,如合同的订立、履行、变更、解除、终止及其救济;了解和认识现代合同制度;掌握有关合同事务实际操作能力。

【引导案例】

A市甲公司向B市乙公司购买10台专用设备,双方于7月1日签订了购买合同。合同约定:专用设备每台10万元,总价100万元;乙公司于7月31日交货,甲公司在收货10日内付清款项;甲公司在合同签订后5日内向乙公司交付定金5万元;双方因合同违约而发生的纠纷,提交C市仲裁委员会仲裁。7月3日,甲公司向乙公司交付了5万元定金。7月20日,甲公司告知乙公司,因向甲公司订购该批专业设备的丙公司明确拒绝购买该批货物,甲公司一时找不到新的买家,将不能履行合同。7月22日,乙公司通知甲公司解除合同,定金不予返还,并要求甲公司赔偿定金未能弥补的损失。甲公司不同意赔偿损失,乙公司遂向C市仲裁委员会申请仲裁。据查,甲公司不履行合同给乙公司造成10万元损失。

问题:(1)乙公司7月22日通知甲公司解除合同是否符合法律规定?简要说明理由。

(2)甲公司主张乙公司应向A市法院提起诉讼是否符合法律规定?简要说明理由。

6.1 合同法概述

6.1.1 合同的概念及特征

1. 合同的概念

《中华人民共和国合同法》(以下简称《合同法》)规定,本法所称合同是平等主体的自然人、法人、其他组织之间设立、变更、终止民事权利义务关系的协议。婚姻、收养、监护等有关身份关系的协议,适用其他法律的规定。这样就将这些非财产性契约从《合同法》中排除出去。据此认为,合同是平等主体的自然人、法人、其他组织之间设立、变更和终止民事权利义务关系的法律行为。

2. 合同的特征

1)合同是一种民事法律行为

民事法律行为作为一种最重要的法律事实,是民事主体实施的能够引起民事权利和民事义务的产生、变更和终止的合法行为。由于合同是一种民事法律行为,因此,民法中关于民事法律行为的一般规定,如民事法律行为的生效要件、民事法律行为的无效、撤销等均适用于合同。

2)合同是两个以上的当事人意思表示一致的法律行为

合同的订立主体必须是两个或两个以上当事人。同时,两个或者两个以上当事人之间必须互相作出意思表示,且意思表示一致,才能订立合同。

3)合同以产生、变更,或者终止权利义务为目的

产生民事权利义务关系是指当事人订立合同旨在形成某种民事法律关系,如买卖关系、租赁关系、雇佣关系等,进而具体享有某项民事权利、承担民事义务。变更民事权利义务关系是指当事人通过订立合同使原有的民事权利义务关系发生变化。终止民事权利义务关系是指当事人通过订立合同使原有的民事权利义务关系归于消灭。

6.1.2 合同的分类

依据不同的标准,合同可分为不同的种类。

1. 单务合同与双务合同

根据当事人双方是否互相享有权利、负有义务,可以把合同分为单务合同与双务合同。单务合同是指一方当事人负担义务而他方当事人不负担义务的合同,如赠与合同。双务合同是指双方当事人相互享受权利、承担义务的合同,如买卖合同、租赁合同等。

区分单务合同与双务合同的意义在于:首先,双务合同的当事人享有同时履行抗辩权,而单务合同不存在这一问题。其次,双务合同存在合同风险负担的分配问题。双务合同中一方当事人因不可抗力不能履约时则无权要求对方履行,对方已经履行的应把所得利益返还。单务合同则不存在这一问题。

2. 有名合同与无名合同

根据法律是否对合同规定有确定的名称与调整规则,可以把合同分为有名合同与无名合同。有名合同又称典型合同,是指法律对这类合同已经确定了一定的名称并明确了一系列的规则,如买卖合同、赠与合同、借款合同、租赁合同等。无名合同又称非典型合同,是指法律未对这类合同的类型特别加以规定也未赋予其特定的名称。

区分有名合同与无名合同的意义在于:这两种类型合同的法律适用不同。有名合同可直接适用《合同法》分则中的一些具体规定;无名合同则适用《合同法》的一般规则,同时参照《合同法》分则或其他法律。

3. 有偿合同与无偿合同

根据当事人取得利益有无对价的给付,可以把合同分为有偿合同与无偿合同。有偿合同是指当事人双方为从合同中取得利益需要支付相应对价的合同,如买卖合同。无偿合同则是指当事人一方取得合同规定的利益而不需支付相应对价的合同,如赠与合同。

区分有偿合同与无偿合同的意义在于:首先,区分两种不同合同中当事人的法律责任。一般情况下,有偿合同债务人的责任比无偿合同债务人的责任重。其次,规定限制民事行为能力人订立有偿合同时非经法定代理人同意为无效;而纯获利益的合同,无民事行为能力人和限制民事行为能力人均可订立。最后,债务人与第三人的合同为无偿或者有偿时,债权人行使撤销权所应具备的条件不同。

【案例分析 6-1】

旅客李某投宿凯悦饭店，办好住宿手续后，将一只装有 5 万元现金和其他物品的密码箱寄存在饭店的服务总台。当班服务员清点了物品。第二天下午，李某凭取牌去取密码箱，发现已被他人领走，李某要求饭店赔偿全部损失，饭店拒绝，遂引起纠纷。

分析提示：旅客李某与凯悦饭店存在保管合同关系。李某将物品交给饭店保管，并告诉服务员密码箱内有贵重物品，当班服务员清点了物品，双方对保管物无异议，保管合同成立且生效。密码箱被他人冒领，说明饭店未尽到保管义务，存在重大过失。在司法实践中，一般认为饭店保管旅客随身物品的费用已被住宿费所包含，旅客李某与饭店之间的保管合同应认定为有偿合同，故保管人凯悦饭店应当赔偿李某的损失。

（本案例由作者根据相关资料改编）

4. 要式合同与不要式合同

根据合同的成立是否要求履行一定的形式和手续，可以把合同分为要式合同与不要式合同。要式合同是指法律要求必须具备一定的形式和手续方可成立的合同。不要式合同是法律对合同订立未规定一定的形式和手续的合同。通常情况下，各国均以不要式合同为原则而以要式合同为例外。

5. 诺成合同与实践合同

根据合同成立是否需要交付标的物，可以把合同分为诺成合同与实践合同。诺成合同是指当事人意思表示一致即告成立的合同。实践合同是指在当事人意思表示一致后，仍须有实际交付标的物的行为才能成立的合同。

区分诺成合同与实践合同的意义在于：首先，明确两种不同合同的成立要件。诺成合同仅以当事人之间的意思表示一致为成立要件，而实践合同除了意思表示一致外还要交付标的物。其次，区分两种不同合同当事人的义务和责任。诺成合同当事人有交付标的物的义务，不履行该义务构成违约责任。实践合同中交付标的物只是先合同义务，违反该义务则承担缔约过失责任。

6. 主合同与从合同

根据某一合同的存在是否以其他合同的存在为前提，可以把合同分为主合同与从合同。主合同是指可独立存在而无须以其他合同的存在为前提的合同。从合同又称附属合同，是指必须以其他合同的存在为前提才可成立的合同，如保证合同。

7. 利己合同与利他合同

根据订立合同是为自己的利益还是他人的利益，可以把合同分为利己合同与利他合同。利己合同是指订约人为使自己直接获得和享有合同利益而订立的合同。利他合同是指订约人一方不是为自己的利益，而是为第三人获得和享有合同利益而订立的合同。

6.1.3　合同法

1. 合同法的概念

合同法是调整平等主体之间交易关系的法律，是规范市场交易的基本法律，是民商法的重要组成部分，与公司、企业的生产经营和人民群众的生活密切相关。合同法调整合同的订立、效力、履行、变更、转让、终止以及违约责任等有关合同的一系列问题。《合同法》明确了其在我国的适用范围。因此,合同法应该是调整平等主体的自然人、法人、其他组织之间设立、变更、终止民事权利义务关系的法律规范的总称。

我国合同法律制度的建立始于1981年《中华人民共和国经济合同法》的制定;1985年,为适应对外开放的需要制定了《中华人民共和国涉外经济合同法》;1986年制定的《中华人民共和国民法通则》和2017年通过的《民法总则》对有关合同的基本问题作了规定;1987年又制定了《中华人民共和国技术合同法》。此外,在商标法、专利法、著作权法、铁路法、海商法、保险法和民用航空法等法律中都规定了相应的合同内容。随着改革开放的不断深入和经济贸易的迅速发展,我国原有的合同法律制度已经不能完全适应经济社会发展、市场主体的经济交往和公民生活的需要。在原有合同法律制度的基础上,1999年3月15日,第九届全国人大第二次会议审议通过了《合同法》并于当年10月1日正式实施。《合同法》分总则、分则、附则3篇,共23章428条,是一部较为详尽的法律。为了配合《合同法》的实施,最高人民法院分别于1999年12月1日和2009年2月9日颁布实施了《关于适用〈中华人民共和国合同法〉若干问题的解释(一)》(法释〔1999〕19号)和《关于适用〈中华人民共和国合同法〉若干问题的解释(二)》(法释〔2009〕5号)。《合同法》及其司法解释的颁布实施,对于保护合同当事人的合法权益,维护社会经济秩序,促进国内经济、技术和对外贸易的发展,保障社会主义建设事业的顺利进行,发挥了重要作用。

2. 合同法的特征

1)财产性

合同法的调整对象是民事财产流转关系,不包括人身关系。

2)协议性

合同的订立必须尊重当事人的意志,或者说只要当事人能达成意思表示一致就能订立合同,协议性体现在合同的内容、形式上等。

3. 合同法的基本原则

合同法的基本原则是合同法的主旨和根本准则,它贯穿于整个合同法制度和规范之中,是市场经济的内在要求在法律上的表现。《合同法》规定了当事人订立合同应遵循的基本原则:

1)合同当事人法律地位平等原则

合同当事人法律地位平等指当事人在订立、履行、变更、转让、接触、承担违约责任等涉及合同的活动中的法律地位是平等的,无论当事人是法人还是自然人,也不论其经济性质、组织形式、经济实力的大小等,都应当平等地享有权利、履行义务、承担责任。

合同当事人法律地位平等原则包括三方面内容:一是合同当事人的法律地位一律平等;二是合同中的权利义务对等;三是合同当事人必须就合同条款充分协商,取得一致,合同才能成立。

2)合同自愿原则

合同自愿原则是指合同主体在从事交易活动时,能根据自己内心意愿订立合同。《合同法》规定:当事人依法享有自愿订立合同的权利,任何单位和个人不得非法干预。

合同自愿原则包括缔结合同的自由、选择合同相对人的自由、决定合同内容的自由、变更和解除合同的自由、选择合同的方式的自由、约定违约责任的自由等方面。对合同自由的限制主要体现在两方面:一是格式合同。格式合同是当事人一方为与多数人订约而预先拟订的合同。格式合同的相对人仅有同意或不同意的权利，而无决定合同内容的自由。二是立法上的限制。这表现在邮政、电力、煤气等公用事业中的订约行为的强制。

3)合同公平原则

合同公平原则是指合同当事人公平地确定合同权利义务，使双方的权利义务安排大致相当，同时当事人不得利用自己的优势地位或对方的不利地位，而订立显失公平的合同。公平是价值规律即利益均衡的要求和体现，它是作为一种价值判断来衡量合同当事人之间的权利义务关系。合同当事人应当公平合理地确定双方的权利义务关系。对合同内容有重大误解或者显失公平时，一方当事人有权请求人民法院或仲裁机构予以变更或撤销，在合同履行过程中也要遵循公平原则。

4)诚实信用原则

诚实信用原则是民法的一项基本原则，是指当事人在从事民事活动时，应诚实守信，以善意的方式履行其义务。为保持和弘扬传统道德和商业道德，保障合同得到严格遵守，维护社会交易秩序，《合同法》也确立了诚实信用原则。《合同法》规定：当事人行使权利、履行义务应当遵循诚实信用原则。在订立合同阶段，该原则要求当事人不得有欺诈行为；在履行合同义务时，该原则要求当事人根据合同的性质、目的和交易习惯及时通知、协商、提供必要的条件、防止损失扩大、保密等；在合同终止后，该原则要求当事人要根据交易习惯履行通知、协助、保密等义务。可见，诚实信用原则不仅具有确定行为规范的作用，而且具有平衡利益冲突、为解释法律和合同提供准则等作用。

5)合法原则

为保障合同当事人订立的合同符合国家意志和社会公共利益，协调当事人之间的利益冲突，保护正常的交易秩序，《合同法》确立了合法原则。《合同法》规定：当事人订立、履行合同应当遵守法律、行政法规，尊重社会公德，不得扰乱社会经济秩序，损害社会公共利益。遵守法律、行政法规，主要是指不违反法律、行政法规的强制性规定。合同的内容可由双方当事人自由约定，但在特殊情况下，为维护社会公共利益和交易秩序，《合同法》对合同当事人的自由进行了必要的干预和限制，如对标准合同及免责条款生效的限制性规定等。合法原则还包括当事人必须遵守社会公德，不得违背社会公共利益，如当事人不得以国家禁止流通的物和有损社会公德的物或服务作为合同的标的。

6.2　合同的订立

合同的订立是指缔约方为达成协议而进行的协商、磋商及达成合意的过程。

6.2.1　合同的内容与形式

1. 合同的内容

合同的内容是指当事人依法订立的合同中所约定的个性具体意思表示，具体表现为合同的各项条款。根据《合同法》的规定，合同的内容由当事人约定，一般包括以下条款：

1)当事人的名称或者姓名和住所

合同依法生效后，即在当事人之间产生法律约束力，因此，合同中必须写明当事人的名称。当事人的住所是确定债务履行地的依据，是发生合同纠纷时确定管辖地的一个依据，也是人民法院送达诉讼文书的目的地。因此，合同中也应当写明当事人的住所。

2)标的

标的是合同当事人的权利义务指向的对象。标的是合同成立的必要条件，是一切合同的必备条款。由于合同种类不同，标的也不相同，可以是某种物，也可以是某种服务或者智力成果等。例如，买卖合同的标的是某种实物，委托合同的标的是受托人提供的服务，技术合同的标的是智力成果。合同的标的条款必须清楚地写明标的物或服务的具体名称，特别是对于不易确定的无形财产、劳务、工作成果等，更要尽可能地描述准确。

3)数量

在大多数合同中，数量是必备条款。对于有形财产，数量是对单位个数、体积、面积、长度、容积、重量等的计量；对于无形财产，数量是个数、件数、字数以及使用范围等多种量度方法；对于劳务，数量为劳动量；对于工作成果，数量是工作量及成果数量。数量条款中应当约定明确的计量单位和计量方法，约定合理的磅差、正负尾差、超欠幅度、自然损耗等。计量单位和计量方法必须合法、具体、准确，除国家明文规定以外，当事人双方可以协商确定。

4)质量

质量是指标的的内在素质和外观形象的状况。质量条款是合同的主要条款，当事人必须在合同中约定质量标准。如果质量条款规定不明确，极易产生争议。质量主要包括标的的物理和化学成分、标的的规格、标的的性能、标的的款式、标的的感觉要素等。如果当事人在合同中没有约定质量条款或约定的质量条款不明确，可以根据《合同法》的规定填补漏洞。

5)价款或者报酬

价款或者报酬是有偿合同的主要条款。价款是取得标的物所应支付的对价，报酬是获得服务所应支付的对价。价款或者报酬除国家有定价的以外，由当事人自愿约定，但应当公平。当事人还应当约定价款或者报酬的支付方式(一次性支付或分期支付)、币种(人民币或外币)、支付地点、结算方式(现金计算还是票据支付)等内容。

6)履行期限、履行地点和履行方式

履行期限是有关当事人实际履行合同的时间规定，直接关系到合同义务完成的时间，也是确定合同是否按时履行或者迟延履行的客观依据。合同成立生效后，当事人还不用实际履行，须待履行期到来时才实际履行。因此，履行期限条款应当尽量明确、具体，或者明确规定计算期限的方法。合同中履行期限约定不明确的，当事人可事后达成补充协议或通过合同解释的办法来弥补。

履行地点是指当事人依据合同约定履行其义务的场所。履行地点是确定风险由谁承担以及所有权是否转移的依据，也是在发生纠纷后确定由哪一地法院管辖的依据。因此，履行地点与双方当事人的权利义务关系有一定联系，在合同中应当规定得明确、具体。

履行方式是指当事人履行合同义务的方法，如在买卖合同中，是采取一次履行还是分次履行，是采用买受人自提还是采用出卖人送货的方式等。履行方式与当事人的利益密切相关，应当从方便、快捷等方面考虑，采取最为适当的履行方式，并且在合同中明确规定。

7)违约责任

违约责任是指合同当事人违反合同义务而应承担的责任，即当事人不履行合同债务时，所应承担的损害赔偿、支付违约金等责任。违约责任是促使当事人履行合同义务、使对方免受或少受损失的法律措施,也是保证合同履行的主要条款。当事人可以在合同中就违约责任作出具体约定,如约定定金、违约金、赔偿金额以及赔偿金的计算方法等。

8)解决争议的方法

解决争议的方法是指发生合同纠纷后的解决途径。按照合同自由原则,当事人可以在合同中约定解决争议的具体方法。解决争议的方法主要有四种:一是自行协商和解;二是由第三人调节;三是申请仲裁;四是提起诉讼。当事人如果意图在发生纠纷后通过诉讼途径解决,则不用在合同中约定。涉外合同的当事人约定采用仲裁方式解决争议的,可以选择中国的仲裁机构进行仲裁,也可以选择在外国进行仲裁。涉外合同的当事人还可以选择解决其争议所适用的法律,但法律有限制性规定的,依照其规定。

2. 合同的形式

合同的形式是指体现合同内容、明确当事人权利义务关系的方式,即合同的载体。《合同法》规定:当事人订立合同,有书面形式、口头形式和其他形式。法律、行政法规规定采用书面形式的,应当采用书面形式。当事人约定采用书面形式的,应当采用书面形式。可见,合同的形式可以分为书面形式、口头形式和其他形式三种。

1)书面形式

书面形式是指当事人以文字等有形的表现形式体现当事人所订立合同的内容的形式。其优点是有据可查,发生纠纷时容易举证,便于分清责任。《合同法》规定:书面形式是指合同书、信件和数据电文(包括电报、电传、传真、电子数据交换和电子邮件)等可以有形地表现所载内容的形式。

2)口头形式

口头形式是指当事人只用语言为意思表示而订立合同,而不用文字表达协议内容的合同形式。凡当事人未约定、法律未规定特定形式的合同,都可以采用口头形式。口头形式在实践中运用得比较广泛,一般来说,即时结清的买卖、服务和消费合同大都采取口头形式订立。其优点在于简便易行、快捷迅速,其缺点是发生合同纠纷时不易取证,难以分清责任。

3)其他形式

其他形式是指除口头形式、书面形式之外的订立合同的形式,主要包括视听资料形式和默示行为。《合同法》对默示行为作出了规定,法律、行政法规规定或者当事人约定采用书面形式订立合同,当事人未采用书面形式但一方已经履行主要义务,对方接受的,该合同成立。

6.2.2　合同的订立程序

合同的订立程序是指当事人之间互相作出意思表示,并就合同条款达成一致协议的过程。合同的订立程序包括要约和承诺。

1. 要约

1)要约的概念

要约是指一方当事人向他方作出订立合同的意思表示。《合同法》规定:要约是希望和他人订立合同的意思表示。可见,要约是一方当事人以缔结合同为目的,向对方当事人所作的意思表示。表意人即发出要约的人称为要约人,受领要约的人称为相对人或受要约人。

【法律小贴士 6-1】

《合同法》规定：要约是订立合同的必经阶段，不经过要约阶段，合同是不可能成立的。

要约作为一种希望和他人订立合同的意思表示，它能够对要约人和相对人产生一种拘束力。《合同法》规定：要约的意思表示必须“表明经受要约人承诺，要约人即受该意思表示约束”。要约一旦发出，除依法律规定或受要约人的同意外，不得任意变更或撤销。

2)要约的构成要件

依据《合同法》的规定，要约取得法律效力必须具备下列要件：

(1)要约必须是由具有订约能力的特定人作出的意思表示。《合同法》规定：当事人订立合同应当具有相应的民事权利能力和民事行为能力。要约人应当具有订立合同的相应的民事权利能力和行为能力。要约人必须是订立合同的一方当事人，必须是特定的，以便受要约人能够对之进行承诺。

(2)要约必须向要约人希望与之订立合同的相对人发出。要约只有向要约人希望与之订立合同的相对人发出才能唤起相对人的承诺。相对人既可以是特定人，如具体的个人、公司或企业；也可以是非特定人，如社会公众，大多数服务性行业都以社会公众作为要约的相对人。

(3)要约必须具有缔结合同的目的。依据《合同法》的规定，要约是希望和他人订立合同的意思表示，要约中必须表明要约经受要约人承诺，要约人即受该意思表示拘束。要约人向相对人提出的意思表示必须具有与之订立合同的主观目的；否则，不可视为要约，而只是要约邀请。

(4)要约的内容必须具体、确定。根据《合同法》的规定，要约的内容必须具体、确定。所谓具体，是指要约应包括足以使合同成立的主要条款。所谓确定，是指要约的内容必须明确，而不能含糊不清，否则便无法承诺。

(5)要约必须到达受要约人。《合同法》规定：要约到达受要约人时生效。可见，《合同法》采取的是受信主义原则，要约在到达受要约人后才能对相对人产生实际的约束力。

3)要约的法律效力

要约的法律效力包括对要约人的法律约束力及对受要约人的法律约束力。其内容包括：

(1)对要约人的法律约束力。要约一经生效，要约人即受到要约的拘束，不得任意撤回、撤销或对要约随意加以限制、变更和扩张。

(2)对受要约人的约束力。要约发出后，受要约人获得了是否承诺的权利，受要约人是否行使这种权利完全由其自由决定。因此，要约对受要约人无任何约束力。

4)要约的生效时间

《合同法》规定：要约到达受要约人时生效。在实践中，要约生效的时间因其所采取的口头或书面形式之不同而不同。以口头形式发出的要约，从相对人了解要约时开始生效；以书面形式发出的要约，以要约到达受要约人时发生效力。如果采用数据电文形式订立合同，收件人指定特定系统接收数据电文的，该数据电文进入特定系统的时间，视为到达时间；未指定特定系统的，该数据电文进入收件人的任何系统的首次时间，视为到达时间。

5)要约的撤回与撤销

(1)要约的撤回。要约的撤回是指在要约发生效力之前，要约人使其失去法律效力的意思表示。

《合同法》规定:要约可以撤回。撤回要约的通知应当在要约到达受要约人之前或者与要约同时到达受要约人。要约人在要约发出以后,未到达受要约人之前,有权撤回要约。

(2)要约的撤销。要约的撤销是指要约到达受要约人发生效力之后,要约人使要约的效力归于消灭的意思表示。要约的撤销发生在要约已经生效,而受要约人尚未作出承诺即合同成立之前的期限内。《合同法》规定:如果要约中规定了承诺期限或者以其他方式明示要约是不可撤销的,或者受要约人有理由认为要约是不可撤销的,并且已经为履行合同做了准备工作,则不可撤销要约。

6)要约失效

要约失效是指要约丧失了法律约束力,不再对要约人和受要约人产生约束。要约失效以后,受要约人也丧失了其承诺的权利。根据《合同法》的规定,要约的法律效力因以下四种原因而消灭:

(1)受要约人拒绝要约。拒绝要约是指受要约人没有接受要约所规定的条件,或虽作出承诺但对原要约内容作了修改的,视为拒绝原要约。

(2)要约人依法撤回或撤销要约。

(3)承诺期限届满,受要约人未作出承诺。如果要约中规定了承诺期限,则承诺必须在该期限内作出。

(4)受要约人对要约的内容作出实质性变更。《合同法》规定:有关合同的标的、数量、质量、价款或者报酬、履行期限、履行地点和方式、违约责任和解决争议方法等的变更,是对要约内容的实质性变更。

7)要约邀请

要约邀请是指希望他人向自己发出要约的意思表示。要约邀请是订立合同的准备行为,其本身不具备要约的约束力。

要约邀请与要约的区别在于:首先,要约邀请是表意人为唤起他人对其要约的意思表示,行为本身无要约的法律效力;其次,要约的内容中往往包括有合同的主要条款,但是要约邀请只是一个意向;最后,要约邀请指向的不是特定的人,而是不确定的人,但是要约则是向确定的人发出的缔约意思表示。

【案例分析 6-2】

某果品公司因市场上西瓜脱销,向新疆某农场发出一份传真:"我市西瓜脱销,不知贵方能否供应。如有充足货源,我公司欲购 10 个冷冻火车皮。望能及时回电与我公司联系协商相关事宜。"某农场因西瓜丰收,正愁没有销路,接到传真后,喜出望外,立即组织 10 个车皮货物给某果品公司发去,并随即回电:"10 个车皮的货已发出,请注意查收。"在某果品公司发出传真后,某农场回电前,外地西瓜大量涌入,价格骤然下跌。接到某农场回电后,某果品公司立即复电:"因市场发生变化,贵方发来的货,我公司不能接收,望能通知承运方立即停发。"但因货物已经起运,某农场不能改卖他人。此后,某果品公司拒收,某农场指责某果品公司违约,并向法院起诉。

分析提示:此案双方发生纠纷的原因是某农场没有理解要约和要约邀请的区别。某果品公司给某农场的传真是询问其是否有货源,虽然某果品公司在给某农场的传真中提出了具体数量和品种,但同时希望某农场回电通报情况。因此,某果品公司的传真具有要约邀请的特点。某农场没有按某果品公司的传真要求通报情况,在直接向某果品公司发货后,才向某果品公司回电的行为,因没有要约而不具有承诺的性质,相反倒具有要约的性质。在此情况下如果某果品公司接收这批货物,这一行为就具有承诺性质,合同就成立。但由于某果品公司拒绝接收货物,故此买卖没有承诺,合同不成立。基于上述原因,法院应判决某农场败诉,某果品公司不负赔偿责任。

2. 承诺

1)承诺的概念

根据《合同法》的规定,所谓承诺,是指受要约人同意要约的意思表示,即受要约人同意接受要约的条件以缔结合同的意思表示。承诺只能以明示的方式作出,沉默或不作为本身不构成承诺。

2)承诺的构成要件

(1)承诺须由受要约人向要约人作出。只有受要约人或其代理人才能作出承诺。承诺必须向要约人作出,才能使合同成立。如果向要约人以外的其他人作出承诺,不能产生承诺的效力。

(2)承诺须在规定的期限内到达要约人。《合同法》规定:承诺应当在要约确定的期限内到达要约人。只有在规定的期限内到达的承诺才是有效的。要约中如果规定了承诺期限,则承诺应当在规定的期限内到达才生效。

(3)承诺的内容须与要约的内容一致。《合同法》规定:承诺的内容应当与要约的内容一致。承诺是对要约内容的全部接受,即承诺的内容须与要约的内容一致。若受要约人对要约的内容进行了变更,则应视为对原要约的拒绝。

3)承诺的方式

根据《合同法》的规定,承诺原则上应采取通知方式,但根据交易习惯或者要约表明可以通过行为作出承诺的除外。通知的方式主要包括对话、信件、电报、电传等。

4)承诺的期限和承诺的迟到、迟延

《合同法》规定:承诺应当在要约确定的期限内到达要约人。要约没有规定承诺期限的,应当在下列期限内承诺:要约以对话方式作出的,应当即时作出承诺,但当事人另有约定的除外;要约以非对话方式作出的,承诺应当在合理期限内到达。《合同法》还规定:要约以信件或者电报作出的,承诺期限自信件载明的日期或者电报交发之日开始计算;信件未载明日期的,自投寄该信件的邮戳日期开始计算。要约以电话、传真等快速通信方式作出的,承诺期限自要约到达受要约人时开始计算。

迟到的承诺即受要约人超过承诺期限发出的承诺,除要约人及时通知受要约人该承诺有效的以外,视为新要约。

承诺的迟延是指受要约人在承诺期限内发出承诺,按照通常情形能够及时到达要约人,但因其他原因承诺到达要约人时超过承诺期限的,除要约人及时通知受要约人因承诺超过期限不接受该承诺的以外,该承诺有效。

5)承诺撤回

根据《合同法》的规定,承诺可以撤回。撤回承诺的通知应当在承诺通知到达要约人之前或者与承诺通知同时到达要约人，即承诺撤回的通知必须在承诺生效之前到达要约人，或与承诺通知同时到达要约人，撤回才能生效。

6.2.3 合同成立的时间与地点

1. 合同成立的时间

一般情况下，非要式合同自承诺生效时成立；要式合同自完成特定手续时成立。如当事人约定采用合同书形式订立合同，自双方当事人签字或者盖章时合同成立。如双方当事人未同时在合同书上签字或盖章，则以当事人中最后一方签字或盖章的时间为合同的成立时间。法律有特别规定或者当事人有特别约定的，应从其规定或约定。

2. 合同成立的地点

一般情况下，非要式合同以承诺生效的地点为合同成立地点；要式合同应以完成特别手续的地点为合同成立地点。采用合同书形式订立合同的，双方当事人签字或者盖章的地点为合同成立的地点。如双方当事人未在同一地点签字或盖章，则以当事人中最后一方签字或盖章的地点为合同成立的地点。采用数据电文形式订立合同的，收件人的主营业地为合同成立的地点；没有主营业地的，其经常居住地为合同成立的地点。当事人另有约定的，按照其约定。

6.2.4 缔约过失责任

缔约过失责任是指当事人于缔结合同之际，因故意或者过失违反先合同义务从而导致合同不成立、被确认无效或被撤销时，使对方当事人遭受损失而应承担的法律责任。

1. 缔约过失责任的成立条件

1)缔约一方违反了先合同义务

缔约过失责任发生在合同订立过程中，合同尚未成立之前。缔约一方违反先合同义务主要表现为当事人一方有假借订立合同，恶意进行磋商的行为，或者故意隐瞒与订立合同有关的重要事实或提供虚假情况等违背诚实信用原则的行为。

2)相对方受有损失

法律规定缔约过失责任的目的之一就是弥补缔约过程中由于一方违反先合同义务而给对方造成的信赖利益的损失，因此，相对方受有损失的事实是承担缔约过失责任的前提。这种损失既包括实际利益的损失，也包括可得利益的损失。

3)违反先合同义务与相对方受有损失之间存在因果关系

当事人在缔结合同过程中，应遵守依据诚实信用原则而产生的协助、保密等附随义务。当事人一方如果不履行这种义务，就会给他方造成损害。因此，承担缔约过失责任要求相对方受有损失这一事实与一方当事人违反先合同义务之间存在因果关系。

4)违反先合同义务的一方有过错

缔约的过错是指当事人违背了其负有的义务并破坏了缔约关系。这里的过错包括故意和过失，当事人在合同缔结过程中因不同程度的过错影响到其承担的不同责任后果。

2. 承担缔约过失责任的事由

当事人在订立合同过程中有下列情形之一，给对方造成损失的，应承担损害赔偿责任：第一,假借订立合同,恶意进行磋商;第二,故意隐瞒与订立合同有关的重要事实或者提供虚假情况;第三,泄漏或者不正当使用订立合同中知悉的商业秘密;第四,其他违背诚实信用原则的行为。

**【案例聚焦 6-1】**

2016 年 3 月 28 日,甲图书发行公司以书面形式向南京作家朱某发出"约稿"一份,请朱某创作以下图书:

青少年辅学广智丛书:

(1)中国古代思想家的故事。

(2)中国古代政治家的故事。

(3)中国古代军事家的故事。

(4)中国古代科学家的故事。

(5)中国古代文学家的故事。

(6)中国古代艺术家的故事。

"中华四圣"系列长篇历史小说:

(1)孔子。

(2)老子。

(3)墨子。

(4)庄子。

2016 年 9 月,朱某持所写上述 10 本书的书稿到甲图书发行公司处,与甲图书发行公司协商出版相关事宜未果,于是,朱某向法院提起诉讼,要求甲图书发行公司赔偿误工费、交通费等合计人民币 85 648 元。

法院经审理后认为,当事人行使权利、履行义务应当遵循诚实信用原则。当事人在订立合同过程中,一方违背诚实信用原则和法律规定的义务,致另一方的信赖利益损失,应当承担损害赔偿责任。缔约过失责任产生于特定的时间,即要约生效后,合同成立前。本案中,甲图书发行公司向朱某发出的"约稿"虽然只是达成出版合同的合意,但甲图书发行公司这一要约行为足以使朱某产生合理信赖。此外,甲图书发行公司作为图书出版发行单位,在向朱某发出"约稿"要约时,应该考虑对朱某获得的稿酬应该有明确的约定而未约定,甲图书发行公司具有缔约上的过失。综上,朱某基于合理信赖而撰写了甲图书发行公司所约定作品交付甲图书发行公司,甲图书发行公司却违背诚实信用原则和法律规定的义务,撤销要约,而给朱某造成经济损失,甲图书发行公司应当承担损害赔偿责任。

6.3 合同的效力

合同的效力又称合同的法律效力,是指法律赋予依法成立的合同的约束当事人和其他第三人的强制力。合同对当事人的约束力包括有适当履行合同义务、不履行时的违约责任、当事人不得随意变更或解除合同的义务等。合同对第三人的约束力表现在任何第三人不得侵害合同债权、代位权制度等。

6.3.1　合同的生效

1. 合同的生效的概念

合同的生效是指已经成立的合同开始在当事人之间产生法律拘束力。

合同的成立与合同的生效是两个不同的概念:合同的成立是一种事实判断,而合同的生效则是一种价值判断。一般情况下,合同生效的时间与合同成立的时间是一致的,但是,有些情况下两者则是不一致的。例如附条件的合同,附生效条件的合同自条件成就时生效,附解除条件的合同自条件成就时失效。应该说,合同具备法定要件即可成立,但是,是否能产生法律效力,则还应具备法律所规定的生效要件。

2. 合同生效的要件

1)当事人具有相应的缔约行为能力

合同以当事人的意思表示为基础,以产生一定的法律效果为目的,因此,要求当事人必须具备与订立某项合同相应的缔约行为能力。对于法人,其缔约能力应与其被核准的经营范围或者设立登记的宗旨相一致。《合同法》规定:当事人订立合同,应当具有相应的民事权利能力和民事行为能力。这一规定对于保护当事人的利益、维护社会经济秩序有重要意义。

2)合同的内容必须确定并且可能

合同的内容是确定各方当事人各自权利义务的重要根据,也是当事人履行义务的依据。如果合同内容不确定或者不可能,当事人就无法履行合同,也难以确定各方当事人的权利义务。合同的内容不确定或者不可能,合同不生效。

3)合同不违反法律和不损害社会公共利益

这是各国法律均承认的一项原则。合同不违反法律是指合同不得违反法律的强制性规定,而不是任意性规范。合同不损害社会公共利益,主要是指合同的内容不违反公序良俗,如有违反,则合同不产生法律效力。

4)合同的形式须符合法律规定或当事人约定

一般来说,合同的形式可由当事人自由选择。《合同法》规定:当事人订立合同,有书面形式、口头形式和其他形式。如果法律有特别规定或当事人有特别约定的,则须在条件满足时,合同才生效。

6.3.2　附条件与附期限的合同

1. 附条件的合同

附条件的合同是指当事人在合同中约定一定的条件,以条件的实现作为合同效力发生和终止的根据。《合同法》规定:当事人对合同的效力可以约定附条件。附生效条件的合同,自条件成就时生效。附解除条件的合同,自条件成就时失效。在某些特殊情况下,行为人并不希望合同一经成立就产生效力,所以,行为人通过订立附条件的合同,等到一定的条件成就后,合同才生效。

附条件的合同中所附的条件可以是自然现象、事件、行为等,但是必须符合以下条件:第一,必须是将来发生的事实;第二,不能确定将来是否发生该事实;第三,该事实是由当事人议定的而不是法定的;第四,必须是合法的事实。当事人为自己的利益不当阻止条件成就的,视为条件成就;不当促成条件成就的,视为条件未成就。

2. 附期限的合同

附期限的合同是指当事人在合同条款中约定一定的期限,并把期限的到来作为合同效力发生或消灭根据的合同。

《合同法》规定:当事人对合同的效力可以约定期限。附生效期限的合同,自期限届满时生效;附终止期限的合同,自期限届满时生效。期限通常分为两种,即生效期限和终止期限。

6.3.3 效力待定的合同

效力待定的合同是指已经成立的合同因欠缺一定的生效要件,进而导致该合同生效与否尚未确定,必须补正后才可生效的合同。需要明确的是,效力待定合同已经成立,但不完全符合有关生效要件的规定,因此其效力能否发生尚未确定,须经其他行为补正后才能生效。

1. 效力待定的合同一般情况

1)无民事行为能力人、限制民事行为能力人依法不能独立订立合同

无民事行为能力人、限制民事行为能力人订立的合同,可以在事后由其法定代理人追认而生效。《合同法》规定:限制民事行为能力人订立的合同,经法定代理人追认后,该合同有效,但纯获利益的合同或者与其年龄、智力、精神健康状况相适应而订立的合同,不必经法定代理人追认。

《合同法》规定:相对人可以催告法定代理人在1个月内予以追认。法定代理人未作表示的,视为拒绝追认。合同被追认之前,善意相对人有撤销的权利,撤销应当以通知的方式作出。这是《合同法》对善意相对人的合法权益的保护。善意相对人是指不知行为人为限制行为能力人的一方。

2)无权代理人订立的合同

《合同法》规定:行为人没有代理权、超越代理权或者代理权终止以后以被代理人名义订立的合同,未经被代理人追认,对被代理人不发生效力,由行为人承担责任。这里的无权代理是指表见代理以外的欠缺代理权的代理,主要包括以下三种情况:一是根本无代理权的无权代理。代理人在未得到任何授权的情况下,以本人的名义从事代理活动。二是超越代理权的无权代理。代理人虽享有一定的代理权,但其实施的代理行为超越了代理权的范围。三是代理权终止后的无权代理。在代理权终止以后,代理人仍以原委托人名义从事代理活动。无权代理人承担其给相对人造成的损失。无权代理所产生的合同是一种效力待定合同,经过本人的追认方是有效的合同。

3)无处分权人订立的合同

《合同法》规定:无处分权的人处分他人财产,经权利人追认或者无处分权的人订立合同后取得处分权的,该合同有效。无权处分合同是指无处分权人处分他人财产,并与相对人订立转让财产的合同,属于效力待定合同,这类合同的效力取决于权利人的追认与取得处分权。

2. 两种特殊的效力待定合同

1)表见代理

表见代理是指在无权代理的情况下,代理人的行为足以使善意相对人相信其具有代理权而进行交易,由此造成的法律后果由被代理人承担的代理。《合同法》规定:行为人没有代理

权、超越代理权或者代理权终止后以被代理人名义订立合同，相对人有理由相信行为人有代理权的，该代理行为有效。

表见代理的构成要件有：

(1)行为人以被代理人的名义与相对人订立合同。行为人没有获得被代理人的授权而以被代理人的名义与第三人签订合同。

(2)相对人有理由相信行为人具有代理权。如代理关系终止后被代理人未通知相对人，或者未公示这一事实并收回授权委托书。

(3)相对人主观上是善意的、无过失的。所谓主观上的善意，是指不知道或不应当知道行为人是无权代理人。

(4)行为人与相对人所订立的合同符合合同成立的要件，并且符合代理行为的表面特征。

2)法定代表人、负责人超越权限订立的合同

《合同法》规定，法人或者其他组织的法定代表人、负责人超越权限订立的合同，除相对人知道或者应当知道其超越权限的以外，该代表行为有效。法定代表人及其他负责人在以法人的名义从事经营活动时，不需要获得法人的特别授权，其职务行为的后果均应由法人承担。如果相对人知道或者应当知道法定代表人、负责人的行为超越了权限订立合同，则该合同由法定代表人或者负责人负责。

6.3.4 无效合同

无效合同是指合同虽然已经成立，但因其内容违反了法律、行政法规的强制性规定和社会公共利益而不产生法律效力的合同。

《合同法》规定，有下列情形之一的，合同无效：第一，一方以欺诈、胁迫的手段订立合同，损害国家利益；第二，恶意串通，损害国家、集体或第三人利益；第三，以合法形式掩盖非法目的；第四，损害社会公共利益；第五，违反法律、行政法规的强制性规定。

【法律小贴士 6-2】

《合同法》规定：合同部分无效，不影响其他部分效力的，其他部分仍然有效。但是，无效部分与有效部分如果有牵连关系，则合同应被全部确认为无效。

无效合同从合同订立时就没有法律效力，当事人之间的权利义务关系自始无效。合同尚未履行的，不得履行；正在履行的，立即终止履行。合同被确认无效后，当事人依据合同取得的财产应返还给对方；不能返还的或者没必要返还的，应当折价补偿。合同被确认无效后，有过错的一方应赔偿对方因此受到的损失；双方都有过错的，各自承担相应责任。

6.3.5 可撤销或可变更的合同

可撤销或可变更的合同是指当事人在订立合同时，因意思表示不真实，法律允许其行使撤销权而使已经生效的合同归于无效。这类合同主要包括：第一，因重大误解订立的合同。一方当事人对合同的主要内容发生误解，直接影响到其所应享有的权利和承担的义务，可以请求人民法院或者仲裁机关予以变更或撤销。第二，显失公平的合同。这是指一方当事人在

紧迫或者缺乏经验的情况下订立的使当事人之间的权利义务严重不对等的合同。第三,因欺诈、胁迫而订立的合同。根据《合同法》的规定,一方以欺诈、胁迫的手段,使对方在违背真实意思的情况下订立的合同,受损害方有权请求人民法院或仲裁机构变更或者撤销。第四,乘人之危的合同。这是指行为人利用他人的危难处境或紧迫需要,强迫对方接受某种明显不公平的条件并作出违背其真实意思的意思表示。《合同法》将乘人之危的合同纳入到可撤销的合同范围之中,允许由受害人决定是否撤销该合同。

6.4 合同的履行

合同的履行是指当事人按照约定完成义务的过程,是债务人全面、适当地完成其所负担的义务与合同债权人的合同债权得到完全实现的统一。

6.4.1 合同履行的原则

合同履行的原则是指合同的双方当事人在履行的过程中应当遵循的基本原则。《合同法》规定:当事人应当按照约定全面履行自己的义务。当事人应当遵循诚实信用原则,根据合同的性质、目的和交易习惯履行通知、协助、保密等义务。合同履行应遵循的主要原则有:

1. 实际履行原则

实际履行原则是指当事人应当按照法律和合同约定的标的履行义务的原则。在合同法中,实际履行包括两方面:一是当事人在履行合同时,应按照合同约定的标的履行,不得任意以其他标的代替;二是在当事人一方不履行合同时,应当承担实际履行的责任,相对方有权要求违约方继续履行合同。当然,在合同无法实际履行时,也可由当事人协商用其他标的代为履行。

2. 全面履行原则

全面履行原则又称适当履行原则,是指当事人除按照合同约定的标的履行外,还要按照合同约定的其他条款要求全面承担合同义务,具体包括当事人应按照合同标的物的数量和质量、履行期限、履行地点、履行方式等履行合同。可以说,全面履行原则是实际履行原则的补充。

3. 协作履行原则

协作履行原则是指当事人在履行合同过程中,应本着相互协商和协作的原则履行合同。这一原则要求当事人在履行合同过程中,除严格按约定履行自己的义务外,还要相互合作,配合对方履行。合同的双方当事人应当相互关照,互通有无。在合同的履行过程中,双方当事人要及时通报情况,发现问题及时解决,以便于合同的履行。

6.4.2 合同履行中的抗辩权

1. 同时履行抗辩权

同时履行抗辩权又称合同不履行抗辩权,是指双务合同当事人应同时履行义务的,一方在对方未履行时,可拒绝自己给付的权利。

根据《合同法》的规定,当事人互负债务,没有先后履行顺序的,应当同时履行。一方在对方履行之前有权拒绝其提出的履行要求,而且,一方在对方履行债务不符合约定时,也有权拒绝其相应的履行要求。

同时履行抗辩权的成立要件主要有：同一双务合同互负给付义务，且双方当事人的义务履行互为条件、互相牵连；双方互负债务均以届履行期，且无先后履行顺序；双方当事人都未履行义务；对方的对待履行是可能的。

2. 不安抗辩权

不安抗辩权，是指在双务合同中，一方当事人应先向另一方给付时，有证据证明他方当事人不能或难以履行合同义务，在他方当事人未履行合同或就合同履行提供担保之前，有拒绝履行合同的权利。

依据《合同法》的规定，应当先履行债务的当事人，有确切证据证明对方有下列情形之一的，可以中止履行：①经营状况严重恶化；②转移财产、抽逃资金，以逃避债务；③丧失商业信誉；④有丧失或者可能丧失履行债务能力的其他情形。当事人一方要中止履行的，须提供上述证据，否则视为违约。

当事人行使不安抗辩权时，应当及时将中止履行的情况通知对方。对方提供适当担保的，应恢复履行；如果对方在合理期限内未恢复履行能力且未提供适当担保，中止履行的一方当事人可以解除合同。

**【案例聚焦6-2】**

甲、乙两公司签订钢材购买合同，合同约定：乙公司向甲公司提供钢材，总价款600万元，甲公司预支价款200万元。在甲公司即将支付预付款前，得知乙公司因经营不善，无法交付钢材，并有确切证据证明。于是，甲公司拒绝支付预付款，除非乙公司能提供一定的担保，乙公司拒绝提供担保。为此，双方发生纠纷并诉至法院。本案中，甲公司的行为就属于行使不安抗辩权的行为。

3. 先履行抗辩权

先履行抗辩权是指双务合同中应当先履行的一方当事人没有履行合同义务或者履行不符合约定的，后履行一方有拒绝履行自己义务的权利。

先履行抗辩权的成立要件主要有：当事人之间互负合同义务；双方当事人之间履行义务有先后顺序；先履行义务一方到期未履行合同义务或履行不符合约定的。

6.4.3　合同保全

合同保全是指为防止因债务人的财产变化而给债权人的债权带来损害，允许债权人行使代位权或撤销权，以保护债权人的债权。

1. 债权人的代位权

债权人的代位权是指当债务人怠于行使其到期债权而危及债权人利益时，债权人可以以自己的名义代位行使债务人权利的权利。

《合同法》规定：因债务人怠于行使其到期债权，对债权人造成损害的，债权人可以向人民法院请求以自己的名义代位行使债务人的债权，但该债权专属于债务人自身的除外。代位权的行使范围以债权人的债权为限，其中专属于债务人自身的债权不允许债权人行使代位权，主要包括基于扶养关系、抚养关系、赡养关系、继承关系产生的给付请求权和劳动报酬、退休金、养老金、抚恤金、安置费、人寿保险、人身伤害赔偿请求权等。

债权人代位权的成立要件主要有:①债务人享有对第三人的债权;②债务人怠于行使其对第三人的债权;③债权人的债权已到履行期;④债务人的怠于行使债权行为危及了债权人的债权。

2. 债权人的撤销权

债权人的撤销权是指债权人对债务人实施的危及债权人利益的减少财产行为,可以请求人民法院予以撤销的权利。

《合同法》规定:因债务人放弃其到期债权或者无偿转让财产,对债权人造成损害的,债权人可以请求人民法院撤销债务人的行为。债务人以明显不合理的低价转让财产,对债权人造成损害,并且受让人知道该情形的,债权人也可以请求人民法院撤销债务人的行为。撤销权的行使范围以债权人的债权为限。债权人行使撤销权的必要费用由债务人负担。同时,《合同法》对撤销权的行使规定了时效,撤销权自债权人知道或者应当知道撤销事由之日起 1 年内行使。自债务人的行为发生之日起 5 年内没有行使撤销权的,该撤销权消灭。

债权人撤销权的成立要件主要有:①债权人与债务人之间存在合法的债权债务关系;②债务人实施了不当处分财产(债权)的行为;③债务人的行为有害债权;④对债权人的有偿行为行使撤销权,第三人(受让人)必须主观上有恶意。

6.5 合同的变更、转让和终止

6.5.1 合同的变更

1. 合同变更的概念

合同变更是指有效成立的合同,在尚未履行或者尚未完全履行以前,由于一定法律事实的出现,而使当事人就合同内容达成修改和补充的协议。

《合同法》规定:当事人协商一致,可以变更合同。法律、行政法规规定变更合同应当办理批准、登记等手续的,依照其规定。实际上,合同变更是在保留原合同实质内容的基础上产生一个新的合同关系。

2. 合同变更的条件

1)合同的变更以有效成立的合同为前提

合同有效成立后,如需调整局部内容就要进行合同的变更。如果合同尚未订立,要通过撤回或撤销来进行,不可能发生变更问题。

2)合同的变更原则上要经过当事人协商一致

合同是双方当事人意思表示一致的产物,因而合同的变更也必须经过双方的协商。任何一方未经协商不得擅自变更合同内容,否则将构成违约。此外,《合同法》规定:当事人对合同变更的内容约定不明确的,推定为未变更。可见,当事人对变更内容约定不明确的,视为未变更,当事人仍应当按原合同履行。

3)合同的变更要遵循法定的程序和方式

依据法律、行政法规的规定,在某些情况下合同的变更须履行特定的批准、登记等手续,如中外合作企业的合同内容如需作重大变更的,应当报审查机关批准。这类合同的变更不但要求当事人双方协商一致,还必须履行变更合同的法定的程序和方式。

4)合同变更要使合同内容发生变化

合同的变更对象是合同内容的变化,但合同的变更应该是非实质性条款的变更,也就是说,这些条款的变更不能导致原合同关系的消灭和新合同关系的产生。

3. 合同的变更方式

1)协议变更

其实质上是以新合同取代旧合同。如当事人对合同变更的内容约定不明确的,推断为未变更。若法律规定变更必须办理批准、登记等手续的,必须依法办理相关手续才能发生变更的效力。

2)法定变更

这是指在法律规定的情形出现时,合同的内容发生变更,如合同履行中遭遇不可抗力。

3)裁决变更

这是指人民法院和仲裁机构基于当事人的申请,依法对可撤销合同的依法变更。

6.5.2　合同的转让

合同的转让是指当事人将合同的权利和义务全部或者部分转让给第三人。合同的转让分为合同权利转让、合同义务移转及合同权利义务概括移转。

1. 合同权利的转让

1)合同权利转让的概念

合同权利转让又称债权转让,是指债权人通过协议将其债权全部或部分地转让给第三人的行为。《合同法》规定:债权人可以将合同的权利全部或者部分转让给第三人。合同权利转让是指在不改变合同权利的内容的情况下,由债权人将权利转让给第三人,但应当及时通知债务人。合同权利转让的对象是合同债权,这种转让既可以是全部的转让,也可以是部分的转让。如果是合同权利的全部转让,则第三人完全取代转让人的地位而成为合同当事人,原合同关系消灭,产生了一个新的合同关系。如果是权利的部分转让,则受让人作为第三人将加入到原合同关系之中,与原债权人共同享有债权。

2)合同权利转让的限制

根据《合同法》的规定,下列情况下合同权利不得转让:

(1)根据合同性质不得转让。根据合同权利的性质,如果只能在特定当事人之间生效,则不得转让。一般来说,根据合同性质不得转让的债权主要包括:一是具有人身性质的扶养请求权、抚恤金请求权、人身损害赔偿请求权等。二是以特定的债权人为基础发生的合同权利,如与特定人签订的演出合同。三是从权利不得与主权利分离而单独转让,如保证合同权利。四是基于特别信任关系发生的债权。

(2)按照当事人约定不得转让。当事人如果在订立合同时特别约定,禁止任何一方转让合同权利,只要此约定不违反法律的禁止性规定和社会公共道德,就应当产生法律效力。任何一方违反此种约定而转让合同权利,将构成违约行为。

(3)依照法律规定不得转让。根据《民法通则》的规定,依照法律规定应由国家批准的合同,当事人在转让权利义务时,必须经过原批准机关批准。如原批准机关对权利的转让不予批准,则权利的转让无效。《合同法》规定:法律、行政法规规定转让权利或者转移义务应当办理批准、登记等手续的,依其规定。

3)合同权利转让的法律效力

(1)对受让人的效力。《合同法》规定:债权人转让权利的,受让人取得与债权有关的从权利,但该从权利专属于债权人自身的除外。可见,合同权利转让后,受让人取得合同权利及属于主权利的从权利。

(2)对债务人的效力。一是债务人不得再向原债权人履行债务。二是债务人应向受让人履行债务,并免除债务人对转让人所负的责任。三是债务人在合同权利转让时所享有的对抗原债权人的抗辩权依然存在。《合同法》规定:债务人接到债权转让通知后,债务人对让与人的抗辩,可以向受让人主张。四是债务人的抵销权只能向新的债权人行使。《合同法》规定:债务人接到债权转让通知时,债务人对让与人享有债权,并且债务人的债权先于转让的债权到期或者同时到期的,债务人可以向受让人主张抵销。

2. 合同义务移转

1)合同义务移转的概念

合同义务移转又称债务承担,是指在不改变合同内容的前提下,债务人将债务移转给第三人承担。其包括两种情况:一是债务人将合同义务全部移转给第三人,由第三人取代债务人的地位,成为新的债务人,称为免责的债务承担;二是债务人将合同义务部分地转移给第三人,由债务人和第三人共同承担债务,称为并存的债务承担。

合同义务的移转的限制同于合同权利的转让限制。

2)合同义务移转的效力

合同义务全部移转的,新债务人将代替原债务人成为当事人,原债务人不再是当事人。债权人只能向新债务人请求履行债务或要求其承担违约责任。合同义务部分移转的,第三人与原债务人共同承担合同义务。合同义务移转后,新债务人可以主张原债务人对债权人的抗辩。《合同法》规定:债务人转移义务的,新债务人可以主张原债务人对债权人的抗辩。同时,合同义务移转后,新债务人应当承担与主债务有关的从债务。《合同法》还规定:债务人转移义务的,新债务人应当承担与主债务有关的从债务,但该从债务专属于原债务人自身的除外。

3. 合同权利义务概括移转

合同权利义务概括移转是指由原合同当事人一方将其债权债务一并移转给第三人,由第三人概括地继受这些债权债务。《合同法》规定:当事人一方经对方同意,可以将自己在合同中的权利和义务一并转让给第三人。由于移转的是全部债权和债务,原债务人享有的解除权和撤销权也将移转给第三人。合同当事人一方与第三人达成权利义务概括移转的协议后,必须经另一方当事人同意方可生效。

合同权利义务概括移转可以依据当事人的约定而发生,也可以因法律的规定而产生。最典型的就是因企业的合并而发生的权利义务的概括移转。《合同法》规定:当事人订立合同后合并的,由合并后的法人或者其他组织行使合同权利,履行合同义务。当事人订立合同后分立的,除债权人和债务人另有约定的以外,由分立的法人或者其他组织对合同的权利和义务享有连带债权,承担连带债务。

6.5.3　合同的终止

合同的终止是指合同当事人之间的权利义务关系的消灭。

合同终止后，当事人之间的债权债务关系消灭。《合同法》规定了合同终止的几种情形：

1. 债务已经按照约定履行

债务已经按照约定履行即合同的清偿，是指债务人按照合同的约定向债权人履行义务行为，这是合同终止的最基本、最常见、最重要的原因。清偿的主体包括清偿人与清偿受领人。清偿人是依合同的约定向受领人履行的人，主要包括债务人、债务人的代理人及第三人。清偿受领人是指有权接受债务人给付的人。债务的清偿须由清偿人向有受领权的人为之，经受领后，即发生清偿的效力。清偿受领人主要包括债权人本人、债权人的代理人、破产管理人或清算人、受领证书持有人、行使代位权的债权人。

2. 合同解除

合同解除是指在合同有效成立后，没有履行或没有履行完毕之前，当事人一方基于法律规定或通过协议而使合同关系提前消灭的一种法律行为。合同解除主要包括协议解除、约定解除和法定解除。

1)协议解除

协议解除是指当事人通过协商解除合同。《合同法》规定：当事人协商一致，可以解除合同。

2)约定解除

约定解除是指当事人基于双方约定的事由由一方行使解除权而解除合同。《合同法》规定：当事人可以约定一方解除合同的条件。解除合同的条件成熟时，解除权人可以解除合同。

3)法定解除

法定解除是指当事人基于法律规定的事由行使解除权而解除合同。法定解除属于一种单方解除合同的方式，由法律直接规定解除合同的条件，在具备条件时，当事人单方可以行使解除权以解除合同。《合同法》规定，有下列情形之一的，当事人可以解除合同：第一，因不可抗力致使不能实现合同目的。不可抗力是指不能预见、不能避免并不能克服的客观现象。第二，在履行期限届满之前，当事人一方明确表示或者以自己的行为表明不履行主要债务。第三，当事人一方迟延履行主要债务，经催告后在合理期限内仍未履行。第四，当事人一方迟延履行债务或者有其他违约行为致使不能实现合同目的。第五，法律规定的其他情形。

3. 抵销

抵销又称“充抵”，是指双方当事人互负债务，且给付种类相同，可以将两项债务相互充抵，从而使各自的债务在对等数额内消灭。在抵销中，用作抵销的债，即抵销人的债权称为主动债权或抵销债权。被抵销的债，即被抵销的对方当事人的债，称为被动债权或主债权。

抵销可以分为法定抵销与合意抵销。《合同法》规定：当事人互负到期债务，该债务的标的物种类、品质相同的，任何一方可以将自己的债务与对方的债务抵销，但依照法律规定或者按照合同性质不得抵销的除外。当事人主张抵销的，应当通知对方。通知自到达对方时生效。抵销不得附条件或者附期限。这是关于法定抵销的规定。合意抵销又称契约上抵销，是指双方当事人经合意而发生的抵销。合意抵销的构成要件均由双方当事人自由商定。《合同法》规定：当事人互负债务，标的物种类、品质不相同的，经双方协商一致，也可以抵销。

4. 债务人依法将标的物提存

提存是指在一定条件下，债务人将无法给付的标的物提交给一定的机关保存，从而消灭债权债务关系的一种法律制度。在合同的履行中，债权人对债务人的给付负有受领的义务。如果债权人无正当理由，对债务人的履行拒不接受，或者债务人无法向债权人履行，债务人的债务就不能消灭，这对于债务人有失公允。因此，法律设立了提存制度，债务人可以将其无法给付的标的物提交给一定的机关保存，从而消灭债权债务关系，使合同终止。

依据《合同法》及《提存公证规则》的有关规定，提存的构成条件包括：第一，提存的主体应合格。提存的主体有提存人、提存机关和提存受领人。一般情况下，提存人为债务人，但得为清偿的第三人也可为提存人。提存机关应为法律规定的有权接受提存物并为之保管的机关，依据我国《提存公证规则》的规定，提存由债务履行地的公证机关管辖。提存受领人一般为债权人。同时，得为受领清偿的第三人也可为提存受领人。第二，提存的合同之债有效且已届履行期。第三，提存的原因应合法。根据《合同法》的规定，有下列情况之一，难以履行债务的，债务人可以依法办理提存：一是债权人无正当理由拒绝受领；二是债权人下落不明；三是债权人死亡未确定继承人或者丧失民事行为能力未确定监护人；四是法律规定的其他情形。第四，提存的客体应适当。提存的客体是指提存人交付提存机关保管的标的物。《合同法》规定：标的物不适于提存或者提存费用过高的，债务人依法可以拍卖或者变卖标的物，提存所得的价款。根据《提存公证规则》的规定，下列标的物可以提存：货币；有价证券、票据、提单、权利证书；贵重物品、担保物（金）或其替代物；其他适宜提存的标的物。

5. 债权人免除债务

债务免除是指债权人以债的消灭为目的而使合同权利义务部分或全部终止的意思表示。债务免除为合同终止的原因之一，债务一旦免除，债务人就不再负担债务。《合同法》规定：债权人免除债务人部分或者全部债务的，合同的权利义务部分或者全部终止。可见，债务免除是单方行为，债权人可以通过其单方的意思表示免除债务人的债务。免除债务人部分债务的，合同关系于免除的范围内部分消灭；免除债务人全部债务的，合同之债全部消灭。

6. 混同

债权债务归于同一人即混同，合同关系消灭。《合同法》规定：债权和债务同归于一人的，合同的权利义务终止，但涉及第三人利益的除外。混同无须意思表示，是一种事实行为，仅有债权债务归于同一人的事实即发生合同关系消灭的效力。但若债权同时作为他人权利的标的，为保护第三人的利益，即使发生混同的事实，合同关系也不消灭。

【案例分析 6-3】

2017 年 3 月 15 日，某纺织厂与某服装厂签订一份布料买卖合同，双方约定：由纺织厂于 4 月 15 日前提供真丝双绉面料 1 000 米，服装厂支付价款 8 万元，并于 5 月 20 日将剩余货款一次性支付。4 月 15 日，服装厂通知纺织厂按合同约定的时间交货，纺织厂回函言：因设备老化，按时交付有一定困难，请求暂缓履行。服装厂因为要抢在夏季到来之前上市销售该批真丝服装，没有同意纺织厂迟延履行的要求。4 月 25 日，因纺织厂没有履行合同，服装厂致函纺

织厂,要求纺织厂最迟在5月10日前履行合同,否则解除合同。5月20日,纺织厂仍未履行合同,服装厂只好从别的渠道用每米90元的价格购买了真丝双绉面料1 000米,总价款9万元,同时通知纺织厂解除合同,返还8万元货款及利息,并要求纺织厂赔偿误工损失及购买布料多支付的1万元。8月10日,纺织厂要求履行合同,称服装厂解除合同没有征得纺织厂的同意,因而合同没有解除,服装厂应当接受货物。在遭到拒绝后,纺织厂起诉至法院。

分析提示:本案中,纺织厂迟延履行主要债务,在服装厂催告后,在合理的期限内仍未履行,服装厂即有权解除合同。服装厂在解除合同时通知了纺织厂,纺织厂对此也没有提出异议,依照法律的规定,合同自解除的通知到达纺织厂时就已经生效,不需要纺织厂同意。纺织厂的主张,法院不能支持,服装厂要求的损害赔偿,依据法律有关规定,解除合同与损害赔偿可以并存,当事人解除合同后如果有其他损失的可以要求赔偿损失。

6.6　违约责任

6.6.1　违约责任概述

1. 违约责任的概念

违约责任指合同当事人在无法定免责原因的情况下,不按合同约定履行义务而应承担的责任。合同一旦生效,即在当事人之间产生法律约束力,各方当事人均应按照合同的约定履行合同义务。违约并不一定产生违约责任,如在一定情况下,虽然有违约行为,但因存在法定的或约定的免责事由而免除责任。《合同法》规定:当事人一方不履行合同义务或者履行合同义务不符合约定的,应当承担继续履行、采取补救措施或者赔偿损失等违约责任。

2. 违约责任的特征

1)违约责任以违反合同义务为前提

违约责任是合同当事人不履行合同义务所产生的责任。如果当事人违反的不是合同义务,而是法律规定的其他义务,则应负其他责任。

2)违约责任具有相对性

这种相对性是指违约责任只能在特定的当事人之间即合同关系的当事人之间发生。合同关系以外的人不负违约责任,合同当事人也不对其承担违约责任。

3)违约责任具有补偿性

这种补偿性是指违约责任旨在弥补或补偿因违约行为造成的损害后果。例如,约定的违约金或赔偿金不能过高,否则当事人有权要求法院减少数额。

4)违约责任可由双方当事人约定

合同当事人可以在法律规定的范围内,对一方的违约责任作出事先的约定。《合同法》规定:当事人可以约定一方违约时应当根据违约情况向对方支付一定数额的违约金,也可以约定因违约产生的损失赔偿数额的计算方法。

5)违约责任具有惩罚性和补偿性双重属性

违约责任旨在弥补或补偿违约行为造成的损害后果,具有补偿性。违约责任通过对不履行义务当事人强迫其承担不利的后果与责任,表现出惩罚性。

6.6.2 违约责任的构成要件

违约责任的构成要件可分为一般构成要件和特殊构成要件。一般构成要件是指违约当事人承担违约责任形式必须具备的要件。特殊构成要件是指各种具体的违约责任形式所要求的要件。违约责任的构成要件主要包括：

1. 违约行为

《合同法》规定：当事人一方不履行合同义务或者履行合同义务不符合约定的，应当承担继续履行、采取补救措施或者赔偿损失等违约责任。

2. 不存在法定和约定的免责事由

违约责任的免责事由问题涉及违约责任的归责原则。实际上，违约行为不包括当事人的主观过错。在违约行为发生以后，违约当事人并非一定承担违约责任。如果其有法定的或约定的免责事由，则不承担违约责任。

6.6.3 承担违约责任的主要形式

1. 继续履行

继续履行又称实际履行、依约履行，是指在一方当事人违反合同时，另一方有权要求其按照合同的约定继续履行合同义务。《合同法》规定：当事人不履行合同义务或者履行合同义务不符合约定的，应当承担继续履行、采取补救措施或者赔偿损失等违约责任。

实际履行的适用条件有：①必须有当事人的违约行为；②继续履行可行；③债权人在合理期限内请求继续履行，如债权人不请求，法院不能主动强制违约方继续履行。

2. 采取补救措施

采取补救措施指违约方所采取的旨在消除违约后果的补救方式。

3. 赔偿损失

赔偿损失又称违约损害赔偿，是指违约方因不履行合同或者不完全履行合同义务而给对方造成损失，依法应当承担的赔偿损失的责任。赔偿损失既可以单独使用，也可以与其他救济措施一并使用。《合同法》规定：当事人一方不履行合同义务或者履行合同义务不符合约定的，在履行义务或者采取补救措施后，对方还有其他损失的，应当赔偿损失。

4. 支付违约金

支付违约金是指由当事人通过协商预先确定的，在违约发生后作出的独立于履行行为以外的给付。《合同法》规定：当事人可以约定一方违约时应当根据违约情况向对方支付一定数额的违约金。

6.6.4 违约责任的免除

违约责任的免除是指在合同履行中，由于一定事由的出现而导致不能履行，债务人不承担违约责任，其中的事由即免责事由。

免责事由包括法定的免责事由和约定的免责事由。在《合同法》中，法定的免责事由仅指不可抗力。不可抗力包括某些自然现象或某些社会现象，如地震、台风、洪水、海啸、战争等。《合同法》规定：因不可抗力不能履行合同的，根据不可抗力的影响，部分或者全部免除责任，但法律另有规定的除外。当事人迟延履行后发生不可抗力的，不能免除责任。在当事人一方因不可抗力的原因而不能履行合同，应及时向对方当事人通报合同不能履行或者迟延履行、部分履行的事实，并应尽最大的努力消除事件的影响，减少因不可抗力所造成的损失。

约定的免责事由指合同双方当事人在合同中约定的旨在排除或限制其未履行责任的条款。一般情况下，只要双方约定不违背法律、不损害公序良俗都是有效的。

自　测　题

一、单项选择题

1. 根据《合同法》的规定，下列各项中不属于无效合同的是（　　）。

A. 违反国家限制经营规定而订立的合同　B. 恶意串通、损害第三人利益的合同

C. 显失公平的合同　D. 损害社会公共利益的合同

2. 要约邀请是希望他人向自己发出要约的意思表示。根据《合同法》的规定，下列情形中不属于发出要约邀请的是（　　）。

A. 甲公司向数家贸易公司寄送价目表

B. 乙公司通过报刊发布招标公告

C. 丙公司在其运营中的咖啡自动售货机上载明“每杯1元”

D. 丁公司向社会公众发布招股说明书

3. 郑某和张某拟订了1份书面合同。双方在甲地谈妥合同的主要条款，郑某于乙地在合同上签字，其后，张某于丙地在合同上盖章，合同的履行地为丁地。根据《合同法》的规定，该合同成立的地点是（　　）。

A. 甲地　B. 乙地　C. 丙地　D. 丁地

4. 甲公司于4月1日向乙公司发出订购一批实木沙发的要约，要求乙公司于4月8日前答复。4月2日乙公司收到该要约。4月3日，甲公司欲改向丙公司订购实木沙发，遂向乙公司发出撤销要约的信件，该信件于4月4日到达乙公司。4月5日，甲公司收到乙公司的回复，乙公司表示暂无实木沙发，问甲公司是否愿意选购布艺沙发。根据《合同法》的规定，甲公司要约失效的时间是（　　）。

A. 4月3日　B. 4月4日　C. 4月5日　D. 4月8日

5. 下列属于《合同法》基本原则的是（　　）。

A. 诚实信用原则　B. 协作原则　C. 经济合理原则　D. 情势变更原则

二、多项选择题

1. 甲委托乙用货车将一批水果运往A地，不料途中遭遇山洪，水果全部毁损。甲委托乙运输时已向乙支付运费。根据《合同法》的规定，下列关于水果损失与运费承担的表述中正确的有（　　）。

A. 乙应当赔偿水果毁损给甲造成的损失

B. 甲自行承担因水果毁损造成的损失

C. 甲有权要求乙返还运费

D. 甲无权要求乙返还运费

2. 下列情形属于无效合同的是(　　)。

A. 甲医院以国产假肢冒充进口假肢,高价卖给乙

B. 甲、乙双方为了在办理房屋过户登记时避税,将实际成交价为100万元的房屋买卖合同价格写为60万元

C. 有妇之夫甲委托未婚女乙代孕,约定事成后甲补偿乙50万元

D. 甲父患癌症急需用钱,乙趁机以低价收购甲收藏的1幅名画,甲无奈与乙签订了买卖合同

3. 我国合同法律制度规定当事人承担的违约责任主要有(　　)。

A. 支付定金　　B. 赔偿损失　　C. 采取补救措施　　D. 继续履行合同

4. 根据《合同法》的规定,下列情形中属于合同解除法定事由的有(　　)。

A. 合同当事人一方的法定代表人变更

B. 作为合同当事人一方的法人分立

C. 由于不可抗力致使合同目的不能实现

D. 合同当事人一方迟延履行债务致使合同目的不能实现

5. 合同是当事人意思表示一致的协议。合同必须包含的要素有(　　)。

A. 必须有两个以上的当事人　　B. 当事人之间必须有隶属关系

C. 必须相互作出意思表示　　D. 各个意思表示是一致的

E. 必须形成书面协议

三、案例分析题

1. 甲公司许可乙公司使用其一项技术秘密,由乙公司支付使用费。在甲公司的一再要求下,双方在转让合同中约定,乙公司在使用该项技术时,不得对该项技术秘密做任何技术改进。合同签订后,乙公司按时支付了使用费。后乙公司为了适应公司的生产,提高产品质量,在原技术的基础上,又开发了新的技术。甲公司得知后,便以乙公司违反约定,要求乙公司承担违约责任。

问题:(1)乙公司的行为是否构成违约?为什么?

(2)甲公司对乙公司开发的新技术是否享有权利?

2. 2017年7月1日,甲钢铁公司(以下简称甲公司)向乙建筑公司(以下简称乙公司)发函,其中有甲公司生产的各种型号钢材的数量、价格表和一份订货单。订货单表明:各种型号钢材符合行业质量标准,若乙公司在8月15日前按价格表购货,甲公司将满足供应,并负责运送至乙公司所在地,交货付款。7月10日,乙公司复函称:如果A型号钢材每吨价格下降200元,我公司愿购买3 000吨A型号钢材。贵公司如同意,须在7月31日前函告。7月25日,甲公司决定接受乙公司的购买价格。甲公司作出决定后,同日收到乙公司的撤销函件,表示不想购买A型号钢材。7月26日,甲公司正式发出确认函告知乙公司,表示接受乙公司购买A型号钢材的数量及价格,并要求乙公司按约定履行合同。乙公司于当日收到甲公司的该确认函。乙公司认为其已给甲公司发出撤销函件,故买卖合同未成立,双方因此发生争议。

问题:(1)2017年7月1日,甲公司向乙公司发出的函件是要约还是要约邀请?简要说明理由。

(2)2017年7月10日,乙公司向甲公司回复的函件是否构成承诺?简要说明理由。

(3)乙公司主张买卖合同未成立的理由是否成立?简要说明理由。

第7章 物 权 法

【学习目标】

掌握物权制度的基本知识;掌握物权的取得、变更、转让和消灭的相关法律规定;了解物权保护的相关理论;理解所有权、用益物权、担保物权和占有的相关法律规定。能够区分物权与债权,理解物权的优先性;理解所有权、用益物权、担保物权的相关制度并能够运用其解决相关实际问题。

【引导案例】

78岁的甲因儿子在外地工作,独自住在自己的一幢房子里,由一个在其家里服务了几年的老保姆乙照顾。某日,甲与乙签订了一份合同,约定甲死后,乙可以在该幢房子里居住,直到死为止。此后不久,甲就死亡了,其子丙继承了甲该幢房屋的所有权。丙考虑到自己在外地工作,无法照看该房,故将该房卖给了当地的丁。丁要求乙搬出该幢房屋。适逢《中华人民共和国物权法》(以下简称《物权法》)草案面向全国征求意见,天天在做宣传。乙因为经常看电视看报纸,有所了解,故拿出其与甲签订的合同声称:甲给自己设定了居住权,丁无权要求自己搬出。

问题:(1)什么是居住权?

(2)根据《物权法》的相关规定,分析本案例。

7.1 物权和物权法概述

7.1.1 物权概述

1. 物权的概念和特征

《物权法》规定:本法所称物权是指权利人依法对特定的物享有直接支配和排他的权利,包括所有权、用益物权和担保物权。物权作为民事权利的一种,具有如下特征:

1)物权是支配权

物权是权利人直接支配的权利,即物权人可以依自己的意志就标的物直接行使权利,无须他人的意思或义务人的行为的介入。

2)物权是绝对权

物权的权利人是特定的,义务人是不特定的,且义务内容是不作为,即只要不侵犯物权人行使权利就是履行了义务,所以物权是一种绝对权。

3)物权是财产权

物权是一种具有物质内容的、直接体现为财产利益的权利,财产利益包括对物的利用、物的归属和就物的价值设立的担保。

4)物权的客体是物

法律上所说的物是指民事权利主体能够实际控制或支配的,具有一定经济价值的财产。作为物权客体的物须具备以下条件:①须是特定物;②须是独立物;③原则上须为有体物,不排除某些无体物作为物权客体的可能性,如已为人所掌握、控制并加以利用的光、热、电、气等无体物。

5)物权具有排他性

首先,物权的权利人可以对抗一切不特定的人,所以物权是一种对世权;其次,同一物上不许有内容不相容的物权并存,即一物一权。

6)物权是一种绝对权

这种绝对权必须具有公开性,因此物权必须公示。

【案例分析 7-1】

参见【案例聚焦 4-1】,李某于 2005 年在北京成立了一家公司,主要经营项目为太空旅游和月球开发。该公司在住所挂牌为"月球大使馆",实际从事的是月球土地销售活动,每英亩 298 元,并为购买者颁发月球土地证书。购买者拥有月球土地的所有权以及土地以上及地下 3 公里以内的矿物产权。开业不几天,购买者众多。后朝阳工商分局以涉嫌投机倒把为由,扣留了其营业执照和相关财物,随后作出吊销营业执照、责令退回财物和罚款 5 万元的决定。试分析购买者能否取得月球土地所有权。

分析提示:购买者是不能取得月球的土地所有权的,因为物权是权利人直接支配的权利,不能支配的"物权"就不是物权。购买者无法支配月球表面土地,因而也不能取得其所有权。

(本案例由作者根据相关资料改编)

2. 物权的效力

物权是权利人直接支配特定物并排他的权利,物权的效力就是法律保障物权发生对特定物的直接支配和排他效果的强制力。物权的效力主要包括物权的排他效力、物权的优先效力、物权的追及效力、物上请求权效力等。

1)物权的排他效力

这是指在同一特定物上,不能同时成立两个以上内容互不相容的物权。这具体包括:①在同一特定物上,不能同时成立两个以上的所有权。如该物上已经成立了所有权,则该所有权排除他人再行成立的所有权;如果他人善意取得所有权,则原所有人的所有权消灭。②在同一特定物上不能同时成立同一支配内容的两个不相容的用益物权。如同一土地上不能同时存在两个承包经营权。③在同一特定物上不能同时为两个债权人成立质权和留置权。因为动产不可能同时为不同的人所占有,而质权和留置权都要占有质物或留置物。

2)物权的优先效力

这是指物权优先于债权的效力和数个物权之间的优先效力,具体包括:

(1)物权优先于债权。当同一标的物上存在债权人主张债权实现与物权人主张物权实现的冲突时,物权优先于债权的实现。

【知识链接 7-1】

买卖不破租赁原则是指在租赁关系存续期间，即使出租人将租赁物让与他人，对租赁关系也不产生任何影响，买受人不能以其已成为租赁物的所有人为由否认原租赁关系的存在并要求承租人返还租赁物。比如《合同法》规定，租赁物在租赁期间发生所有权变动的，不影响租赁合同的效力。《关于贯彻执行〈民法通则〉的若干意见》规定，私有房屋在租赁期内，因买卖、赠与或者继承发生房屋产权转移的，原合同对租赁人和新房主继续有效。

(2)物权相互之间的优先效力。依据《物权法》，当同一标的物上并存的物权发生实现上的冲突时，解决的规则一般为：第一，如果是同一性质的多个物权，成立在先的物权优先于成立在后的物权。如果已经登记，则已登记的优先于未登记的物权。都未登记且取得时间相同的，按比例受偿。第二，当抵押权、质权、留置权和所有权并存时，留置权优先，其次是抵押权，再次是质权，最后是所有权。

3)物权的追及效力

这是指物权的标的物无论辗转于何人之手，物权人都可以追及物之所在，对物直接进行支配的效力。《物权法》规定：无处分权人将不动产或者动产转让给受让人的，所有权人有权追回；除法律另有规定外，符合善意取得情形的，受让人取得该不动产或者动产的所有权。《物权法》还规定：所有权人或者其他权利人有权追回遗失物。

4)物上请求权效力

物上请求权是指物权的权利人在其权利的实现上遇有某种妨害时，物权人有权对于造成妨害其权利事由发生的人请求排除此等妨害。物权受到妨害后，物权人可以直接请求侵害人为一定的行为或不为一定的行为，包括请求侵害人停止侵害、排除妨碍、消除危险、返还财产等。

3. 物权的种类

物权通常分为所有权、用益物权和担保物权。

4. 物权的变动

1)物权的变动的概念

物权的变动又称物权的设立、变更、转让和消灭，是指物权法律关系的发生、变更和终止。

2)物权变动的形态

(1)物权的发生。物权的发生，从物权主体的角度看，即物权的取得。

(2)物权的变更。《物权法》上的物权变更，一般是指物权的客体与内容的变更。前者指物权的标的物在数量上的增减；后者指物权权利内容的扩张或缩减、期限的延长或缩短。

(3)物权的消灭。物权的消灭是指物权的主体与物权的分离，物权的消灭可分为绝对消灭和相对消灭。前者指不但权利人的物权消灭，而且其他人也不能取得该物权，如标的物灭失；后者指物权与原权利主体分离，但又与新的主体结合。

3)物权变动的原因

物权变动的原因主要有以下四种：一是法律行为，即依当事人的意思使物权变动；二是事实行为和事件，如先占、加工、附合等；三是法律的直接规定，如留置权、优先权、法定抵押权等的取得是基于法律的直接规定；四是公法上的原因，如征收、没收等。

在这四种原因中，法律行为是物权变动的最重要、最常见的原因。

4）物权变动的公示方法

（1）动产物权变动的公示方法：交付。动产物权变动一般以交付（移转占有）作为公示方法，某些特殊的动产也以登记作为公示方法，如交通工具物权变动、动产抵押。所谓交付，是指对物的占有的转移。《物权法》规定：动产物权的设立和转让，自交付时发生效力，但法律另有规定的除外。

（2）不动产物权变动的公示方法：登记。登记是指不动产登记机关经权利人申请，依法定的条件和程序将不动产物权变动的事实记载于不动产登记簿册的行为。《物权法》规定：不动产物权的设立、变更、转让和消灭，经依法登记，发生效力；未经登记，不发生效力，但法律另有规定的除外。

7.1.2 物权法概述

1. 物权法的概念和调整对象

1）物权法的概念

根据《物权法》的规定，物权法是调整因物的归属和利用而产生的民事关系的法律。物权法调整的对象是平等主体间因物的归属和利用而产生的财产关系。物权法通过调整静态财产关系来确立物上支配秩序；通过物权变动制度来调整动态经济关系，以保障权利人真正享有权利；通过建立第三人保护制度来维护交易安全。物权法有实质物权法和形式物权法之分。所谓实质物权法（又称广义的物权法），是指一切规范物的归属和利用关系的所有法律规范。形式物权法（又称狭义的物权法），是指以“物权法”命名的法律，如由中华人民共和国第十届全国人民代表大会第五次会议于 2007 年 3 月 16 日通过、自 2007 年 10 月 1 日起施行的《物权法》。

2）物权法的调整对象

根据《物权法》的规定，因物的归属和利用而产生的民事关系，适用该法。法律规定和调整物的归属关系的规范的总和，构成《物权法》的重要制度——所有权制度。《物权法》调整物的利用关系的法律规范的总和，构成《物权法》的另一重要制度——他物权制度。

2. 物权法的基本原则

1）坚持社会主义基本经济制度的原则

《物权法》规定：为了维护国家基本经济制度，维护社会主义市场经济秩序，明确物的归属，发挥物的效用，保护权利人的物权，根据宪法，制定本法。

2）平等保护国家、集体和私人物权的原则

《物权法》明确规定：国家、集体、私人的物权和其他权利人的物权受法律保护，任何单位和个人不得侵犯。这是《物权法》对物权平等保护原则的确认。

3）物权法定原则

物权法定原则，即物权的类型、各类物权的内容及创设方式，均由法律直接规定，禁止任何人创设法律没有规定的物权和不按法律有关物权内容及创设方式的规定创设法律已作规定的物权。《物权法》明确肯定了物权法定原则，规定物权的种类和内容由法律规定。

物权法定原则有两方面含义：

（1）物权的种类强制，在法律规定外当事人不得自由创设。

(2)各类物权的内容强制,在法律规定外当事人不得自由创设。

4)一物一权原则

一物一权原则是指在同一物上只能成立一个所有权,不能同时成立两个所有权的立法原则。其目的在于明确物的最终归属,确立物的所有人对物进行全面支配的地位,在此基础上建立以所有权为中心、以用益物权和担保物权为两翼的系统化的物权体系。

一物一权原则仅在继受罗马法的大陆法系国家实行,继受日耳曼法的英美法系国家并不实行一物一权原则。在英美法系国家,调整财产占有关系的法律被称为"财产法"。在英美财产法上,没有所有权与他物权之区分,"财产权"、"产权"或"所有权"是一个相当模糊的概念,凡对物的支配权,都可以称之为"财产权"、"产权"或"所有权"。

5)公示公信原则

《物权法》实行公示公信原则的目的,在于维护物的占有秩序,确保交易的安全。

(1)公示原则。按公示原则的要求,物权的存在与变动都应当具有法定的公示形式。

物权存在的公示为物权的静态公示。占有是动产物权存在的公示形式,国家不动产物权登记簿上所作的登记是不动产物权的公示形式。物权变动的公示为物权的动态公示。动产物权变动以交付作为其公示形式,不动产物权变动则以登记作为其公示形式。

按公示原则的要求,如果物权的存在不具有法定的公示形式,便不能对抗善意第三人;如果物权的变动不采用法定的公示形式,视法律的不同规定,或者不发生物权变动的法律效果,或者其变动后的"物权"不能对抗善意第三人。

(2)公信原则。按公信原则的要求,法律推定动产占有人对其占有的动产享有物权,不动产物权的登记名义人享有登记于其名下的不动产物权。如公示错误,即公示的物权名义人不是真正的物权人,因相信物权公示而与公示的物权名义人交易的善意第三人受法律的保护。

6)物权取得及行使合法和不得滥用原则

物权是权利人对特定物直接支配并排他的权利,物权的这一本质属性决定了对物权的取得和行使必须作出必要的限制;否则,权利人就会利用物权的排他性滥用权利,损害社会利益和他人利益。《物权法》规定:物权的取得和行使应当遵守法律,尊重社会公德,不得损害公共利益和他人合法权益。

7.2　所　有　权

7.2.1　所有权概述

1. 所有权的概念和特征

所有权是对特定物进行永久、全面支配的物权。根据《物权法》的规定,所有权是所有权人对自己的不动产或者动产,依法享有占有、使用、收益和处分的权利。

所有权是关于财产归属的最为重要的法律制度,具有定分止争的重要功能。所有权作为民法中最为典型的支配权、绝对权,具有如下法律特征:

1)全面支配性

全面支配性是指所有权人享有一切物的权能,能够对物进行全面的支配。所有权的权能不仅包括对物的占有、使用、收益，还包括对物的最终处分权，因此，内容最充分也最全面。

2)整体性

所有权的整体性是指所有权的四项权能形成一个整体，拥有这四项就是完整的所有权，缺少一样就是不完整的所有权。

所有权是整体性的物权，表现在：首先，从内容上看，其整体性是指所有权并非占有、使用、收益和处分四项权能的简单的量的集合，而是表现为对标的物的浑然一体的权利。其次，从性质上看，其整体性决定了所有权本身不得在时间或空间上加以分离。

3)弹力性

所谓弹力性是指就所有权的某一客体，如果设立了用益物权或担保物权，则构成对所有权的限制，但是一旦此限制被去除，所有权又回复其圆满的支配状态。

4)绝对性、排他性和永久性

绝对性是指所有权人在法律允许的范围内有权为各种行为而不受限制。排他性是指所有权人按照自己的意思对所有物进行支配，并排除他人干涉。永久性是指所有权本身与所有权的标的物相始终，永远存在，直到标的物灭失。

2. 所有权的权能

1)占有权能

占有权能是实际掌握、控制物的权能。行使物的占有权能是行使物的使用权能的前提条件。占有权能作为所有权的一项权能，通常属于所有人。所有人可依据其占有权能合法地占有所有物。当所有人对所有物的占有被他人侵夺时，所有人可基于其占有权能向占有的侵夺人提起请求返还原物的侵权之诉。

2)使用权能

使用权能是指按照物的性能和用途对物加以利用，以满足生产、生活需要的权能。行使使用权能，对物进行使用，是实现物的使用价值的手段。由于对物的使用以对物的占有为前提，因此享有物之使用权能，必定同时享有物之占有权能。

3)收益权能

收益权能是指收取由原物产生出来的新增经济价值的权能。所谓新增经济价值，包括由原物派生出来的果实(天然孳息)，由原物产生的租金、利息(法定孳息)，以及由运用原物进行生产经营活动而产生的利润等。

4)处分权能

处分权能是指依法对物进行处置，从而决定物的命运的权能。处分包括事实上的处分(实物形态上的处分)和法律上的处分(价值形态上的处分)两种形式。事实上的处分是指对物进行消费，包括生产消费和生活消费。事实上的处分是对物的实物形态进行的处分，它将导致物的形体的变更或消灭。法律上的处分是指通过不同法律行为对物进行的种种处置，包括转让物的所有权、设定他物权和需要转移物之占有的债权(如租赁、借用)等。

5)排除他人干涉、妨害的权能

此项权能直接体现了所有权作为人与人之间的法律关系的性质。依此项权能，当所有人对其所有物进行占有、使用、收益及处分时，如遇他人之非法干涉与妨害，可以根据其受干涉、妨害的具体情况，请求排除妨碍、返还原物、恢复原状、赔偿损失。但所有人行使此项权能时，与行使其他权能一样，须受法律、习惯及社会公德之限制；对法律、习惯或社会公德认为正当的干涉，不得排除。

【案例分析 7-2】

某甲 2016 年购买房屋一套，住了半年以后，因换工作，住房离自己的工作单位太远，于是某甲搬到单位附近的简易住房，将该房屋出租给了某乙。2017 年 3 月，某甲因急用钱，将该房屋抵押给了银行，贷款 30 万元。试分析本案中某甲对房屋所有权的权能使用。

分析提示：本案涉及的是所有权的内容。某甲作为所有权人对自己的房屋享有占有、使用、收益、处分的权利。某甲对房屋的居住属于对房屋行使占有、使用权能。某甲将房屋出租给某乙，属于对房屋行使收益权能。某甲在自己房屋上设定抵押，则属于对自己的房屋广义上的处分。

3. 所有权的限制

1）对所有权进行限制的理由

在文明社会中，任何权利都有其界限，任何自由都是法律之下的自由。一方面，文明社会除了需要自由以外，还需要秩序，为了维持社会的基本秩序，需要对所有权加以一定的限制，此为公法对所有权的限制；另一方面，文明社会不仅要保护一个人的自由，而且要保护所有人的自由，为了协调各个人的自由的冲突，需要对每个人的所有权加以一定的限制，此为私法本身对所有权的限制。

2）公法对所有权的限制

公法对所有权的限制，就目的而言，均为保护社会和国家的公共利益。它主要包括以下四方面的限制：①国家对私人或集体财产的征收征用；②城市规划法与土地规划法对土地利用的限制；③基于环境与自然资源保护对不动产所有权的限制；④所有权人不得利用标的物实施违法活动。

3）私法对所有权的限制

私法上对所有权的限制，主要以保障其他个人利益为目的，主要有以下五点：①权利不得滥用原则；②诚实信用原则；③私力救济行为；④定限物权或债权的限制；⑤相邻关系的限制。

4. 所有权的取得制度

所有权的取得是指主体根据一定法律事实获得某物的所有权，从而在该特定主体与其他人之间发生以该物为客体的所有权法律关系。所有权的取得分为原始取得与继受取得。

1）所有权的原始取得

(1)先占。先占是指对无主动产由最先占有者取得其所有权。先占取得的标的仅仅限于动产，对不动产不能先占取得。

(2)拾得遗失物。遗失物是非基于所有人的意思而脱离其占有的物。它有三个特征：①属于动产；②须无人占有；③遗失物的丧失并非基于所有人的意思。拾得遗失物是指发现他人的遗失物并予以占有的事实行为。

【法律小贴士 7-1】

根据《物权法》的规定，拾得遗失物，应当返还权利人。拾得人应当及时通知权利人领取，或者送交公安等有关部门。有关部门收到遗失物，知道权利人的，应当及时通知其领取；不知道的，应当及时发布招领公告。拾得人在遗失物送交有关部门前，有关部门在遗失物被领取前，应当妥善保管遗失物。因故意或者重大过失致使遗失物毁损、灭失的，应当承担民事责任。权利人领取遗失物时，应当向拾得人或者有关部门支付保管遗失物等支出的必要费用。权利人悬赏寻找遗失物的，领取遗失物时应当按照承诺履行义务。拾得人侵占遗失物的，无权请求保管遗失物等支出的费用，也无权请求权利人按照承诺履行义务。遗失物自发布招领公告之日起6个月内无人认领的，归国家所有。

【案例分析 7-3】

甲的一头牛在野外走失，乙发现该牛，便将其牵回家中饲养，后将牛出售给不知情的丙。丙能否取得该牛的所有权？

分析提示：本案中，牛为遗失物，依据《物权法》的规定，遗失物的所有权人有权追回遗失物。因而，尽管丙为善意，也须将牛返还给甲，丙不能取得该牛的所有权。

(3)发现埋藏物和隐藏物。发现埋藏物是指发现埋藏于他物之中的，其所有权的归属不明的动产并予以占有的法律事实。拾得漂流物、发现埋藏物或者隐藏物的，参照拾得遗失物的有关规定。文物保护法等法律另有规定的，依照其规定。

《物权法》只规定发现埋藏物参照拾得遗失物的有关规定。《民法通则》规定：所有人不明的埋藏物、隐藏物归国家所有。接收单位应当对上缴的单位或个人，给予表扬或者物质奖励。由此可知，发现埋藏物将会发生如下法律效果：首先，埋藏物因所有权人不明，所以归属于国家所有；其次，发现人有义务及时地将埋藏物上交给有关部门；再次，发现人在上交之前应当妥善保管埋藏物；最后，有关部门应当偿还发现人支出的必要费用，将视情况给予表扬或者物质奖励。

(4)善意取得。善意取得又称即时取得，是指让与人无权处分他人之物，并且已经将该物交付给受让人或者已经办理物权变动登记，如果受让人是善意的，即可取得该物的物权。

善意取得的构成必须具备的要件有：① 善意取得的对象可以是动产，也可以是不动产。对于动产，应当是法律允许自由流通的动产。对于不动产，法律要求必须登记的，必须已经登记后受让人才能取得不动产所有权。② 受让人取得财产时出于善意。受让人在受让财产时不知道或者不应当知道让与人无处分权，此种情况应认定为善意。③ 以合理的价格取得。受让人取得财产必须是通过买卖、互易、债务清偿、出资等具有交换性质的行为实现的，同时也强调价格的合理性。④ 转让的不动产或者动产依照法律规定应当登记的已经登记，不需要登记的已经交付给受让人。对于动产而言，须受让人已经实际占有。

善意取得的法律效果包括物权关系与债权关系两方面：在物权关系方面，一旦构成善意取得，受让人即成为标的物的所有人，同时原所有权人丧失所有权。在债权关系方面，善意取得将会引发一定的债权关系。

【法律小贴士 7-2】

《物权法》规定：无处分权人将不动产或者动产转让给受让人的，所有权人有权追回。除法律另有规定外，符合下列情形的，受让人取得该不动产或者动产的所有权：①受让人受让该不动产或者动产时是善意的；②以合理的价格转让；③转让的不动产或者动产依照法律规定应当登记的已经登记，不需要登记的已经交付给受让人。取得不动产或者动产的所有权的，原所有权人有权向无处分权人请求赔偿损失。当事人善意取得其他物权的，参照前两款规定。

(5)添附。所谓添附，是指不同所有权人的物被结合、混合在一起成为一个新物或利用别人的物加工成为新物的事实状态，包括附合、混合和加工。

所谓附合，是指不同所有权人的物紧密结合在一起而成为一个新物的情形。

所谓混合，是指不同所有权人的动产结合在一起，无法分离也无法区分其归属的情形。混合后新物的归属，一般应归价值大的一方所有，但应向另一方进行补偿。

所谓加工，是指用他人的材料，以自己的劳动作出新的、价值更高的物。加工的所有权归属一般要考虑当事人的约定、加工的善意与否，以及加工所增加的价值与材料本身的价值比较等因素后，综合确定。

2)所有权的继受取得

继受取得又称传来取得，是指根据原所有人的意思接受原所有人转移之所有权。所有权的继受取得方法有：①买卖，即一方转移标的物的所有权于另一方，另一方支付价款。②互易，即双方用自己所有的标的物换取对方的标的物的所有权。③赠与，即一方无偿地将自己所有的物或者金钱送给对方。④继承与遗赠，因继承或者受遗赠取得物权的，自继承或者受遗赠开始时发生效力。但是处分该物权时，依照法律规定需要办理登记的，未经登记，不发生物权效力。⑤取得法人终止后遗留的财产。

7.2.2　几种主要的所有权制度

1. 建筑物区分所有权概述

1)建筑物区分所有权的概念

建筑物区分所有权就是指业主所享有的、对建筑内不动产的专有部分的专有所有权，以及对共有部分享有的共有所有权及共同管理的权利。

(1)专有权。所谓专有部分，是指在构造上明确区分，具有排他性且可以独立使用的建筑物部分。对于专有部分，区分所有人享有自由使用、收益及处分的权利。但其行使权利不得危及建筑物的安全，不得损害其他各区分所有人的合法权益。

(2)共有权。所谓共有部分，是指区分所有的建筑物及其附属物的共同部分。各区分共有人对共有部分均享有使用的权利；共有部分取得的收益、所产生的费用及负担等，由各区分所有人按所有部分的价值合理分担。

(3)共同管理的权利。区分所有人作为共同管理权人享有表决、参与制定规约、选举及解任管理者等各项权利。

2)业主大会的权利

根据《物权法》的规定，业主可以设立业主大会，选举业主委员会。业主大会具有如下权利:①制定和修改业主大会议事规则。②制定和修改建筑物及其附属设施的管理规约。③选举业主委员会或者更换业主委员会成员。④选聘和解聘物业服务企业或者其他管理人。⑤筹集和使用建筑物及其附属设施的维修资金。⑥改建、重建建筑物及其附属设施。⑦有关共有和共同管理权利的其他重大事项。

决定前款⑤和⑥规定的事项,应当经专有部分占建筑物总面积 2/3 以上的业主且占总人数 2/3 以上的业主同意。决定前款其他事项,应当经专有部分占建筑物总面积过半数的业主且占总人数过半数的业主同意。

2. 共有关系概述

1)共有的概念与特征

共有是指两个以上的公民、法人共同对某一物享有所有权的情况。共有具有如下特征:①共有的主体为两个以上的人。②共有的客体为同一个物。③共有的内容是两个以上的公民、法人对共有物共同享有占有、使用、收益和处分的权利。

2)共有的种类

(1)按份共有。按份共有是指两个以上的民事主体按照一定的份额(比例)对某一物享有权利、承担义务的共有。

(2)共同共有。共同共有是指两个以上的民事主体不分份额(比例)地对某一物享有权利、承担义务的共有。在我国,共同共有主要有以下几类:夫妻财产共有;家庭财产共有;遗产分割前的共有。

3)共有财产的管理

共有人按照约定管理共有的不动产或者动产;没有约定或者约定不明确的,各共有人都有管理的权利和义务;对共有物的管理费用以及其他负担,有约定的,按照约定;没有约定或者约定不明确的,按份共有人按照其份额负担,共同共有人共同负担。

4)共有财产的分割

共有人约定不得分割共有的不动产或者动产,以维持共有关系的,应当按照约定,但共有人有重大理由需要分割的,可以请求分割。没有约定或者约定不明确的,按份共有人可以随时请求分割,共同共有人在共有的基础丧失或者有重大理由需要分割时可以请求分割。因分割对其他共有人造成损害的,应当给予赔偿。

5)共有财产的处分

处分共有的不动产或者动产以及对共有的不动产或者动产作重大修缮的,应当经占份额 2/3 以上的按份共有人或者全体共同共有人同意,但共有人之间另有约定的除外。按份共有人可以转让其享有的共有的不动产或者动产份额。其他共有人在同等条件下享有优先购买的权利。

**【案例分析 7-4】**

甲、乙、丙 3 人共有一套房屋,其应有部分皆为 1/3,为提高房屋的价值,甲主张地面铺上木地板,乙表示同意,丙表示反对。是否可以在地面铺木地板?

分析提示:甲、乙、丙 3 人的共有关系为按份共有。铺地板为改良行为,经按份共有人 2/3 以上同意即可,本案中达到 2/3,因此可以铺上木地板。

6)共有物上的债权债务

(1)在对外关系上,共有人享有连带债权、承担连带债务,但法律另有规定或者第三人知道共有人不具有连带债权债务关系的除外。

(2)在共有人内部关系上,除共有人另有约定外,按份共有人按照份额享有债权、承担债务,共同共有人共同享有债权、承担债务。偿还债务超过自己应当承担份额的按份共有人,有权向其他共有人追偿。

3. 相邻关系概述

1)相邻关系的概念

相邻关系是指不动产相互毗邻的所有权人或使用权人在对不动产行使占有使用权时,相互之间应当给予便利或者接受限制而发生的权利义务关系。

2)相邻关系的种类

相邻关系的具体类型主要有:相邻土地通行、使用关系;相邻用水、排水关系;相邻土地上的界桩、树木共有关系;相邻通风、采光关系;相邻环境保护关系;越界植物枝根的刈除权和果实取得权等。

3)处理相邻关系的一般原则

根据《物权法》,处理相邻关系的一般原则主要有:有利生产、方便生活原则;团结互助原则;公平合理原则。

7.3　用益物权

7.3.1　用益物权概述

1. 用益物权的概念和特征

用益物权是物权法的重要组成部分,与所有权和担保物权一并构成了一个完整的物权体系。《物权法》规定:用益物权人对他人所有的不动产或者动产,依法享有占有、使用和收益的权利。

作为一种物权,用益物权除了具备物权的一般法律特征以外,又具有自己的一些独特特征:

第一,用益物权是一种他物权。用益物权是指对他人所有的物的使用、收益的权利,因而其存在必须以他人对该物的所有权为前提。

第二,用益物权是以利用为目的的他物权。这一点区别于担保物权。

第三,用益物权是限制物权。这里的限制主要体现在以下三方面:①在权利内容上,用益物权仅具有占有、使用和收益的权能,原则上不具有处分的权能。②在权利期限上,用益物权是具有期限性的,不同于所有权的恒久性。③在权利的行使上,用益物权人在行使权利时,不仅要遵守法律的规定,而且应受当事人间设定用益物权的合同的限制。同时,用益物权一经设立,会反过来对所有权构成限制。

第四,用益物权一般要以对标的物的占有为条件。

第五,用益物权是独立物权。虽然用益物权以所有权的存在为前提,但其一经设立,在法律上就具有独立性。也就是说,用益物权一旦依当事人约定或法律直接规定设立,用益物权人便能独立地享有对标的物的使用和收益权,除了能有效地对抗第三人以外,还能对抗标的物的所有人对其权利行使的干涉。

2. 用益物权与其他物权的区别

1)用益物权与所有权

用益物权以对标的物的使用、收益为其主要内容。权利人所使用的不动产在法律上是他人财产而不是自己的财产,使用人只有使用权和收益权而没有所有权。它与财产所有权最大的不同在于,用益物权是一种他物权,客体是他人所有之物。

2)用益物权与担保物权

用益物权与担保物权是性质不同的两类他物权,它们之间有下列区别:

(1)用益物权与担保物权虽同为物之支配权,但两者对物进行支配的主要方面有所不同。用益物权以追求物的使用价值为内容,标的物须具有使用价值;而担保物权主要以标的物的交换价值和优先受偿为内容,因此,担保物权的标的物必须具有交换价值。

(2)用益物权具有独立性,担保物权则具有从属性。一般来说,用益物权根据法律的规定或与财产所有人的约定独立存在,不以用益物权人对财产所有人享有其他财产权利为前提,因此,用益物权都是主权利;而担保物权系以担保债务履行为目的,其存在则以担保物权人对担保物的所有人或其他关系人享有债权为前提,它因债权的产生而产生,因债权的消灭而消灭,因此,担保物权是从物权。

(3)用益物权往往有明确的存续期间。在物权关系解除后,权利归于消灭,而在权利的存续期间,权利人可以依法或依合同规定行使权利。担保物权以债权的存在为前提,在担保物权实现之时,该权利亦归于消灭。

(4)用益物权的行使,必须以占有标的物为前提;而担保物权的行使,除留置权、质押权外,均不以直接占有标的物为前提。

(5)就目的实现之时间而言,担保物权须于接受担保债权届期未受清偿时,始得实行,其目的的实现时间系于将来;而用益物权一旦设定,即能实现用益的目的,故其目的的实现时间系于现在。

(6)担保物权具有物上代位性,而用益物权则不具有这一性质。担保物权的标的物灭失,如不能归责于担保物权人,担保物权人可以请求担保人以其他物替补。而用益物权的标的物灭失,用益物权人不得请求所有人以其他物替代。

3. 用益物权的种类

《物权法》根据社会发展的需要,规定了建设用地使用权、土地承包经营权、宅基地使用权、地役权四种主要的用益物权和其他准用《物权法》相关规定的探矿权、采矿权、取水权、渔业权等自然资源使用权。

【案例分析 7-5】

张三与村集体签订了山地承包合同,张三在承包的山地上种树。某日,张三意外地在该山地上挖出了煤。消息迅速传遍全村,村民纷纷拥到张三承包的山地上挖煤。张三认为煤是在自己承包的土地上发现的,属于自己,只有自己有权挖。村民则认为,张三承包的是山地,又没承包煤，煤属于村民全体所有。

分析提示：根据《物权法》的规定，矿藏、水流、海域属于国家所有。因此，煤既不是张三的，也不是村民的，而是属于国家的，他们都没有开采煤的权利。

7.3.2　几种主要的用益物权

1. 建设用地使用权

1)建设用地使用权的概念和特征

建设用地使用权是指自然人、法人依法对国家所有的土地享有占有、使用和收益的权利，有权利用该土地建造建筑物、构筑物及其附属设施。

建设用地使用权有如下特征：①建设用地使用权的客体仅限于国有土地。②建设用地使用权的使用目的有限制，仅能用于建造建筑物、构筑物及其附属设施。③建设用地使用权的取得方式很特殊。根据我国相关法律的规定，建设用地使用权主要通过国家出让和划拨的方式取得。④国有土地具有商品属性，可以进入市场流通领域。根据我国相关土地法和城市房地产法的规定，建设用地使用权可以依法转让、抵押。

2)建设用地使用权的设立

设立建设用地使用权的，应当向登记机构申请建设用地使用权登记。建设用地使用权自登记时设立。

3)建设用地使用权的行使

在行使建设用地使用权的过程中，建设用地使用权人的权利主要有：①占有、使用、收益权；②土地使用权利人可以转让、互换、出资、赠与或者抵押，但法律另有规定的除外。

建设用地使用权人的义务主要有：①依法支付建设用地使用权出让金的义务；②按规定的土地用途进行使用和保护义务。

4)建设用地使用权的消灭

建设用地使用权的期限一般比较长。根据《物权法》的规定，引起建设用地使用权消灭的原因主要有：①期限届满未续期；②因公益需要提前收回；③土地灭失；④权利人抛弃；⑤房地产建设用地未按期开发。

2. 土地承包经营权

1)土地承包经营权的概念和特征

土地承包经营权是指农民以户为单位，在法律和承包合同规定的范围内对农村集体经济组织所有的，或者国家所有、农村集体经济组织使用的土地、森林、山岭、草原、荒地、滩涂、水面等自然资源享有的占有、使用、收益的权利。土地承包经营权具有以下法律特征：

(1)土地承包经营权的权利主体是一切农业经营者。土地承包方案以及将土地发包给本集体以外的单位或者个人承包的，应当依照法定程序经本集体成员决定。

(2)土地承包经营权的客体是农村集体所有的土地或国家所有而由集体使用的土地。

(3)土地承包经营权的目的是在他人土地上从事农业性质的耕作、养殖或畜牧等农业活动。

(4)土地承包经营权具有法定期限性。根据《物权法》的规定，耕地的承包期为30年。草地的承包期为30～50年。林地的承包期为30～70年；特殊林木的林地承包期，经国务院林业行政主管部门批准可以延长。承包期届满后，由土地承包经营权人按照国家有关规定继续承包。

2)土地承包经营权的取得

这主要是指设立取得。①土地承包经营权自土地承包经营权合同生效时设立。②受让取得。在实践中,土地承包经营权一般是村内流转。③继承取得。

3)土地承包经营权的主要内容

承包人的权利主要有:占有、使用、收益权;互换、转让承包经营权。

通过招标、拍卖、公开协商等方式承包荒地等农村土地,依照农村土地承包法等法律和国务院的有关规定,其土地承包经营权可以转让、入股、抵押或者以其他方式流转。

承包期内发包人不得收回承包地。

承包人的义务主要有:妥善使用的义务;承包人应依承包合同规定的数额向集体组织交付收益的义务。

4)土地承包经营权的消灭

土地承包经营权消灭的原因主要有:土地功能丧失;权利人放弃权利;发包人收回土地;承包期限届满且承包人拒绝继续承包。

3. 地役权

1)地役权的概念和特征

地役权是指土地所有人或用益物权人为了自己土地利用的便利,与他人通过合同约定,利用他人的土地,以提高自己土地利用效益的一项用益物权。《物权法》规定:地役权人有权按照合同约定,利用他人的不动产,以提高自己的不动产的效益。

地役权的特征主要有:①地役权原则上是存在于他人土地之上的他物权,但基本上是一种非占有性的物权。②地役权的客体是他人土地,内容主要体现为对供役地的利用。③地役权是为了需役地的便利而设定的用益物权。④地役权具有不可分割性和从属性。地役权的不可分割性是指地役权存在于需役地和供役地的全部,不能分割为各个部分或者仅仅以其中一部分而存在。地役权的从属性是指地役权须从属于需役地而存在。

【知识链接 7-2】

地役权和相邻权的区别有:①两者的设立方式不同。相邻关系是法定的,而地役权通常是由当事人各方通过合同约定而设立的。②两者受到损害后的救济请求权不同。相邻关系受到侵害后,不能直接以相邻关系为基础提起损害赔偿诉讼,而应该提起所有权的行使受到妨害之诉。地役权受到损害之后,受害人可以直接提起地役权受损害的请求之诉。③两者提供便利的内容也有所不同。地役权的设立是为了使所有权人更好地行使权利,是一个比较高的标准。而相邻关系的规定是为了调和不同所有权人之间的权利,对他们的各自权利给予一定的限制,使得大家共同方便使用,这是为了达到使用的最低标准。④相邻关系通常都发生在相互毗邻的不动产之上,而地役权则不要求相互毗邻,甚至相隔很远的土地之间都可以通过协议来得到更有效的利用和经营。⑤相邻关系的产生一般都是无偿的,而地役权的设立一般都是有偿的。

2)地役权的内容

地役权人的权利主要有:①依约使用供役地。②行使物权保护请求权。当地役权的正常行使遭受妨害时,地役权人可以要求妨害人停止妨害或消除危险。

地役权人的义务主要有:①善意行使权利。地役权人应当按照合同约定的利用目的和方法利用供役地,尽量减少对供役地权利人物权的限制。②合同约定设定地役权为有偿时,地役权人应按照约定支付费用。

3)地役权的消灭

地役权的消灭主要有:①因地役权合同解除而消灭;②因存续期间届满而消灭;③因标的物灭失而消灭;④因国家对供役地或需役地的征收而消灭。

7.4 担保物权

7.4.1 担保物权概述

1. 担保物权的概念和特征

担保物权是与用益物权相对应的他物权,指的是为确保债权的实现,在债务人或第三人的物上设定的,以债权人直接取得或者支配其交换价值为内容的权利。

从担保物权的概念可以看出,担保物权除了具备物权的一般特征外,还具有自己的特征:①担保物权是以确保债权的实现为目的的他物权。担保物权作为一种他物权,其设立、存在的目的在于担保债务的履行或者说以担保债权的实现为宗旨,因此,在担保物权设定或实现时,必须以被担保的债权的存在为前提。这种特性也被称为担保物权的从属性。②担保物权是在债务人或第三人特定的财产上设定的他物权。这里的财产是特定化了的财产,而不是债务人或第三人的一般财产。③担保物权的实现是有条件的,即当债务履行期届满或者当事人约定的实现担保物权的情形发生时,债权人才能实现担保物权。④担保物权是以担保物的交换价值优先受偿的他物权。在被担保的债权期限届满债务人没有履行债务时,担保物权人有权就该担保物行使变价权,即依法拍卖、变卖,就获得的价金享有优先受偿权。

2. 担保物权的性质

担保物权作为直接支配标的物交换价值的权利,具有如下的性质:

1)从属性

担保物权的从属性是指担保物权是其所担保的主债权的从权利。《物权法》规定:设立担保物权,应当依照本法和其他法律的规定订立担保合同。担保合同是主债权债务合同的从合同。主债权债务合同无效,担保合同无效,但法律另有规定的除外。

【案例分析 7-6】

因甲欠乙一笔赌债30万元,甲请求丙为自己的债务向乙提供担保。丙不知道是赌债,就以自己的房屋设立抵押担保,并办理了登记。丙是否承担担保责任?

分析提示:丙不承担担保责任。本案中的主债权为赌债,是非法债务,是无效的。担保物权从属于主债权,主债权无效,担保物权也无效。

2)不可分性

担保物权的不可分性是指担保物权人在其全部债权受清偿前,可以就担保物权的全部行使其权利。担保物权人有权支配担保物的全部价值,以保障自己的全部债权受清偿。

3)物上代位性

物上代位性是指在担保物权存续期间,担保物因毁损、灭失或征收而获得的赔偿金或补偿金作为担保物的代替物,继续担保债务的履行。《物权法》规定:担保期间,担保财产毁损、灭失或者被征收等,担保物权人可以就获得的保险金、赔偿金或者补偿金等优先受偿。被担保债权的履行期未届满的,也可以提存该保险金、赔偿金或者补偿金等。

3. 担保物权的分类

1)以担保物权的原因为标准,担保物权可以分为法定担保物权与意定担保物权

法定担保物权是指依法律的直接规定而当然发生的担保物权,如留置权;意定担保物权是指依当事人的设立合同而成立的担保物权,抵押权和质权为典型的意定担保物权。

2)以主要效力为标准,担保物权可以分为留置性担保物权与优先清偿性担保物权

留置性担保物权是以留置标的物,迫使债务人清偿债务为其主要效力的担保物权,如留置权和质权;优先清偿性担保物权是支配标的物的交换价值,以确保优先清偿为其主要效力的担保物权,如抵押权。

3)以担保物权的标的物的不同为标准,可分为动产担保物权、不动产担保物权、权利担保物权和非特定财产担保物权

动产担保物权是指以动产为标的物而设立的担保物权,如动产抵押权和动产质权;不动产担保物权是指以不动产为标的物而设立的担保物权,如不动产所有权、土地承包经营权、不动产抵押权;权利担保物权是指以权利为标的物的物权,如权利抵押权和权利质权;非特定财产担保物权是指以内容经常变动的财产为标的物而设立的担保物权,如企业担保(浮动担保)等。

4)以担保物权的构造形态的不同为标准,担保物权可分为定限性担保物权与权利移转性担保物权

定限性担保物权是指担保权人取得的只是定限性的权利,担保标的物的所有权仍然保存在设立人(债务人或第三人)之手;权利移转性担保物权是指将担保标的物的所有权或其他权利移转给担保权人的担保权,以让与担保为其典型。

5)以是否移转担保标的物的占有为标准,担保物权可以分为占有担保物权与非占有担保物权

将标的物移转给债权人占有的担保物权,为占有担保物权,如留置权和质权;非占有担保物权,是指不把标的物移转给债权人占有,债务人仍继续使用、收益担保的物的担保物权,如抵押权。

6)以担保是否为民法所明文规定为标准,担保可以分为典型担保与非典型担保

凡由民法所明文规定的担保为典型担保,如抵押权、留置权和质权;非典型担保又称不规则担保或变态担保,是指在社会交易的实践中自发产生并为判例学说所认可的担保形式,如让与担保等。

7.4.2 几种主要的担保物权

1. 抵押权

1)抵押权的概念和特征

所谓抵押,就是指债务人或第三人不转移财产的占有,将特定的财产作为债权的担保,当债务人不履行债务的时候,债权人有权就该财产卖得的价金优先受偿的担保物权。《物权法》

规定:为担保债务的履行,债务人或者第三人不转移财产的占有,将该财产抵押给债权人的,债务人不履行到期债务或者发生当事人约定的实现抵押权的情形,债权人有权就该财产优先受偿。前款规定的债务人或者第三人为抵押人,债权人为抵押权人,提供担保的财产为抵押财产。

抵押权作为一种担保物权,除了具有担保物权的一般特征外,还具有自身的特征:

(1)抵押权是以不动产、动产或权利为客体的担保物权。相比之下,质权和留置权的客体只能是动产或权利。

(2)抵押权人有就标的物卖得的价金优先受偿的权利。这一点是物权性担保与债权性担保的根本区别。

(3)抵押权不转移标的物的占有。抵押权是在不移转标的物的前提下,在标的物上设定权利的。

(4)抵押权的标的只能是特定的物。

根据《物权法》,下列财产可以作为抵押权的标的:①建筑物和其他土地附着物;②建设用地使用权;③以招标、拍卖、公开协商等方式取得的荒地等土地承包经营权;④生产设备、原材料、半成品、产品;⑤正在建造的建筑物、船舶、航空器;⑥交通运输工具;⑦法律、行政法规未禁止抵押的其他财产。抵押人可以将前款所列财产一并抵押。

下列财产不得抵押:①土地所有权;②耕地、宅基地、自留地、自留山等集体所有的土地使用权,但法律规定可以抵押的除外;③学校、幼儿园、医院等以公益为目的的事业单位、社会团体的教育设施、医疗卫生设施和其他社会公益设施;④所有权、使用权不明或者有争议的财产;⑤依法被查封、扣押、监管的财产;⑥法律、行政法规规定不得抵押的其他财产。

(5)抵押权的成立除法律特别规定外,一般必须进行登记。

(6)抵押关系成立后,抵押人仍对抵押物享有处分权。

(7)抵押权具有不可分性。抵押权的不可分性主要有两层含义:一是指在债权人全部债权没有受清偿前,抵押权人对于物的整体,仍享有抵押权;二是抵押物分割或让与或一部分灭失后,抵押权不受影响。

2)抵押权的设定

第一,抵押权一般通过抵押合同设立,该合同是一种要式合同,一般应采取书面形式。

第二,以前述可以作为抵押的财产的第①项至第③项规定的财产或者第⑤项规定的正在建造的建筑物抵押的,应当办理抵押登记。抵押权自登记时设立。

以前述可以作为抵押的财产的第④项、第⑥项规定的财产或者第⑤项规定的正在建造的船舶、航空器抵押的,抵押权自抵押合同生效时设立;未经登记,不得对抗善意第三人。

企业、个体工商户、农业生产经营者以《物权法》规定的动产抵押的,应当向抵押人住所地的工商行政管理部门办理登记。抵押权自抵押合同生效时设立;未经登记,不得对抗善意第三人。虽经登记,也不得对抗正常经营活动中已支付合理价款并取得抵押财产的买受人。

3)抵押权的权利实现

抵押权的实现又称抵押权的实行,是指抵押权人行使抵押权以实现抵押物的价值,并从中优先受偿其债权的法律行为。

(1)抵押权的实现条件。根据《物权法》的规定,抵押权的实现必须具备以下条件:①必须以抵押权的有效存在为前提;②债务人的债务已届清偿期;③债务人未清偿债务或发生当事人约定的实现抵押权的情形;④债务未清偿非因债权人的原因。

(2)抵押权实现的方式和顺序。抵押权实现的方式主要有拍卖、变卖和折价三种。抵押权的实现顺序一般是:①同一抵押物上存在数个抵押权时,一般情况下按照抵押物登记的先后顺序受清偿。②抵押物已登记的抵押权人先于未登记的抵押权人受清偿;未登记的动产抵押权不能对抗第三人,各抵押权人按照被担保债权额的比例受清偿,而不问抵押权设立的先后顺序。③抵押权、质权按各自权利设立的先后顺序受清偿。

4)抵押人与抵押权人的权利和义务

(1)抵押人的权利和义务。抵押人在其财产设定抵押后,仍享有对抵押物的使用、收益和处分权。行使这些权利要受到已设定的抵押权的影响:①抵押人的收益权。抵押人在一般情况下仍然有权收取抵押物的孳息,但债务履行期届满,债务人不履行债务致使抵押物被人民法院扣押的,自扣押之日起,抵押权人有权收取由抵押物分离的自然孳息以及抵押人就抵押物可以收取的法定孳息。②抵押人的处分权。首先,抵押期间,抵押人经抵押权人同意转让抵押财产的,应当将转让所得的价款向抵押权人提前清偿债务或者提存。转让的价款超过债权数额的部分归抵押人所有,不足部分由债务人清偿。其次,抵押期间,抵押人未经抵押权人同意,不得转让抵押财产,但受让人代为清偿债务消灭抵押权的除外。③抵押人的出租权。首先,订立抵押合同前抵押财产已出租的,原租赁关系不受该抵押权的影响。其次,抵押权设立后抵押财产出租的,该租赁关系不得对抗已登记的抵押权。

(2)抵押权人的权利和义务。①在债权人中,有抵押权的债权人应享有优先受偿的权利,但法律、法规另有规定的除外。抵押权人应当在主债权诉讼时效期间行使抵押权;未行使的,人民法院不予保护。②抵押权人可以让与其抵押权或者为他人提供担保,但抵押权不得与债权分离而单独转让或者作为其他债权的担保。③抵押权人的保全。抵押人的行为足以使抵押财产价值减少的,抵押权人有权要求抵押人停止其行为。抵押财产价值减少的,抵押权人有权要求恢复抵押财产的价值,或者提供与减少的价值相应的担保。抵押人不恢复抵押财产的价值也不提供担保的,抵押权人有权要求债务人提前清偿债务。④同一财产向两个以上债权人抵押,变卖抵押物所得的价款按照下列顺序清偿:第一,抵押权已登记的,按照登记的先后顺序清偿;顺序相同的,按照债权比例清偿。第二,抵押权已登记的先于未登记的受偿;抵押权未登记的,按照债权比例清偿。⑤抵押权人放弃抵押权的效果。抵押权人可以放弃抵押权或者抵押权的顺位。债务人以自己的财产设定抵押,抵押权人放弃该抵押权、抵押权顺位或者变更抵押权的,其他担保人在抵押权人丧失优先受偿权益的范围内免除担保责任,但其他担保人承诺仍然提供担保的除外。

2. 质权

1)质权的概念和特征

质权又称质押权,是指为了担保债权的履行,债务人或者第三人将其动产或者权利移交债权人占有,当债务人不履行债务或者发生当事人约定的实现质权的情形时,债权人有就其占有的财产优先受偿的权利。

质权作为一种担保物权,除具有担保物权的一般特征外,还具有如下特征:

(1)质权的客体是动产或者动产权利,在不动产之上不能设立质权。这一点与抵押权有很大区别。

(2)质权是一种约定的担保物权,是基于当事人双方约定而产生的。这一点与留置权是法定物权有很大区别。

(3)质权是以出质人移转质物的占有为成立要件的担保物权。这一点和抵押权不移转物的占有有很大区别。

2)质权的分类

按照不同的标准,可以把质权分成不同的类型。最重要的分类是,按照质权标的物的不同把质权分为动产质权、不动产质权与权利质权。

动产质权,是指以动产为标的物的质权。

不动产质权,是指以不动产为标的物的质权。不动产质权在历史上曾经存在过,但目前多数国家已经废止了这一制度,《物权法》也不承认不动产质权。

权利质权,是指以可转让的财产性权利为标的物而设定的质权。

3)质权的设定

动产质权的设立通常都是以合同进行的。质权自出质人交付质押财产时设立。

权利质权的设定有特殊的规定:

(1)以汇票、支票、本票、债券、存款单、仓单、提单出质的,质权自权利凭证交付质权人时设立;没有权利凭证的,质权自有关部门办理出质登记时设立。

(2)以基金份额、证券登记结算机构登记的股权出质的,质权自证券登记结算机构办理出质登记时设立;以其他股权出质的,质权自工商行政管理部门办理出质登记时设立。

(3)以注册商标专用权、专利权、著作权等知识产权中的财产权出质的,质权自有关主管部门办理出质登记时设立。

(4)以应收账款出质的,当事人应当订立书面合同,质权自信贷征信机构办理出质登记时设立。

4)出质人与质权人的权利和义务

(1)出质人的权利和义务。出质人的权利主要包括:①出质人在质权人因保管不善致使质物毁损灭失时,有权要求质权人承担民事责任。②债务履行期届满,债务人履行债务的,或出质人提前清偿所担保的债权的,出质人有权要求质权人返还质物。③出质人如是债务人以外的第三人,该第三人代为清偿债权或因质权实行丧失质物的所有权时,有权向债务人追债。出质人的义务与质权人的权利相对应,主要有因质物有隐蔽瑕疵而致使质权人有损害时的损害赔偿义务、对质权人因保管质物所支出的必要费用的偿还义务。

(2)质权人的权利和义务。质权人的权利主要包括:①质权人有占有质物、收取孳息、必要时要求出质人提供担保的权利。②优先受偿的权利。③转质的权利。质权人在质权存续期间,未经出质人同意转质,造成质押财产毁损、灭失的,应当向出质人承担赔偿责任。质权人的义务主要包括:①质权人负有妥善保管出质物的义务。出质人有权要求提存或提前清偿(不能要求解除合同),质权人有权请求出质人支付保管费用。②质权人不得擅自对质物进行使用、出租、处分。

【案例分析 7-7】

某甲向某乙借款,将自己的母马出质于某乙。在质权存续期间,母马生下小马驹。现质权到期,某甲无力还款。某甲、某乙都主张小马驹的所有权归自己。依照《物权法》的规定,如何解决此纠纷?

分析提示:依据《物权法》的规定,天然孳息由所有权人取得。《物权法》规定的"质权人有权收取质押财产的孳息",是收取权,而非所有权。因此,小马驹的所有权应该属于某甲。另外,质权的效力及于从物,因此,某乙的质权效力及于母马和小马驹。

3. 留置权

1)留置权的概念和特点

留置权是指债务人不履行到期债务,债权人可以留置已经合法占有的债务人的动产,并有权就该动产优先受偿。《物权法》规定:债务人不履行到期债务,债权人可以留置已经合法占有的债务人的动产,并有权就该动产优先受偿。

留置权的标的只限于动产,对不动产不能行使留置权。

留置权的主要特点如下:①留置权是法定担保物权。留置权是债权人根据法律规定取得的担保物权,其适用条件、根据和担保范围直接依照法律的规定而产生。②留置权是以动产为客体的担保物权,并且以债权人合法占有债务人的动产为前提。③只有在债权已届清偿期,债务人不履行时,债权人才可依法行使留置权,并且留置权人有权留置全部标的物。④留置权是具有双重效力的担保物权。第一次效力是留置标的物,第二次则是变价并优先受偿。

2)留置权的成立

留置权成立的积极要件包括:第一,债权人合法占有债务人的动产。第二,占有的动产必须与债权有牵连关系,但企业之间留置的除外。第三,债务人未按期全部履行债务。第四,必须符合法律或者当事人的约定。

留置权成立的消极条件包括:第一,不得是双方在合同中明确约定不得留置的财产。第二,留置债务人的财产违反公共秩序或善良风俗的,不得留置。第三,行使留置权与债务人所承担的义务相抵触的,不得留置。

【案例分析 7-8】

2017 年 5 月,某甲委托上海某乙服装店手工制作一套高档西装,约定某甲提供布料,加工期限为 1 个月,加工费为 1 万元。西装完成后,某甲拒不支付加工费,某乙服装店可否留置该西装?某乙服装店可否留置某甲的瑞士名表(价值约 1 万元),以代替留置该西装?

分析提示:前一个留置符合留置权成立的要件,可以留置;后一个留置不能成立,因为手表和服装加工关系不属于同一法律关系(没有牵连关系),因而不符合留置权成立的要件。

3)留置权的权利实现

行使留置权的条件主要包括:①须经催告。留置权人在留置财产后,应当催告债务人履行债务。②经过合理期间。③债务人在合理期间内仍不履行债务或未另行提供担保。

4)留置权人的权利和义务

留置权人的权利主要有:①占有留置动产的权利。②收取留置物孳息的权利。③请求偿还留置物保管的必要费用的权利,如维修费、养护费等。④就留置物的变价优先受偿的权利。

留置权人的义务主要有:①留置权人负有妥善保管留置财产的义务;因保管不善致使留置财产毁损、灭失的,应当承担赔偿责任。②不得擅自使用、利用留置物的义务。③在留置权所担保的债权消灭时,留置权人有返还留置物的义务。

5)留置权的消灭

留置权消灭的原因主要有:①债务人对债务清偿。②留置权实现。③留置物灭失或留置物占有的丧失。④债务人另行提供担保,债权人同意。

自　测　题

一、单项选择题

1. 甲购买乙的一辆二手车,但双方没有办理过户手续。甲付款购车后,驾驶该车到某汽车空调配件经销部丙处,购买汽车空调配件并安装,安装好并付清款项后,甲驾车离开。途中,因空调泵线圈短路引起电源线起火造成火灾,该车被全部烧毁。经有关部门认定,丙作为汽车空调提供者对火灾负有间接责任。下列说法中正确的是(　　)。

A. 甲和乙之间的买卖合同未生效,因为双方没有办理车辆过户手续

B. 甲取得该车的所有权,因为动产所有权转让自交付时发生效力

C. 甲不能向丙请求损害赔偿,因为其不是该车的所有权人

D. 甲不可以向丙请求损害赔偿,因为该车转让没有登记,不得对抗第三人

2. 以下取得方式中属于动产所有权取得方式的是(　　)。

A. 甲在自己的住宅屋顶建造了一座花房　B. 乙收获了一季庄稼

C. 丙接受了朋友赠送的一辆汽车　D. 丁取得了一笔存款利息

3. 甲、乙(均为某村村民)订立借款合同一份,作如下约定:甲借给乙10万元,乙交付甲一件黄金饰品作担保,3年后乙归还本金,甲归还该饰品,如乙无力还款,则该饰品归甲所有。对此,下列说法中正确的是(　　)。

A. 甲、乙之间关于"如乙无力还款,则该饰品归甲所有"的约定无效

B. 因甲、乙之间关于"如乙无力还款,则该饰品归甲所有"的约定无效,故担保合同无效

C. 因甲、乙之间的担保合同无效,故其借款合同无效

D. 担保合同的全部条款有效,故甲、乙之间的借款合同有效

4. 甲、乙、丙按份共有一套房屋,3人各占1/3,无其他约定。为提高房屋的价值,甲主张对此房进行重大装修,乙表示赞同,但丙反对。根据《物权法》的规定,下列选项中正确的是(　　)。

A. 因没有经过全体共有人的同意,甲、乙不得装修

B. 因甲、乙的份额合计已达2/3,故甲、乙可以装修

C. 甲、乙只能在自己的应有部分上装修

D. 若甲、乙坚持装修,则需先分割共有房屋

5. 根据《物权法》的规定，下列关于担保物权的表述中不正确的是（　　）。

A. 担保物权以担保主债权的实现为目的

B. 担保物权是价值权，权利人支配的是担保财产的使用价值

C. 担保物权是从属于主债权的物权

D. 担保物权的客体可以是债务人的财产或权利，也可以是第三人的财产或权利

6. 根据《物权法》的规定，下列各项中属于法定担保物权的是（　　）。

A. 抵押　　B. 质押　　C. 留置　　D. 保证

二、多项选择题

1. 下列各项中属于物权法上物的有（　　）。

A. 无线电频谱　　B. 水流　　C. 海域　　D. 空气

2. 下列物权中，其设立、变更未经登记即可发生效力的有（　　）。

A. 建设用地使用权　　B. 机动车所有权

C. 地役权　　D. 土地承包经营权

3. 根据《物权法》的规定，债务人可以用于抵押担保的财产有（　　）。

A. 以公开协商方式承包并经发包方同意抵押的荒地承包经营权

B. 依法被监管的财产

C. 股份有限公司以转让方式获得的土地使用权

D. 正在建造的建筑物

4. 根据《物权法》的规定，下列选项中，属于孳息的有（　　）。

A. 苹果树上的苹果　　B. 存款利息

C. 母牛肚子里的小牛　　D. 租金

5. 用益物权是指以物的使用收益为目的的物权，下列属于用益物权的有（　　）。

A. 农村土地承包经营权　　B. 留置权

C. 宅基地使用权　　D. 不动产抵押权

6. 张某向王某借款 3 000 元，用自己的笔记本式计算机设定质押，并将笔记本式计算机交付给王某，但未将鼠标交付给王某。借款到期后，张某无力清偿。根据物权法律制度的规定，下列表述正确的有（　　）。

A. 王某有权就笔记本式计算机主张优先受偿权

B. 王某无权就笔记本式计算机主张优先受偿权

C. 王某有权就鼠标主张优先受偿权

D. 王某无权就鼠标主张优先受偿权

三、案例分析题

1. 2016 年 2 月 25 日，中国工商银行大屯支行与朝阳房地产开发公司签订了最高额抵押担保合同，朝阳公司以其新建的一幢楼房（价值 2 000 万元）为朝阳公司从大屯支行借款作抵押担保。双方约定自 2016 年 2 月 26 日至 2017 年 2 月 26 日，在此期间所发生的借款以该楼房作抵押。由于该楼房估价为 2 000 万元，因此双方约定担保借款的最高限额为 2 000 万元。双方签订合同以后，在登记部门办理了抵押登记手续。后来在约定的期间内，朝阳公司共分 3 次向大屯支行借款 1 500 万元。至 2017 年 3 月 27 日，大屯支行与某资产管理公司签订了债

权转让协议，将上述借款合同债权与担保权利转让给该公司，并向朝阳公司发出债权转让通知。朝阳公司拒绝在担保权利转让通知上签字，并称最高额抵押权已经消灭。资产管理公司于是向法院起诉，要求朝阳公司承担相应的抵押担保责任。

问题：(1)什么是最高额抵押合同？其有哪些特点？

(2)大屯支行的债权让与和担保权利让与的行为是否有效？为什么？

2. 甲、乙按份共有一台计算机，甲占70%，乙占30%。2017年4月1日，该计算机显示器出现问题，由丙计算机维修部进行维修。4月4日，丙计算机维修部维修完毕，通知甲、乙10日内取回计算机，并支付维修费500元。4月15日，甲、乙仍未取回计算机。4月30日，甲支付了500元维修费用并取回计算机。另查，甲、乙双方对计算机的处分等没有任何约定，丙计算机维修部亦不知道甲、乙之间为按份共有。

问题：(1)如果乙对外转让自己的份额，是否需要经过甲的同意？说明理由。

(2)如果甲将该计算机卖给第三人丁，是否需要经过乙的同意？说明理由。

(3)如果乙未经甲的同意将该计算机以市价卖给善意第三人丁，并且将计算机交付给丁，丁能否取得该计算机的所有权？说明理由。

(4)对丙计算机维修部的500元维修费，甲、乙应如何承担？说明理由。

(5)若甲、乙不支付维修费，丙计算机维修部是否有权留置该计算机？说明理由。

(6)2017年4月15日，丙计算机维修部能否将计算机折价或者拍卖、变卖并就价款优先受偿？说明理由。

第8章 工业产权法

【学习目标】

理解工业产权的概念、特征；了解工业产权体系中的专利法和商标法的主要内容。掌握专利权的主体、客体以及专利权的保护；掌握商标权的客体、授予商标权的条件、侵犯商标权的行为种类以及驰名商标的保护。

【引导案例】

甲木制家具公司(以下简称甲)注册地为某省平安市。2014年3月，甲设计了一套样式新颖的家具。2016年6月20日，甲携带该家具参加了由中国政府主办的国际室内用品展览会。9月10日，甲向商标局提出“平安”商标的注册申请。公告期间，乙家具厂提出异议，认为“平安”为县级行政区划的地名，不可以作为商标。9月15日，甲向专利行政部门提出外观设计专利的申请。经过初步审查，专利行政部门认为该家具已经参加过展览会，不具有新颖性，不可以申请专利。在甲申请注册商标和专利期间，乙家具厂开始生产与甲样式完全相同的家具，并使用了未经注册的“平安”商标。甲即向有关机关提出保护其专用权的申请。10月5日，丙木器厂和甲签订了商标使用许可合同。部分要点如下：如果甲的商标注册成功，甲作为注册商标所有人许可丙在其产品上使用“平安”商标，许可使用期限为15年，丙每年向甲支付使用费，丙自行保证使用其商标的产品质量。合同签订后10日内到公证处备案，合同自备案当日生效。

问题：(1)乙家具厂提出的异议是否正确？为什么？

(2)该家具是否具有新颖性？为什么？

(3)甲提出保护专用权的请求是否正确？为什么？

(4)甲与丙签订的使用许可合同有哪些不合法之处？为什么？

8.1 工业产权法概述

8.1.1 工业产权的概念及特征

1. 工业产权的概念

工业产权是指人们依法对应用于商品生产和流通中的创造发明和显著标记等智力成果，在一定地区和期限内享有的专有权。按照《保护工业产权巴黎公约》的规定，工业产权包括发明、实用新型、外观设计、商标、服装标记、厂商名称、货源标记、原产地名称及制止不正当竞争的权利。在我国，工业产权主要指专利权和商标专用权。

【知识链接】

工业产权一词最早出现于1791年法国的专利法中。在此之前,英国和法国都称专利权为特权或垄断权。当时法国专利法的起草人德布浮拉认为,使用"特权"或"垄断权"这样的词,会遭到立法议会和反封建的法国人民的反对,因而提出"工业产权"这个概念。

1883年制定的《保护工业产权巴黎公约》也采用了这个词,"工业产权"一词现已成为国际通用的专业术语。

2. 工业产权的特征

工业产权作为一种无形财产权,与有形财产权相比具有以下法律特征:

1)专有性

工业产权是国家赋予专利权人和商标专用人,在有效期内对其专利和商标享有的独占、适用、收益和处分的权利。未经权利人许可,任何第三人皆不得使用;否则,即构成侵权。

2)地域性

工业产权的地域性是指工业产权的空间限制。工业产权属于无形财产,一个国家的专利法、商标法所保护的工业产权,除在一定情况下适用保护工业产权的国际公约以外,只在该国范围内有效,对其他国家不发生法律效力。

3)时间性

工业产权的时间性是指工业产权的时间限制,即工业产权的保护是有一定期限的,这也就是工业产权的有效期。法律规定的期限届满,工业产权专有权即告终止,权利人即丧失其专有权,这些智力成果即成为社会财富。

8.1.2 工业产权法的概念和立法现状

1. 工业产权法的概念

工业产权法是指调整因确认、保护、转让和使用工业产权而发生的各种社会关系的法律规范的总称。我国的工业产权法主要包括专利法和商标法。

2. 立法现状

我国1982年颁布了《中华人民共和国商标法》(以下简称《商标法》),并于1993年、2001年和2003年对《商标法》进行了修订,与《商标法》配套实施的法规有国务院于2002年颁布的《中华人民共和国商标法实施条例》(2014年修订)。

我国1984年颁布了《中华人民共和国专利法》(以下简称《专利法》),并于1992年、2000年、2008年对《专利法》进行了修订,与《专利法》配套实施的法规有国务院于2001年颁布的《中华人民共和国专利法实施细则》(2010年修订)。

8.2 专 利 法

8.2.1 专利法概述

1. 专利权的概念及特征

专利权是指专利权人在法定期限内对其发明创造所享有的独占权。专利权是民事法律

制度中的一项重要的民事权利,除具备工业产权的共同特征之外,还具有以下法律特征:

1)独占性

同一内容的发明创造或者设计只能授予一次专利,即使有两个发明人或者设计人分别独立完成相同的发明创造或者设计,专利权也仅能授予申请在先者。申请人的发明创造或者设计一旦被专利管理机关依法授予专利权,该专利权人或者其合法受让人在法定期限内便享有垄断的权利。除法律另有规定外,其他任何人未经专利权人或者其合法受让人许可,都不得以营利为目的实施该专利,否则就构成侵权。

2)公开性

专利权的内容主要是专利权由专有实施权组成,是专利权人通过独占其发明创造或者设计专利而行使制造、使用或者销售的权利。如果专利权人不具备实施条件,则有权许可他人实施该项专利,以满足其物质利益。实施专利的前提是公开专利成果,使公众知晓,杜绝重复发明或者设计。

3)依法授予

专利权并非因发明创造或者设计而取得。有所发明创造或者设计的个人或团体,需按照法定程序向国务院专利行政部门或类似机构提出申请,经审查确认合格后,才能依法被授予专利权。

2. 专利法和专利制度

专利法是指调整因发明创造而产生的各种社会关系的法律规范的总称。

专利法的实施有赖于专利制度的健全和完善。专利制度是一种利用法律和经济手段推动技术进步的管理制度,能够促进技术信息的交流,促进新技术成果的转让和推广,促进国际技术合作与贸易的顺利开展。

8.2.2 专利权的主体和客体

1. 专利权的主体

专利权的主体是指具有参加特定的专利权法律关系并享有专利权的人。根据《专利法》的规定,专利权的主体主要有以下几类:

1)职务发明人

职务发明人是指对执行本单位的任务或者主要是利用本单位的物质技术条件完成发明创造作出创造性贡献的人。执行本单位的任务所完成的职务发明,包括在本职工作中作出的发明创造;履行本单位交付的本职工作之外的任务所作出的发明创造;退职、退休或者调动工作后 1 年内作出的,与其在原单位承担的本职工作或者原单位分配的任务有关的发明创造。本单位的物质技术条件是指本单位的资金、设备、零部件、原材料或者不对外公开的技术资料等。职务发明申请专利的权利属于该单位,申请被批准后,该单位为专利权人。利用本单位的物质技术条件所完成的发明创造,单位与发明人或者设计人订有合同,对申请专利的权利和专利权的归属作出约定的,从其约定。

2)非职务发明人

非职务发明人是指不是为执行本单位的任务或者没有利用本单位的物质技术条件完成发明创造的人。在完成发明创造过程中,只负责组织工作的人、为物质技术条件的利用提供方便的人或者从事其他辅助工作的人，不是发明人或者设计人。申请被批准后，该发明人或者设计人为专利权人。

3)共同发明人

共同发明人是指两个以上单位或者个人合作，对完成的发明创造共同作出创造性贡献的人。共同发明除另有协议的以外，申请专利的权利属于完成或者共同完成的单位或者个人，申请被批准后，申请的单位或者个人为专利权人。

4)外国人、外国企业和外国组织

外国人、外国企业和外国组织作出的发明创造在中国申请专利，在中国有经常居所和营业场所的，可以享受国民待遇；在中国没有经常居所和营业场所的，则依照所属国与中国签订的协议或者共同参加的国家条约，或者依照互惠的原则，给予国民待遇。

2. 专利权的客体

专利权的客体，是指专利法保护的对象，即依法可以取得专利权的发明创造。《专利法》规定：本法所称的发明创造主要包括发明、实用新型和外观设计。

1)发明

发明是指对产品、方法或者对其改进所提出的新的技术方案。因此，我国《专利法》所指的发明分为产品发明和方法发明。产品发明是指人工制造的各种制品的发明。方法发明是指把一种对象改造成另一种对象所用的手段的发明。

2)实用新型

实用新型是指对产品的形状、构造或者其结合所提出的适于实用的新的技术方案。实用新型的独创性较发明小，要求也比较低，故称为“小发明”。实用新型与发明的重要区别在于：实用新型只涉及对有形物品的革新设计，而不涉及无一定形状的物品，也不涉及制作的方法。为实用新型授予的专利权，称为实用新型专利权。

3)外观设计

外观设计是指对产品的形状、图案、色彩或者其结合所作出的富有美感并适用于工业应用的新设计。外观设计只涉及产品外表的形状、图案、色彩或者其结合，而不涉及设计技术与制造技术。为外观设计所授予的专利权，称为外观设计专利权。

【案例聚焦 8-1】

海南省麦尔电器有限公司（简称麦尔公司）系“一种熨烫机的蒸汽喷头”的实用新型专利权人。该公司在生产经营中发现，上海域桥电器有限公司（简称域桥公司）未经本公司许可而生产销售的 J2hk 豪华型、J2 强力型、T2000 三温型蒸汽熨烫机蒸汽喷头，在技术结构上均落入了该专利的保护范围，已对麦尔公司的专利权造成侵害。麦尔公司提起诉讼，要求域桥公司停止侵权，赔偿经济损失并赔礼道歉消除影响。经法院审理，一审判决被告域桥公司停止对原告麦尔公司专利权的侵害，赔偿原告经济损失人民币 7 万元。

（本案例由作者根据相关资料改编）

8.2.3　授予专利权的条件

1. 授予专利权的发明和实用新型的条件

《专利法》规定：授予专利权的发明和实用新型，应当具备新颖性、创造性和实用性。

1)新颖性

新颖性是指在申请日以前没有同样的发明或者实用新型在国内外出版物上公开发表过、在国内公开使用过或者以其他方式为公众所知,也没有同样的发明或者实用新型由他人向国务院专利行政部门提出过申请并且记载在申请日以后公布的专利申请文件中。因此,一项发明创造是否公开是判断其是否丧失新颖性的标准。判断专利权新颖性的公开方式标准,是指一项发明或者实用新型以何种方式公开便丧失了新颖性。

一般来说,公开的方式有以下三种:①书面公开方式,即以书面的形式将发明或者实用新型的技术内容表达出来;②口头公开方式,即通过谈话、讲课、广播等语言形式将其公开;③使用公开方式,即通过使用发明或者实用新型技术内容的方式公开专利,根据《专利法》的规定,采用书面公开方式的,则一律丧失新颖性,而采用口头公开方式和使用公开方式的只限于国内。

同时,《专利法》根据实际情况,还规定了专利权在一定期限内不丧失新颖性的例外情况,即申请专利的发明创造在申请日以前6个月内,有下列情形之一的,不丧失新颖性:①在中国政府主办或者承认的国际展览会上首次展出的;②在规定的学术会议或者技术会议上首次发表的。学术会议或者技术会议,是指国务院有关主管部门或者全国性学术团体组织召开的学术会议或者技术会议;③他人未经申请人同意而泄露其内容的。

2)创造性

创造性是指同申请日以前已有的技术相比,该发明有突出的实质性特点和显著的进步,该实用新型有实质性特点和进步。已有的技术是指申请日前在国内外出版物上公开发表、在国内公开使用或者以其他方式为公众所知的技术,即现有技术。实质性特点是指申请专利的发明或者实用新型与原来的技术相比有本质性突破,它不是原来技术的类似或推导,而是创造性构思的结果。

3)实用性

实用性是指该发明或者实用新型能够制造或者使用,并且能够产生积极效果。这就要求发明或者实用新型要具备以下三个条件:具有可实施性;具有再现性,即能够在工业上制造和使用;具有收益性,即能够产生积极的经济效益和社会效益。

2. 授予专利权的外观设计的条件

《专利法》规定:授予专利权的外观设计,应当同申请日以前在国内外出版物上公开发表过或者国内公开使用过的外观设计不相同和不相近似,并不得与他人在先取得的合法权利相冲突。也就是说,授予外观设计专利权的条件主要是新颖性,而对于创造性和实用性的标准相比之下要低一些;如果被应用于工业产品上的,还必须具有实用性。

另外,《专利法》就不能授予专利权的范围作出了明确的规定,具体包括以下内容:

第一,对违反国家法律、法规和社会公德或者妨害公共利益的发明创造,不能授予专利权。

第二,有以下情形之一的,也不能授予专利权:①科学发现;②智力活动的规则方法;③疾病的诊断和治疗方法;④动物和植物品种;⑤用原子核变换方法获得的物质。但是,动物和植物品种的生产方法,可以依法授予专利权。

8.2.4　专利的申请

1. 专利申请的原则

1)申请优先原则

申请优先原则是指两个或两个以上的申请人分别就同样的发明创造申请专利的,专利权授予最先申请的人。两个或两个以上的申请人在同一日分别就同样的发明创造申请专利的,应当在收到国务院专利行政部门的通知后自行协商确定申请人。判断申请在先的标准是专利的申请日。申请日是指国务院专利行政部门收到专利申请文件之日。如果该申请文件是邮寄的,以寄出的邮戳日为申请日。如果两个或两个以上申请人在同一日分别就同样的发明创造申请专利,应当在收到国务院专利行政部门的通知后自行协商确定申请日。

2)申请单一性原则

申请单一性原则是指一件发明或者实用新型专利申请应当限于一项发明或者实用新型。属于一个总的发明构思的两个以上的发明或者实用新型,可以作为一件申请。

3)优先权原则

优先权原则是指申请人在某一公约成员方首次提出专利申请后,在一定期限内就相同主题的发明创造又向其他缔约方提出申请时,申请人有权要求以第一次申请的日期作为以后申请的日期。

优先权原则包括国内优先权和国际优先权。国际优先权是指申请人自发明或者实用新型在外国第一次提出专利申请之日起 12 个月内,或者自外观设计在外国第一次提出专利申请之日起 6 个月内,又在中国就相同主题提出专利申请的,依照该外国同中国签订的协议或者共同参加的国际条约,或者依照相互承认优先权的原则,可以享有优先权。国内优先权是指申请人自发明或者实用新型在中国第一次提出专利申请之日起 12 个月内,又向国务院专利行政部门就相同主题提出申请的,可以享有优先权。可见,发明与实用新型既可以享有国际优先权,又可以享有国内优先权;而外观设计只享有国际优先权,不享有国内优先权。申请人要求优先权的,应当在申请时提出书面声明,并且在 3 个月内提交第一次提出的专利申请文件的副本;未提出书面声明或者逾期未提交专利申请文件副本的,视为未要求优先权。

2. 专利申请的提出

专利申请应当向国务院专利行政部门提出。申请发明或者实用新型专利的,应当提交请求书、说明书及其摘要和权利要求书等文件;申请外观设计专利的,应当提交请求书以及该外观设计的图片或者照片等文件,并写明使用该外观设计的产品及其所属的文件。请求书应当写明发明或者实用新型的名称,发明人或者设计人的姓名,申请人的姓名或者名称、地址以及其他事项。说明书应当对发明或者实用新型作出清楚、完整的说明,以所属技术领域的技术人员能够实现为主,必要的时候应当有附图。摘要应当简要说明发明或者实用新型的技术要点。申请人在专利权被授予之前可以随时撤回其专利申请。如果申请人要撤回专利申请,应当向国务院专利行政部门提出声明,写明发明创造的名称、申请号和申请日。申请人也可以对其专利申请文件进行修改,但是,对发明和实用新型专利申请文件的修改不得超出原说明书和权利要求书记载的范围,对外观设计专利申请文件的修改不得超出原图片或者照片表示的范围。

8.2.5 专利申请的审查批准

1. 发明专利申请的审查批准

关于专利的审查和批准，目前世界上存在不同的制度。我国对发明专利审批采用审查制，即必须经过初步审查公开和实质审查才可授予专利权。对实用新型专利和外观设计专利的审批采用登记制，即只经过初步审查就可以授予专利权。发明专利的审查程序则比较复杂，主要经过以下步骤：初步审查、早期公开、实质审查、授予专利权或专利申请的驳回。

【法律小贴士 8-1】

发明专利申请经实质审查应当予以驳回的情形主要包括：发明专利申请不是对产品、方法或者其改进所提出的新的技术方案；属于违反国家法律、社会公德或者妨害公共利益的发明创造；符合《专利法》规定的不授予专利权的事项；不具备新颖性、创造性和实用性的发明创造；违反了申请单一性原则；两个以上的申请人在同一日分别就同样的发明创造申请专利经自行协商未确定申请人等。

2. 实用新型和外观设计专利申请的审查批准

实用新型和外观设计专利的审查实行初步审查制度，即经初步审查，实用新型和外观设计专利申请没有发现驳回理由的，由国务院专利行政部门作出授予实用新型专利权或者外观设计专利权的决定，发给相应的专利证书，同时予以登记和公告。实用新型专利权和外观设计专利权自公告之日起生效。

3. 专利申请的复审

复审是指由专利复审委员会对当事人不服国务院专利行政部门有关处理决定的请求所进行的审查。国务院专利行政部门设立专利复审委员会。专利申请人对国务院专利行政部门驳回申请的决定不服的，可以自收到通知之日起 3 个月内向专利复审委员会请求复审。专利复审委员会复审后，作出决定，并通知专利申请人。专利申请人对专利复审委员会的复审决定不服的，可以自收到通知之日起 3 个月内向人民法院起诉。

8.2.6 专利权人的权利和义务

1. 专利权人的权利

专利权申请人在依法取得发明创造的专利权后，就享有了专利法所规定的各项权利。

1)独占权

专利权人有权自己制造、使用、销售和进口专利产品，或者使用其专利方法，以及使用、许诺销售、销售进口依照其专利方法直接获得的产品。《专利法》规定：发明和实用新型专利权被授予后，除法律另有规定之外，任何单位或者个人未经专利权人许可，都不得实施其专利。外观设计专利权被授予后，任何单位或者个人未经专利权人许可，都不得为生产经营目的制造、销售、进口其外观设计专利产品。

2)转让权

专利权人有将自己的专利权转让给他人的权利。《专利法》规定：转让专利权，当事人应当订立书面合同，并向国务院专利行政部门登记，由国务院专利行政部门予以公告。如果中国单位或者个人向外国人转让专利权，必须经国务院有关主管部门批准。专利权的转让自登记之日起生效。

3)许可权

专利权人有许可他人实施其专利并收取使用费的权利。《专利法》规定：任何单位或者个人实施他人专利，应当与专利权人订立书面实施许可合同，向专利权人支付专利使用费。被许可人无权允许合同规定以外的任何单位或者个人实施该专利。

4)标记权

专利权人有权在其专利产品或者该产品的包装上标明专利标记和专利号。

2. 专利权人的义务

1)缴纳专利年费的义务

年费是专利权人付给专利局的管理费用。不按规定缴纳年费的，专利权应予终止。

2)被授予专利权的单位对发明人或者设计人奖励的义务

职务发明创造取得专利后，被授予专利权的单位应当对职务发明创造的发明人或者设计人给予奖励；发明创造专利实施后，根据其推广应用的范围和取得的经济效益，应对发明人或者设计人给予合理的报酬。

3. 专利权的限制

1)强制许可

强制许可是指国务院专利行政部门依照法律规定，不经专利权人的同意，直接许可具备实施条件的申请者实施发明或实用新型专利的一种行政措施。其目的是促进获得专利的发明创造得以实施，防止专利权人滥用专利权，维护国家利益和社会公共利益。《专利法》将强制许可分为三类：不实施时的强制许可；根据公共利益需要的强制许可；从属专利的强制许可。

2)不视为侵犯专利权的行为

(1)专利产品或者依照专利方法直接获得的产品，由专利权人或者经其许可的单位、个人售出后，使用、许诺销售、销售、进口该产品的。

(2)在专利申请日前已经制造相同产品、使用相同方法或者已经作好制造、使用的必要准备，并且仅在原有范围内继续制造、使用的。

(3)临时通过中国领陆、领水、领空的外国运输工具，依照其所属国同中国签订的协议或者共同参加的国际条约，或者依照互惠原则，为运输工具自身需要而在其装置和设备中使用有关专利的。

(4)专为科学研究和实验而使用有关专利的。

(5)为提供行政审批所需要的信息，制造、使用、进口专利药品或者专利医疗器械的，以及专门为其制造、进口专利药品或者专利医疗器械的。

8.2.7　专利权的期限和终止

1. 专利权的期限

专利权的期限是指专利权的时间效力。法律对专利权人的专利权的保护是有一定的时间限制的。《专利法》规定：发明专利权的期限为 20 年，实用新型专利权和外观设计专利权的期限为 10 年,均自申请日起计算。

2. 专利权的终止

专利权的终止是指专利权人丧失对发明创造的专利权。《专利法》规定了专利权终止的两种情况:

第一,期限届满自然终止。

第二,期限届满前终止,具体包括以下两种情形:①没有按照规定缴纳年费;②专利权人以书面声明放弃其专利权。专利权在期限届满前终止的,由国务院专利行政部门登记和公告。

8.2.8 专利权的宣告无效和专利实施的强制许可

1. 专利权的宣告无效

自国务院专利行政部门公告授予专利权之日起,任何单位或者个人认为该专利权的授予不符合《专利法》有关规定的,可以请求专利复审委员会宣告该专利权无效。专利复审委员会对宣告专利权无效的请求应当及时审查并作出决定,通知请求人和专利权人。宣告专利权无效的决定,由国务院专利行政部门登记和公告。宣告无效的专利权视为自始即不存在。

2. 专利实施的强制许可

专利实施的强制许可又称非自愿许可,是指国务院专利行政部门在一定的条件下,为了国家利益和社会公共利益,无专利权人的同意而强制专利权人许可他人实施其专利的一种强制性法律措施。

专利实施的强制许可主要适用于以下情况:①具备实施条件的单位以合理的条件请求发明或者实用新型专利权人许可实施其专利,而未能在合理的时间内获得这种许可时,国务院专利行政部门根据该单位的申请,可以给予实施该发明专利或者实用新型专利的强制许可。②在国家出现紧急状态或者非常情况时,或者为了公共利益,国务院专利行政部门可以给予实施发明专利或者实用新型专利的强制许可。③一项取得专利权的发明或者实用新型比以前已经取得专利权的发明或者实用新型具有显著经济意义的重大技术进步,其实施又有赖于前一发明或者实用新型的实施的,国务院专利行政部门根据后一专利权人的申请,可以给予实施前一发明或者实用新型的强制许可。在实施强制许可的情形下,国务院专利行政部门也可以根据前一专利权人的申请,给予实施后一发明或者实用新型的强制许可。

8.2.9 专利权的法律保护

1. 专利权的保护范围

《专利法》规定:发明或者实用新型专利权的保护范围以其权利要求的内容为准,说明书及附图可以用于解释权利要求。外观设计专利权的保护范围以表示在图片或者照片中的该外观设计专利产品为准。

2. 侵犯专利权的行为

侵犯专利权的行为是指他人未经专利权人的同意,以营利为目的的实施其专利的行为。

1)未经专利权人许可实施其专利的行为

未经专利权人许可实施其专利的行为主要有以下三种:为生产经营目的的制造、使用、许诺销售、销售、进口其专利产品;使用专利方法以及使用、许诺销售、销售、进口依照该专利方法直接获得的产品;外观设计专利权被授予后,未经专利权人许可,为生产经营目的制造、销售、进口其外观设计专利产品。

2)假冒他人专利的行为

假冒他人专利的行为主要有以下四种:未经许可,在其制造或者销售的产品、产品的包装上标注他人的专利号;未经许可,在广告或者其他宣传材料中使用他人的专利号,使人将所涉及的技术误认为是他人的专利技术;未经许可,在合同中使用他人的专利号,使人将合同涉及的技术误认为是他人的专利技术;伪造或者变造他人的专利证书、专利文件或者专利申请文件。

3)冒充专利产品、专利方法的行为

冒充专利产品、专利方法的行为主要有以下五种:制造或者销售标有专利标记的非专利产品;专利权被宣告无效后,继续在制造或者销售的产品上标注专利标记;在广告或者其他宣传材料中将非专利技术称为专利技术;在合同中将非专利技术称为专利技术;伪造或者变造专利证书、专利文件或者专利申请文件。

根据《专利法》的规定,有下列情形之一的,不视为侵犯专利权:①专利权人制造、进口或者经专利权人许可而制造、进口的专利产品或者依照专利方法直接获得的产品售出后,使用、许诺销售或者销售该产品的;②在专利申请日前已经制造相同产品、使用相同方法或者已经作好制造、使用的必要准备,并且仅在原有范围内继续制造、使用的;③临时通过中国领陆、领水、领空的外国运输工具,依照其所属国同中国签订的协议或者共同参加的国际条约,或者依照互惠原则,为运输工具自身需要而在其装置和设备中使用有关专利的;④专为科学研究和实验而使用有关专利的。

3. 侵犯专利权的法律责任

1)民事责任

在专利侵权行为发生后,专利权人或者利害关系人可以请求行政机关或者人民法院追究行为人的民事责任,主要有停止侵权、赔偿损失、消除影响等。专利权人或者利害关系人有证据证明他人正在实施或者即将实施侵犯其专利权的行为,如不及时制止将会使其合法权益受到难以弥补的损害的,可以在起诉前向人民法院申请采取责令停止有关行为和财产保全的措施。侵犯专利权的赔偿数额,按照权利人因被侵权所受到的损失或者侵权人因侵权所获得的利益确定;被侵权人的损失或者侵权人获得的利益难以确定的,参照该专利许可使用费的倍数合理确定。

2)行政责任

国家专利管理机关处理专利侵权纠纷时,有权责令侵权人停止侵权行为并赔偿损失。假冒他人专利的,除依法承担民事责任外,由管理专利工作的部门责令改正并予公告,没收违法所得,可以并处违法所得 3 倍以下的罚款;没有违法所得的,可以处 5 万元以下的罚款;构成犯罪的,依法追究刑事责任。以非专利产品冒充专利产品、以非专利方法冒充专利方法的,由管理专利工作的部门责令改正并予公告,可以处 5 万元以下的罚款。向外国申请专利、泄露国家秘密的,由所在单位或者上级主管机关给予行政处分;构成犯罪的,依法追究刑事责任。侵夺发明人或者设计人的非职务发明创造专利申请权和《专利法》规定的其他权益的,由所在单位或者上级主管机关给予行政处分。管理专利工作的部门不得参与向社会推荐专利产品等经营活动。违反该规定的,由其上级机关或者监察机关责令改正,消除影响,有违法收入的予以没收;情节严重的,对直接负责的主管人员和其他直接责任人员依法给予行政处分。

3)刑事责任

侵犯他人专利情节严重的,对直接责任人依照《刑法》追究刑事责任。从事专利管理工作的国家机关工作人员以及其他有关国家机关工作人员玩忽职守、滥用职权、徇私舞弊,构成犯罪的,依法追究刑事责任;尚不构成犯罪的,依法给予行政处分。

【案例聚焦 8-2】

河北省某造纸有限公司 2016 年在其××牌卫生纸商标和外包装上面,打出了"注册专利 1260441 号"的字样,并标明为专利产品。该产品在河南××量贩(即超市)大量销售。事实上,该号并不是由国务院专利行政部门授予的专利号,而只是该公司于 2004 年在国家工商行政管理总局商标局登记注册的商标注册号,该公司将该商标注册号作为专利号,印制在商品的外包装上,从而构成了冒充专利行为。2017 年 8 月 10 日,洛阳市专利管理局依据专利法及其实施细则的有关规定,对该造纸有限公司、××纸行、河南××量贩 3 家生产、销售单位下达了处罚决定:一是立即停止生产、销售标有专利标记的非专利产品;二是全部收缴并销毁冒充专利的标记;三是对上述 3 家生产、销售单位处以罚款 3 万元,并予以公告。

8.3 商 标 法

8.3.1 商标法概述

1. 商标的概念及特征

商标是指商品的生产者、经营者或者商业服务的提供者用以标明自己所生产、经营的产品或者所提供的服务,与他人生产、经营的产品或者提供的服务相区别的标记。商标是随着商品经济的发展而逐渐形成的产物。它作为一种标记,能够使商品生产者、经营者或者商业服务的提供者所生产、经营的产品或者所提供的服务,与他人生产、经营的产品或者提供的服务相区别,便于消费者选购。商标具有如下特征:

第一,商标主要是由文字、图形、字母、数字、三维标志、颜色组合和声音等要素组合而成的标记。商标的构成具有多样性,是能够将一企业的商品或者服务与另一企业的商品或者服务加以区别的任何标志或者标志的组合。

第二,商标是用于商品或者服务上的显著标记。商标依附于商品或者服务而存在,其使用具有商业意义和商业价值。

第三,商标是代表特定商品生产者、经销者或者服务提供者的专用符号。商标具有识别性和表彰性功能。

第四,商标是依附于商品表面或包装,或标于与所提供的服务相关的物品上的具有显著特征的简洁符号。

2. 商标的种类

在商品经济的发展过程中,商标的形式各式各样。为了研究和使用的方便,可以根据不同的标准对商标进行分类。

1)按商标是否经过注册进行划分

按商标是否经过注册,可将商标分为注册商标和未注册商标。

(1)注册商标是指由当事人申请,经商标注册机构核准注册的商标。注册商标是《商标法》的保护对象。

(2)未注册商标是指未经商标注册机构核准注册的商标。未注册商标一般不受法律保护。未注册商标可以使用,但其使用人不享有商标专用权。当他人就相同商标取得注册后,未注册商标应当停止使用,否则构成侵权。

2)按商标的构成不同进行划分

按商标的构成不同,可将商标分为文字商标、图形商标、组合商标

(1)文字商标是指由文字构成的商标。文字既可以是汉字,也可以是少数民族文字、阿拉伯数字以及外文。我国的文字商标以汉字为主,有的还附有汉语拼音字母或者外国文字。

(2)图形商标是指由平面图形构成的商标。

(3)组合商标是指由文字和图形组成的商标。组合商标图文并茂、引人注目,便于记忆和识别。

3)按商标的识别对象不同进行划分

按商标的识别对象不同,可将商标分为商品商标和服务商标。

(1)商品商标是指生产者在生产、制造、加工、拣选或者销售的商品上使用的商标。这类商标的使用者主要是商品的生产者、经营者。人们平时见到的商标大部分是商品商标。

(2)服务商标是指商业服务的提供者用以区别自己所提供的服务不同于他人所提供的服务的一种标记,也是表明服务提供者服务质量的一种标记。

4)按商标的特殊性质和用途的不同进行划分

按商标的特殊性质和用途的不同,可将商标分为证明商标和集体商标。

(1)证明商标是指由对某种商品或者服务具有监督能力的组织所控制,而由该组织以外的单位或者个人使用于其商品或者服务,用以证明该商品或者服务的原产地、原料、制造方法、质量或者其他特定品质的标记。经营者提供的商品或者服务符合证明商标使用条件的,注册人不得拒绝使用。证明商标注册人不得在经营活动中使用其证明商标。

(2)集体商标是指以团体、协会或者其他组织名义注册,供该组织成员在商事活动中使用,以表明使用者在该组织中的成员资格的标记。集体商标的作用就在于表明商品的经营者或服务的提供者属于同一组织,其生产的商品或提供的服务具有共同的特征。

3. 商标权

商标权又称商标专用权,是指商标注册人依法在法定期限内对商标管理机关核准注册的商标所享有的独占权、排他使用权和处分权。《商标法》规定:经商标局核准注册后的商标为注册商标,商标注册人享有商标专用权,受法律保护。因此,只有经过商标局核准注册的商标才享有商标专用权并受法律保护,未注册商标则不享有商标专用权,也不受法律保护。

商标专用权主要包括以下权利：

1)独占使用权

独占使用权是指商标权人依法对核准注册的商标享有的在核定的商品或服务上所独占使用的权利。商标独占使用权的运用，还得满足以下条件：一是必须在法定的时间和法定的范围内使用；二是必须将商标使用于商标管理机关核定的商品或者服务上。

2)禁用权

禁用权是指商标权人享有的禁止他人实施侵犯其商品专用权的权利。

3)转让与许可使用权

转让权是指注册商标所有人享有的依照法律规定的程序将自己的商标权转让给第三人的权利；许可使用权是指商标所有人享有的依法同他人签订使用许可合同，允许他人使用其注册商标的权利。

4. 商标法的概念

商标法是调整在商标的确认、使用、保护和管理过程中发生的各种社会关系的法律规范的总称。《商标法》是社会主义市场经济法律体系的重要组成部分，对于加强商标管理，有力保护商标专用权，促使生产、经营者保证商品和服务质量，维护商标信誉，以保障消费者和生产、经营者的利益，促进社会主义市场经济的发展，都有着重要的作用。

8.3.2 商标注册

1. 商标注册的概念

商标注册是指商标使用人为取得商标专用权，依照法定条件和程序向国家商标局提出申请，经过审核予以注册，授予商标专用权的行为。

2. 商标注册的原则

1)自愿注册和强制注册相结合的原则

根据《商标法》的规定，我国的商标注册实行自愿注册和强制注册相结合的原则。目前，我国的大部分商标是自愿注册的。

【法律小贴士 8-2】

《中华人民共和国商标法实施细则》规定：国家规定并由国家工商行政管理总局公布的人用药品和烟草制品以及由其公布的其他商品，必须使用注册商标。

2)申请在先的原则

如果两个或者两个以上的商标注册申请人，在同一种商品或者类似商品上，以相同或者近似的商标申请注册，初步审定并公告申请在先的商标；同一天申请的，初步审定并公告使用在先的商标，驳回其他人的申请，不予公告。

3)优先权原则

商标注册申请人自其商标在外国第一次提出商标注册申请之日起 6 个月内，又在中国就相同商品以同一商标提出商标注册申请的，依照该外国同中国签订的协议或者共同参加的国际条约，或者按照相互承认优先权的原则，可以享有优先权。

3. 商标注册的条件

1)商标注册的申请人

《商标法》规定:自然人、法人或者其他组织对其生产、制造、加工、拣选或者经销的商品,需要取得商标专用权的,应当向商标局申请商品商标注册。自然人、法人或者其他组织对其提供的服务项目,需要取得商标专用权的,应当向商标局申请服务商标注册。外国人或者外国企业在中国申请商标注册的,应当按其所属国和中华人民共和国签订的协议或者共同参加的国际条约办理,或者按对等原则办理。外国人或者外国企业是指在中国没有经常居所或者营业所的外国人或者外国企业。外国人或者外国企业在中国申请商标注册和办理其他商标事宜的,应当委托国家认可的具有商标代理资格的组织代理。

2)商标注册的申请条件

申请商标注册的条件主要有:一件商标一份申请;申请注册的商标应当具有显著特征;申请注册的商标不得违反法律的禁止性规定。

【法律小贴士 8-3】

《商标法》规定,不得作为商标使用的标志包括:同中华人民共和国的国家名称、国旗、国徽、国歌、军旗、军徽、军歌、勋章等相同或者近似的,以及同中央国家机关的名称、标志、所在地特定地点的名称或者标志性建筑物的名称、图形相同的。

4. 商标注册的程序

1)商标注册的审查

《商标法》对商标注册的审查实行形式审查和实质审查。形式审查是对商标注册申请的书件、手续是否符合法律规定的审查。形式审查的内容主要包括:申请人是否具备申请资格;申请书的填写是否属实、准确、清晰;有关手续是否完备等。通过形式审查,商标局可以决定商标注册申请能否受理。实质审查是对申请注册的商标是否具备注册商标条件的审查。实质审查主要包括审查申请注册的商标是否违背《商标法》禁用条款;是否具备法定构成要素,是否具有显著特征,是否与他人在同一种或类似商品上注册的商标相混同等。

2)初步审定和公告

对申请注册的商标,商标局应当自收到商标注册申请文件之日起 9 个月内审查完毕,符合《商标法》有关规定的,予以初步审定公告。申请注册的商标,凡不符合《商标法》的有关规定,或者同他人在同一种商品或者类似商品上已经注册的,或者同初步审定的商标相同或者近似的,由商标局驳回申请,不予公告。商标局对驳回申请、不予公告的商标,应当书面通知商标注册申请人。商标注册申请人对商标局驳回申请、不予公告的决定不服的,可以自收到通知之日起 15 日内向商标评审委员会申请复审,由商标评审委员会作出决定,并书面通知申请人。当事人对商标评审委员会的决定不服的,可以自收到通知之日起 30 日内向人民法院起诉。

3)商标异议

商标异议是指对初步审定公告的商标提出反对意见,要求撤销初步审定,不予注册。对初步审定公告的商标,自公告之日起 3 个月内,在先权利人、利害关系人或者任何人认为违反商标法相关规定的,可以向商标局提出异议。对初步审定公告的商标提出异议的,商标局应当听取异议人和被异议人陈述事实和理由,经调查核实后,自公告期满之日起12个月内作出是否准予注册的决定,并书面通知异议人和被异议人。商标局作出不予注册决定,被异议人不服的,可以自收到通知之日起15日内向商标评审委员会申请复审。商标评审委员会应当自收到申请之日起12个月内作出复审决定,并书面通知异议人和被异议人。被异议人对商标评审委员会的决定不服的,可以自收到通知之日起30日内向人民法院起诉。人民法院应当通知异议人作为第三人参加诉讼。商标评审委员会在依照《商标法》的规定进行复审的过程中,所涉及的在先权利的确定必须以人民法院正在审理或者行政机关正在处理的另一案件的结果为依据的,可以中止审查。中止原因消除后,应当恢复审查程序。

4)准注册

经过初步审定的商标,自公告之日起3个月内没有异议的,或者虽然有异议但经商标局裁定异议不能成立的,予以核准注册,发给商标注册证,并予公告。核准注册标志着商标注册申请人取得商标专用权。

5. 驰名商标的认定与使用

驰名商标应当根据当事人的请求,作为处理涉及商标案件需要认定的事实进行认定。认定驰名商标应当考虑下列因素:相关公众对该商标的知晓程度;该商标使用的持续时间;该商标的任何宣传工作的持续时间、程度和地理范围;该商标作为驰名商标受保护的记录;该商标驰名的其他因素。

生产、经营者不得将"驰名商标"字样用于商品、商品包装或者容器上,或者用于广告宣传、展览以及其他商业活动中。

**【案例聚焦 8-3】**

无锡市鸿达铝业有限公司自2003年1月1日起,未经商标注册人的许可,擅自在摩托车配件上使用与"HONDA"近似的"HONGDA" 商标。至案发时,当事人已经销售的摩托车配件价值达43万元。

经查,使用在商标注册用商品和服务国际分类第12类汽车等商品上的"HONDA"商标,是日本技研工业株式会社的注册商标,该商标专用权受法律保护。

无锡市锡山工商行政管理局认为,当事人的行为属于商标侵权行为。根据法律规定,决定对当事人作出如下处罚:责令立即停止侵权行为;罚款人民币30万元整。

8.3.3 注册商标的有效期和续展

1. 注册商标的有效期

《商标法》规定:注册商标的有效期为10年,自核准注册之日起计算。

2. 注册商标的续展

注册商标的续展是指注册商标权人为了确保在法定有效期届满后不丧失对注册商标的专用权,按照法定的程序和时间向商标局申请延长注册商标有效期的法律程序。

《商标法》规定:注册商标有效期满,需要继续使用的,应当在期满前6个月内申请续展注册;在此期间未能提出申请的,可以给予6个月的宽展期。宽展期满仍未提出申请的,注销其注册商标。每次续展注册的有效期为10年。续展注册经核准后,予以公告。

8.3.4 注册商标的转让和使用许可

1. 注册商标的转让

注册商标的转让是指商标权人依法将其所有的注册商标转让给他人所有的法律行为。转让注册商标的,转让人和受让人应当签订转让协议,并共同向商标局提出申请。受让人应当保证使用该注册商标的商品质量。转让注册商标的,商标注册人对其在同一种商品上注册的近似的商标,或者在类似商品上注册的相同或者近似的商标,应当一并转让。对容易导致混淆或者有其他不良影响的转让,商标局不予核准,书面通知申请人并说明理由。转让注册商标经核准后,予以公告。受让人自公告之日起享有商标专用权。

2. 注册商标的使用许可

注册商标的使用许可是指商标注册人将其注册商标以一定的条件,通过签订使用许可合同,许可他人使用的法律行为。商标注册人可以通过签订商标使用许可合同,许可他人使用其注册商标。许可人应当监督被许可人使用其注册商标的商品质量。被许可人应当保证使用该注册商标的商品质量。经许可使用他人注册商标的,必须在使用该注册商标的商品上标明被许可人的名称和商品产地。许可他人使用其注册商标的,许可人应当将其商标使用许可报商标局备案,由商标局公告。商标使用许可未经备案不得对抗善意第三人。

8.3.5 商标管理

商标管理是指国家商标管理机关依法对注册商标和未注册商标的使用进行的管理活动。商标管理对于监督商标的正确使用,保证商品和服务质量,维护商标信誉,保障消费者和生产、经营者的利益,都有着重要的作用。

1. 注册商标的使用管理

注册商标的使用管理是商标管理的重要内容,主要包括以下几方面:使用注册商标时,商标注册人自行改变注册商标、注册人名义、地址或者其他注册事项的,由地方工商行政管理部门责令限期改正;期满不改正的,由商标局撤销其注册商标。注册商标成为其核定使用的商品的通用名称或者没有正当理由连续3年不使用的,任何单位或者个人可以向商标局申请撤销该注册商标,商标局应当自收到申请之日起9个月内作出决定。

注册商标被撤销、被宣告无效或者期满不再续展的,自撤销、宣告无效或者注销之日起1年内,商标局对与该商标相同或者近似的商标注册申请,不予核准。

2. 对未注册商标的使用管理

将未注册商标冒充注册商标使用的,或者使用未注册商标违反《商标法》规定的,由地方工商行政管理部门予以制止,限期改正,并可以予以通报。违法经营额5万元以上的,可以处违法经营额20%以下的罚款;没有违法经营额或者违法经营额不足5万元的,可以处1万元以下的罚款。

对商标局撤销或者不予撤销注册商标的决定,当事人不服的,可以自收到通知之日起15日内向商标评审委员会申请复审。商标评审委员会应当自收到申请之日起9个月内作出决定,并书面通知当事人。当事人对商标评审委员会的决定不服的,可以自收到通知之日起30

日内向人民法院起诉。

法定期限届满,当事人对商标局作出的撤销注册商标的决定不申请复审或者对商标评审委员会作出的复审决定不向人民法院起诉的,撤销注册商标的决定、复审决定生效。被撤销的注册商标,由商标局予以公告,该注册商标专用权自公告之日起终止。

8.3.6 注册商标专用权的保护

注册商标专用权的保护是指运用法律手段制裁商标侵权行为,以确保商标权人对其注册商标所享有的商标权得以实现的法律机制。只有建立起完善的注册商标专用权的保护制度,商标权人的权利才能够实现。《商标法》规定了注册商标的专用权保护范围,应当以核准注册的商标和核定使用的商品为限。

1. 侵犯商标专用权的行为

商标侵权行为是指侵犯他人注册商标专用权的行为。《商标法》规定了侵犯注册商标专用权的7种行为:未经商标注册人许可,在同一种商品上使用与其注册商标相同的商标的;未经商标注册人许可,在同一种商品上使用与其注册商标近似的商标,或者在类似商品上使用与其注册商标相同或者近似的商标,容易导致混淆的;销售侵犯注册商标专用权的商品的;伪造、擅自制造他人注册商标标识或者销售伪造、擅自制造的注册商标标识的;未经商标注册人同意,更换其注册商标并将该更换商标的商品又投入市场的;故意为侵犯他人商标专用权行为提供便利条件,帮助他人实施侵犯商标专用权行为的;给他人的注册商标专用权造成其他损害的。

将他人注册商标、未注册的驰名商标作为企业名称中的字号使用,误导公众,构成不正当竞争行为的,依照《中华人民共和国反不正当竞争法》处理。

2. 侵犯注册商标专用权的法律责任

1)民事责任

对侵犯注册商标专用权的行为,引起纠纷的,由当事人协商解决;不愿协商或者协商不成的,商标注册人或者利害关系人可以请求工商行政管理部门处理,也可以直接向人民法院起诉,要求侵权人承担民事责任,主要包括停止侵害、消除影响、赔偿损失等。侵犯商标专用权的赔偿数额,为侵权人在侵权期间因侵权所获得的利益,或者被侵权人在被侵权期间因被侵权所受到的损失,包括被侵权人为制止侵权行为所支付的合理开支。对侵犯商标专用权的赔偿数额的争议,当事人可以请求进行处理的工商行政管理部门调解,也可以依照《民事诉讼法》向人民法院起诉。经工商行政管理部门调解,当事人未达成协议或者调解书生效后不履行的,当事人可以依照《民事诉讼法》向人民法院起诉。

2)行政责任

对侵犯注册商标专用权的行为,工商行政管理部门有权依法查处;涉嫌犯罪的,应当及时移送司法机关依法处理。工商行政管理部门处理时,认定侵权行为成立的,责令立即停止侵权行为,没收、销毁侵权商品和主要用于制造侵权商品、伪造注册商标标识的工具。违法经营额5万元以上的,可以处违法经营额5倍以下的罚款;没有违法经营额或者违法经营额不足5万元的,可以处25万元以下的罚款。对5年内实施两次以上商标侵权行为或者有其他严重情节的,应当从重处罚。销售不知道是侵犯注册商标专用权的商品,能证明该商品是自己合法取得并说明提供者的,由工商行政管理部门责令停止销售。

3)刑事责任

根据《商标法》的规定,以下行为构成侵犯注册商标专用权的犯罪行为:①未经商标注册人许可,在同一种商品上使用与其注册商标相同的商标,构成犯罪的,除赔偿被侵权人的损失外,依法追究刑事责任。②伪造、擅自制造他人注册商标标识或者销售伪造、擅自制造的注册商标标识,构成犯罪的,除赔偿被侵权人的损失外,依法追究刑事责任。③销售明知是假冒注册商标的商品,构成犯罪的,除赔偿被侵权人的损失外,依法追究刑事责任。

自　测　题

一、单项选择题

1. 甲是乙公司的研发人员,经长期研究,完成单位交付的研发任务,开发出一种抗癌新药,现欲申请专利。以下关于该成果权利归属的说法中正确的有(　　)。

A. 专利申请权及专利权均归乙公司

B. 专利申请权归乙公司,专利权归甲

C. 专利申请权归甲,专利权归乙公司

D. 乙公司和甲对专利权的归属事先有约定的,按照约定执行

2. 根据《专利法》的规定,下列各项中不能成为专利申请人的是(　　)。

A. 工作人员对于其退休后 1 年内所完成的,与其在原单位承担的本职工作有关的发明创造

B. 职务发明创造的单位

C. 发明人的合法继承人

D. 完成发明创造的无民事行为能力人

3.“龙泉”纺织机械厂经核准,于 2017 年 10 月 19 日注册了“龙泉牌”商标,但一直未实际使用过,依照《商标法》的规定,若到(　　)该厂还不使用该注册商标,商标局有权撤销该注册商标。

A. 2018 年 10 月 19 日　　B. 2020 年 10 月 19 日

C. 2022 年 3 月 19 日　　D. 2027 年 10 月 19 日

4. 根据《商标法》的规定,注册商标有效期满后可以续展注册,每次续展注册的有效期为(　　)。

A. 6 个月　　B. 5 年　　C. 10 年　　D. 20 年

5. 根据专利法律制度的规定,下列关于专利申请人的表述中不正确的是(　　)。

A. 专利申请人可以是发明人个人,也可以是职务发明的单位

B. 共同完成发明创造的个人,除另有协议外,可以作为共同的专利申请人

C. 在中国没有经常居所的外国人,不能成为中国专利申请人

D. 通过合同取得专利申请权的人属于继受取得申请权的专利申请人

6. 根据《专利法》的规定,发明专利权的期限为(　　)。

A. 10 年　　B. 20 年　　C. 30 年　　D. 40 年

7. 根据《专利法》的规定，实用新型专利权和外观设计专利权的期限为（　　），自申请日起计算。

A. 5 年　　B. 10 年　　C. 15 年　　D. 20 年

二、多项选择题

1. 根据《商标法》的规定，可以不使用注册商标的商品有（　　）。

A. 食品　　B. 调味品　　C. 彩电　　D. 电冰箱

2. 根据专利法律制度的规定，下列各项中授予专利权的有（　　）。

A. 一种恢复听力的治疗仪　　B. 一种新药剂的配置方法

C. 技术成果奖励和提成方法　　D. 动物品种

3. 专利权的客体有（　　）。

A. 发明　　B. 实用新型　　C. 外观设计　　D. 文学作品

4. 根据我国专利法律制度的规定，申请专利的发明创造在申请日以前 6 个月内，有（　　）情形之一的，不丧失新颖性。

A. 在中国政府主办的国际展览会上首次展出的

B. 在中国政府承认的国际展览会上首次展出的

C. 在规定的学术会议或者技术会议上首次发表的

D. 他人未经申请人同意而泄露其内容的

5. 关于外观设计特征正确的说法有（　　）。

A. 承载外观设计的产品必须具有相对的独立性

B. 外观设计必须能够适于工业上应用

C. 外观设计必须是与独立的具体产品合为一体的新设计

D. 外观设计可以是立体的，也可以是平面的

三、案例分析题

2017 年 3 月，北京工人甲在业余时间独立完成了一项实用新型产品。4 月 15 日甲将该实用新型产品在我国主办的北京国际发明展览会上展出（系首次）。5 月 4 日，甲向专利局提交了专利申请文件。

在昆明，丙厂技术员乙于 2017 年 4 月 2 日独立完成了工厂交给的开发同一实用新型产品的任务，并于 5 月 2 日向专利局邮寄了专利申请文件，丙厂认为该专利申请权应属厂方，故于 5 月 3 日向专利局邮寄了专利申请文件。专利局分别于 5 月 9 日、5 月 10 日收到乙、丙的申请文件。

问题：(1) 甲、乙、丙中哪些人有专利申请权？为什么？

(2) 专利局对这些申请该如何处理？为什么？

第9章 市场规制法律制度

【学习目标】

掌握不正当竞争的概念和特征;了解反不正当竞争法的基本原则;掌握各种不正当竞争行为的特征及表现;理解产品质量法的概念、特点及体系;掌握产品标准、产品质量与产品质量责任;了解掌握消费者应有的权利;理解生产者、销售者的产品责任与义务。

【引导案例】

陈树青退休在家,为了休闲于2017年2月7日到自由市场花费2 300元购买了一把秋千椅回家。2017年3月19日中饭后,陈树青带着孙女坐在秋千椅上自然摇动,突然其中一根支撑的构件断裂,陈树青摔在地上致使右手骨折,经医院治疗共花去医药费1 100元。

陈树青治愈后立即去自由市场找销售人,但发现销售人已不在原处,一时无法找到,后发现秋千椅上刻着"鸿达木竹制品厂生产"的字样,通过打听在城郊找到了该厂。陈树青要求该厂承担其一切损失,而厂方认为陈树青应先向销售人索赔。协商无果的情况下,陈树青便向法院提起民事诉讼,对被告鸿达木竹制品厂提出以下诉讼请求:①要求被告赔偿秋千椅的损失2 300元;②要求被告赔偿医药费1 100元。

问题:鸿达木竹制品厂对陈树青的人身损害及秋千椅的损失是否均应承担赔偿责任?如果该产品质量缺陷属于销售者的责任,该厂是否有权向销售人再追偿?

9.1 反不正当竞争法

9.1.1 反不正当竞争法概述

竞争与市场紧密联系在一起,没有市场就谈不到市场竞争,不能保证充分竞争状态的市场不是完整的市场经济。人为消除市场中应有的竞争,是典型的反竞争行为,反竞争行为是损害市场经济的根本。

1. 不正当竞争行为

不正当竞争行为有广义和狭义之分。广义的不正当竞争行为包括垄断,泛指一切与市场竞争规则相违背的行为。狭义的不正当竞争行为在《中华人民共和国反不正当竞争法》(以下简称《反不正当竞争法》)中作了规定:不正当竞争行为是指经营者违反该法规定,损害其他经营者的合法权益,扰乱社会经济秩序的行为,如商业贿赂、侵犯商业秘密、虚假广告等。

由此可见,不正当竞争是对正当竞争行为的违反和侵害。凡是在竞争过程中,采用虚假、欺诈、损人利己的违反国家法律手段进行的竞争,都是不正当竞争行为,都会损害其他经营者的合法权益,扰乱社会经济秩序。对于依法应当追究法律责任的不正当竞争行为,《反不正当竞争法》已经作出了明确规定。不正当竞争行为一般具有以下特征:

1)危害社会性

危害社会性是指不正当竞争行为会破坏公平竞争、阻碍技术进步和社会生产力的发展、破坏社会资源合理配置和市场经济结构、扰乱市场经济秩序,使市场失去活力,最终危害社会公共利益。

2)违法交易性

违法交易性是指不正当竞争是违反国家法律、行政法规的交易行为。在我国,区分正当竞争行为和不正当竞争行为的标准就是看该行为是否违反《反不正当竞争法》的原则和具体规范。《反不正当竞争法》将 11 种行为列为不正当竞争行为。

3)主体特定性

不正当竞争行为的主体是经营者。根据《反不正当竞争法》的规定,经营者是从事商品经营或营利性服务的法人、其他经济组织或个人。但是,对于该法所列举的不正当竞争行为中的“滥用行政权力限制竞争”行为,其主体只能由“政府及其所属部门”构成。

4)民事侵权性

民事侵权性是指凡是经营者以不正当竞争手段已经获得或将要获得的竞争优势或某种利益,必定是对某一特定的或不特定的经营者的财产权利或人身权利的侵犯,使其应得利益遭受损失。因此,不正当竞争行为是侵犯他人民事权利的行为。

2.《反不正当竞争法》

《反不正当竞争法》是调整在制止不正当竞争过程中发生的社会关系的法律规范的总称。我国于 1993 年 9 月 2 日通过了《反不正当竞争法》,该法共 5 章 33 条。《反不正当竞争法》的立法目的是保障社会主义市场经济的健康发展,鼓励和保护正当竞争,制止不正当竞争,保护经营者和消费者的合法权益。

《反不正当竞争法》最显著的特征是调整对象的特殊性,即调整发生在市场竞争中的不正当竞争行为。法律明确规定经营者的哪些行为是不正当竞争行为,应予以制止。对行为主体而言,法律不是直接规定其享有哪些权利,而是规定其负有哪些不应作为的义务。《反不正当竞争法》通过制止不正当竞争行为,制裁违法行为来保护自由公平合理竞争,保护其他经营者的合法权益,维护社会经济秩序。

9.1.2 几种不正当竞争行为的表现形式及其法律责任

《反不正当竞争法》对主要的不正当竞争行为进行规制。

1. 仿冒行为

仿冒行为是指生产者或经营者在自己生产或者销售的产品上,未经授权或者以其他合法方式使用他人的商品或者营业标志,谋取不当利益和竞争优势,给其他经营者带来损害的行为。在现实中,这主要变现为擅自使用其他经营者特有的、为公众所周知的注册商标、商品的包装、装潢、名称或者各种质量标志,导致消费者混淆和误认,引起市场混乱和竞争的无序。

仿冒行为的特点包括:仿冒行为的手段是在商品标志上采用欺骗性的标志,故意使消费者产生误解;仿冒行为的目的在于获得有利的竞争地位,谋取非法利益;仿冒行为的危害是破坏了市场经济的公平竞争秩序，损害了其他经营者和消费者的合法权益。

在市场竞争中，仿冒行为的形式多种多样，随着经济生活和生产技术的发展，仿冒行为也在不断变化。仿冒行为主要有以下三种：

1)仿冒他人合法外部标识的行为

仿冒他人合法外部标识行为是指不经任何授权，擅自使用他人合法外部标识的行为。这具体表现为：第一，假冒他人的注册商标行为。商标本身就蕴含有巨大的商业价值，对于商品的价值和销量等具有重要作用，而利用人的商标引起商品混淆、误认的行为，严重损害了消费者的合法权利，同时也对商标的持有人造成损害。第二，假冒他人名称权的行为。作为一种无形财产，企业和个人的名称和姓名享有专用权，不允许他人冒用侵犯。

2)仿冒他人产品的质量标志和产地，引人误解的行为

这主要包括仿冒具有竞争优势地位的经营者的质量认证标志、质量名优标志或伪造产地的行为。质量认证标志和名优标志是指经国际上或国内有关评定机构，在评定认证合格后在商品上或商品包装上使用的标志。它是一个公正的证明，表明产品可信赖的程度，有助于经营者提高商品的知名度和竞争力。而在未经授权使用的商品或服务上使用质量认证标志、名优标志和产地标志等都严重地诱导了消费者的误认，造成市场的混同，从而严重地损害了标志使用人、持有人的合法利益，对市场秩序造成了混乱。

3)不正当使用他人合法外部标识的行为

仿冒者为了占据竞争的有利地位，虽然不直接在自己企业的名称、商号、商品以及商标中直接使用其他经营者经合法登记注册的企业名称、商标以及商号、字号等外部标识，但对这些合法外部标识进行不正当的使用。如故意以他人的著名商标作为自己企业的名称或商号，或者把他人享有盛誉的企业字号，作为自己企业商品的名称或者服务的标记，或者作类似商标用途的使用。众所周知，企业名称和注册商标的法律保护是有一定范围的，超出法律规定范围的使用一般就不受法律保护。因此，对他人合法外部标识在法律保护范围之外使用的行为，如在不同种或不同类商品上使用与他人注册商标相同的商标，或把他人的注册商标用于行为人的外包装上，引起市场的混乱等，同样会给商标所有人造成损害。

2. 商业贿赂行为

商业贿赂行为是指经营者为了获取交易机会及相对于其他竞争对手的优势，通过金钱及其他不正当的手段，收买客户或其他代理人，损害广大消费者和正当经营者的利益，扰乱市场秩序，不公平地剥夺其他经营者交易机会的行为。

《反不正当竞争法》规定：在账外暗中给予对方单位或者个人回扣的，以行贿论处；对方单位或者个人在账外暗中收受回扣的，以受贿论处。经营者销售或者购买商品，可以以明示方式给对方折扣，可以给中间人佣金。经营者给对方折扣、给中间人佣金的，必须如实入账；接受折扣、佣金的经营者必须如实入账。这里应注意合法的费用支出或返还与商业贿赂的界限。

1)回扣

回扣的构成要件是：回扣发生在市场交易的双方之间，是一方当事人向另一方及其有关人员提供金钱、有价证券或其他财物等。给予回扣和收取回扣都采取在账外暗中进行的手段，给予回扣不记账，收受回扣不入账，所以它是违反财政纪律和财务制度的违法行为。经营

者利用回扣的目的是凭借与对方的不正当利益关系排挤竞争对手、获取交易机会。

回扣是交易双方恶意串通、损害企业经营者的利益、中饱私囊的不正当行为，在客观上损害了其他经营者的合法利益，扰乱了公平竞争的秩序，是一种不正当的竞争行为。

2)折扣

折扣是指经营者在所成交的价款或数量上给对方一定比例的减让而给交易对方的一种交易商品的优惠。折扣与回扣的区别是：折扣属于合法行为，而回扣是违法行为。折扣明示入账，而回扣在账外、暗中操作。折扣发生在购销买卖当事人之间，不能给经办人；而回扣既可以给交易当事人，也可以给对方单位主管人员或经办人。

3)佣金

佣金是指具有独立地位的中间人在提供撮合交易等服务后，由卖方或者买方支付的报酬。佣金与商业贿赂的区别是：①佣金明示公开。佣金的支付者与介绍人、经纪人一般订有服务合同，企业支付佣金必须公开入账，收受人也必须如实入账、依法纳税。②收取佣金的中间人必须是有合法经营资格的中介机构。合法佣金和价格折扣一样都不是商业贿赂的形式，而是属于商业惯例的一种合法行为。

3. 虚假广告行为

广告是现代社会推销商品、了解商品和服务信息的基本手段。虚假广告行为是指经营者利用报刊、影视等宣传媒体或其他方法，对商品的质量、性能、用途、价格或服务的质量、方式等做出与事实不相符合的宣传，造成公众误解的行为。《反不正当竞争法》规定：经营者不得利用广告或者其他方法，对商品的质量、制作成分、性能、用途、生产者、有效期限、产地等做引人误解的虚假宣传。

虚假广告的后果是“引人误解”，即使人对这种商品产生不正确理解，误认为是某一著名产品，或者误认为具有一定的功能，有一定用途、作用、效果的商品等。为了有效制止虚假广告宣传，《反不正当竞争法》还规定，广告的经营者不得在明知或者应知的情况下，代理、设计、制作、发布虚假广告。也就是说，根据《反不正当竞争法》的规定，虚假广告宣传行为的主体可以是商品经营者，也可以是广告的制作与经营者。

4. 侵犯商业秘密行为

商业秘密是指不为公众所知悉，能为权利人带来经济利益，具有实用性并经权利人采取保密措施的技术信息和经营信息。商业秘密的范围包括技术信息和经营信息。技术信息主要有工艺流程、技术秘诀、设计图纸、配方等，经营信息主要有管理方法、产销策略、客户名单、货源情报等。

侵犯商业秘密行为有：以盗窃、利诱、胁迫或者其他不正当手段获取权利人的商业秘密；披露、使用或者允许他人使用以前项手段获取的权利人的商业秘密；违反约定或者违反权利人有关保守商业秘密的要求，披露、使用或者允许他人使用其所掌握的商业秘密；第三人明知或者应知上述违法行为，仍获取、使用或者披露他人的商业秘密，视为侵犯商业秘密。

5. 不正当销售行为

1)违法有奖销售

《反不正当竞争法》规定，经营者不得从事下列有奖销售：①采用谎称有奖或者故意让内定人员中奖的欺骗方式进行有奖销售；②利用有奖销售的手段推销质次价高的商品；③抽奖式的有奖销售，最高奖的金额超过 5 000 元。

2)强行搭售

经营者销售商品不得违背购买者的意愿搭售商品或者附加其他不合理的条件。所谓搭售，是指经营者利用其经济优势，违背购买者的意愿，在销售一商品或提供一服务时，要求购买者以购买另一商品或接受另一服务为条件，这种行为直接损害了消费者和正当经营者的合法权益，同时破坏了自愿平等的交易原则，影响了市场公平竞争。

3)低价销售

《反不正当竞争法》规定：经营者不得以排挤竞争对手为目的，以低于成本的价格销售商品。低价销售行为要满足两个要件：第一，经营者实施的行为在主观上是故意的，即以排挤竞争对手为目的；第二，以低于成本的价格销售商品，这里的成本是指企业在生产产品、销售产品或者提供劳务中发生的费用的总和。

**【法律小贴士】**

低价销售不正当竞争行为与降价销售是有区别的。如果经营者无排挤竞争对手的故意，其降价行为是符合商品本身的特性、符合经济规律要求的，是法律所允许的行为。《反不正当竞争法》规定，有下列行为之一的，不属于不正当竞争行为：销售鲜活商品；处理有效期限即将到期的商品或者其他积压的商品；季节性降价；因清偿债务、转产、歇业降价销售商品。

6. 商业诋毁行为

商业诋毁行为是指经营者通过捏造、散布虚伪事实等不当手段，对竞争对手的商业信誉、商品声誉进行恶意的诋毁、贬低，以削弱其市场竞争能力，并为自己谋取不正当利益的行为。《反不正当竞争法》规定，经营者不得捏造、散布虚伪事实，损害竞争对手的商业信誉、商品声誉。

商业诋毁行为的构成要件主要有：损害商业信誉、商品声誉行为主体为一般主体，包括单位和个人；商业诋毁行为所侵犯的客体是经营者的商业信誉和商品声誉；商业诋毁行为的主观方面是故意；商业诋毁行为在客观方面表现为行为人在客观上实施了捏造并散布虚伪事实、损害了他人的商业信誉、商品声誉的行为；商业诋毁行为的目的是使广大消费者和社会公众对竞争对手产生厌恶心理，不愿或不敢购买其特定的商品，从而削弱竞争对手的竞争能力。

7. 串标行为

招标投标是招标者通过投标者之间的公平竞争方式来确定交易对方，以达到最优效果的方式。串标则使招标投标流于形式，损害了招标者或者其他投标者的合法权益。《反不正当竞争法》规定：投标者不得串标，不得抬高标价或者压低标价。投标者和招标者不得相互勾结，以排挤竞争对手的公平竞争。

招标投标中的不正当竞争行为主要表现为：投标者之间相互串通，一致抬高标价；投标者之间相互串通，一致压低标价；投标者之间相互串通，轮流以高价位或低价位中标；投标者相互间就标价以外的其他事项串通；投标者与招标者之间相互勾结，排挤竞争对手的公平竞争。

8. 强制交易行为

《反不正当竞争法》规定，公用企业或者其他依法具有独占地位的经营者，不得限定他人购买其指定的经营者的商品，以排挤其他经营者的公平竞争。

根据该法规定，实施此类不正当竞争行为的主体有两类：一是公用企业；二是依法具有独占地位的经营者。公用企业包括电力、自来水、煤气、通信、公共交通等企业。依法具有独占地位的经营者是指在特定市场上，某个或某些处于无人与之进行竞争的地位的经营者。从行为方式来看，其表现为利用自己所具有的近似垄断的地位，违反自愿原则，强制他人与自己进行交易。

9.1.3 不正当竞争行为引起的法律责任

1. 仿冒混用行为的法律责任

经营者假冒他人的注册商标，擅自使用他人的企业名称或者姓名，伪造或者冒用认证标志、名优标志等质量标志，伪造产地，对商品质量做引人误解的虚假表示的，依照《商标法》、《中华人民共和国产品质量法》(以下简称《产品质量法》)的规定责令公开更正，没收违法所得，可以并处罚款。

经营者擅自使用知名商品特有的名称、包装、装潢，或者使用与知名商品近似的名称、包装、装潢，造成和他人的知名商品相混淆，使购买者误认为是该知名商品的，监督检查部门应当责令停止违法行为，没收违法所得，可以根据情节处以违法所得 1 倍以上 3 倍以下的罚款；情节严重的，可以吊销营业执照；销售伪劣商品，构成犯罪的，依法追究刑事责任。

【案例分析】

安阳县××食品饮料厂于 2009 年 6 月 4 日让河北省磁县一彩印厂模仿“蒙牛”纯牛奶包装箱的图案及颜色印制了 510 个带有“蒙奶”纯牛奶字样的包装箱，并印有当事人自己的名称和生产地址，于 2009 年 6 月 14 日使用这种包装箱，把本厂生产的饮料酸奶装到包装箱内。该食品饮料厂共生产了 510 箱，销售 500 箱。8 月 27 日，安阳县工商局依据《反不正当竞争法》对当事人作出了没收违法所得 5 000 元、罚款 5 000 元的行政处罚。

分析提示：“蒙牛”奶制品是消费者公认的知名商品，安阳县××食品饮料厂擅自使用与“蒙牛”产品近似的名称、包装、装潢，严重误导了消费者，侵害了消费者的合法权益，其行为违反了《反不正当竞争法》“经营者不得采用下列不正当手段从事市场交易，损害竞争对手……擅自使用知名商品特有的名称、包装、装潢，或者使用与知名商品近似的名称、包装、装潢，造成和他人的知名商品相混淆，使购买者误认为是该知名商品”的规定，属于典型的不正当竞争行为。

2. 商业贿赂行为的法律责任

经营者采用财物或者其他手段进行贿赂以销售或者购买商品，构成犯罪的，依法追究刑事责任；不构成犯罪的，监督检查部门可以根据情节处以 1 万元以上 20 万元以下的罚款，有违法所得的，予以没收。

3. 虚假广告行为的法律责任

《反不正当竞争法》规定：经营者利用广告或者其他方法，对商品做虚假宣传，监督检查部门应当责令停止违法行为，消除影响，可以根据情节处以 1 万元以上 20 万元以下的罚款。另外，广告经营者在明知或者应知的情况下，代理、设计、制作、发布虚假广告的，监督检查部门应当责令停止违法行为，没收违法所得，并依法处以罚款。

4. 侵犯商业秘密行为的法律责任

根据《刑法》《反不正当竞争法》的规定，侵犯商业秘密应当承担刑事、行政和民事的法律责任。根据《刑法》的规定，构成侵犯商业秘密罪，给权利人造成重大损失的，处 3 年以下有期徒刑或者拘役，并处或者单处罚金；造成特别严重后果的，处 3 年以上 7 年以下有期徒刑，并处罚金。对不构成犯罪的，给予停止违法行为，以及 1 万元以上 20 万元以下罚款行政处罚。侵犯商业秘密的民事责任一般为：停止实施侵犯他人商业秘密的侵权行为；公开赔礼道歉；赔偿损失，包括赔偿对侵权行为进行调查的费用。

5. 不正当销售行为的法律责任

对于不正当的有奖销售，受损害的其他竞争对手可以要求行为人赔偿损失；经营者违反《反不正当竞争法》进行有奖销售，监督检查部门应当责令停止违法行为，可以根据情节处以 1 万元以上 10 万元以下的罚款。

6. 商业诋毁行为的法律责任

对商业诋毁的法律责任，依据《反不正当竞争法》的规定，受损害人可要求行为人承担赔偿责任；依据《民法通则》的规定，可以要求行为人停止侵害、恢复名誉、消除影响、赔礼道歉；依据《刑法》的规定，行为人构成犯罪的，应承担相应的刑事责任。

9.2　反垄断法

9.2.1　反垄断法的概念和特征

反垄断法是指通过规范市场经营主体的垄断和限制竞争行为来调整市场经营主体之间的竞争关系的法律规范的总称。从内涵上讲，反垄断法是禁止行为人排除或者限制市场竞争行为的法律部门或法律规范的总称；从外延上讲，反垄断法是禁止反竞争的购并、联合行为或者滥用市场力量行为的法律部门或者法律规范的总称。反垄断法是通过国家的干预来实现经济秩序的正常运转，寻求实质的公平正义。反垄断法的特征有：体现国家对经济的干预；以捍卫整体利益为本位；具有明显的经济政策性；实体法与程序法相统一体。

9.2.2　垄断行为

1. 协议垄断

协议垄断是指市场经营主体之间通过协议、合同等方式对同类或者可替代性商品达成一致，共同划分市场、限制商品价格和数量等，进而排除或限制竞争的行为。协议垄断具有排除市场竞争、阻碍行业发展和排挤中小企业发展等危害，是反垄断法规制的主要行为之一。协议垄断依据其形态的不同，可区分为横向垄断和纵向垄断。

1）横向垄断

横向垄断是指法律上具有独立法律地位的市场经营主体，为了排除或者限制其他处于相同交易水平的市场经营主体在市场上的竞争，通过协商达成一致，对产品销售价格、数量、市场销售份额等作出约定，获得无竞争市场或较弱竞争市场的行为。

2)纵向垄断

纵向垄断是指处于不同交易水平的市场经营主体通过订立协议，限制或者排除市场竞争的行为。其主要表现形式有纵向价格限制、纵向非价格限制。

【案例聚焦 9-1】

英国的克里斯蒂拍卖行和美国的苏斯比拍卖行作为国际上两家最著名的拍卖行，因商定佣金的价格被指控违反了美国反垄断法。最后，这两家拍卖行不仅被课以巨额罚金，其总裁还面临刑事监禁。

（本案例由作者根据相关资料改编）

2. 滥用市场支配地位

《中华人民共和国反垄断法》(以下简称《反垄断法》)规定了反垄断规制的第二类垄断行为，即滥用市场支配地位。滥用市场支配地位需要具备以下两个条件：

1)经营者具有市场支配地位

《反垄断法》明确规定，市场支配地位是指经营者在相关市场内具有能够控制商品价格、数量或者其他交易条件，或者能够阻碍、影响其他经营者进入相关市场的市场地位。具体而言，这表现为以下两种情况：一是具有能够控制商品价格、数量或其他交易条件的实力和地位。二是具有能够阻碍、影响其他经营者进入市场竞争的能力。因此，经营者具备市场支配地位就表现为控制或者影响市场公平竞争的能力。

2)经营者滥用了所具有的市场支配地位

经营者具有市场支配地位并不违法，反而具有市场竞争优势，引领行业发展和创新，这是法律所鼓励的，亦是法律价值之导向。但是基于其具有的市场支配地位，谋求不正当的利益，则是法律所不允许的。

对于滥用市场支配的认定应严格按照以下要件：

第一，滥用了市场支配地位。经营者利用市场的支配地位，采取合法的方式推进行业技术革新、推动行业的发展、占领市场份额等行为不是法律所规制的，然而，其依靠自身的支配地位，牟取不正当的竞争利益，以非法的方式进行竞争，则具有滥用市场支配地位的主观故意。

第二，滥用行为对市场的竞争秩序产生了危害。滥用市场支配地位的客观表现就是破坏了应有的公平竞争的市场经济秩序，严重地损害了消费者的合法权利，侵害了同业经营者的合法权利。

企业在拥有市场支配地位的前提下，存在滥用市场支配地位的主观故意并造成市场公平竞争秩序的破坏时，就可以判定其具有滥用市场支配地位的不正当竞争行为。

3. 经营者集中

市场经济的本质就是竞争，通过市场竞争，能够推动行业的创新和发展，鼓励经营者做大、做强，增强企业的竞争力，产生规模效益。但是，经营者的集中是把双刃剑，一方面带来市场的活力，另一方面会造成垄断的局面，使行业遭受损害。因此，国家对于经营者的集中要积极干预，使其保持在一定的限度内，发挥其积极作用，抑制其消极作用。

经营者集中主要是指通过合并、资产购买、股份购买、合同约定、人事安排、技术控制等方式取得对其他经营者的控制权或者能够对其他经营者施加决定性影响的情形。它主要表现为：

(1)经济力量过度集中。经济力量过度集中是指在一个特定的市场或行业中，生产集中超过一定的“度”，过分集中在少数大企业手中。

(2)消除潜在竞争。经营者集中可以扩大自身的市场份额，增强经济实力，从而进入另一市场，使得市场竞争不充分。

(3)增加进入市场的障碍。经营者一旦通过其集中地位形成占有优势，新进入者将无法正常进入已被严格控制的市场参与竞争。

4. 滥用行政权力排除、限制竞争

《反垄断法》明确规定，行政机关和法律、法规授权的具有管理公共事务职能的组织不得滥用行政权力，排除、限制竞争。该法列举了滥用行政权力排除、限制竞争的垄断行为，主要有：以任何方式限定或者变相限定单位和个人只能经营、购买、使用指定的经营者提供的商品；妨碍商品在地区之间自由流通和充分竞争；以设定歧视性资质要求、评审标准或者不依法发布信息等方式，排斥或者限制外地经营者参加本地的招标投标活动；以采取同本地经营者不平等待遇等方式，排斥或者限制外地经营者在本地投资或者设立分支机构；强制经营者从事本法规定的垄断行为以及制定含有排除、限制竞争内容的规定。

9.3　产品质量法

9.3.1　产品质量法概述

1. 产品

《产品质量法》所称的产品是指经过加工、制作，用于销售的产品。建设工程不属于产品的范畴。

2. 产品质量的概念

所谓产品质量，是指产品满足需要的适用性、安全性、可用性、可靠性、维修性、经济性和环境等所具有的特征和特性的总和。产品质量责任是指产品质量因不符合国家法律、法规、质量标准的规定或合同约定，产品的生产者或销售者所应承担的责任。

3. 我国的产品质量法

产品质量法可以从狭义和广义两种角度理解。狭义的产品质量法仅指第七届全国人民代表大会常务委员会第三十次会议于1993年2月22日通过、1993年9月1日开始实施，并于2000年7月8日修正的《产品质量法》。

广义的产品质量法包括所有的有关产品质量管理和产品质量责任内容的法律、法规，主要有1984年4月7日国务院发布的《工业产品生产许可证试行条例》、1985年9月6日第六届全国人大常委会第十二次会议通过的《中华人民共和国计量法》、1988年12月29日第七届全国人大常委会第五次会议通过的《中华人民共和国标准化法》、1991年5月7日国务院发布的《中华人民共和国产品质量认证条例》。此外，在国家颁布的《食品卫生法》《药品管理法》《进出口商品检验法》《反不正当竞争法》《中华人民共和国消费者权益保护法》(以下简称《消费者权益保护法》)及《民法通则》等法律中，都有关于产品质量的规定。

9.3.2 产品标准、产品质量与产品质量责任

1. 产品标准和产品质量

1)产品标准

产品标准是对产品所作的技术规定，是判断产品合格与否的主要依据。《产品质量法》规定，产品质量应当检验合格。产品质量合格，是指产品的质量指标符合有关的标准和要求。作为合格产品，应当同时符合国家标准、行业标准和地方标准，不存在危及人身、财产安全的不合理的危险。

2)产品质量

国际标准化组织(ISO)规定的产品质量的定义是，产品能满足规定的或者潜在需要的特征和特性的总和。所谓总和，是指在标准中规定的产品的安全性、适用性、可靠性、维修性、有效性、经济性等质量指标。它反映、代表了产品的质量状况。根据产品标准进行检验，符合标准的即是合格产品，达到了质量要求。

2. 产品质量责任

产品质量责任是指产品的生产者、销售者以及对产品质量负有直接责任的人违反《产品质量法》规定的产品质量义务应承担的法律后果。在下列三种情况下，可判定上述主体应承担产品质量责任：

1)违反明示担保义务

明示担保义务是指生产者、销售者以各种公开的方式，就产品质量向消费者所作的说明或者陈述。这些方式，如订立合同、体现于产品标识及说明书中、展示实物样品、作广告宣传等，一旦生产者、销售者以上述方式明确表示产品所依据和达到的质量标准，就产生了明示担保义务。如果产品质量不符合承诺的标准，必须承担相应的法律责任。

2)违反默示担保义务

默示担保义务是指法律、法规对产品质量所作的强制性要求，即使当事人之间有合同约定，也不能够免除和限制这种义务。它要求生产和销售的产品应该具有安全性和普通公众期待的使用性能，因此是对产品质量的内在要求。违反该义务，无论是否造成消费者损失，均应当承担产品质量责任。

3)产品存在缺陷

产品缺陷是指存在于产品的设计、原材料和零部件、制造装配或说明指示等方面的，未能满足消费或使用产品所必需的合理安全要求的情形。有缺陷的产品存在危及人身、他人财产安全的不合理的危险。合理的危险是不可避免的危险，不是产品缺陷，但要如实说明，如香烟一般都含有焦油，否则便无香味，包装上应明确注明“吸烟有害健康”。《产品质量法》不仅保留了安全性条款，还将产品标准条款引入产品缺陷领域，使产品缺陷认定在许多场合下变得更易行，也更有利于对消费者权益的保护。

【案例聚焦 9-2】

2006 年 1 月 12 日，根据举报，浙江省质监局、杭州市质监局、拱墅区质监局三级质监部门联合行动，在拱墅区半山镇金星村一举查处了 4 个黑心棉加工作坊和一个无主仓库。这些加

工作坊用霉烂的棉花和工业下脚料经过简单的开松工序后，用漂亮的外包装包装就成了“精制棉胎”流向市场，现场查获棉被 1 810 条、内胎 643 条、枕头 465 个及黑心棉原料 2 吨。查获的黑心棉已依法予以销毁，黑心棉生产窝点已被依法取缔。

（本案例由作者根据相关资料改编）

9.3.3 产品质量监督管理制度

1. 产品质量的行政监督

各级产品质量监督部门作为依法对生产者、销售者生产、销售的产品质量实施监督的国家机关，应当依法公正地履行对产品质量的法定监督职责，对违反《产品质量法》的行为依法进行查处，做到有法必依、执法必严、违法必究。其他国家机关及工作人员，应当在各自的职责范围内，依法公正履行职务，保证《产品质量法》的贯彻实施。

2. 产品质量监督管理制度的主要内容

1)产品质量抽查制度

产品质量抽查是质量监督部门对产品质量进行的抽样检查，是国家对产品质量的监督检查的主要方式之一。抽查所需检验的样品应当在市场上和企业的成品仓库内的待销售产品中随机抽取，以保证检验结果的公平性和代表性。抽取样品的数量应当合理，抽样部门不得超过检验的合理需要向企业索要样品。监督检查应当由产品质量监督部门统一规划和组织，不得向被检查人收取检验费用，所需经费应按国务院的规定由财政解决。

2)产品质量认证制度

产品质量认证是依据产品标准和相应的技术要求，经认证机构确认并经过颁发认证证书和认证标志来证明某一产品已经达到相应标准和相应技术要求的活动。对于认证合格的产品，认证机构发给相应的标志和证书，企业可在产品标识、包装和广告宣传中使用，使产品对消费者更具有吸引力，并为企业进入国际市场提供了通行证。

3)质量状况信息发布制度

为使质量监督管理制度公开、透明，为使公众及时了解产品质量状况，引导、督促市场经营主体切实提高产品质量，《产品质量法》规定，国务院和省、自治区、直辖市人民政府的产品质量监督部门应当定期发布其监督的产品质量状况公告。政府质量状况信息发布是消费者知情权的基本要求，也是其行使监督权的前提条件，政府有关部门必须依法履行该职责。

9.3.4 生产者、销售者的产品责任与义务

1. 生产者的产品责任与义务

1)生产者对其产品质量的责任和义务

生产者对自己生产的产品负责，应提供符合以下要求的产品：①不存在危及人身、财产安全的不合理的危险，有保障人体健康和人身、财产安全的国家标准、行业标准的，应当符合该标准。产品安全是法律对产品最基本的要求，也是衡量产品质量最起码的限度。②产品应具有应当具备的使用性能，但是，对产品存在使用性能的瑕疵作出说明的除外。③产品应当符合在其表面或包装上注明采用的产品标准，符合以产品说明、实物样品等方式表明的质量情况。对产品性能或采用标准的任何陈述都构成生产者对产品的购买者或使用者作出的产品质量担保，不论这种陈述采用的是什么形式。即使产品质量合格，但不符合生产者所作出的

有关产品质量的陈述,生产者也要承担法律责任。

2)生产者对其所做产品标识的责任和义务

产品标识是表明产品特征的记号或者标志。除裸装食品和其他根据产品特点难以标识的裸装产品外,生产者在其产品或产品包装上应做出符合以下规定的标识:产品质量检验合格证明;中文标明的产品名称、生产厂厂名和厂址;根据产品的特点和使用要求,需要标明产品规格、等级、所含主要成分的名称和含量的,应当予以标明;限期使用的产品,应标明生产日期和安全使用期或者失效日期;使用不当,容易造成产品本身损坏或者可能危及人身、财产安全的产品,应当有警示标志或者中文警示说明。

此外,剧毒、危险、易碎、储运中不能倒置以及其他有特殊要求的产品,其包装必须符合相应要求,并且有警示标志或者中文警示说明,标明储运注意事项。

3)生产者的其他责任和义务

《产品质量法》规定,生产者不得为法律所禁止实施的下述行为:生产者不得生产国家明令淘汰的产品;生产者不得伪造产地,不得伪造或者冒用他人的厂名、厂址;生产者不得伪造或者冒用认证标志等质量标志;生产者生产产品,不得掺杂、掺假,不得以假充真、以次充好,不得以不合格产品冒充合格产品。

2. 销售者的产品责任与义务

1)销售者承担进货检验义务

销售者应在进货时对产品进行验收检查,验明产品合格证明和其他标志。销售者的进货验收责任的范围是产品处于表面合格的状态。如果产品存在销售者无法直接辨认的内在品质缺陷,销售者不承担责任。

2)销售者承担产品质量保持义务

销售者应当采取措施,保持销售产品的质量。销售者应按产品自身性质和特性保管产品,使产品一直处于符合生产者要求的环境,并在有效期内保持质量合格状态。

3)销售者要对销售不合格产品负责

销售者不得销售失效、变质的产品。失效产品是指已过保质期的产品,如过期食品和药品等;变质产品是指产品已经丧失应有的使用功能,不管是否已过有效期。

4)销售者应遵守诚信原则

销售者应遵守诚信原则,其主要内容包括:①销售者销售产品不得掺杂、掺假,不得以假充真、以次充好,不得以不合格产品冒充合格产品;②销售者不得伪造产地,不得伪造或者冒用他人的厂名、厂址;③销售者不得伪造或者冒用认证标志、名优标志等质量标志。

5)销售者的产品标识义务

产品或其包装上的标识应符合《产品质量法》的规定。销售者承担的产品表面或包装上标识的责任与生产者相同。如果生产者未正确履行其在产品或产品包装上的义务,销售者应拒绝进货,否则也将承担法律责任。

9.3.5 损害赔偿责任和罚则

1. 产品质量责任制度的概念

产品质量责任是指生产者、销售者以及对产品质量有直接责任的责任者,因违反《产品质量法》所规定的产品质量义务所应承担的法律责任。产品质量责任制度既包括因产品缺陷而给消费者、使用者造成人身财产损失时，由生产者和销售者根据法律规定应承担的责任，也包括违反标准化法、计量法以及规范产品质量的其他法规应当承担的责任。

2. 产品质量民事责任

产品质量民事责任是指违反产品质量义务所应当承担的民事法律后果，包括产品瑕疵责任和产品缺陷责任。损害赔偿是解决产品民事纠纷的主要方式。当生产者和销售者违法提供瑕疵产品或者存在缺陷的产品时，造成使用者和消费者损害的应当依法予以补偿。

1)产品缺陷

产品缺陷是指产品存在危及人身、他人财产安全的、不合理的危险，产品不符合保障人体健康，人身、财产安全的国家标准、行业标准。

根据产生原因的不同，产品缺陷分为设计缺陷、未事先通知缺陷和其他产品缺陷。

2)生产者和销售者的损害赔偿责任

(1)生产者的损害赔偿责任。根据《产品质量法》的规定，因产品存在缺陷造成人身、缺陷产品以外的其他财产(简称他人财产)损害的，生产者应当承担赔偿责任。生产者承担责任的条件是：产品存在缺陷；造成人身、缺陷产品以外的其他财产损害；产品自身的缺陷与损害之间存在因果关系。

《产品质量法》还规定，生产者能够证明下列情形之一的，不承担赔偿责任：未将产品投入流通的；产品投入流通时，引起损害的缺陷尚未存在的；将产品投入流通时的科学技术水平尚不能发现缺陷的存在的。

生产者因其产品缺陷承担损害赔偿责任不需要过失或过错证明，所以其所承担的是严格责任或无过错责任。产品质量责任采用由生产者负责举证的原则，这在很大程度上保护了现代社会弱小的消费者的合法权益。

(2)销售者的损害赔偿责任。销售者的损害赔偿责任包括销售者的产品瑕疵责任和销售者的产品缺陷责任。销售者的产品瑕疵责任主要体现在《产品质量法》中，售出的产品有下列情形之一的，销售者应当负责修理、更换、退货；给购买产品的消费者造成损失的，销售者应当赔偿损失：①不具备产品应当具备的使用性能而事先未作说明的；②不符合在产品或者其包装上注明采用的产品标准的；③不符合以产品说明、实物样品等方式表明的质量状况的。销售者的产品缺陷责任主要体现在《产品质量法》中，由于销售者的过错使产品存在缺陷，造成人身、他人财产损害的，销售者应当承担赔偿责任；销售者不能指明缺陷产品的生产者，也不能指明缺陷产品的供货者的，销售者应当承担赔偿责任。

(3)生产者与销售者之间的责任关系。《产品质量法》规定：因产品存在缺陷造成人身、他人财产损害的，受害人可以向产品的生产者要求赔偿，也可以向产品的销售者要求赔偿。属于产品生产者的责任，产品销售者赔偿的，产品销售者有权向产品生产者追偿。属于产品销售者的责任，产品生产者赔偿的，产品生产者有权向产品销售者追偿。

3)损害赔偿的范围

(1)人身损害赔偿范围。人身损害赔偿分为三种情况：第一，产品缺陷造成受害人人身伤害的，赔偿范围包括赔偿医疗费、治疗期的护理费、因误工减少的收入等费用。第二，致人残疾伤害的，赔偿范围包括支付医疗费、治疗期间的护理费、因误工减少的收入和残疾者生活自助具费、生活补助费、残疾赔偿金以及由其扶养的人所必需的生活费等费用。第三，致人死亡伤害的，赔偿范围除包括赔偿死亡人员在治疗、抢救过程中所支付的医疗费、因误工减少的收入、残疾者生活补助费等费用外，还应当支付丧葬费、死亡赔偿金、死者生前扶养的人所必需的生活费等费用。

(2)财产损害赔偿范围。财产损害是指侵害人因产品缺陷给受害人财产权益造成的损害。《产品质量法》规定因产品缺陷造成受害人财产损害的，侵害人应当恢复原状或者折价赔偿。受害人因此遭受其他重大损害的，侵害人应当赔偿损失。

【案例聚焦 9-3】

自2012年春天以来，薛某伙同其妻焦某从张某(另案处理)处购进“风湿通胶囊”假药后对外销售牟利，销售金额14 000余元。2013年6月14日，A市公安局民警会同A市食品药品监督管理局工作人员在A市大信镇金家村薛如水经营的同方药店内当场查扣“风湿通胶囊”108盒。

法院最终以销售假药罪，分别判处被告人薛某和焦某有期徒刑1年6个月，并处罚金人民币1.5万元和有期徒刑6个月，缓刑1年，并处罚金人民币1万元的刑罚。

4)产品责任时效

《产品质量法》明确规定：因产品存在缺陷造成损害要求赔偿的诉讼时效期间为2年，自当事人知道或者应当知道其权益受到损害时起计算。这样规定主要是因为产品缺陷致人损害有其特殊性，许多缺陷产品造成的损害很难立即发现，可能有一个潜伏期。此规定可以使受害人有较长时间观察自己受害的程度和危害后果，有充分的时间准备诉讼。《民法通则》规定：身体受到伤害要求赔偿的和出售不合格的商品未声明的诉讼时效期间为1年。《产品质量法》作出了不同于《民法通则》的规定，根据特别法优于一般法的原则，因缺陷产品造成的损害赔偿的诉讼时效期间应当适用《产品质量法》2年的规定。

3. 产品质量的行政责任

产品质量的行政责任是指产品的生产者、销售者因违反产品质量监督、管理的法律法规而应承担的法律后果。《产品质量法》规定，生产者、销售者有下述行为之一的，应承担行政责任：生产、销售不符合保障人体健康和人身、财产安全的国家标准、行业标准的产品的；在产品中掺杂、掺假，以假充真，以次充好，或者以不合格产品冒充合格产品的；生产、销售国家明令淘汰的产品的；伪造产地，伪造、冒用他人厂名、厂址，伪造、冒用认证标志等质量标志的；产品标识不符合《产品质量法》的有关规定的。生产者、销售者的产品质量行政责任的形式主要有：责令停止生产；责令停止销售；没收违法生产或销售的产品；没收违法所得；责令公开更正；吊销营业执照等。

4. 产品质量刑事责任

1)生产者、销售者的刑事责任条款

《产品质量法》第四十九条、第五十条、第五十二条、第六十一条规定了生产者、销售者的刑事责任。

2)国家工作人员的刑事责任

《产品质量法》第六十五条、第六十八条规定了国家工作人员的刑事责任。

3)其他刑事责任

《产品质量法》第六十九条规定：以暴力、威胁方法阻碍产品质量监督部门或者工商行政管理部门的工作人员依法执行公务的，依法追究刑事责任。

【案例聚焦 9-4】

"SAMSUNG"是三星电子株式会社在中国注册的商标，有效期至 2021 年 7 月 27 日。三星(中国)投资有限公司是三星电子株式会社在中国投资设立，并经三星电子株式会社特别授权负责三星电子株式会社名下商标、专利、著作权等知识产权管理和法律事务的公司。2013 年 11 月，被告人郭明升通过网络中介购买店主为"汪亮"、账号为 play2011-1985 的淘宝店铺，并改名为"三星数码专柜"，在未经三星(中国)投资有限公司授权许可的情况下，从深圳市华强北远望数码城、深圳福田区通天地手机市场批发假冒的三星 I8552 手机裸机及配件进行组装，并通过"三星数码专柜"在淘宝网上以"正品行货"进行宣传、销售。被告人郭明锋负责该网店的客服工作及客服人员的管理，被告人孙淑标负责假冒的三星 I8552 手机裸机及配件的进货、包装及联系快递公司发货。至 2014 年 6 月，该网店共组装、销售假冒三星 I8552 手机 20 000 余部，非法经营额 2 000 余万元，非法获利 200 余万元。

江苏省宿迁市中级人民法院于 2015 年 9 月 8 日作出刑事判决：被告人郭明升犯假冒注册商标罪，判处有期徒刑 5 年，并处罚金人民币 160 万元；被告人孙淑标犯假冒注册商标罪，判处有期徒刑 3 年，缓刑 5 年，并处罚金人民币 20 万元；被告人郭明锋犯假冒注册商标罪，判处有期徒刑 3 年，缓刑 4 年，并处罚金人民币 20 万元。宣判后，3 名被告人均没有提出上诉，该判决已经生效。

(本案例由作者根据相关资料改编)

9.4　消费者权益保护法

9.4.1　消费者概述

消费者是社会消费的主体，包括生产性消费者和生活性消费者两种。《消费者权益保护法》中所涉及的"消费者"主要是指生活资料的消费者，在特殊情况下也包括生产资料的消费者，如农民的生产性消费活动等。本书所称的消费者是指为了满足个人生活消费的需要而购买、使用商品或接受服务的居民。这里的居民是指自然人或称个体社会成员。在我国，消费者是与经营者对称的，而经营者就是向消费者出售商品或提供服务的市场主体。

9.4.2　消费者权益保护法的概念及特征

消费者权益保护法的概念有广义和狭义之分，广义的消费者权益保护法是指保护消费者合法权益的所有的法律规范的总称，包括消费者权益保护基本法、安全保障法、商品的计量标准和计量监督法、价格监督法、消费合同法及竞争监督法等；而狭义的消费者权益保护法仅指 1993 年 10 月 31 日颁布、1994 年 1 月 1 日起施行的《消费者权益保护法》，该法分别于 2009 年 8 月 27 日和 2016 年 10 月 25 日进行了修订。《消费者权益保护法》具有如下几方面的特征：

1)《消费者权益保护法》保护手段具有强制性

《消费者权益保护法》通过国家干预市场经济运行来实现保护消费者的合法权益。在实践中，国家通过制定实施强制性、禁止性的法律规范来干预市场经济的运行，而这些强制性、禁止性的规范是针对生产经营者的义务所作的规定，同时也包含了对标准合同条款的限制。

因此,《消费者权益保护法》的保护手段具有强制性。

2)《消费者权益保护法》保护的是消费者的消费权益

所谓消费者权益,是指消费者依法享有的权利以及该权利受到保护时,给消费者带来的应得利益。消费者权益的核心是消费者的权利,包括知情权、安全权等若干权利。

3)《消费者权益保护法》调整对象具有确定性

《消费者权益保护法》调整的对象是消费者和经营者在购买、使用商品或接受商品服务过程中所发生的关系。从范围上看,它既包括购买商品,也包括使用商品;既包括本人使用商品,也包括他人使用商品。因此,《消费者权益保护法》保护的不仅是和经营者发生买受行为的消费者,也包括没有与经营者发生直接合同行为但受到商品侵害的其他人。

9.4.3 消费者权益保护法的调整范围

《消费者权益保护法》规定:消费者为生活消费需要购买、使用商品或者接受服务,其权益受本法保护;本法未作规定的,受其他有关法律、法规保护。

1. 主体

《消费者权益保护法》的保护主体是消费者。虽然我国现行立法并未明确指出消费者就是个人,但是可以结合立法理解为,消费者主要指个人,还包括购买生活消费品,以满足本单位个人成员消费需求的组织。

2. 客体

《消费者权益保护法》调整的客体是生活消费资料而非生产资料,但是《消费者权益保护法》所列的“农民购买、使用直接用于农业生产的资料”仍属于该法保护范围。

3. 调整的社会关系

《消费者权益保护法》调整的是以保护消费者为核心在购买生活消费商品过程中所发生的社会关系。具体而言,它包括消费者和经营者之间在购买商品过程中、使用商品过程中以及接受商品服务过程中所发生的各种社会关系。从构成上看,该关系以消费者和经营者的关系为主导,还包括国家与经营者、国家与消费者、其他组织或个人与经营者之间的社会关系。

9.4.4 消费者权利

《消费者权益保护法》规定了消费者的权利即消费者的安全权,知情权,自主选择权,公平交易权,依法获得赔偿权,结社权,获得知识权,人格尊严、民族风俗习惯受尊重权和监督批评权等9项权利。

1. 安全权

《消费者权益保护法》规定了消费者的安全权,具体是指消费者在购买、使用商品和接受服务时享有人身、财产安全不受损害的权利。

消费者的安全权包括:第一,人身安全权。人身安全权又包括生命安全保障和生命健康不受损害。第二,财产安全权。上述两方面权利的确立要求经营者在销售商品或提供服务时,必须严格执行国家相关的标准,确保消费者的生命健康和财产安全。同时,经营者不能生产、销售或者提供不符合国家、行业标准的商品或服务,一旦有上述违法行为存在,国家将追究其责任。

2. 知情权

《消费者权益保护法》规定:消费者有知悉其购买、使用的商品或者接受的服务的真实情况的权利。消费者的知情权是指消费者享有知悉其购买、使用的商品或者接受服务的真实情况的权利。消费者有权根据商品或者服务的不同情况,要求经营者提供商品的价格、产地、生产者、用途、性能、规格、等级、主要成分、生产日期、有效期限、检验合格证明、使用方法说明书、售后服务,或者服务的内容、规格、费用等有关情况。

消费者的知情权包括两层含义;一是消费者在购买、使用商品或接受服务时,有权询问、了解商品或者服务的有关情况;二是经营者依消费者要求所提供的信息必须是真实的。

3. 自主选择权

《消费者权益保护法》规定:消费者享有自主选择商品或者服务的权利。消费者的自主选择权是指消费者依法享有的自主选择商品或者服务的权利。

消费者的自主选择权包括如下四方面:第一,消费者有权选择提供商品或者服务的经营者;第二,消费者有权自主选择商品品种或者服务方式;第三,消费者有权自主决定购买或者不购买任何一种商品,接受或者不接受任何一项服务;第四,消费者在选择商品或者服务时,有权进行比较、鉴别和挑选。

4. 公平交易权

《消费者权益保护法》规定:消费者享有公平交易的权利。消费者的公平交易权是指消费者在购买商品或者接受服务时依法享有的获得质量保障和价格合理、计量准确等公平交易条件的权利。

公平交易是市场经济最基本的原则和要求。《消费者权益保护法》规定:经营者与消费者进行交易,应当遵循自愿、平等、公平、诚实信用的原则。同时,《民法通则》规定:民事活动应遵循自愿、公平、有偿、诚实信用的原则。应当说,经营者提供商品和服务,消费者购买商品或者接受服务,是一种市场交易行为,亦即法律上所称的民事法律行为。在整个市场活动中,消费者和经营者都享有公平交易的权利。

5. 依法获得赔偿权

《消费者权益保护法》规定:消费者享有依法获得赔偿权,赔偿的范围包括人身损害赔偿和财产损失赔偿,其中人身损害赔偿又包括生命、健康损害赔偿和精神损害赔偿。消费者依法获得赔偿权的法律依据是《民法通则》,其中规定了对公民的人身权利、财产权利的保护,并以民事责任的方式规定了侵权人或者债务人所应承担的法律责任。就损害赔偿的一般性质而言,它具有补偿性,这主要是基于民事法律关系中的平等、等价有偿原则,即在当事人所遭受的实际财产损失或者由于人身伤害而造成的财产损失得到充分完全的补偿后,侵权人或者债权人的民事责任即告承担完毕。在消费者权益保护领域,法律又特别规定了惩罚性损害赔偿金的适用,即《消费者权益保护法》针对经营者欺诈行为规定了双倍赔偿。

6. 结社权

《消费者权益保护法》规定:消费者享有依法成立维护自身合法权益的社会组织的权利。结社权是指消费者在购买、使用商品或接受商品服务时享有依法成立维护自身合法权益的社会团体的权利。

消费者结社权的法律依据是《宪法》的规定,即"中华人民共和国公民有言论、出版、集会、结社、游行、示威的自由”，这是公民结社权的一部分。换句话说，消费者的结社权是其《宪法》权利在生活消费领域的具体体现。

消费者的结社权主要体现在：第一，消费者结成的组织是保障个体消费者合法权益的重要组织形态，它在维护消费者权益方面起着重要作用；第二，消费者结成的组织可以通过调解、仲裁等形式解决消费者与经营者之间的纠纷；第三，消费者结成的组织也可以在消费者与政府之间起沟通的桥梁作用。

7. 获得知识权

《消费者权益保护法》规定了消费者在购买、使用商品或接受服务时有获得相关知识的权利。这里的知识包括两方面：一是消费者权益保护方面的知识，主要是关于消费者权益保护的法律规范、政策以及具体维护自身权益的诉讼知识等；二是消费者在购买、使用商品或接受服务中关于具体商品或者服务的知识。对此，国家和经营者都有义务为消费者提供基本的培训、咨询和指导。

8. 人格尊严、民族风俗习惯受尊重权

《消费者权益保护法》规定：消费者在购买、使用商品和接受服务时享有其人格尊严、民族风俗习惯得到尊重的权利，享有个人信息依法得到保护的权利。经营者不得对消费者进行侮辱、诽谤，不得搜查消费者的身体及携带的物品，不得侵犯消费者的人身自由。

《宪法》规定：中华人民共和国公民的人格尊严不受侵犯。《民法通则》规定：公民的人格尊严受法律保护。人格尊严作为基本人权，在任何法律关系中无论双方地位是否平等，都应该得到实现，在消费领域也不例外。

9. 监督批评权

《消费者权益保护法》规定：消费者享有对商品和服务以及保护消费者权益工作进行监督的权利。消费者有权检举、控告侵害消费者权益的行为和国家机关及其工作人员在保护消费者权益工作中的违法失职行为，有权对保护消费者权益工作提出批评、建议。消费者的监督权表现在两方面：一是对消费者权益保护工作进行监督的权利；二是对商品和服务进行监督的权利。

9.4.5 经营者的义务

所谓的经营者，就是向消费者提供其生产、销售的商品或者提供服务的单位或者个人，是以营利为目的的从事生产经营活动并与消费者对立存在的另一方当事人。

在买卖或接受服务的法律关系中，经营者与消费者是相对应的消费法律关系主体，因而消费者的权利与经营者的义务是相对的一个问题的两方面，即消费者的权利是经营者的义务，消费者的权利是通过经营者履行义务来实现的。

《消费者权益保护法》中的经营者具备以下特征：①经营者的外延包含生产者、销售者和服务的提供者；②营利是经营者最主要的构成要件，也是所有经营者追求的目标和其从事经营活动的直接动因；③经营者不是泛指所有从事生产经营活动的人，而仅指那些向消费者提供与生活消费有关的商品和服务的公民、法人及其他组织。

1. 经营者依法定或依约定履行义务

《消费者权益保护法》规定：经营者向消费者提供商品或者服务，应当依照《产品质量法》和其他有关法律、法规的规定履行义务。此外，经营者和消费者有约定的，应当按照约定履行义务,但双方的约定不得违背法律、法规的规定。

该规定明确了经营者的义务来源于两方面:一是消费者与经营者的约定。按照意思自治原则,消费者和经营者可以约定履行义务的内容、方式等,可以对法律有关义务规定进行变通,更加符合消费者的需要。约定的内容优先于法定内容。二是法律规定。当消费者和经营者未对经营者的义务作出具体的规定时,由法律规定的义务作为补充,适用法律规定。作为法律义务的来源不仅仅限于《产品质量法》等法律,其他有关的法规等亦可作为义务的补充。

2. 经营者听取意见和接受监督的义务

《消费者权益保护法》规定:经营者应当听取消费者对其提供的商品或者服务的意见,接受消费者的监督。法律规定这一义务体现了两方面的含义:一是对个案交易具有促进作用。在消费过程中,消费者有权利就接受的服务或者商品的提供方式方法等表达个人意见,行使监督权利,并借此来提升商品质量,完善服务方式,使其符合消费者的要求。二是对于商品或者服务行业服务水平的提高具有推动作用。听取意见和接受监督的义务,充分地表明立法者的倾向性的意图,不仅在于规范个体的消费行为,还在于推动消费行业水平的提高。

3. 保障人身和财产安全的义务

《消费者权益保护法》规定:经营者应当保证其提供的商品或者服务符合保障人身、财产安全的商品或服务。经营者应当向消费者作出真实的说明和明确的警示,并说明和标明消费者正确使用商品或接受服务的方法以及防止危害发生的方法。经营者发现其提供的商品或者服务存在严重缺陷,即使正确使用商品或者接受服务仍然可能对人身、财产安全造成危害的,应当立即向有关行政部门报告和告知消费者,并采取防止危害发生的措施。

此项义务具体包含以下三点要求:经营者应当保证其提供的商品或者服务符合保障人身、财产安全的要求;经营者发现其提供的商品或服务存在严重缺陷,即使正确使用或接受仍无安全保障,应立即向有关行政部门报告和告知消费者,并积极采取措施防止危害发生;对可能危及人身、财产安全的商品和服务,应明确说明和警示,并说明或标明正确使用或接受服务及防止危害发生的方法。

经营者发现其提供的商品或者服务存在缺陷,有危及人身、财产安全危险的,应当立即向有关行政部门报告和告知消费者,并采取停止销售、警示、召回、无害化处理、销毁、停止生产或者服务等措施。采取召回措施的,经营者应当承担消费者因商品被召回支出的必要费用。

4. 经营者不作虚假宣传的义务

《消费者权益保护法》规定:经营者向消费者提供有关商品或者服务的质量、性能、用途、有效期限等信息,应当真实、全面,不得作虚假或者引人误解的宣传。经营者对消费者就其提供的商品或者服务的质量和使用方法等问题提出的询问,应当作出真实、明确的答复。经营者提供商品或者服务应当明码标价。

采用网络、电视、电话、邮购等方式提供商品或者服务的经营者,以及提供证券、保险、银行等金融服务的经营者,应当向消费者提供经营地址、联系方式、商品或者服务的数量和质量、价款或者费用、履行期限和方式、安全注意事项和风险警示、售后服务、民事责任等信息。

5. 标明经营者真实名称和标记的义务

《消费者权益保护法》规定:经营者应当标明其真实名称和标记;租赁他人柜台或者场地的经营者,应当标明其真实名称和标记。

经营者的名称和标记是区别于其他商品和服务的来源的标志。如果名称和标记不实，消费者就会误认，无法正确选择经营者。在发生纠纷时，则无法准确地确定求偿主体。对租赁柜台或场地的行为，该条强调承租方有义务标明自己的真实名称和标记，目的在于区分承租方和出租方，一旦发生责任问题，便于确定责任承担者。即使是租赁期满后，也可以借助名称和标记来进行追偿。

6. 向消费者出具购货凭证或者服务单据的义务

《消费者权益保护法》规定：经营者提供商品或者服务，应当按照国家有关规定或者商业惯例向消费者出具购货凭证或者服务单据；消费者索要发票等购货凭证或者服务单据的，经营者必须出具。这里的购货凭证或服务单据通常指发票。此项规定意在保护消费者接受服务和购买商品的证据，当发生法律责任时，免于消费者处于被动状态。

7. 保证商品品质和服务质量的义务

《消费者权益保护法》规定了经营者保证商品质量和服务质量的义务。经营者应当保证，在正常使用商品或者接受服务的情况下，其提供的商品或者服务应当具有一定的质量、性能、用途和有效期限，但消费者在购买该商品或者接受该服务前已经知道其存在瑕疵，且存在该瑕疵不违反法律强制性规定的除外。经营者以广告、产品说明、实物样品或者其他方式表明商品或者服务的质量状况的，应当保证其提供的商品或者服务的实际质量与表明的质量状况相符。经营者提供的机动车、计算机、电视机、电冰箱、空调器、洗衣机等耐用商品或者装饰装修等服务，消费者自接受商品或者服务之日起 6 个月内发现瑕疵，发生纠纷的，由经营者承担有关瑕疵的举证责任。

8. 承担退货、更换、修理和其他责任的义务

《消费者权益保护法》规定：经营者提供的商品或者服务不符合质量要求的，消费者可以依照国家规定、当事人约定退货，或者要求经营者履行更换、修理等义务。没有国家规定和当事人约定的，消费者可以自收到商品之日起 7 日内退货。7 日后符合法定解除合同条件的，消费者可以及时退货；不符合法定解除合同条件的，可以要求经营者履行更换、修理等义务。发生上述情形退货、更换、修理的，经营者应当承担运输等必要费用。

经营者采用网络、电视、电话、邮购等方式销售商品，消费者有权自收到商品之日起 7 日内退货，且无需说明理由，但下列商品除外：消费者定做的；鲜活易腐的；在线下载或者消费者拆封的音像制品、计算机软件等数字化商品；交付的报纸、期刊。消费者退货的商品应当完好。经营者应当自收到退回商品之日起 7 日内返还消费者支付的商品价款。退回商品的运费由消费者承担，经营者和消费者另有约定的，按照约定。

9. 不得排除或者限制消费者权利的义务

《消费者权益保护法》规定：经营者在经营活动中使用格式条款的，应当以显著方式提请消费者注意商品或者服务的数量和质量、价款或者费用、履行期限和方式、安全注意事项和风险警示、售后服务、民事责任等与消费者有重大利害关系的内容，并按照消费者的要求予以说明。经营者不得以格式条款、通知、声明、店堂告示等方式，作出排除或者限制消费者权利、减轻或者免除经营者责任、加重消费者责任等对消费者不公平、不合理的规定，不得利用格式条款并借助技术手段强制交易。格式条款、通知、声明、店堂告示等含有前款所列内容的，其内容无效。

10. 不得侵犯消费者人格权的义务

《消费者权益保护法》规定：经营者不得对消费者进行侮辱、诽谤，不得搜查消费者的身体及其携带的物品，不得侵犯消费者的人身自由。此项权利的规定是对人的基本权利在《消费者权益保护法》中的再次强调，充分地体现了对于消费者作为弱势群体的人身安全的保护和最基本权利的保障。

11. 经营者收集、使用消费者个人信息方面的义务

《消费者权益保护法》规定：经营者收集、使用消费者个人信息，应当遵循合法、正当、必要的原则，明示收集、使用信息的目的、方式和范围，并经消费者同意。经营者收集、使用消费者个人信息，应当公开其收集、使用规则，不得违反法律、法规的规定和双方的约定。

经营者及其工作人员对收集的消费者个人信息必须严格保密，不得泄露、出售或者非法向他人提供。经营者应当采取技术措施和其他必要措施，确保信息安全，防止消费者个人信息泄露、丢失。在发生或者可能发生信息泄露、丢失的情况下，经营者应当立即采取补救措施。

经营者未经消费者同意或者请求而消费者明确表示拒绝的，不得向其发送商业性信息。

9.4.6　消费争议解决途径与法律责任

1. 消费争议解决途径

《消费者权益保护法》中所说的消费争议是指消费者与经营者之间因商品的质量或者提供的服务内容等造成消费者人身、财产损失而引发的争执、争端。

按照《消费者权益保护法》的规定，在发生消费纠纷时，可以依次选择协商和解、申请调解、行政申诉、申请仲裁、提起诉讼等途径解决纠纷。

1)协商和解

协商和解是指在争议发生后，消费者与经营者在平等、自愿的基础上就有关争议进行协商、交换意见而最终达成解决争议的方式。

协商和解适用于争议标的不大、案情较简单的纠纷。该方式具有简便、高效、经济的特点，在实际生活中最普遍。

2)申请调解

申请调解是指在第三方的参与主持下，由当事人就有关问题自愿协商，达成协议解决纠纷的一种方式。

申请调解是一种由来已久的解决方式，其中以消费者协会调解最为正规。消费者协会调解是指消费者和经营者将争议提交消费者协会居中调和，双方相互协商调解，从而达成解决争议的方式。如果达成调解协议，即由双方当事人自动履行协议，消费者协会不得强迫履行。消费者协会还可以在调解过程中提供双方当事人解决纠纷的参考方案，但是不能代协议双方当事人作决定。

3)行政申诉

行政申诉是指公民或者法人认为自己的合法权益受到损害而向行政机关提出的、请求行政机关予以保护的请求。在消费者权益保护领域的行政申诉是指消费者依法向工商行政管理机关、质量技术监督机关及各有关专业部门提出的申诉。我国法律规定，对消费者提出的申诉，相关行政机关应予以接受、及时答复和处理。

对行政机关依法作出的行政决定和行政处罚，当事人未在法定期限内提起行政诉讼的，应当执行；如当事人拒不执行，行政机关可以依法执行或者向人民法院申请执行。

4）申请仲裁

申请仲裁是指发生纠纷的当事人，自愿将他们之间的争议提交仲裁机构进行裁决的行为。与其他处理消费者纠纷的方式相比，仲裁是由消费者、经营者、仲裁机构三方当事人参加，但是必须有仲裁协议，才能申请仲裁。它是一种准司法活动，并具有公正性、权威性、经济性、快速性、保密性强的优点。

5）提起诉讼

按照《民事诉讼法》的规定，消费者还可以向人民法院起诉，请求人民法院依法行使审判权来查明争议事实，进而解决争议。诉讼是解决争议最有力的方式。法院代表国家行使审判权，其判决具有强制力。但是以诉讼保护消费者权益，只是保护消费者的最终途径，不是首选途径，因为通过诉讼解决问题需要花费大量的人力和财力，经济成本和时间成本都比较高。

2. 法律责任

依照《消费者权益保护法》的规定，经营者因其行为性质、程度的不同，可能承担民事责任、行政责任，甚至刑事责任，具体情况如下：

1）民事责任

《民法通则》规定的民事责任可以分为两大类，即违约责任和侵权责任，而侵权责任又可以分为一般侵权责任和特殊侵权责任。在消费纠纷中，经营者承担的民事责任主要有以下几种：

(1)经营者违反《产品质量法》和其他法律法规规定应承担的民事责任。《消费者权益保护法》规定以下几种情形：①商品或者服务存在缺陷的；②不具备商品应当具备的使用性能而出售时未作说明的；③不符合在商品或者其包装上注明采用的商品标准的；④不符合商品说明、实物样品等方式表明的质量状况的；⑤生产国家明令淘汰的商品或者销售失效、变质的商品的；⑥销售的商品数量不足的；⑦服务的内容和费用违反约定的；⑧对消费者提出的修理、重作、更换、退货、补足商品数量、退还货款和服务费用或者赔偿损失的要求，故意拖延或者无理拒绝的；⑨法律、法规规定的其他损害消费者权益的情形。经营者对消费者未尽到安全保障义务，造成消费者损害的，应当承担侵权责任。其中，经营者提供商品或者服务有欺诈行为的，应当按照消费者的要求增加赔偿其受到的损失。增加赔偿的金额为消费者购买商品的价款或者接受服务的费用的3倍；增加赔偿的金额不足500元的，为500元。法律另有规定的，依照其规定。经营者明知商品或者服务存在缺陷，仍然向消费者提供，造成消费者或者其他受害人死亡或者健康严重损害的，受害人有权要求经营者依照《消费者权益保护法》等法律规定赔偿损失，并有权要求所受损失2倍以下的惩罚性赔偿。

(2)致人伤害的民事责任。《消费者权益保护法》规定：经营者提供商品或者服务，造成消费者或者其他受害人人身伤害的，应当赔偿医疗费、护理费、交通费等为治疗和康复支出的合理费用，以及因误工减少的收入。造成残疾的，还应当赔偿残疾生活辅助具费和残疾赔偿金。造成死亡的，还应当赔偿丧葬费和死亡赔偿金。

(3)侵犯其他人身权的民事责任。《消费者权益保护法》规定:经营者侵害消费者的人格尊严、侵犯消费者人身自由或者侵害消费者个人信息依法得到保护的权利的,应当停止侵害、恢复名誉、消除影响、赔礼道歉,并赔偿损失。

(4)造成精神损害的民事责任。经营者有侮辱诽谤、搜查身体、侵犯人身自由等侵害消费者或者其他受害人人身权益的行为,造成严重精神损害的,受害人可以要求精神损害赔偿。

(5)造成财产损害的民事责任。《消费者权益保护法》规定:经营者提供商品或者服务,造成消费者财产损害的,应当依照法律规定或者当事人的约定承担修理、重做、更换、退货、补足商品数量、退还货款和服务费用或者赔偿损失等民事责任。

2)行政责任

经营者有下列情形之一,除承担相应的民事责任外,其他有关法律、法规对处罚机关和处罚方式有规定的,依照法律、法规的规定执行;法律、法规未作规定的,由工商行政管理部门或者其他有关行政部门责令改正,可以根据情节单处或者并处警告、没收违法所得、处违法所得1倍以上10倍以下罚款,没有违法所得的,处50万元以下罚款;情节严重的,责令停业整顿、吊销营业执照:①生产、销售的商品不符合保障人身、财产安全要求的;②在商品中掺杂、掺假,以假充真,以次充好,或者以不合格商品冒充合格商品的;③生产国家明令淘汰的商品或者销售失效、变质的商品的;④伪造商品的产地,伪造或者冒用他人的厂名、厂址,伪造或者冒用认证标志、名优标志等质量标志的;⑤销售的商品应当检验、检疫而未检验、检疫或者伪造检验、检疫结果的;⑥对商品或者服务作引人误解的虚假宣传的;⑦拒绝或者拖延有关行政部门责令对缺陷商品或者服务采取停止销售、警示、召回、无害化处理、销毁、停止生产或者服务等措施的;⑧对消费者提出的修理、重作、更换、退货、补足商品数量、退还货款和服务费用或者赔偿损失的要求,故意拖延或者无理拒绝的;⑨侵害消费者人格尊严、侵犯消费者人身自由或者侵害消费者个人信息依法得到保护的权利的;⑩法律、法规规定的对损害消费者权益应当予以处罚的其他情形。

经营者有上述违法行为的,除依照法律、法规规定予以处罚外,处罚机关应当将处罚记入经营者的信用档案,向社会公布。经营者违反法律规定,应当承担民事赔偿责任和缴纳罚款、罚金,其财产不足以同时支付的,先承担民事赔偿责任。

对于行政机关的行政处罚,经营者不服的,可以申请复议,或向人民法院提起行政诉讼。

3)刑事责任

(1)经营者的刑事责任。经营者违反《消费者权益保护法》的规定提供商品或者服务,侵害消费者合法权益,构成犯罪的,依法追究刑事责任。

经营者以暴力、威胁等方法阻碍有关行政部门工作人员依法执行职务的,依法追究刑事责任;拒绝、阻碍有关行政部门工作人员依法执行职务,未使用暴力、威胁方法的,由公安机关依照《中华人民共和国治安管理处罚法》的规定处罚。

(2)国家机关工作人员的刑事责任。国家机关工作人员有玩忽职守或者包庇经营者侵害消费者合法权益的行为的,由其所在单位或者上级机关给予行政处分;情节严重,构成犯罪的,依法追究刑事责任。

自 测 题

一、单项选择题

1. 赵某从某商场购买某厂生产的高压锅，烹饪时邻居钱某到其厨房聊天，高压锅爆炸致2人受伤。下列说法中错误的是(　　)。

A. 钱某不得依据《消费者权益保护法》请求赔偿

B. 如高压锅被认定为缺陷产品，赵某可向该厂也可向该商场请求赔偿

C. 如高压锅未被认定为缺陷产品，该厂不承担赔偿责任

D. 如该商场证明目前的科技水平尚不能发现缺陷存在，不承担赔偿责任

2. 我国对不正当竞争行为的监督检查机关是(　　)。

A. 县级以上人民政府工商行政管理部门

B. 地级以上人民政府工商行政管理部门

C. 法律、行政法规规定的监督检查的其他部门

D. 区级以上人民政府工商行政管理部门

3. 有关《消费者权益保护法》的适用范围，以下说法正确的是(　　)。

A.《消费者权益保护法》只调整因生活消费而产生的法律关系

B.《消费者权益保护法》调整因购买、使用商品或者接受服务而产生的所有法律关系

C.《消费者权益保护法》只调整生活消费者与经营者之间的法律关系

D.《消费者权益保护法》主要调整因生活消费而产生的法律关系，也调整农民直接用于农业生产而购买、使用商品所产生的生产消费法律关系

4. 某市甲宾馆为一位介绍客人的出租车司机按客人房费的8%支付了酬金，与甲宾馆相邻的乙酒店向监督检查部门举报了这一行为。监督检查部门经过检查，发现甲宾馆给予出租车司机的酬金均如实入账。根据《反不正当竞争法》的规定，甲宾馆的行为属于(　　)。

A. 商业贿赂行为　B. 正当竞争行为　C. 限制竞争行为　D. 低价倾销行为

5. 根据反垄断法律制度的规定，下列各项中属于滥用市场支配地位行为的是(　　)。

A. 划分市场　B. 联合抵制　C. 固定价格　D. 掠夺性定价

二、多项选择题

1. 消费者和经营者发生消费者权益争议的，可以通过下列(　　)途径解决。

A. 与经营者协商和解

B. 请求消费者协会调解

C. 根据与经营者达成的仲裁协议提请仲裁机构仲裁

D. 向有关行政部门申诉

2. 根据反不正当竞争法律制度的规定，下列各项中属于经营者不正当附奖赠促销行为的有(　　)。

A. 采用谎称有奖的方式进行有奖销售

B. 采用故意让内定人员中奖的方式进行有奖销售

C. 利用有奖销售手段推销质次价高的商品

D. 抽奖时附奖销售的最高奖金金额达到4 000元

3. 根据《反不正当竞争法》的规定，下列情形中属于侵犯商业秘密行为的有(　　)。

A. 甲公司将其与乙公司订立合同过程中获悉的乙公司商业秘密泄露给戊公司

B. 甲企业盗窃乙企业的商业秘密用于产品制造

C. 某技术研究院违反约定擅自将丙公司委托开发的某项技术出售给丁公司

D. 丙企业在产品发布会上披露了同行业丁企业的商业贿赂行为

4. 晓燕与他人合作开办了一个固体饮料厂，没有进行工商登记领取营业执照，也未办理卫生许可证，用淀粉、白糖等生产所谓的“麦乳精”“强身大补精”，销售中使用的是他人的注册商标标志，后被工商行政管理部门查获。如何认定其行为？(　　)

A. 她没有领取营业执照，不是经营者，不适用《反不正当竞争法》

B. 她从事的是经营行为，应适用《反不正当竞争法》

C. 她假冒注册商标，构成侵权行为

D. 她违反工商行政管理法规，构成无照经营的违法行为

5. 某厂商出售家用计算机时，向消费者声明，本店对机内预装的软件是否有合法版权概不负责，机器售出后发生任何版权纠纷，概与本店无关。厂商作出上述声明的做法属于(　　)。

A. 产品侵权行为　　　　B. 民事欺诈行为

C. 无效民事行为　　　　D. 单方免责声明行为

三、案例分析题

居民甲在某商场购得一台“多功能食品加工机”，回家试用后发现该产品只有一种功能，遂向商场提出退货，商场答复：“该产品说明书未就其性能作明确说明，这是厂家的责任，所以顾客应向厂家索赔，商场概不负责。”

问题：(1)该产品存在什么问题？

(2)谁应对该产品负责？

(3)根据《消费者权益保护法》，居民甲享有哪些权利？

第10章　金　融　法

【学习目标】

了解中国人民银行、商业银行的立法概况；掌握商业银行的组织机构、经营原则、业务范围和法律责任，从而可以运用金融法知识来维护个人或公司的合法权益；理解票据的概念、特征、种类，汇票的概念及其与本票、支票的异同。掌握证券的概念和种类，熟悉掌握股票和债券上市的条件和程序。

【引导案例】

2014年1月15日，红花公司和月华公司签订买卖合同，合同约定：红花公司向月华公司开出30万元的银行承兑汇票作为预付款，其余货款待货物交付验收后结算；票据不得转让；承兑银行为A银行，到期日为2014年4月1日。2014年1月20日，红花公司开出汇票，A银行作了承兑。同年2月1日蓝天公司向月华公司催要欠款，月华公司将该汇票背书转让给蓝天公司，蓝天公司随后将汇票向B银行贴现。后红花公司发现月华公司产品存在质量问题而拒绝提货，至2014年3月29日双方协商未果，红花公司行使单方解除权解除合同，并通知A银行不得支付该汇票金额。2014年4月1日汇票到期，B银行向A银行提示付款，A银行以红花公司通知银行止付为由拒绝支付。

问题：(1)月华公司背书转让汇票给蓝天公司的行为是否有效？

(2)A银行的拒付理由是否成立？A银行是否存在抗辩事由？

(3)A银行在拒付的情况下，B银行如何利用《中华人民共和国票据法》(以下简称《票据法》)维护自己的利益？

10.1　金融法概述

10.1.1　金融法概念及调整对象

金融法是调整金融关系的法律规范的总和。所谓金融关系，是指金融领域内有关经济主体之间发生的社会关系。金融领域的社会关系错综复杂，包括社会货币资金的筹集、分配、融通、使用、管理及调控活动，还包括货币金属开采、买卖、管理等。根据这些关系的性质，大致可将其分为资金交易关系、金融中介服务关系、金融监管关系和金融调控关系。

金融法的调整对象是金融业务和金融管理活动中形成的各种经济关系，包括：国家对金融活动的宏观调控关系，如再贴现、存款准备金及公开市场业务；中央银行与各金融机构的关系，如再贴现、再贷款及监督管理；银行与财政的关系，如代理国库、代发行及买卖政府债券；

金融机构与客户之间的关系，如存款、贷款；金融机构之间的关系，如同业拆借、分业经营、公平竞争。

我国金融法的体系结构主要包括金融组织法、银行法、外汇管理法、票据法、证券法、金融信托法、保险法等。本章主要讲述银行法、票据法和证券法。

10.1.2　金融法的基本原则

所谓基本原则，是指能够体现法的基本理念和基本精神，能够指导立法、执法、司法、守法，贯穿法的始终的，具有普遍指导作用的最基本的行为准则。金融法的基本原则不仅与一个国家所实行的社会制度有关，而且与一个国家在某一段时期的经济发展水平、大政方针和货币政策目标等有着密切关系。

1. 以稳定货币为前提促进经济发展的原则

金融对经济的促进作用必须受客观规律的制约，其中最重要的一条就是保持货币币值稳定，而货币币值稳定是经济持续、稳定、健康、协调发展的前提。

2. 维护金融业稳健的原则

金融业作为高风险产业，是由金融机构经营中的高负债和其面临的包括信用风险、国家风险、利率风险、流动性风险在内的一系列风险所决定的。因此，金融机构在经营过程中所遭遇的风险比普通企业更多、更大。同时，多数金融工具具有快速流通性，所以一旦发生具有较强传染性的金融危机，金融市场就存在极大的系统风险。

为了维护金融业稳健，促进金融机构审慎经营，金融法应从以下几方面入手进行规范：强化金融监管机构的金融监督职能；严格金融机构市场准入制度；适度竞争；监管各种贷款数据比例及最后贷款窗口；规范同业拆借市场；保障劣质金融机构顺利退出；打击金融犯罪等。

3. 保护投资者利益的原则

投资者是指在金融交易中购入金融工具融出资金的所有个人和机构，包括存款人。对投资者利益加以重点保护的原因在于：投资者作为金融交易的资金来源主体，具有不特定性和广泛性，而且大部分是个人投资者，势单力薄，缺乏专业知识。对他们进行重点保护，不仅有利于金融市场正常秩序的维护，而且有助于借助他们的力量监督提高市场透明度及其规范运作的程度。

4. 与国际惯例接轨的原则

市场经济是外向型经济，学习其他市场经济体制国家的金融立法经验，与国际惯例接轨，便成为我国金融立法的重要参考依据。

10.1.3　我国金融法发展阶段

新中国成立后我国的金融体制大致可以划分为以下四个阶段：

第一阶段：从 1949 年新中国成立到 1978 年改革开放前。在这一阶段，我国实行高度集中的计划经济体制。从整体上看，这是一个高度集中的、单一的，中央银行、商业性金融与政策性金融没有区分的与计划经济相适应的体制。

第二阶段：从 1978 年 12 月党的十一届三中全会后，到 1984 年 1 月 1 日中国人民银行开始专门行使中央银行职能。通过这一阶段的改革，我国实现了中央银行职能与商业性金融的分离,从此,有了专司货币发行、金融监管和金融调控职能的中央银行。

第三阶段:从1984年中国人民银行专司中央银行职能,到1994年我国市场经济体制的确立和三大政策性银行的设立。通过这一阶段的改革,我国不仅进一步完善了中央银行的职能,而且进一步将政策性金融与商业性金融和中央银行职能分离,为构建由中央银行、商业性金融和政策性金融构成的完整的现代金融体系奠定了基础。

第四阶段:从1994年我国三大政策性银行的设立到现在。1995年我国先后颁布了《中华人民共和国中国人民银行法》(以下简称《中国人民银行法》)、《中华人民共和国商业银行法》《中华人民共和国保险法》《票据法》《中华人民共和国担保法》《证券法》《中华人民共和国信托法》等基本金融法律,同时组建了一批新型的股份商业银行和其他非银行金融机构,形成了国有独资商业性金融、股份制商业金融、中外合资商业性金融以及外资商业性金融机构分支机构等并存的比较健全的商业性金融机构体系。

10.2 中国人民银行法

10.2.1 中国人民银行的法律地位

《中国人民银行法》规定:中国人民银行是中华人民共和国的中央银行。中国人民银行在国务院领导下,制定和执行货币政策,防范和化解金融风险,维护金融稳定。中国人民银行是代表国家进行金融管理和金融调控的特殊的金融机构,是我国金融活动的中心,处于金融组织体系的最高地位。

10.2.2 中国人民银行的组织机构

1. 领导机构

根据《中国人民银行法》的规定,中国人民银行设行长1人、副行长若干人。中国人民银行行长的人选,根据国务院总理的提名,由全国人民代表大会决定;全国人民代表大会闭会期间,由全国人民代表大会常委会决定,由中华人民共和国主席任免。中国人民银行副行长由国务院总理任免。中国人民银行实行行长负责制。

2. 咨询议事机构

中国人民银行设立的咨询议事机构是货币政策委员会。根据《中国人民银行法》的规定,中国人民银行应设立货币政策委员会。货币政策委员会的职责、组成和工作程序由国务院规定,报全国人民代表大会常务委员会备案。

3. 中国人民银行的分支机构

《中国人民银行法》规定:中国人民银行根据履行职责的需要设立分支机构,作为中国人民银行的派出机构。中国人民银行对分支机构实行集中统一管理。中国人民银行的分支机构根据中国人民银行的授权,负责本辖区的金融监督管理、承办有关业务。

10.2.3 中国人民银行的职能

1. 主要职能

中央银行一般具有三个主要职能:发行的银行、政府的银行和银行的银行。

1)发行的银行

发行的银行是指世界各国的中央银行都享有货币的独占发行权，且法律规定该货币为国内唯一的法定货币，即以立法形式明确授予中央银行发行和管理货币的权力，拥有货币发行的垄断权。在我国，中国人民银行享有货币发行权，人民币是唯一合法货币。

2)政府的银行

政府的银行即国家的银行，是指各国的中央银行都由国家掌握，中国人民银行就是由我国中央政府即国务院领导的银行。这是因为中央银行发行的货币是以国家信用作保证的，且中央银行代表国家制定和执行货币政策并通过货币政策的制定和执行来调控国民经济。中国人民银行作为政府的银行，它服务于政府，并代表政府处理有关的金融事务，具体表现在：

(1)经理国库。国库的全称为中华人民共和国国家金库，是办理国家预算收支的机关。

(2)持有、管理、经营国家外汇储备、黄金储备。外汇储备和黄金储备是国家综合国力的象征之一，是对外支付能力的保证，必须由中国人民银行持有、管理和经营。

(3)代理国务院财政部门向各金融机构组织发行、兑付国债和其他政府债券。为了杜绝政府财政透支，中国人民银行不得直接认购、包销国债和其他政府债券。

(4)代表国家从事有关的国际金融活动。这里所指的有关的国际金融活动是指各国中央银行间的活动、各国政府之间的金融业务交往、各国政府参加的国际金融组织的活动。如代表我国政府与别国政府签署支付协定，参加世界银行、国际货币基金组织、亚洲开发银行等。

(5)以法律规定的条件、额度和方式对政府融资等。

3)银行的银行

银行的银行主要是指中央银行作为最后贷款人，以商业银行为业务对象，对商业银行的支付能力和风险负有监护责任。

中国人民银行为商业银行等金融机构提供并办理如下业务：要求金融机构按照规定的比例交存存款准备金；确定中央银行的基准利率；为在中国人民银行开立账户的金融机构办理再贴现；向商业银行提供贷款；向金融机构提供清算服务。

2. 职责范围

按照《中国人民银行法》的规定，中国人民银行依法履行下列 13 项职责：发布与履行其职责有关的命令和规章；依法制定和执行货币政策；发行人民币，管理人民币流通；监督管理银行间同业拆借市场和银行间债券市场；实施外汇管理，监督管理银行间外汇市场；监督管理黄金市场；持有、管理、经营国家外汇储备、黄金储备；经理国库；维护支付、清算系统的正常运行；指导、部署金融业及反洗钱工作，负责反洗钱的资金监测；负责金融业的统计、调查、分析和预测；作为国家的中央银行，从事有关的国际金融活动；国务院规定的其他职责。

中国人民银行依法监测金融市场的运行情况，对金融市场实行宏观调控，促进金融业的稳定、协调与健康发展。

10.2.4　人民币的发行和管理

1. 人民币的法律地位

《中国人民银行法》规定：中华人民共和国的法定货币是人民币。这一规定表明了人民币的法律地位，即它是我国境内流通、使用的唯一合法货币。作为法定支付手段，以人民币支付我国境内的一切公共的和私人的债务，任何单位和个人不得拒收。我国实行独立、统一、稳定的货币政策。国家禁止金银、外币在国内市场自由流通。

2. 人民币的发行

人民币的发行是指中国人民银行向流通市场投放现金的行为。发行人民币、管理人民币流通是《中国人民银行法》赋予中国人民银行的职责之一。《中国人民银行法》明确规定:人民币由中国人民银行统一印制、发行。

由于人民币的发行是基础货币的投放,它直接关系着货币币值的稳定,关系着整个国民经济的稳定。长期以来,我国对人民币的发行一直坚持如下原则:

1)集中统一发行原则

人民币由中国人民银行统一发行,其他任何地方、单位和个人都无权发行货币或变相货币。《中国人民银行法》明确规定,禁止在宣传品、出版物或者其他商品上非法使用人民币图样。该法又规定:在宣传品、出版物或者其他商品上非法使用人民币图样的,中国人民银行应当责令改正,并销毁非法使用的人民币图样,没收违法所得,并处5万元以下罚款。

2)经济发行的原则

货币发行必须适应商品流通的需要。按照货币流通规律的要求,市场货币流通量应与商品流通量相适应,从而保证经济的健康发展。与经济发行相对应的是财政发行,它是为弥补国家财政赤字或应付财政支出紧张局面而采取的发行措施。理论和实践均证明:财政发行不符合经济发展的客观规律,容易导致通货膨胀,因此应杜绝财政发行。

3)计划发行原则

人民币的发行按照货币发行计划进行,中国人民银行提出货币发行计划,报国务院审批后实施。坚持计划发行可以保证市场物价和币值的稳定。

【案例分析 10-1】

卓某与蔡某合谋加工伪造的人民币。随后,卓某选定××市东海镇龙潭村卓甲的棚寮作为假币的加工窝点,并纠集卓乙、卓丙、余某等共16人,由卓某统一指挥加工假币。在此过程中,卓某除参与加工假币外,还负责安排加工假币人员的伙食。不久后,公安人员在加工假币现场将卓某等16人抓获,缴获假币2箱(金额为2 540 400元,其中100元券1 154张,50元券48 500张)及银线4捆、颜料3罐等作案工具。

以上事实,有当场缴获的假币及原材料、陆丰市公安局的"扣押物品清单"、中国人民银行陆丰市支行出具的"假币没收证"和"鉴定书"、加工假币现场照片和上述犯罪嫌疑人的供述证实。

问题:卓某侵犯了应属何机关享有的法定货币发行权?

分析提示:人民币的发行是指中国人民银行向流通市场投放现金的行为。发行人民币、管理人民币流通是《中国人民银行法》赋予中国人民银行的职责之一。《中国人民银行法》明确规定:人民币由中国人民银行统一印制、发行。

(本案例由作者根据相关资料改编)

3. 人民币的管理

《中国人民银行法》对人民币管理的规定主要有:禁止伪造、变造人民币;禁止出售、购买伪造、变造的人民币;禁止运输、持有、使用伪造、变造的人民币;禁止故意毁损人民币;禁止在宣传品、出版物或者其他商品上非法使用人民币图样;任何单位和个人不得印制、发售代币票券，以代替人民币在市场上流通；残缺、污损的人民币，按照中国人民银行的规定兑换，并由中国人民银行负责收回、销毁。

1999 年 12 月，国务院专门制定了《中华人民共和国人民币管理条例》。

10.2.5　中国人民银行的业务范围

按照《中国人民银行法》的规定，中国人民银行的业务活动主要有：依法制定和执行货币政策；对金融业实施必要的监督和管理；提供金融服务等。

1. 作为政府银行的业务

中国人民银行作为政府的银行体现在：依照法律、行政法规的规定经理国库；代理国务院财政部门组织发行、兑付国债和其他政府债券；持有、管理、经营国家外汇储备、黄金储备；中国人民银行作为政府银行从事的其他业务。

2. 作为银行的银行的业务

中国人民银行作为银行的银行体现在：中国人民银行可以根据需要，为银行业金融机构开立账户，但不得对银行业金融机构的账户透支；组织或者协助组织银行业金融机构相互之间的清算系统，协调银行业金融机构相互之间的清算事项，提供清算服务；根据执行货币政策的需要，可以决定对商业银行贷款的数额、期限、利率和方式，但贷款的期限不得超过 1 年；中国人民银行作为银行的银行从事的其他业务。

3. 对金融业检查、监督的业务

《中国人民银行法》规定，中国人民银行有权对金融机构以及其他单位和个人的下列行为进行检查、监督：执行有关存款准备金管理规定的行为；与中国人民银行特种贷款有关的行为；执行有关人民币管理规定的行为；执行有关银行间同业拆借市场、银行间债券市场管理规定的行为；执行有关外汇管理规定的行为；执行有关黄金管理规定的行为；代理中国人民银行经理国库的行为；执行有关清算管理规定的行为；执行有关反洗钱规定的行为。

前述所称中国人民银行特种贷款，是指国务院决定的由中国人民银行向金融机构发放的用于特定目的的贷款。

另外，中国人民银行根据执行货币政策和维护金融稳定的需要，可以建议国务院银行业监督管理机构对银行业金融机构进行检查、监督。国务院银行业监督管理机构应当自收到建议之日起 30 日内予以答复。当银行业金融机构出现支付困难，可能引发金融风险时，为了维护金融稳定，中国人民银行经国务院批准，有权对银行业金融机构进行检查、监督。中国人民银行根据履行职责的需要，有权要求银行业金融机构报送必要的资产负债表、利润表以及其他财务会计、统计报表和资料。中国人民银行与国务院银行业监督管理机构、国务院其他金融监督管理机构建立信息共享机制。

10.2.6　违反《中国人民银行法》的行为及法律责任

1. 违反《中国人民银行法》的行为

根据《中国人民银行法》的相关规定，违反《中国人民银行法》的行为主要有以下几种：伪造、变造人民币，出售伪造、变造的人民币的，或者明知是伪造、变造的人民币而运输的；买卖伪造、变造的人民币或者明知是伪造、变造的人民币而持有、使用的；在宣传品、出版物或者其他商品上非法使用人民币图样的；印刷、发售代币券，以代替人民币在市场上流通的；违反法律、行政法规有关金融监管规定的；中国人民银行有违反有关业务规定行为的；地方政府、各级政府部门、社会团体和个人强令中国人民银行及其工作人员违反有关规定提供贷款或者担保的；中国人民银行的工作人员泄露国家秘密或者所知悉的商业秘密的；中国人民银行的工作人员贪污受贿、徇私舞弊、滥用职权、玩忽职守的。

2. 违反《中国人民银行法》的法律责任

对于违反《中国人民银行法》的有关规定的单位，中国人民银行应当责令停业、改正违反行为，区别不同情形给予警告、没收违法所得、罚款等行政处罚。对负有直接责任的人员，情节轻微的，依法给予行政处分；构成犯罪的，依法追究刑事责任。当事人对行政处罚不服的，可以依照《中华人民共和国行政诉讼法》的规定提起行政诉讼。

《中国人民银行法》对于相关的民事赔偿责任作了明确规定，主要包括：

第一，中国人民银行有下列行为之一并造成损失的，负有直接责任的主管人员和其他直接责任人员应当承担部分或者全部赔偿责任：违反规定提供贷款的；对单位和个人提供担保的；擅自动用发行基金的。

第二，地方政府、各级政府部门、社会团体和个人强令中国人民银行及其工作人员违反《中国人民银行法》的规定提供贷款或者担保，造成损失的，应当承担部分或者全部责任。

【案例聚焦】

2014 年 4 月，某县老国企 A 公司为摆脱经营困境，在县政府的牵线搭桥下，与美国 B 公司达成合资协议，共同组建玩具生产企业 C 公司。根据合资协议规定，A 公司须投入价值 100 万美元的基本生产设备一套。因为 A 公司资金周转困难，故其希望向设备生产企业 D 公司分期付款购买该设备。在协商过程中，D 公司提出必须取得银行担保的要求。

A 公司无奈向县政府求助，县政府因急于开展国企改革，解决 A 公司的经营困难，遂指令中国人民银行该县支行予以担保，并由分管工业的副县长向县支行发出手书一份："为保障我县国企改革的顺利进行，A 公司向 D 公司购买设备一事，请你行提供相应外汇额度的人民币担保，以后出现问题，由县政府负责，与你行无关。"在政府领导的干预下，县支行作为担保人于 2014 年 8 月向 D 公司出具了不可撤销的经济担保书。该担保书载明："……担保人不可撤销地无条件地担保 A 公司按买卖合同的规定准时足额支付设备价款。若 A 公司没有依合同约定履行给付义务，在接到贵公司书面通知后，担保人将无条件地承担履行合同义务的连带责任。"

在买卖合同履行过程中，A 公司仅于 2015 年 3 月和 9 月两次支付了到期货款 40 万美元，其余款项再无力支付。D 公司多次催款未果，于 2016 年 1 月将该县支行诉至法院，要求其承担担保责任。

根据《中国人民银行法》的规定，具有下列行为的要承担民事赔偿责任：

(1) 中国人民银行有下列行为之一并造成损失的，负有直接责任的主管人员和其他直接责任人员应当承担部分或者全部赔偿责任：① 违反规定提供贷款的；② 对单位和个人提供担保的；③ 擅自动用发行基金的。

(2) 地方政府、各级政府部门、社会团体和个人强令中国人民银行及其工作人员违反《中国人民银行法》的规定提供贷款或者担保，造成损失的，应当承担部分或者全部责任。

（本案例由作者根据相关资料改编）

10.3　票　据　法

10.3.1　票据法

1. 票据法概述

1)票据概述

(1)票据的概念及特点。关于票据有广义和狭义之分。广义的票据包括各种有价证券和凭证,如股票、国库券、企业债券、发票、提单、仓单等;狭义的票据则是指票据法中规定的票据。票据法规定的票据,因各国立法不同,其理解亦不尽一致。有的国家所称的“票据”仅包括汇票和本票,不包括支票,如德国、法国、瑞士等;有的国家则没有“票据”这样一个总的概念,而以“汇票法”的形式在规定汇票的同时,亦规定本票和支票,如英国;美国则将汇票、本票和支票以及存款单统称为“商业票据”。我国法律规定的票据具有以下特点:

①票据是出票人依法签发的有价证券。依据不同的票据种类,法律规定了不同的形式,出票人必须依照法律规定签发相关票据,否则即不受法律保护。

②票据以支付一定金额为目的。票据的签发和转让以支付票据上的金额为最终目的,该金额得到全部支付,票据上的权利义务即消灭。

③票据所表示的权利与票据不可分离。票据权利的有效成立,必须以票据作为依据;票据权利的转让,必须交付票据;票据权利的行使,必须提示票据。权利与票据融为一体。

④票据所记载的金额由出票人自行支付或委托他人支付。由出票人自行支付的是本票,由出票人委托他人支付的是汇票和支票。

⑤票据的持票人只要向付款人提示票据,付款人就应无条件向持票人或收款人支付票据金额。票据是一种无因证券,持票人只要向票据债务人提示票据就可行使票据权利,而不问票据取得的原因是否无效或有瑕疵。

⑥票据是一种可转让的证券。根据国际上通行的做法,凡记名票据,必须经背书才能交付转让;凡无记名票据,可直接交付转让。《票据法》规定的票据均为记名票据,故其必须通过背书的方式进行转让。

(2)票据的功能。票据的功能有以下方面:

①支付功能。在交易中以票据代替货币,不但可用于同城或异地贸易,在国际贸易中更是普遍使用。这样可以减少甚至杜绝大量使用货币带来的不方便和不安全。

②汇兑功能。使用票据,能够在异地凭借汇票在付款人处兑取货币,或者向他人进行各种支付,解决了在异地贸易中使用货币支付费用时费力且不安全的不足。票据成为极佳的汇兑工具。

③信用功能。票据法的信用是指当事人签发票据,约定期限,另为付款或由他人代为付款,把将来可以取得的货币,作为现在的货币使用,实现了人的资金信用票据化,票据即成为信用工具。

④结算功能。债权人可以签发票据,指定自己的债务人向自己的债权人无条件支付一定金额,由此消灭相互之间的债权债务,此为票据结算。现代各国广泛实行了票据交换制度,设立票据交换中心或票据交换场所,以利于票据结算。

⑤融资功能。票据可以有偿转让,实现资金周转。持票人急需现金时,可持票向银行请求贴现,也可以背书方式将票据卖给他人,满足需要。

2)票据法的概念

票据法是指规定票据的种类、形式、内容以及各当事人之间权利义务关系的法律规范的总称。票据法亦有广义和狭义之分。广义的票据法是指各种法律中有关票据规定的总称,包括以“票据法”名称颁布的法律以及其他法律中有关票据的规定。如《民法》中有关法律行为、代理、票据设置的规定;《刑法》中有关伪造有价证券罪的规定;《民事诉讼法》中有关票据诉讼、公示催告等的规定等。狭义的票据法则仅是指票据的专门立法,即可称为“票据法”的法律及其有关实施性规定。

3)我国票据立法概况

为适应市场经济的发展和金融体制改革深化的要求,1995 年 5 月 10 日,第八届全国人民代表大会常务委员会第十三次会议通过了《票据法》,共 7 章 111 条,自 1996 年 1 月 1 日起施行。此后,中国人民银行先后发布了《商业银行汇票承兑、贴现与再贴现管理暂行办法》《票据管理实施办法》《支付结算办法》,2004 年 8 月 28 日第十届全国人民代表大会常务委员会第十一次会议通过了《关于修改〈中华人民共和国票据法〉的决定》,将《票据法》由原来的 7 章 111 条修改为 7 章 110 条,从而进一步完善了我国的票据法律制度。

2. 票据行为

1)票据行为的概念

票据行为是指票据关系的当事人之间以发生、变更或终止票据关系为目的而进行的法律行为。在理解这一概念时,应把握以下几个要点:票据行为是在票据关系当事人之间进行的行为;票据行为是以设立、变更或终止票据关系为目的的行为;票据行为是一种合法行为。

2)票据行为的种类

票据可以分为主票据行为和从票据行为两大类。

(1)主票据行为又称基本票据行为,是指能够引起票据法律关系发生的行为。主票据行为仅指出票行为,它是指出票人签发票据并将其交付给收款人的票据行为。出票是制作票据的原始行为,是汇票、本票、支票所共有的行为,包括签发票据和支付票据两个行为。出票是创设票据权利的行为,是从票据行为有效成立的前提。只有主票据行为依法成立,票据才能有效。

(2)从票据行为是指能够引起票据法律关系变更或消灭的行为,包括背书、承兑、参加承兑、保证和保付等。这些行为要以票据已经出票为前提,要附属于主票据行为(即出票)而存在,故而又称附属票据行为。

① 背书。背书是指在票据背面或者粘单上记载有关事项并签章的票据行为。在票据背面签章的转让票据权利的人为背书人,接受背书的票据人为被背书人。持票人通过背书可以将票据权利转让给他人或者将一定的票据权利授予他人行使。因背书行为,背书人产生对票据债务人的担保责任和连带责任,被背书人代替持票人成为新的持票人,取得票据债权。票据出票的转让流通主要是通过背书进行的,汇票、本票、支票都可以有背书行为。

②承兑。承兑是指汇票的付款人承诺在汇票到期日支付汇票金额的票据行为。承兑仅

存在于汇票关系中，本票、支票关系中不存在承兑行为。承兑行为由汇票的付款人进行，付款人一经承兑就成为承兑人，即票据主债务人。承兑必须以书面形式在汇票上记载“承兑”字样、承兑日期，并由付款人签章。

③参加承兑。参加承兑是指参加承兑人承诺在汇票不获承兑时负担票据债务的行为。参加承兑是汇票独有的附属票据行为，参加承兑的目的是在汇票不获承兑时阻止持票人于票据到期日前行使追索权。参加承兑人由预备付款人或者第三人充当，他是票据的从债务人，仅在付款人不能付款或者拒绝付款时才负有支付义务。参加承兑须由承兑人在汇票上注明“参加承兑”“加入承兑”字样，并签章。

④保证。保证是指票据债务人以外的他人充当保证人，担保票据债务履行的票据行为。保证是适用于汇票、本票的附属行为，它须由保证人在票据上或者粘单上记载“保证”字样、保证人名称和住所、被保证人名称、保证日期并签章。保证不得附有条件，附有条件的，不影响保证人的保证责任。

⑤保付。保付是指银行等金融机构对出票人签发的支票所作的保证付款的行为。它是指支票独有的一种附属行为，保付人是银行等金融机构，被保付人一般是出票人，有时也可以是持票人。保付人是支票的主债务人，负有绝对付款责任。其进行保付时，应就全部金额予以保付，而且不得附记任何条件。保付须是书面行为，由保付人在支票正面注明“保付”“保证付款”“照付”字样，并签章。保付类似于汇票的承兑，但其目的仅仅是增强票据的信用，而不是确定付款人的付款责任。

3)票据行为的代理

票据行为的代理又称票据代理，是指代理人基于被代理人(本人)的授权，在票据上明示本人的名义，表明为本人代理的意思并签名的行为。

(1)越权代理。越权代理是指票据代理人超越代理权限而为的票据行为。越权部分由越权代理人自己承担责任。《票据法》规定：代理人超越代理权限的，应当就其超越权限的部分承担票据责任。

(2)无权代理。无权代理是指代理人没有代理权而以代理人的名义在票据上签名的行为。《票据法》规定：没有代理权而以代理人名义在票据上签章的，应当由签章人承担票据责任。

(3)自己代理和双方代理。自己代理是指代理人以本人名义同自己发生法律关系；双方代理则是指在同一法律关系中代理人同时代理双方当事人的法律行为。《票据法》和民法一样，规定自己代理和双方代理均无效。

(4)表见代理。表见代理是指代理人虽然没有代理权，但是客观上有足以使第三人相信其有代理权的理由而为的票据代理行为。表见代理成立时，持票人既可以向本人主张权利，也可以向无权代理人主张权利。

4)票据权利

(1)票据权利的概念。票据权利是指持票人享有的能够请求票据债务人支付票据金额的权利，包括付款请求权和追索权。付款请求权是指票据债权人请求票据主债务人或者其他付款义务人按照票载金额支付金钱的权利。付款请求权是第一次请求权，其权利主体是持票人，其主债务人是汇票的承兑人、本票的出票人及支票的付款人。其他付款义务人是参加付款人、参加承兑人、担当付款人等。票据债权人在向前述债务人提示票据行使付款请求权未得到实现时，就可以行使追索权。追索权是指持票人于不获付款、不获承兑或其他法定原因发生时，在保全票据权利的基础上，向除主债务人以外的前手（包括出票人、背书人或其他债务人）请求偿还票据金额及损失的权利。追索权虽然在有其他法定原因（如不获承兑、破产宣告）时也可在票据到期日前行使，但在原则上是为票据不获付款时而设立的票据权利，一般应在票据到期不获付款时才能使用，所以称为第二次请求权。追索权的行使，不仅是为了追回票据金额，而且在支付内容上增加了有关费用，如票载金额利息、作成拒绝证书的费用等，因此，又被称为偿还请求权。

(2)票据权利的取得。票据权利是证券化权利，是以持有票据为依据的，因此，行为人合法、有效地取得了票据，即取得了票据权利。当事人取得票据有以下几种情况：从出票人处取得；从持有票据的人（持票人）处受让取得；依照法定方式，如税收、继承、企业合并等方式取得。按照《票据法》的规定，行为人合法取得票据，便依法取得票据权利，但应注意以下问题：票据的取得必须给付对价，即应当给付票据双方当事人认可的相对应的代价。法定情形下票据取得不受给付对价的限制。《票据法》一方面强调票据的取得要以真实的交易关系和债权债务关系为基础，要以给付对价为必要；另一方面也承认一些例外情况下无偿取得票据行为的有效性。

【法律小贴士 10-1】

因税收、继承、赠与可以依法无偿取得票据的，不受给付对价的限制，但是，所享有的票据权利不得优于其前手的权利。这里的前手是指在票据签章人或者持票人之前签章的其他票据债务人。

5)票据抗辩权

(1)概念。票据抗辩权是指票据债务人依照《票据法》享有的、因法定事由的存在而可以对抗持票人，拒绝履行票据债务的权利。

(2)类型。根据抗辩的事由及其效力的不同，票据抗辩权可以分为物的抗辩权和人的抗辩权两类。物的抗辩权又称绝对抗辩权或者客观抗辩权，是指基于票据本身所存在的事由而发生的抗辩权。因抗辩事由是基于票据这个客观物体而发生，故称物的抗辩权；又因该抗辩事由可以对一切持票人提出，所以又称绝对抗辩权。

(3)票据抗辩权的限制。票据抗辩权的限制是指《票据法》规定的票据债务人对特定持票人不得抗辩的限制。《票据法》规定：票据债务人不得以自己与出票人或者与持票人的前手之间的抗辩事由，对抗持票人。但是，持票人明知存在抗辩事由而取得票据的除外。此即票据抗辩权的限制的规定。

(4)票据抗辩权限制制度的除外规定。《票据法》规定：票据债务人不得以自己与出票人或者与持票人的前手之间的抗辩事由，对抗持票人，同时又规定持票人明知有抗辩事由而受票者除外。《票据法》规定的无对价取得票据者，不能享有优于其前手的权利，也属票据抗辩权限制的除外情况。由此可见，有下列情形之一的，票据抗辩权不受限制：持票人明知票据债务人与出票人或者与自己的前手之间有抗辩事由，仍受取票据的；持票人无对价取得票据的。

无对价取得票据者，继受其前手的权利瑕疵，票据债务人与该持票人前手之间的抗辩事由，不但未被“切断”，反而转移至持票人，故持票人请求付款时，被请求的债务人得以无对价取得为由，行使抗辩权，拒绝其请求。

10.3.2　汇票

1. 汇票的概念和种类

汇票是出票人签发的、委托付款人在见票时或者在指定日期无条件支付确定的金额给收款人或者持票人的票据。由此可见，汇票是这样一种票据：第一，汇票有 3 个基本当事人，即出票人、付款人和收款人。由于这 3 个当事人在汇票发行时既已存在，故属基本当事人，缺一不可。但是随着汇票的背书转让，汇票上设立保证等，被背书人、保证人等也成为汇票上的当事人。第二，汇票是由出票人委托他人支付的票据，是一种委托证券，而非自付证券。第三，汇票是在指定到期日付款的票据。指定到期日是指见票即付、定日付款、出票后定期付款、见票后定期付款 4 种形式。第四，汇票是付款人无条件支付票据金额给持票人的票据，此处的持票人包括收款人、被背书人或受让人。

汇票可从不同角度作不同分类：

第一，以付款期限长短为标准，汇票可分为即期汇票和远期汇票。即期汇票是指见票即行付款的汇票，包括见票即付的汇票、到期日与出票日相同的汇票以及未记载到期日的汇票(以提示日为到期日)。远期汇票是指约定一定的到期日付款的汇票，包括定期付款汇票、出票日后定期付款汇票(又称计期汇票)和见票后定期付款汇票。

第二，以记载受款人的方式不同为标准，汇票可分为记名式汇票和无记名式汇票。

第三，以签发和支付地点不同，汇票可分为国内汇票和国际汇票。前者指在一国境内签发和付款的汇票；后者是指汇票的签发和付款一方在国外，或都在国外的汇票。

第四，以银行对付款的要求不同，汇票可分为跟单汇票和原票。前者是指使用汇票时需附加各种单据(如提货单、运货单、保险单等)；后者是指只需提出汇票本身即可付款，无须附加任何单据的汇票。

《票据法》将汇票分为银行汇票和商业汇票。前者是指银行签发的汇票；后者则是指银行之外的企事业单位、机关、团体等签发的汇票。

在实践中，银行汇票一般由汇款人将款项交存当地银行，由银行签发给汇款人持往异地办理转账结算或支取现金。单位、个体经济户和个人需要使用各种款项，均可使用银行汇票。

银行汇票的当事人是：①出票人。这是指签发行。根据我国现行做法，只有参加“全国联行往来”的银行才能签发汇票，即充当出票人。②受款人。这是指收款人，收款人可以是汇款人，也可以是其他人。③付款人。银行汇票的出票银行为银行汇票的付款人。汇款人不是汇票上的当事人，而是与出票人有资金关系的人。汇款人可以是单位、个体经济户和个人。汇款人与签发行的关系是委托关系。银行汇票的提示付款期限自出票日起 1 个月。

商业汇票是指收款人或付款人(或承兑申请人)签发，由承兑人承兑，并于到期日向收款人或被背书人支付款项的票据。商业汇票按承兑人的不同，分为商业承兑汇票和银行承兑汇票。前者指由收款人签发，经付款人承兑，或由付款人签发并承兑的票据；后者指由收款人或承兑申请人签发并由承兑申请人向开户银行申请，经银行审查同意承兑的票据。商业汇票的收款人、付款人或承兑申请人一般是指供货和购货单位。

在商业承兑汇票中，汇票上的当事人是：①出票人是交易中的收款人，即卖方；或者交易中的付款人，即买方。②承兑人，出票人如是卖方，承兑人为买方；出票人如是买方，本人为承兑人。③付款人，是买方的开户银行。④受款人，是交易中的收款人，即卖方。

在银行承兑汇票中，汇票上的当事人是：①出票人是承兑申请人；②付款人和承兑人是承兑行，即承兑申请人的开户银行；③受款人是与出票人签订购销合同的收款人，即卖方。

根据有关规定，商业汇票的付款期限最长不得超过 6 个月，商业汇票的提示付款期限自汇票到期日起10 日。

2. 出票

1）汇票出票行为的概念

出票是指出票人依照《票据法》的要求记载汇票所必须记载的事项，签署自己的姓名、加盖单位公章（或者与银行约定的财务章），然后交付给收款人的票据行为。由于票据的背书、保证、承兑、付款和追索等行为都产生在出票行为之后，所以人们将出票行为称为基础票据行为，由出票行为陆续产生之后的各种票据权利义务。

2）汇票出票的记载事项

根据《票据法》的规定，汇票必须记载以下事项：表明"汇票"的字样、无条件支付的委托、确定的金额、付款人名称、收款人名称、出票日期、出票人签章等。相对必要记载事项是指在出票时应当予以记载，但如果未作记载，《票据法》另有补充规定，汇票并不因此失效。它主要包括以下事项：付款日期、付款地、出票地。任意记载事项是指出票人可以自由选择是否记载的事项，但是一经记载即发生《票据法》上的效力。《票据法》规定：出票人在汇票上记载"不得转让"字样的，汇票不得转让。可见，出票人可以自由决定是否在汇票上记载"不得转让"。如果不记载，汇票效力不因此受到影响。不得记载的事项是指有些事项，出票人在出票时是不得记载的，否则此项记载无效。如《票据法》规定，背书不得附有条件，背书时附有条件的，所附条件不具有汇票上的效力。将汇票的一部分转让的背书或者将汇票金额分别转让给 2 人以上的背书无效。此规定即为不得记载事项。

【法律小贴士 10-2】

《票据法》规定：汇票上记载付款日期、付款地、出票事项的，应当清楚明确；汇票上未记载付款日期的，为见票即付；汇票上未记载付款地的，付款人的营业场所、住所或者经常居住地为付款地；汇票上未记载出票地的，出票人的营业场所、住所或者经常居住地为出票地。

3. 背书转让

1）背书交付

（1）背书交付的内容是指收款人（持票人）以转让票据权利为目的在汇票上签章并作必要的记载的一种附属票据行为。《票据法》规定的背书定义是：背书是指在票据背面或者粘单上记载有关事项并签章的票据行为。转让人称为背书人，受让人称为被背书人。《票据法》规定：持票人可以将汇票权利转让给他人或者将一定的汇票权利授予他人行使，此种行为应当背书并交付汇票。

(2)背书交付的要求。汇票以背书转让或者以背书将一定的汇票权利授予他人行使时，必须记载被背书人的名称，个人须记本名，单位须记载注册登记的全称，交付票据是背书转让票据行为的结果。

(3)背书的例外。根据《最高人民法院关于审理票据纠纷若干问题的规定》及《票据法》的规定，汇票被拒绝承兑、被拒绝付款或者超过付款提示期限的，不得背书转让；背书转让的，背书人应当承担汇票责任。因为此时背书人转让的票据已经不能正常得到付款，背书人的转让行为便包含欺诈成分。当被背书人不能得到付款时，背书人须承担付款责任，并承担持票人受到的其他损失的责任。

2)背书的法律后果

(1)权利的取得。由于被背书人不是收款人，因此在其取得汇票并行使汇票权利时，须按《票据法》的规定证实自己的身份，即背书转让的汇票，背书应当连续。持票人以背书的连续证明其汇票权利。非经背书转让，而以其他合法方式取得汇票的，须依法举证。例如，因继承取得的票据，须持有被继承人死亡证书和继承票据公证书，以证明自己的票据权利；因破产取得票据的，须持有法院的破产裁定书和清算凭证等，以证明自己的票据权利。

(2)背书须连续。《票据法》规定的背书连续是指在票据转让中，转让汇票的背书人与受让汇票的被背书人在汇票上的签章依前后次序衔接。如果中间缺少相连的环节，即构成空白背书，而《票据法》是不承认空白背书的，结果是不能行使汇票权利。

(3)被背书人的责任。背书转让的汇票，后手应当对其直接前手背书的真实性负责。后手是指受让票据人，其直接前手是指转让票据人。《票据法》作此规定是为了使被背书人证实自己的票据权利是从前手中受让而来，来路清晰，不存在背书不连续的瑕疵。

(4)背书人的连带责任。背书人背书转让汇票后，即承担保证其后手所持汇票承兑和付款的责任，背书人在汇票得不到承兑或者付款时，应当向持票人清偿《票据法》规定的金额和费用。此规定是为了保证汇票流通信用的可靠性，保障持票人的利益的连带责任措施。

3)汇票背书转让的限制

付款人或其他债务人为了保证汇票的安全性，可以对持票人的范围和资格作出以下限制：

(1)依法不得背书转让。出票人在汇票上记载“不得转让”字样的，汇票不得转让；否则，出票人及付款人将有权对非收款人的持票人拒绝承兑或拒绝付款。《最高人民法院关于审理票据纠纷案件若干问题的规定》规定，依照《票据法》第二十七条的规定，票据的出票人在票据上记载“不得转让”字样，票据持有人背书转让的，背书行为无效。背书转让后的受让人不得享有票据权利，票据的出票人、承兑人对受让人不承担票据责任。

(2)票据权利不得分割。汇票须完整转让，将汇票金额的一部分转让的背书，或将同一张汇票金额分别转让给两人以上的背书无效。

(3)背书不得附有条件。《票据法》规定：背书附有条件的，所附条件不具有汇票上的效力。背书人所记载的任何条件都将被视为无记载，持票人不得请求付款人按此条件承兑或付款，也不得将此条件作为再背书转让的优惠吸引他人接受让与。

(4)背书授权。背书记载“委托收款”字样的，被背书人有权代背书人行使被委托的汇票权利。《联合国国际汇票和国际本票公约》规定背书含有“托收用”“存款用”“委托代理”等字样的，托收人仅可为托收目的而在票据上背书，并且对票据的任何后手持票人不承担责任。据此判断我国《票据法》规定背书记载“委托收款”字样的汇票，受托人的票据权利也应限于为受托事项而背书，在此情况下不用承担背书后的票据责任。如果付款人仍然付款的，即构成《票据法》上规定的重大过错付款，付款人须承担相应的法律责任。

(5)不得转让的情形。汇票被拒绝承兑、被拒绝付款或者超过付款提示期限的，不得背书转让；背书转让的，背书人应当承担汇票责任。《票据法》作此规定，是为了促使受到拒绝承兑(付款)者尽快向有关责任者提出追索，而不是转嫁损失，将汇票转让与他人。

4. 承兑

1)承兑的概念

承兑是指汇票付款人承诺在汇票到期日支付汇票金额的票据行为。承兑是汇票特有的制度。汇票是一种出票人委托他人付款的委付证券。但是出票人的出票行为完成之后，由于这是一种单方法律行为，故对付款人并不当然产生约束力，只有在付款人表示愿意向收款人或持票人支付汇票金额后，持票人才可于汇票到期日向付款人行使付款请求权。承兑就是这样一种明确付款人的付款责任、确定持票人票据权利的制度。

2)承兑的程序

(1)提示承兑。提示承兑是指持票人向付款人出示汇票，并要求付款人承诺付款的行为。提示承兑的前提和条件是行使和保全票据权利的手段。《票据法》规定：定日付款或者出票后定期付款的汇票，持票人应当在汇票到期日前向付款人提示承兑。见票后定期付款的汇票，持票人应当自出票日起 1 个月内向付款人提示承兑。

(2)承兑及承兑期间。付款人对向其提示承兑的汇票，应当自收到提示承兑的汇票之日起 3 日内承兑或者拒绝承兑。付款人收到持票人提示承兑的汇票时，应当向持票人签发收到汇票的回单。回单上应当记明汇票提示承兑的日期并签章。

(3)承兑格式。关于承兑的格式，《票据法》规定：付款人承兑汇票的，应当在汇票正面记载“承兑”字样和承兑日期并签章；见票后定期付款的汇票，应当在承兑时记载付款日期。另外，汇票上未记载承兑日期的，以付款人收到提示承兑的汇票之日起 3 日内为承兑日期。付款人决定承兑，并依法记载承兑事项后，应将汇票交还给持票人。

3)承兑的效力

承兑生效后，即对付款人产生相应的效力。《票据法》规定：付款人承兑汇票后，应当承担到期付款的责任。这就是有关承兑效力的规定。这种到期付款的责任是一种绝对责任，表现在：①承兑人于汇票到期日必须向持票人无条件地支付汇票上的金额，否则其必须承担迟延付款责任；②承兑人必须对汇票上的一切权利人承担责任，该权利人包括付款请求权人和追索权人；③承兑人不得以其与出票人之间资金关系来对抗持票人，拒绝支付汇票金额；④承兑人的票据责任不因持票人未在法定期限内提示付款而解除。

5. 汇票的保证

1)汇票保证概念

汇票保证是指汇票除主债务人及连带债务人以外的第三人以承担无条件付款为目的，在汇票上签章及记载必要事项的票据行为。担保汇票付款者称为保证人，被担保的汇票债务人称为被保证人。汇票保证以担保汇票付款增强信用为目的，有利于保障交易安全。

2)汇票保证主体的限制

国家机关、以公益为目的的事业单位、社会团体、企业法人的分支机构和职能部门作为票据保证人的，票据保证无效，但经国务院批准为使用外国政府或者国际经济组织贷款进行转贷，国家机关提供票据保证的，以及企业法人的分支机构在法人书面授权范围内提供票据保证的具有法律效力。

【法律小贴士 10-3】

《票据法》规定：汇票的保证人只能由“汇票债务人以外的他人担当”。

3)汇票保证的效力

保证人在汇票上签章即构成保证责任，保证人应当与被保证人对持票人承担连带责任，汇票到期后，被保证人为主债务人的，当其不能付款时，持票人有权向保证人请求付款，保证人应当无条件付款；当汇票被付款人拒付时，持票人向连带债务人追索，为被追索的连带债务人担保的保证人承担连带无条件付款责任。保证人清偿汇票债务后，代替被追索的债务人取得汇票权利，可以行使持票人对被保证人及其前手的追索权。

【案例分析 10-2】

李四从王五处购买价值10万元的货物，为付货款，李四开具了一张票面金额为10万元的汇票交付王五。汇票承兑后，王五将汇票背书转让给赵六，在赵六将汇票背书转让给孙三时，孙三要求赵六提供保证，赵六请王五(前背书人)在票据上保证后，将汇票背书转让给黄二，黄二请求付款时，发现付款人逃匿。

问题：该汇票上的保证是否有效？黄二可向哪些人行使什么权利？

分析提示：保证无效，票据的保证人应由票据债务人之外的他人担任。黄二可以向李四、王五、赵六行使追索权，向赵六要求承担保证责任。

6. 付款

1)付款的概念

付款是指付款人依据票据文义支付票据金额，以消灭票据关系的行为。付款是付款人的行为，这与出票人、背书人等偿还义务的行为不同：前者是支付票据金额的行为，并以消灭票据关系为目的；后者则并不以票据金额为依据而支付，不能引起票据关系的消灭。

2)付款的程序

(1)付款提示是指持票人向付款人或代理人出示汇票，以请求其付款的行为。付款提示的当事人，一方为提示人，另一方为被提示人。提示人通常是持票人，但也可以是受持票人委托的收款银行和票据交换中心。被提示人包括付款人、付款人委托的付款银行以及票据交换中心。

(2)实际付款。持票人依照前条规定提示付款的，付款人必须在当日足额付款。《票据法》采用付款人即时足额付款原则，不允许付款人延期付款、部分付款。付款的标的物通常情况下是人民币。

(3)交回汇票。汇票是交回证券，付款人付款后，持票人应将汇票交给付款人。

【法律小贴士 10-4】

《票据法》规定:持票人应当按照下列期限提示付款:①见票即付的汇票,自出票日起1个月内向付款人提示付款;②定日付款、出票后定期付款或者见票后定期付款的汇票,自到期日起10日内向承兑人提示付款。

持票人未按照前款规定期限提示付款的,在作出说明后,承兑人或者付款人仍应当继续对持票人承担付款责任。

通过委托收款银行或者通过票据交换系统向付款人提示付款的,视同持票人提示付款。

7. 追索权

1)汇票票据追索权的法律性质

汇票到期被拒绝承兑或拒绝付款的,持票人可以对背书人、出票人、保证人以及汇票的其他债务人行使追索权。追索权是持票人在第一次请求付款受到拒绝后,按顺序行使的第二次请求权。第一次请求权是请求主债务人付款,这是持票人的基本票据权利。在主债务人拒绝付款或无力付款时,持票人可行使第二次请求权,要求所有在汇票上签名的人中的一人、数人或全体人员,偿付汇票金额。

2)追索权的行使

(1)追索的条件。《票据法》规定:持票人行使追索权时,应当提供被拒绝承兑或者被拒绝付款的有关证明。付款请求权是持票人享有的第一顺序权利,追索权是持票人享有的第二顺序权利,这种权利的行使必须具备汇票原件以及下列任意一个证明文件:承兑人出具的拒绝承兑证明、承兑人或付款人出具的退票理由书、医疗机构出具的死亡证书、司法机关出具的通缉令或法院作出的破产裁定书。只有票据原件和拒绝证明同时具备,才能行使追索权。

(2)拒绝证明的效力。拒绝证明是持票人行使追索权的法律根据之一,没有拒绝证明就不能向除承兑人或付款人以外的连带债务人请求偿还汇票金额。持票人在承兑或付款受到拒绝时,应当注意以下两点:其一,要求承兑人或付款人出具拒绝证明或者退票理由书;其二,承兑人或者付款人不出具拒绝证明或者退票理由书的,应当承担由此产生的民事责任,包括无条件付款的责任。

(3)通知前手。通知是指持票人承兑汇票或请求付款受到拒绝时,以及具有其他不能行使请求付款权的情形时,在行使追索权前,将不能行使请求付款权的事实书面告诉其前手及所有汇票债务人的一种票据行为。其内容应当记明汇票的主要记载事项,并说明该汇票不能得到付款的情况。《票据法》规定:持票人应当自收到被拒绝承兑或者被拒绝付款的有关证明之日起3日内,将被拒绝事由书面通知其前手;其前手应当自收到通知之日起3日内书面通知其再前手。持票人也可以同时向各汇票债务人发出书面通知,以使汇票连带债务人及时掌握情况,并准备应变措施。未按上述期限通知的,持票人仍可行使追索权。但是,因延期通知给其前手造成损失的,如由于债务人逃亡、隐匿等情况导致无法追索的,由没有按照规定期限通知的汇票当事人承担对该损失的赔偿责任。

3)追索的例外

(1)持票人为出票人的,对其前手无追索权。此时汇票的出票人就是主债务人,银行汇票的主债务人是出票行,商业汇票的主债务人是买卖合同中的买方。根据票据的基础关系,出票人应当承担付款的责任，在他将汇票交付给收款人时就意味着届期要无条件付款。如果收款人背书转让，被背书人也进行了背书转让后，又转让给出票人，出票人只有第一次票据权利请求付款权，没有向其后手追索的第二次票据权利。

(2)持票人为背书人的，对其后手无追索权。这是因为背书人的后手是被背书人，其汇票权利自背书人手中取得，该汇票对背书人来说应当具有充分的汇票权利。当汇票经过若干次转让，又转回背书人手中时，他仍然不能否认自己曾经对该汇票作过的真实性的保证。所以，在行使追索权时应当以其在票据上第一次签章记载确定其前后手位置，不得以最后一次记载的位置行使追索权。

10.3.3 本票

1. 本票概述

1)本票的概念

本票是出票人签发的，承诺自己在见票时无条件支付确定的金额给收款人或者持票人的票据。本票是由出票人约定自己付款的一种自付证券，其基本当事人有两个，即出票人和收款人，在出票人之外不存在独立的付款人。在出票人完成出票行为之后，即承担了到期日无条件支付票据金额的责任，不需要在到期日前进行承兑。因此，本票与汇票是不同的。

2)本票的种类

(1)以本票上是否记载本票权利人的方式为标准，可将本票分为记名式本票、指示式本票和无记名式本票。这一分类的各种本票，意义与汇票中同一分类相同，仅是票种票名不同，如记名式本票与记名式汇票的相同处在于均为记名式票据。

(2)以本票上制定的到期日方式为标准，可将本票分为到期本票和远期本票。

(3)以本票的出票人为标准，本票可分为银行本票和商业本票。银行签发的本票为银行本票，其他企事业单位和个人签发的本票为商业本票。

2. 本票的出票

1)本票出票的效力

(1)持票人取得本票权利，对出票人有付款请求权和追索权。本票权利是票据权利，自然包括付款请求权和追索权。

(2)出票人负有直接无条件付款的责任。出票人因出票行为，对持票人负担了直接付款、无条件付款的票据责任。

2)本票出票的记载事项

本票是一种要式证券，因此，《票据法》对本票上记载事项作了明文规定。本票必须记载以下事项：表明“本票”的字样；无条件的支付承诺；确定的金额；收款人名称；出票日期；出票人签章。

本票上未记载上述事项之一的，本票无效。同时，《票据法》要求本票上记载付款地、出票地等事项应当清楚、明确。本票上未记载付款地的，以出票人的营业场所为付款地；本票上未记载出票地的，以出票人的营业场所为出票地。

3. 本票行为的法律规范

本票行为包括出票、背书、保证、付款及追索权的行使等，其基本法律规定同汇票。另外，《票据法》及有关法规还规定，本票的出票人必须具有支付本票金额的可靠资金来源，并保证支付；本票的出票人限于经中国人民银行批准办理本票业务银行机构；本票出票人在持票人提示见票时，必须承担付款责任；本票的付款期限自出票日起最长不得超过 2 个月；本票的持票人为按照规定提示见票的，丧失对出票人以外的前手的追索权。

10.3.4 支票

1. 支票概述

1）支票的概念

支票是出票人委托银行或者其他金融机构见票时无条件支付一定金额给收款人或者持票人的票据。支票的基本当事人有 3 个：出票人、付款人和收款人。支票是一种委付证券，与汇票相同，与本票不同。

支票与汇票和本票相比，有两个显著的特点：以银行或者其他金融机构作为付款人；见票即付。

2）支票的种类

依不同的分类标准，可以对支票作不同的分类，如记名支票、无记名支票、指示支票、对己支票、指己支票、受付支票、普通支票、特殊支票等。《票据法》按照支付票款方式，将支票分为普通支票、现金支票和转账支票。

（1）普通支票。该种支票未印有“现金”或“转账”字样，既可以用来支取现金，亦可用来转账。根据《票据法》的规定，普通支票用于转账时，应当在支票正面注明，即在普通支票左上角画两条平行线。有该画线标志的支票，亦称为画线支票，画线支票只能用于转账，不得支取现金。

（2）现金支票。《票据法》规定：支票中专门用于支取现金的，可以另行制作现金支票，现金支票只能用于支取现金。

（3）转账支票。《票据法》规定：支票中专门用于转账的，可以另行制作转账支票，转账支票只能用于转账，不得支取现金。

在实践中，我国一直采用的是现金支票和转账支票，没有普通支票。为了方便当事人，并借鉴国外的方法经验，《票据法》规定了普通支票的形式。

2. 支票的出票

1）支票出票的条件

支票的出票除应遵循《票据法》及对汇票相关行为的有关规定外，还必须遵守以下规定：

（1）开立支票存款账户，申请人必须使用其本名，并提交证明其身份的合法证件。账户开立和支票领用应当有可靠的资信，并存入一定的资金。开立支票存款账户，申请人应当预留其本名的签名式样和印鉴。

（2）支票的出票人所签发的支票金额不得超过其付款时在付款人处实有的存款金额。出票人签发的支票金额超过其付款时在付款人处实有的存款金额的，为空头支票。禁止签发空头支票。支票的出票人不得签发与其预留本名的签名式样或者印鉴不符的支票。

2)支票的记载事项

支票具有要式性,它必须具有《票据法》规定的要件才能生效。根据《票据法》的规定,支票必须记载下列事项:表明“支票”的字样;无条件支付的委托;确定的金额;付款人名称;出票日期;持票人签章。

《票据法》还规定:支票上的金额可以由出票人授权补记,未补记前的支票,不得使用;支票上未记载收款人名称的,经出票人授权可以补记;支票上未记载付款地的,出款人的营业场所为付款地;支票上未记载出票地的,出票人的营业场所、住所或者经常居住地为出票地;出票人可以在支票上记载自己为收款人;支票付款人为支票上记载的出票人开户银行。

3. 支票的付款

1)提示时间

支票的持票人应当自出票日起10日内提示付款。异地使用的支票,其提示付款的期限由人民银行另行规定。超过提示付款期限提示付款的,付款人可以不予付款;付款人不予付款的,出票人仍应对持票人承担票据责任。

2)支付

支票限于见票即付,不得另行记载付款日期。另行记载付款日期的,该记载无效。出票人必须按照签发的支票金额承担保证向该持票人付款的责任。出票人在付款人处的存款足以支付支票金额时,付款人应当在当日足额付款。

3)付款责任的解除

付款人依法支付支票金额的,对出票人不再承担委托付款责任,对持票人不再承担付款的责任。但是,付款人以恶意或者有重大过失付款的除外。

10.3.5　违反票据法的法律责任

1. 票据欺诈行为的法律责任

票据欺诈属于金融欺诈的一种,是利用票据进行欺诈活动的行为。

有下列票据欺诈行为之一的,依法追究刑事责任:伪造、变造票据的;故意使用伪造、变造的票据的;签发空头支票或者故意签发与其预留的本名签名式样或者印鉴不符的支票,骗取财物的;签发无可靠资金来源的汇票、本票,骗取资金的;汇票、本票的出票人在出票时作虚假记载,骗取财物的;冒用他人的票据,或者故意使用过期或者作废的票据,骗取财物的;付款人同出票人、持票人恶意串通,实施前6项所列行为之一的。有上述行为之一,情节轻微,不构成犯罪的,依照国家有关规定给予行政处罚。

2. 金融机构工作人员违法行为的法律责任

金融机构工作人员在票据业务中玩忽职守,对违反《票据法》有关规定的票据予以承兑、付款或者保证的,给予处分;造成重大损失,构成犯罪的,依法追究刑事责任。由于金融机构工作人员上述行为给当事人造成损失的,由该金融机构和直接责任人员依法承担赔偿责任。

3. 票据付款人违法行为的法律责任

票据的付款人对见票即付或者到期的票据故意压票,拖延支付的,由金融机构的行政管理部门予以罚款,对直接责任人员予以处分。付款人的上述行为给持票人或者他人造成损失的,依法承担赔偿责任。

10.4 证 券 法

10.4.1 证券和证券法概述

1. 证券的概念和种类

(1)证券的概念和特征。证券是指载有一定金额的、代表财产所有权或债权的一种证书。它既是现代社会的一种金融商品,又是一种融资工具,体现着金融资产。

证券有广义和狭义之分。广义的证券包括有价证券与证据证券。有价证券根据其所代表的财产所有权的经济性质的不同,可分为货币证券、财物证券和资本证券。货币证券主要是汇票、支票和本票;财物证券主要是栈单、提货单和货运单;资本证券主要是股票、债券、投资基金等。证据证券根据证明的内容不同,可分为借据、收据和保险单等。狭义的证券仅指资本证券,如股票、债券和投资基金,它是资金需求者通过直接融资方式从资金供应者处直接或间接获得资金后,向资金提供者签发的凭证。

《证券法》上的证券与其他证券相比,具有以下特征:

①证券是一种投资凭证。它是证明投资者投资和投资权利的载体,投资者依据它可以享有其代表的一切权利。

②证券是一种权益凭证。它是投资者获得相应收益的凭据。

③证券是一种可转让的权利凭证。证券持有人可以随时依法转让所持有的证券,实现其自身利益。

④证券是一种要式凭证。它必须依法设置,依照法律或行政法规规定的形式、内容、格式与程序制作、签发。

(2)证券的种类。《证券法》中规定的证券包括股票、债券、证券投资基金和国务院依法认定的其他证券。

①股票。股票是股份公司发行的,用以证明投资者的股东身份和权益,并据以获得股息和红利的凭证。简言之,股票是股份有限公司发行的、证明股东按其所持股份享有权利和承担义务的凭证。以电子和通信技术为载体的无纸化股票成为现今股票的主要形式。股票具有收益性、流通性、非返还性和风险性等特点,并可按不同标准分为:普通股和优先股;国有股、法人股和社会公众股;人民币普通股(A股)、境内上市外资股(B股)和境外上市外资股(H股、N股、S股)。

②债券。债券包括公司债券、政府债券和金融债券。

③证券投资基金。证券投资基金是基金投资人持有基金单位的凭证。证券投资基金是一种利益共享、风险共担的集合证券投资方式,即通过发行基金单位,集中投资者的资金,由基金托管人托管,由基金管理人管理和运用资金,从事股票、债券等金融工具投资。根据基金单位是否可以增加或赎回,可分为开放式基金和封闭式基金。

2. 证券法概述

(1)证券法的调整对象。证券法是规定证券的种类及证券在一级市场的发行和二级市场的交易中所产生的社会关系的法律规范的总称。证券法的概念有广义和狭义之分。广义的证券法是指包括票据法和投资证券法在内的现代证券法。狭义的证券法是指某一特定的证券法律规范，即以特定范围内的有价证券为调整对象的证券法律规范。本书所述的证券法仅指狭义上的证券法。

(2)证券法的基本原则。证券法的基本原则是证券法基本精神的体现，贯穿证券发行、交易、管理以及证券立法、执法和司法的始终，在证券法体系中具有最高的效力，证券法的具体制度是证券法基本原则的表现形式。证券法的基本原则可以概括为三点：①公开原则，又称公示原则，即所谓披露信息制度，它是指在证券发行和交易过程中，证券发行人和其他有关当事人，必须依法及时、准确地向社会公众披露能够影响投资者作出投资决定的一切信息资料。也就是说，投资者只有在获得全面、准确和完整信息的基础上，才能够为自己作出的投资选择承担风险。②公平原则，是指在证券发行和交易活动中，投资人、发行人、证券商和证券专业服务机构等市场主体的法律地位平等，即平等地享受权利和承担义务，公平地开展竞争，合法权益受到公平保护。③公正原则，是指在证券市场中，立法者应制定公正的规则，司法和管理者应该按照这一规则公正地执行法律，对于一切被监管者予以公正待遇。

除此之外，证券市场也应当遵守民法中的自愿、等价有偿、诚实信用原则。

10.4.2　证券发行与承销

1. 证券发行概述

所谓证券发行，是指证券发行人依照法定程序将自己的证券出售或交付给投资者的行为。按不同的标准，证券发行可以划分为以下几类：依证券发行对象是否特定可分为公募发行和私募发行；依证券种类可分为股票发行和债券发行；依证券发行是否通过证券承销机构可分为直接发行和间接发行；依证券发行目的可分为设立发行和增资发行；依证券发行价格与证券票面金额或贴现金额的关系可分为平价发行、溢价发行和折价发行。

2. 证券承销制度

证券承销是指证券公司等证券经营机构依照承销协议包销或者代销发行人所发行的股票和债券或其他投资证券的行为。证券承销方式有两种：证券代销和证券包销。证券代销是指证券公司代发行人发售证券，在承销期结束时，将未售出的证券全部退还给发行人的承销方式。证券包销是指证券经营机构将发行人的证券按照协议全部购入或者在承销期结束后将售后剩余证券全部自行购入的承销方式。证券包销的发行风险归属于证券经营机构，它是我国目前证券承销所采用的主要承销方式，不仅适用于股票发行，也适用于公司债券的发行。证券包销分为全额包销和余额包销两种。全额包销是指证券经营机构以自己拥有的资产一次性全部买进证券发行人发行的证券，再以唯一的销售者身份，以市场价格向公众发售的销售方式。余额包销是指证券经营机构在承销期结束时将售后剩余证券全部自行购入的承销方式。

**【法律小贴士 10-5】**

《证券法》第二十九条规定：公开发行证券的发行人有权依法自主选择承销的证券公司。证券公司不得以不正当竞争手段招揽证券承销业务。

第三十条规定：证券公司承销证券，应当同发行人签订代销或者包销协议，载明下列事项:当事人的名称、住所及法定代表人姓名;代销、包销证券的种类、数量、金额及发行价格;代销、包销的期限及起止日期;代销、包销的付款方式及日期;代销、包销的费用和结算办法;违约责任;国务院证券监督管理机构规定的其他事项。

第三十一条规定:证券公司承销证券,应当对公开发行募集文件的真实性、准确性、完整性进行核查;发现有虚假记载、误导性陈述或者重大遗漏的,不得进行销售活动;已经销售的,必须立即停止销售活动,并采取纠正措施。

第三十二条规定:向不特定对象发行的证券票面总值超过人民币 5 000 万元的,应当由承销团承销。承销团应当由主承销和参与承销的证券公司组成。

第三十三条规定:证券的代销、包销期限最长不得超过 90 日。

证券公司在代销、包销期内,对所代销、包销的证券应当保证先行出售给认购人,证券公司不得为本公司预留所代销的证券和预先购入并留存所包销的证券。

10.4.3 证券上市与交易制度

1. 证券上市

证券上市是发行人发行的有价证券,依据法定的条件和程序,在证券交易所集中竞价交易的行为。

1)证券上市的条件

(1)股票上市的条件。股份有限公司申请股票上市,应当符合下列条件:股票经国务院证券监督管理机构核准已公开发行;公司股本总额不少于人民币 3 000 万元;公开发行的股份达到公司股份总数的 25%以上;公司股本总额超过人民币 4 亿元的,公开发行股份的比例为 10%以上;公司最近 3 年无重大违法行为,财务会计报告无虚假记载。

(2)公司债券上市的条件。公司申请公司债券上市交易,应当符合下列条件:公司债券的期限为 1 年以上;公司债券实际发行额不少于人民币 5 000 万元;公司申请债券上市时仍符合法定的公司债券发行条件。

2)证券的暂停、终止上市

(1)股票的暂停、终止上市。上市公司有下列情形之一的,由证券交易所决定暂停其股票上市交易:公司股本总额、股权分布等发生变化,不再具备上市条件;公司不按照规定公开其财务状况,或者对财务会计报告作虚假记载,可能误导投资者;公司有重大违法行为;公司最近 3 年连续亏损;证券交易所上市规则规定的其他情形。上市公司有下列情形之一的,由证券交易所决定终止其股票上市交易:公司股本总额、股权分布等发生变化,不再具备上市条件,在证券交易所规定的期限内仍不能达到上市条件;公司不按照规定公开其财务状况,或者对财务会计报告作虚假记载,且拒绝纠正;公司最近 3 年连续亏损,在其后一个年度内未能恢复盈利;公司解散或者被宣告破产;证券交易所上市规则规定的其他情形。

(2)公司债券的暂停、终止上市。公司债券上市交易后,公司有下列情形之一的,由证券交易所决定暂停其公司债券上市交易:第一,公司有重大违法行为;第二,公司情况发生重大变化,不符合公司债券上市条件;第三,发行公司债券所募集的资金不按照核准的用途使用;第四,未按照公司债券募集办法履行义务;第五,公司最近两年连续亏损。公司有上述第一项、第四项所列情形之一经查实后果严重的,或者有上述第二项、第三项、第五项所列情形之一，在限期内未能消除的，由证券交易所决定终止其公司证券上市交易。公司解散或者被宣告破产的，由证券交易所终止其公司债券上市交易。

2. 证券交易条件

证券交易条件是指在证券市场上公开进行交易的证券必须符合法律规定的相关条件才能买卖。证券交易条件主要包括：

(1)证券交易当事人依法买卖的证券。必须是依法发行并交付的证券，非经法定程序发行证券不得买卖。

(2)依法发行的股票、公司证券及其他证券法律对其转让期限有限制性规定的，在限定期限内，不得买卖；经依法核准的上市交易的股票、公司证券及其他证券，应当在证券交易所挂牌交易。

3. 信息公开制度

信息公开制度是指上市公司在证券发行和交易过程中，必须真实、准确、完整、及时地按照法律规定的形式向公众投资者公开一切有关公司重要信息的制度，从而使上市公司的证券能够在有效、公开、知情的市场中进行交易。

发行股票、公司债券的公司，必须按照《公司法》的规定，经中国证监会批准后，公开必须具备的文件。发行人必须根据真实、完整的原则公告招股说明书、公司债券募集办法；依法发行新股票或者公司债券的，还应当公告财务会计报告。发行人在此过程中，不得在文件上有虚假记载、误导性陈述或者重大遗漏。

10.4.4　证券监督管理制度

1. 证券监管概述

(1)证券监管的概念。证券监管是指监管机构依据证券法规，对证券发行、交易和服务活动实施的监督与管理。证券监管制度就是关于证券监管机构对证券发行、交易与服务活动实施监督管理的一系列规范的总称。它包括证券监管的目标和原则、证券监管体制、证券监管机构的性质、职责权限、法律责任以及证券监管的国际合作等。

(2)证券监管的原则。证券监管原则是指证券监管活动本身应当遵循的基本准则。它贯穿于证券监管活动的始终，对证券监管行为具有指导性作用，有助于保障证券监管目标的实现。证券监管原则主要包括依法监管原则、适当监管原则、效率原则、自律管理与政府监管相结合原则等。

2. 证券监督管理机构的职责

(1)依法制定有关证券市场监督管理的规章、规则。证券市场要规范化、法制化，仅有《证券法》是不够的，还需要一系列配套的行政法规和部门规章以及各种规则。同时，证券监管机构要依法监督管理证券市场，也必须通过制定规章和准则来实现，但前提是必须依法制定，不能超越立法权限。

(2)依法行使审批或者核准权。根据《证券法》的规定，证券公司的设立、变更、终止，在境外设立、收购或者参股证券经营机构，为客户买卖证券提供融资融券服务；证券登记结算机构的设立、解散等均须经国务院证券监管机构审核批准。

(3)依法对证券的发行、交易、登记、存管、结算，进行监督管理。《证券法》对证券的发行、交易、登记、存管、结算等环节均有详尽的规定。为维护证券市场的秩序,《证券法》赋予证券监管机构在证券发行与交易诸环节中的监管职责。

(4)依法对证券发行人、上市公司、证券公司、证券投资基金管理公司、证券服务机构、证券交易所、证券登记结算机构的证券业务活动,进行监督管理。

(5)依法监督检查证券发行、上市和交易的信息公开情况。信息公开有利于提高证券市场的透明度,从而有利于保护证券投资者。为保证证券发行、上市、交易的信息公开,并做到及时、真实、准确,使投资者得到平等的信息获取机会和交易机会,国务院证券监督管理机构负有依法监督检查证券发行、上市和交易的信息公开情况的职责。

(6)依法对违反证券市场监督管理法律、行政法规的行为进行查处。

(7)法律、行政法规规定的其他职责。

随着我国证券市场的对外开放,证券监管的国际合作问题日益突出。新修订的《证券法》适应我国证券市场发展的趋势,规定国务院证券监督管理机构可以和其他国家或者地区的证券监督管理机构建立监督管理合作机制,实施跨境监督管理。

【案例分析 10-3】

戴某在担任甲上市公司董事期间,利用甲上市公司与乙上市公司进行资产重组,乙上市公司主营业务将要发生重大变化这一信息,于 2016 年 11 月 18 日至 20 日期间,在某证券公司营业部投入资金 350 万元,以平均 6 元的价格买入乙上市公司股票 80 万股,信息公开后以每股 7 元的价格全部卖出,共计获利 80 万元。同年 12 月,甲上市公司与乙上市公司相继公告进行了资产重组的信息。

问:戴某的行为是否合法?

分析提示:戴某的行为属于利用内部信息进行证券交易、非法获利的行为。根据《证券法》的规定,证券交易内幕的知情人在内幕信息公开前,不得买入和卖出该公司的证券。

自 测 题

一、单项选择题

1. 中国人民银行不能从事的业务是(　　)。

A. 再贴现　　B. 经理国库

C. 公开市场业务　　D. 向地方政府贷款

2. 根据《证券法》的规定,股份有限公司申请证券上市交易,应当向特定机构申请,由该机构依法审核同意,并由双方签订上市协议后方可上市。该特定机构是(　　)。

A. 国务院证券监督管理机构　　B. 证券交易所

C. 国务院授权的部门　　D. 省级人民政府

3. 甲在一张承兑汇票上签署“保证”字样,并记载自己为保证人,但没有记载被保证人的名称,则下列说法正确的是(　　)。

A. 该汇票无效　　B. 出票人为被保证人

C. 承兑人为被保证人　　D. 甲的票据保证行为无效

4. 甲将一汇票背书转让给乙，但该汇票上未记载乙的名称。其后，乙在该汇票被背书人栏内记载了自己的名称。根据《票据法》的规定，下列有关该汇票背书与记载效力的表述中正确的是(　　)。

A. 甲的背书无效，因为甲未记载被背书人乙的名称

B. 甲的背书无效，且将导致该票据无效

C. 乙的记载无效，应由背书人甲补记

D. 乙的记载有效，其记载与背书人甲记载具有同等法律效力

5. 下列关于证券交易所职责的表述中不符合证券法律制度规定的是(　　)。

A. 公布证券交易即时行情并按交易日制作市场行情表

B. 决定公司债券的暂停或终止上市

C. 因突发性事件采取技术性停牌应报国务院证券监督管理机构批准

D. 根据需求，可对出现重大异常交易情况的证券账户限制交易，并报国务院证券监督管理机构备案

二、多项选择题

1. 根据《中国人民银行法》的规定，中国人民银行为执行货币政策，可以运用的货币政策有(　　)。

A. 法定存款准备金

B. 基准利率

C. 再贴现

D. 向商业银行提供贷款

2. 根据《票据法》的规定，下列情形中属于汇票背书行为无效的有(　　)。

A. 附有条件的背书

B. 只将汇票金额的一部分进行转让的背书

C. 将汇票金额分别转让给 2 人或 2 人以上的背书

D. 背书人在汇票上记载“不得转让”，其后手又进行背书转让的

3. 根据《票据法》的规定，下列情形中将导致支票无效的是(　　)。

A. 支票上未记载付款地

B. 支票上未记载付款日期

C. 支票金额中文大写与数码记载不一致

D. 支票的出票日期被更改

4. 根据上市公司收购法律制度的规定，下列情形中属于表明投资者获得或拥有上市公司控制权的有(　　)。

A. 投资者为上市公司持股 50％以上的控股股东

B. 投资者可实际支配上市公司股份表决权超过 30％

C. 投资者通过实际支配上市公司股份表决权能够决定公司董事会 1/3 成员选任

D. 投资者依其可实际支配的上市公司股份表决权足以对公司股东大会的决议产生重大影响

5. 根据《证券法》的规定,证券投资咨询机构及其从业人员不得从事的证券服务业务行为有(　　)。

A. 代理委托人从事证券投资

B. 与委托人约定分享证券投资收益

C. 买卖本咨询机构提供服务的上市公司股票

D. 利用传播媒介向投资者推荐上市公司股票

三、案例分析题

甲公司作为出票人,为支付装修费用签发支票一张,付款人为A银行,收款人为乙公司,金额为150万元。乙公司为支付从丙商场购货货款将该支票背书转让给丙商场。丙商场持票据向A银行提示付款,A银行因甲公司支票存款账户上资金不足而退票。丙商场先后要求乙公司、甲公司支付票款,乙公司以该票据付款责任在甲公司为由拒绝,甲公司以乙公司所提供的装修不符合约定为由也拒绝付款。

问题:(1)丙商场持有票据享有什么票据权利?这些权利是如何行使的?

(2)甲公司和乙公司的抗辩是否正确?为什么?

(3)丙商场在这种情形下可采取什么做法维护自身权益?

第11章 税法

【学习目标】

理解税收和税法的概念，理解税法的原则；掌握税法的构成要素；了解我国现行税收的分类；掌握增值税、消费税、企业所得税、个人所得税的基本内容，并能熟练计算；掌握税收征收管理法的内容。

【引导案例】

李某原系上海某电子技术有限公司总经理，有关资料显示，2013—2015年，李某涉嫌利用职务之便大量偷逃税款。

税务稽查人员于2016年年底来到该电子技术有限公司河南分公司，将该公司有关账册调回进行检查，发现近3年来李某应纳个人所得税392 074.14元，已代扣代缴税款120 711.15元，应补缴个人所得税271 362.99元。其中，因不申报纳税造成少缴个人所得税21 956.85元，因提成奖金不申报少缴个人所得税225 126.14元，因扣缴义务人未按规定足额代扣代缴少缴个人所得税24 280元。同时，李某为取得更多的个人收入，利用职务之便，指使公司财务人员以莫须有的"电脑耗材"等名目计入管理费用，通过虚假报销取得个人收入。掌握了这些情况，稽查人员认真核对了该公司的报销凭证，后经陈某、公司财务人员指证和李某自己交代，2013年1月1日—2015年12月31日，李某个人以虚假报销、虚列费用的方式少缴个人所得税225 126.14元。

问题：(1)税务局对李某虚假报销取得收入行为如何定性？怎样处罚？

(2)税务局对李某不选择异地进行工资、薪金合并申报纳税如何定性？怎样处罚？

11.1 税法概述

11.1.1 税收概述

1. 税收的概念

税收是国家为满足社会公共需要，凭借公共权力，按照法律所规定的标准和程序，参与国民收入分配，强制地、无偿地取得财政收入的一种方式。

在我国，税收是财政收入的主要来源，目前，我国税收收入占国家财政收入的90%左右。税收是调控经济运行的重要手段，政府运用税收手段，既可以调节宏观经济总量，也可以调节经济结构；税收也是调节收入分配的重要工具，如个人所得税实行超额累进税率，具有高收入者适用高税率、低收入者适用低税率或不征税的特点，有助于调节个人收入分配，促进社会公平；税收还具有监督经济活动的作用。

在我国，国家、集体和个人的根本利益是一致的，税收具有“取之于民，用之于民”的本质特征。

2. 税收的主要特征

1)强制性

税收的强制性主要体现在征税过程中，主要是指国家以社会管理者的身份，用法律、法规等形式对征收捐税加以规定，并依照法律强制征税。

2)无偿性

税收的无偿性是指国家征税后，税款一律纳入国家财政预算，由财政统一分配，而不直接向具体纳税人返还或支付报酬。税收的无偿性表现为个体的无偿性、整体的有偿性。税收的无偿性是对个体纳税人而言的，其享有的公共利益与其缴纳的税款并非一对一的对等，但就纳税人的整体而言则是对等的，政府使用税款的目的是向社会全体成员包括具体纳税人提供社会需要的公共产品和公共服务。

3)固定性

税收的固定性是指国家征税必须通过法律的形式，预先规定征税对象、纳税人和征税标准等征税规范，按照预定的标准征税。

税收的三个特征是统一的整体，相互联系，缺一不可。无偿性是税收这种特殊分配手段本质的体现，强制性是实现税收无偿征收的保证，固定性是无偿性和强制性的必然要求。三者相互配合，保证了政府财政收入的稳定。

11.1.2 税法的含义

1. 税法的概念

税法是国家制定的用以调整国家与纳税人之间在征纳税方面的权利及义务关系的法律规范的总称。税法是国家及纳税人依法征税、依法纳税的行为准则。

制定和实施税法的目的就是保障国家利益和纳税人的合法权益，维护正常的税收秩序，保证国家的财政收入。

2. 税法的基本原则

1)税收法定原则

由于税收是国家为实现职能而对单位和个人占有的部分财产的强制再分配，税收征收管理对单位和个人的基本财产权利有重要影响，同时也对国家利益有重要影响，因此，课税要素的全部内容必须由法律规定。课税要素主要包括纳税人、征税机关、征税对象、税率、税收优惠、征税基本程序、税务争议的解决办法等。这些课税要素是纳税义务成立的必要条件，课税要素由法律确定，才能保证依法设定纳税义务。我国的法律是由全国人民代表大会及其常委会制定的，我国立法法也明确规定，国家税收基本制度属于全国人民代表大会及其常委会的立法事项，实施税收征收管理活动必须严格遵守法律的规定。税收征收管理必须依照法律规定进行，这是税收法定原则的重要内容，体现了税收法定原则的要求，是由税收的本质所决定的。

2)实质课税原则

实质课税原则,即量能课税原则,是指应根据纳税人的真实负担能力决定纳税人的税负,不能仅考核其表面上是否符合课税要件。这是因为纳税人是否满足课税要件,其外在形式和内在真实之间往往因一些客观因素或纳税人的刻意伪装而产生差异。例如,纳税人借转让定价而减少计税所得,按其确定的价格计税则不能反映其真实所得。税务机关根据实质课税原则,有权重新估定计税价格,并据以计算应纳税额。

3)税收公平原则

税收公平原则的基本含义:税收负担必须依据纳税人的负担能力分配,负担能力相等者税负相同,负担能力不等者税负不同。当纳税人的负担能力(纳税能力)相等时,以纳税人获得收入(取得所得)的能力作为确定负担能力的基本标准,但当所得指标不完备时,财产或消费水平可作为补充指标;当纳税人的负担能力不等时,应当根据其从政府活动中期望得到的利益大小缴税或使社会牺牲最小。

11.1.3　税法要素

税法的构成即税收法律规范的内部结构,税法要素包括:

1. 纳税人

纳税人又称纳税主体,是税法要素的最基本内容之一。根据税收法定原则中课税要素法定的要求,纳税人必须依法确定。法律、行政法规规定负有纳税义务的单位和个人为纳税人。纳税人有三个主要特征:纳税人是由法律、行政法规确定的;纳税人负有依法缴纳税款的义务;纳税人可以是自然人,也可以是法人。

2. 征税对象

征税对象又称纳税客体,是指税收法律关系中征纳双方权利义务所指向的物或行为。征税对象是税收制度最基本的要素,也是一种税收区别于另一种税收的主要标志。在现代社会,国家的课税对象主要包括所得、商品和财产三类,国家税制往往也是以对应于这三类课税对象的所得税、商品税和财产税为主体。

3. 税目

税目是指税法中规定的征税对象的具体项目,是征税对象的具体化。它反映了具体的征收范围,代表了征税广度。并不是所有的税种都规定税目,有些税种征税对象简单、明确,没有另行规定税目的必要。设计税目的方法有两个:一是列举法;二是概括法。与此相对应,税目可分为列举税目和概括税目。

税目具有两方面的作用:一是明确征税的范围,体现征税的广度,凡属于列举税目之内的产品或收入即为课税对象,反之则为非应税对象;二是对具体征税项目进行归类和界定,以便针对不同的税目确定差别税率。

4. 税率

税率是应纳税额与征税对象之间的比例,通常用百分比来表示。税率的高低,直接关系到国家征税的数量和纳税人的税收负担,因而它是税收制度的中心环节。税率主要有以下几种形式:

1)比例税率

比例税率是对同一征税对象不分数额大小,规定相同的征税比例的税率。流转税一般都实行比例税率。比例税率又分为统一比例税率和差别比例税率。前者指一种税只设置一种比例税率,所有纳税人都按同一税率纳税;后者指一种税设两种或两种以上的比例税率。

2)累进税率

累进税率又称累进税制,是指随同征税对象数量的增大,征税比例随之提高的税率。它被称为经济的"自动稳定器",一般用于收益、财产征税。它可分为全额累进税率和超额累进税率。此外,由于计税依据、减税免税、加成征税、加倍征税、偷税漏税等原因,纳税人的实际税率与税法所规定的税率即名义税率并不完全相等。

3)定额税率

定额税率是指征税对象的计量单位直接规定为纳税的绝对额的税率形式,适用于从量征收的税种。

5. 计税依据

计税依据是指计算应纳税额根据的标准,即根据什么来计算纳税人应缴纳的税额。计税依据与征税对象虽然同样是反映征税的客体,但两者要解决的问题不相同。征税对象解决对什么征税的问题;计税依据则是确定了征税对象之后,解决如何计量的问题。计税依据分为从价计征和从量计征两种。从价计征的税收以征税对象的自然数量与单位价格的乘积作为计税依据;从量计征的税收以征税对象的自然实物量作为计税依据,该项实物量以税法规定的计量标准(重量、体积、面积等)计算。

6. 纳税环节

纳税环节主要指税法规定的征税对象在从生产到消费的流转过程中应当缴纳税款的环节。

纳税环节取决于课税客体即征税对象的运动属性,包括所处位置的变换和所有者的变更。国家在规定某种征税对象时,必须明确规定其纳税环节,即发生纳税义务的时间和场所。

7. 纳税期限

纳税期限是指纳税人发生纳税义务后向国家缴纳税款的期限。比如,企业所得税在月份或者季度终了后 15 日内预缴,年度终了后 4 个月内汇算清缴,多退少补。

8. 减税免税

减税免税主要是对某些纳税人和征税对象采取减少征税或者免予征税的特殊规定。免税只能由法律、行政法规作出规定,或者法律、行政法规授权国务院作出规定,我国对减免税权限规定的非常严格。减税免税是对某些纳税人和征税对象给予鼓励和照顾的一种措施。减税免税的类型有:一次性减税免税、一定期限的减税免税、困难照顾型减税免税、扶持发展型减税免税等。

9. 法律责任

法律责任是对违反税法规定的单位和个人采取的处罚措施,一般包括违法行为和因违法而应承担法律责任。违法行为主要是指违反税法规定的行为,包括作为与不作为。税法中的法律责任既包括行政责任,也包括刑事责任。无论是国家税务机构工作人员,还是纳税人,只要违反税法的规定,均应依法承担相应的法律责任。

11.1.4　税收的分类

税收的分类是以一定的目的和要求出发，按照一定的标准，对各不同税种隶属税类所做的一种划分。我国税收的分类主要有：

1. 以课税对象为标准分类

1)流转税

流转税是以商品生产流转额和非生产流转额为课税对象征收的一类税。流转税是我国税制结构中的主体税类，目前包括增值税、消费税和关税等。

2)所得税

所得税亦称收益税，是指以各种所得额为课税对象的一类税。所得税也是我国税制结构中的主体税类，目前包括企业所得税、个人所得税等。

3)财产税

财产税是指以纳税人所拥有或支配的财产为课税对象的一类税，包括遗产税、房产税、契税、车辆购置税和车船税等。

4)行为税

行为税是指以纳税人的某些特定行为为课税对象的一类税。我国现行税制中的城市维护建设税、印花税、屠宰税(已取消)等属于行为税。

5)资源税

资源税是指对在我国境内从事资源开发的单位和个人征收的一类税。我国现行税制中的资源税、土地增值税、耕地占用税和城镇土地使用税都属于资源税。

2. 以税收的管理和使用权限为标准分类

1)中央税

中央税是指由中央政府征收和管理使用或由地方政府征收后全部划归中央政府所有并支配使用的一类税，如我国现行的关税和消费税等。这类税一般收入较大，征收范围广泛。

2)地方税

地方税是指由地方政府征收和管理使用的一类税，如房产税。这类税一般收入稳定，并与地方经济利益关系密切。

3)中央与地方共享税

中央与地方共享税是指税收的管理权和使用权属中央政府和地方政府共同拥有的一类税。如我国现行的增值税和资源税等。这类税直接涉及中央与地方的共同利益。

3. 以税收的计算依据为标准分类

1)从量税

从量税是指以课税对象的数量(重量、面积、件数)为依据，按固定税额计征的一类税。

从量税实行定额税率，具有计算简便等优点，如我国现行的车船税和城镇土地使用税等。

2)从价税

从价税是指以课税对象的价格为依据,按一定比例计征的一类税。

从价税实行比例税率和累进税率,税收负担比较合理,如我国现行的增值税、关税和各种所得税等税种。

【知识链接】

价内税。价内税是指税款在应税商品价格内,作为商品价格一个组成部分的一类税,如我国现行的消费税和关税等税种。

价外税。价外税是指税款不在商品价格之内,不作为商品价格的一个组成部分的一类税,如我国现行的增值税(目前商品的价税合一并不能否认增值税的价外税性质)。

11.2 所 得 税

所得税又称收益税,是以纳税人的法定所得额或收益额为课税对象的一类税。其特点是以纳税人的所得额为计税依据,以纳税人的实际负担能力确定税负,多得多征,少得少征,无所得不征。所得税主要包括个人所得税和企业所得税。

11.2.1 个人所得税

个人所得税是对个人(自然人)取得的各项应税所得征收的一种税。我国规范个人所得税的基本法律规范是2011年6月30日全国人民代表大会常务委员会修订颁布、自2011年9月1日施行的《中华人民共和国个人所得税法》(以下简称《个人所得税法》)。2018年8月31日进行修订,并于2019年1月1日生效。

1. 纳税主体

凡在中华人民共和国境内有住所,或者无住所而在境内居住满1年的个人,以及在中国境内无住所又不居住或者无住所而在境内居住不满1年的个人,只要达到我国税法规定的纳税标准,都是个人所得税的纳税人。

2. 征税对象

个人所得税以个人取得的各项所得为征税对象。

第一,工资、薪金所得,是指个人因任职或者受雇而取得的工资、薪金、奖金、年终加薪、劳动分红、津贴、补贴以及与任职或者受雇有关的其他所得。

第二,个体工商户的生产、经营所得是指个体工商户从事工业、手工业、建筑业、交通运输业、商业、饮食业、服务业、修理业以及其他行业生产、经营取得的所得;个人经政府有关部门批准,取得执照,从事办学、医疗、咨询以及其他有偿服务活动取得的所得;其他个人从事个体工商业生产、经营取得的所得;上述个体工商户和个人取得的与生产、经营有关的各项应纳税所得。

第三,对企事业单位的承包经营、承租经营所得,是指个人承包经营、承租经营以及转包、转租取得的所得,包括个人按月或者按次取得的工资、薪金性质的所得。

第四，劳务报酬所得，是指个人从事设计、装潢、安装、制图、化验、测试、医疗、法律、会计、咨询、讲学、新闻、广播、翻译、审稿、书画、雕刻、影视、录音、录像、演出、表演、广告、展览、技术服务、介绍服务、经纪服务、代办服务以及其他劳务取得的所得。

第五，稿酬所得，是指个人因其作品以图书、报刊形式出版、发表而取得的所得。

第六，特许权使用费所得，是指个人提供专利权、商标权、著作权、非专利技术以及其他特许权的使用权取得的所得；提供著作权的使用权取得的所得，不包括稿酬所得。

第七，利息、股息、红利所得，是指个人拥有债权、股权而取得的利息、股息、红利所得。

第八，财产租赁所得，是指个人出租建筑物、土地使用权、机器设备、车船以及其他财产取得的所得。

第九，财产转让所得，是指个人转让有价证券、股权、建筑物、土地使用权、机器设备、车船以及其他财产取得的所得。

第十，偶然所得，是指个人得奖、中奖、中彩以及其他偶然性质的所得。

个人取得的所得，难以界定应纳税所得项目的，由主管税务机关确定。

第十一，其他所得。

3. 个人所得税计税依据

个人所得税的计税依据为个人取得的各项应税收入减去规定扣除项目或金额的余额，即应纳税所得额。个人取得的应纳税所得额包括现金、实物和有价证券。个人所得项目应纳税所得额的计算方法如下：

第一，居民个人的综合所得，以每一纳税年度的收入额减除费用六万元以及专项扣除、专项附加扣除和依法确定的其他扣除后的余额，为应纳税所得额。

第二，非居民个人的工资、薪金所得，以每月收入额减除费用五千元后的余额为应纳税所得额；劳务报酬所得、稿酬所得、特许权使用费所得，以每次收入额为应纳税所得额。

第三，经营所得，以每一纳税年度的收入总额减除成本、费用以及损失后的余额，为应纳税所得额。

第四，财产租赁所得，每次收入不超过四千元的，减除费用八百元；四千元以上的，减除20%的费用，其余额为应纳税所得额。

第五，财产转让所得，以转让财产的收入额减除财产原值和合理费用后的余额，为应纳税所得额。

第六，利息、股息、红利所得，偶然所得，以每次收入额为应纳税所得额。

劳务报酬所得、稿酬所得、特许权使用费所得以收入减除20%的费用后的余额为收入额。稿酬所得的收入额减按70%计算。

4. 个人所得税纳税申报

个人所得税的纳税办法有自行申报和代扣代缴两种。

1）自行申报纳税

自行申报纳税是由纳税人自行在税法规定的纳税期限内，向税务机关申报取得的应税所得项目和数额，如实填写个人所得税申报表，并按照税法规定计算应纳税额，据此交纳个人所得税的一种方法。

按照《中华人民共和国个人所得税法实施条例》的规定，凡在中国境内负有个人所得税纳税义务的纳税人，具有以下5种情形之一的，应当按照规定自行向税务机关办理纳税申报：年所得12万元以上的；从中国境内两处或两处以上取得工资、薪金所得的；从中国境外取得所得的；取得应税所得，没有扣缴义务人的；国务院规定的其他情形。

2)代扣代缴

代扣代缴是按照税法规定负有扣缴税款义务的单位或者个人，在向个人支付应纳税所得时，应计算应纳税款，从其所得中扣除并交入国库，同时向税务机关报送纳税申报表。

5. 减免税

下列各项个人所得，免纳个人所得税：省级人民政府、国务院部委和中国人民解放军军以上单位，以及外国组织、国际组织颁发的科学、教育、技术、文化、卫生、体育、环境保护等方面的奖金；国债和国家发行的金融债券利息；按照国家统一规定发给的补贴、津贴；福利费、抚恤金、救济金；保险赔款；军人的转业费、复员费；按照国家统一规定发给干部、职工的安家费、退职费、退休工资、离休工资、离休生活补助费；依照我国有关法律规定应予免税的各国驻华使馆、领事馆的外交代表、领事官员和其他人员的所得；中国政府参加的国际公约、签订的协议中规定免税的所得；经国务院财政部门批准免税的所得。

11.2.2 企业所得税

我国现行企业所得税法的主要依据是第十届全国人民代表大会第五次会议于2007年3月16日通过，自2008年1月1日起施行的《中华人民共和国企业所得税法》(以下简称《企业所得税法》)和2007年11月28日国务院第一百九十七次常务会议通过，自2008年1月1日起施行的《中华人民共和国企业所得税法实施条例》。

1. 企业所得税的含义

企业所得税是指对在我国境内的企业和其他取得收入的组织的生产经营所得和其他所得征收的一种税。

2. 纳税人

在中华人民共和国境内，企业和其他取得收入的组织(以下统称企业)为企业所得税的纳税人。

企业分为居民企业和非居民企业。居民企业是指依法在中国境内成立，或者依照外国(地区)法律成立但实际管理机构在中国境内的企业。非居民企业是指依照外国(地区)法律成立且实际管理机构不在中国境内，但在中国境内设立机构、场所的，或者在中国境内未设立机构、场所，但有来源于中国境内所得的企业。

《企业所得税法》所称依法在中国境内成立的企业，包括依照中国法律、行政法规在中国境内成立的企业、事业单位、社会团体以及其他取得收入的组织。

《企业所得税法》所称依照外国(地区)法律成立的企业，包括依照外国(地区)法律成立的企业和其他取得收入的组织。

个人独资企业、合伙企业不是企业所得税的纳税人。

3. 征税对象

企业所得税的征税对象的纳税人的法定所得额或收益额。这里的所得包括销售货物所得、提供劳务所得、转让财产所得、股息红利等权益性投资所得、利息所得、租金所得、特许权使用费所得、接受捐赠所得和其他所得。

居民企业应当就其来源于中国境内、境外的所得缴纳企业所得税;非居民企业在中国境内设立机构、场所的,应当就其所设机构、场所取得的来源于中国境内的所得,以及发生在中国境外但与其所设机构、场所有实际联系的所得,缴纳企业所得税;非居民企业在中国境内未设立机构、场所的,或者虽设立机构、场所但取得的所得与其所设机构、场所没有实际联系的,应当就其来源于中国境内的所得缴纳企业所得税。

4. 税率

企业所得税的税率为 25%。非居民企业在中国境内未设立机构、场所的,或者虽设立机构、场所但取得的所得与其所设机构、场所没有实际联系的,应当就其来源于中国境内的所得按照 20%的税率缴纳企业所得税。

5. 企业所得税应纳税所得额的计算

企业所得税的计税依据是应纳税所得额。企业每一纳税年度的收入总额,减除不征税收入、免税收入、各项扣除以及允许弥补的以前年度亏损后的余额,为应纳税所得额。用公式表示为:

应纳税所得额＝每一纳税会计年度的收入总额－准予扣除项目金额－以前年度亏损[①]

企业应纳税所得额的计算以权责发生制为原则。属于当期的收入和费用,不论款项是否收付,均作为当期的收入和费用;不属于当期的收入和费用,即使款项已经在当期收付,均不作为当期的收入和费用。

1)收入总额的确定

企业以货币形式和非货币形式从各种来源取得的收入,为收入总额,包括销售货物收入;提供劳务收入;转让财产收入;股息、红利等权益性投资收益;利息收入;租金收入;特许权使用费收入;接受捐赠收入;其他收入。

收入总额中的下列收入为不征税收入:财政拨款;依法收取并纳入财政管理的行政事业性收费、政府性基金;国务院规定的其他不征税收入。

2)准予扣除项目

企业实际发生的与取得收入有关的、合理的支出,包括成本、费用、税金、损失和其他支出,准予在计算应纳税所得额时扣除。这里的成本是指企业在生产经营活动中发生的销售成本、销货成本、业务支出以及其他耗费;费用是指企业在生产经营活动中发生的销售费用、管理费用和财务费用,已经计入成本的有关费用除外;税金是指企业发生的除企业所得税和允许抵扣的增值税以外的各项税金及其附加;损失是指企业在生产经营活动中发生的固定资产和存货的盘亏、毁损、报废损失,转让财产损失,呆账损失,坏账损失,自然灾害等不可抗力因素造成的损失以及其他损失。

准予扣除项目包括:企业发生的合理的工资薪金支出;企业依照国务院有关主管部门或者省级人民政府规定的范围和标准为职工缴纳的基本养老保险费、基本医疗保险费、失业保

---

① 亏损是指企业依照《企业所得税法》及其实施条例的规定将每一纳税年度的收入总额减除不征税收入、免税收入和各项扣除后小于零的数额。

险费、工伤保险费、生育保险费等基本社会保险费和住房公积金；企业在生产经营活动中发生的合理的不需要资本化的借款费用；企业在生产经营活动中发生的利息支出；企业发生的职工福利费支出，不超过工资薪金总额14%的部分；企业拨缴的工会经费，不超过工资薪金总额2%的部分；企业发生的职工教育经费支出，不超过工资薪金总额2.5%的部分（超过部分，准予在以后纳税年度结转扣除）；企业发生的与生产经营活动有关的业务招待费支出，按照发生额的60%扣除，但最高不得超过当年销售（营业）收入的5‰；企业发生的符合条件的广告费和业务宣传费支出，不超过当年销售（营业）收入15%的部分（超过部分，准予在以后纳税年度结转扣除）；企业依照法律、行政法规有关规定提取的用于环境保护、生态恢复等方面的专项资金（专项资金提取后改变用途的，不得扣除）；企业参加财产保险，按照规定缴纳的保险费；企业发生的合理的劳动保护支出；非居民企业在中国境内设立的机构、场所，就其中国境外总机构发生的与该机构、场所生产经营有关的费用，能够提供总机构出具的费用汇集范围、定额、分配依据和方法等证明文件，并合理分摊的；企业发生的公益性捐赠支出，不超过年度利润总额12%的部分。

3)不得扣除项目

在计算应纳税所得额时，下列支出不得扣除：向投资者支付的股息、红利等权益性投资收益款项；企业所得税税款；税收滞纳金；罚金、罚款和被没收财物的损失；公益性捐赠支出以外的捐赠支出；企业发生的与生产经营活动无关的各种非广告性质支出，即赞助支出；未经核定的准备金支出，主要是不符合国务院财政、税务主管部门规定的各项资产减值准备、风险准备等准备金支出；企业之间支付的管理费、企业内营业机构之间支付的租金和特许权使用费，以及非银行企业内营业机构之间支付的利息；与取得收入无关的其他支出。这是指除《企业所得税法》及其实施条例规定的法定支出之外的，财政部、国家税务总局规定的与企业取得收入无关的各项支出。

在计算应纳税所得额时，企业财务会计处理办法与税收法律、行政法规的规定不一致的，应当依照税收法律、行政法规的规定计算纳税。

4)以前年度亏损

企业纳税年度发生的亏损，准予向以后年度结转，用以后年度的所得弥补，但结转年限最长不得超过5年。

6. 应纳税额

企业的应纳税所得额乘以适用税率，减除依照《企业所得税法》关于税收优惠的规定减免和抵免的税额后的余额，为应纳税额。用公式表示为：

应纳税额=应纳税所得额×税率－减免和抵免的税额

企业取得的下列所得已在境外缴纳的所得税税额，可以从其当期应纳税额中抵免，抵免限额为该项所得依照规定计算的应纳税额；超过抵免限额的部分，可以在以后5个年度内，用每年度抵免限额抵免当年应抵税额后的余额进行抵补：居民企业来源于中国境外的应税所得；非居民企业在中国境内设立机构、场所，取得发生在中国境外但与该机构、场所有实际联系的应税所得。

7. 税收优惠

国家对重点扶持和鼓励发展的产业和项目，给予企业所得税优惠。

1)企业的免税收入

(1)国债利息收入;

(2)符合条件的居民企业之间的股息、红利等权益性投资收益;

(3)在中国境内设立机构、场所的非居民企业从居民企业取得与该机构、场所有实际联系的股息、红利等权益性投资收益;

(4)符合条件的非营利公益组织的收入。

2)企业的下列所得可以免征、减征企业所得税

(1)从事农、林、牧、渔业项目的所得;

(2)从事国家重点扶持的公共基础设施项目投资经营的所得;

(3)从事符合条件的环境保护、节能节水项目的所得;

(4)符合条件的技术转让所得,即一个纳税年度内,居民企业技术转让所得不超过500万元的部分,免征企业所得税;超过500万元的部分,减半征收企业所得税;

(5)非居民企业在中国境内未设立机构、场所的,或者虽设立机构、场所但取得的所得与其所设机构、场所没有实际联系的,应当就其来源于中国境内的所得缴纳企业所得税。

3)减征

(1)符合条件的小型微利企业,减按20%的税率征收企业所得税;

(2)国家需要重点扶持的高新技术企业,减按15%的税率征收企业所得税。

4)加计扣除

企业的下列支出可以在计算应纳税所得额时加计扣除:

(1)开发新技术、新产品、新工艺发生的研究开发费用。研究开发费用的加计扣除是指企业为开发新技术、新产品、新工艺发生的研究开发费用,未形成无形资产计入当期损益的,在按照规定据实扣除的基础上,按照研究开发费用的50%加计扣除;形成无形资产的,按照无形资产成本的150%摊销。

(2)安置残疾人员及国家鼓励安置的其他就业人员所支付的工资。企业安置残疾人员所支付的工资的加计扣除是指企业安置残疾人员的,在按照支付给残疾职工工资据实扣除的基础上,按照支付给残疾职工工资的100%加计扣除。残疾人员的范围适用《中华人民共和国残疾人保障法》的有关规定。

5)其他税收优惠

其他税收优惠有:创业投资企业从事国家需要重点扶持和鼓励的创业投资,可以按投资额的一定比例抵扣应纳税所得额;企业的固定资产由于技术进步等原因,确需加速折旧的,可以缩短折旧年限或者采取加速折旧的方法;企业综合利用资源,生产符合国家产业政策规定的产品所取得的收入,可以在计算应纳税所得额时减计收入;企业购置用于环境保护、节能节水、安全生产等专用设备的投资额,可以按一定比例实行税额抵免。

11.3　流　转　税

流转税又称商品税,是以纳税人的商品流转额和非商品流转额为征税对象的一类税收。其中,商品流转额是指因销售或购进商品而发生的货币金额,既可以是销售商品的收

入额,也可以是购进商品支付的金额;非商品流转额是指各种劳动收入或服务性业务收入金额。

流转税主要包括增值税、消费税、关税等,是我国税收的主要来源。流转税法律制度在整个税法体系中也占有重要地位。

11.3.1 增值税

我国现行增值税的基本规范是2008年11月国务院发布的《中华人民共和国增值税暂行条例》,2008年12月财政部制定的《中华人民共和国增值税暂行条例实施细则》,2008年12月财政部、国家税务总局印发的《关于全国实施增值税转型改革若干问题的通知》和《关于调整增值税纳税申报有关事项的通知》,2016年3月财政部、国家税务总局颁布的《关于全面推开营业税改征增值税试点的通知》,以及根据2017年11月19日《国务院关于废止〈中华人民共和国营业税暂行条例〉和修改〈中华人民共和国增值税暂行条例〉的决定》第二次修订等。

1. 增值税的含义

增值税是指以在中华人民共和国境内销售货物或者提供加工、修理修配劳务和销售服务以及进口货物的单位和个人取得的增值额为课税对象计算税款,并实行税款抵扣制的一种税。增值税以增值额为课税对象,以销售额或营业额为计税依据,同时实行税款抵扣制的计税方式,决定其属于流转税性质的税种。

【法律小贴士 11-1】

《关于全面推开营业税改征增值税试点的通知》(财税〔2016〕36号)规定,经国务院批准,自2016年5月1日起,在全国范围内全面推开营业税改征增值税(简称营改增)试点,建筑业、房地产业、金融业、生活服务业等全部营业税纳税人,纳入试点范围,由缴纳营业税改为缴纳增值税。

对于增值税定义的理解,应当重点界定几个词汇。货物是指有形动产,包括电力、热力、气体在内。加工是指受托加工货物,即委托方提供原料及主要材料,受托方按照委托方的要求,制造货物并收取加工费的业务。修理修配是指受托对损伤和丧失功能的货物进行修复,使其恢复原状和功能的业务。销售货物是指有偿转让货物的所有权。单位或者个体工商户聘用的员工为本单位或者雇主提供加工、修理修配劳务,不包括在内。销售服务是指提供交通运输服务、邮政服务、电信服务、建筑服务、金融服务、现代服务、生活服务。

另外,为避免单位或者个体工商户不合理避税,对于下列行为,视同销售货物:将货物交付其他单位或者个人代销;销售代销货物;设有两个以上机构并实行统一核算的纳税人,将货物从一个机构移送其他机构用于销售,但相关机构设在同一县(市)的除外;将自产或者委托加工的货物用于非增值税应税项目;将自产、委托加工的货物用于集体福利或者个人消费;将自产、委托加工或者购进的货物作为投资,提供给其他单位或者个体工商户;将自产、委托加工或者购进的货物分配给股东或者投资者;将自产、委托加工或者购进的货物无偿赠送其他单位或者个人。

2. 纳税人

增值税的纳税人为在中国境内销售货物、进口货物和提供加工修理修配劳务，以及提供应税行为的单位和个人。其中，单位是指企业、行政单位、事业单位、军事单位、社会团体和其他单位；个人是指个体工商户和其他个人。单位以承包、承租、挂靠方式经营的，承包人、承租人、挂靠人（统称承包人）以发包人、出租人、被挂靠人（统称发包人）名义对外经营并由发包人承担相关法律责任的，以该发包人为纳税人，否则以承包人为纳税人。

根据经营规模大小及会计核算健全与否，纳税人分为一般纳税人和小规模纳税人。小规模纳税人的认定标准是：

(1)从事货物生产或者提供应税劳务的纳税人，以及以从事货物生产或者提供应税劳务为主，并兼营货物批发或者零售的纳税人，年应征增值税销售额（简称应税销售额）在 50 万元以下（含本数，下同）的。

(2)纳税人提供应税服务，年应税销售额在 500 万元以下的；其他纳税人，年应税销售额在 80 万元以下的。

(3)年应税销售额超过小规模纳税人标准的其他个人按小规模纳税人纳税；非企业性单位、不经常发生应税行为的企业可选择按小规模纳税人纳税。小规模纳税人的销售额不包括其应纳税额。

3. 征税范围

增值税法规定：增值税的征税范围为在中国境内销售货物、进口货物、提供加工修理修配劳务、销售服务、销售无形资产和销售不动产（后三者简称应税行为）。所称在中国境内，是指销售货物的起运地或所在地在境内，提供的应税劳务发生在境内。

4. 我国增值税的计算方法

增值税分为生产型、收入型和消费型三种，主要依据对外购固定资产处理方式的不同而划分。

按照增值税的计税原理，增值税应按全部销售额计算税款，但只对货物或劳务价值中新增价值部分征税；实行税款抵扣制度，对以前环节已纳税款予以扣除。

为此，增值税的计算方法有两种：直接计算法和间接计算法。我国采用间接计算法，即不直接根据增值额计算增值税，而是应算出应税货物或劳务的整体税负，然后从整体税负中扣除法定的外购项目已纳税款。

1)一般纳税人

一般纳税人发生应税行为（销售货物，提供加工修理修配劳务，销售服务、不动产或转让无形资产），应纳税额为当期销项税额抵扣当期进项税额后的余额。其应纳税额计算公式为：

应纳税额＝当期销项税额－当期进项税额

销项税额＝销售额×税率

进项税额＝买价×扣除率

纳税人发生应税行为，按照销售额和相应税率计算并向购买方收取的增值税额，为销项税额。销售额为纳税人发生应税行为向购买方收取的全部价款和价外费用,但是不包括收取的销项税额。

纳税人购进货物或者应税服务,取得的增值税扣税凭证不符合法律、行政法规或者国务院税务主管部门有关规定的,其进项税额不得从销项税额中抵扣。下列项目的进项税额不得从销项税额中抵扣:用于非增值税应税项目、免征增值税项目、集体福利或者个人消费的购进货物或者应税服务;非正常损失的购进货物及相关的应税服务;非正常损失的在产品、产成品所耗用的购进货物或者应税服务;国务院财政、税务主管部门规定的纳税人自用消费品。

当期销项税额小于当期进项税额不足抵扣时,其不足部分可以结转下期继续抵扣。

2)小规模纳税人

小规模纳税人发生应税行为,实行按照销售额和征收率计算应纳税额的简易办法,并不得抵扣进项税额。其应纳税额计算公式为:

应纳税额=销售额×征收率

在实际中,小规模纳税人发生应税行为一般多采用销售额和应纳税额合并定价方法,按下列公式计算销售额:

销售额=含税销售额÷(1+征收率)

5. 减免税

增值税制度实行价外征收而其多环节多次征收,中间环节减免税没有任何意义,为此增值税的减免税是指最终环节的减免。

免征增值税的项目有:农业生产者销售的自产农产品;避孕药品和用具;古旧图书;直接用于科学研究、科学试验和教学的进口仪器、设备;外国政府、国际组织无偿援助的进口物资和设备;由残疾人的组织直接进口供残疾人专用的物品;销售自己使用过的物品。

11.3.2 消费税

消费税是我国1994年税制改革中新设置的一个税种,目的是调节产品结构,引导消费方向,保证国家财政收入。我国现行消费税的基本规范是2008年11月5日国务院第三十四次常务会议修订通过的《中华人民共和国消费税暂行条例》及其实施细则,自2009年1月1日起施行。

1. 消费税的含义

消费税又称货物税,是在我国境内生产、委托加工和进口应税消费品的单位和个人,以及销售应税消费品的其他单位和个人就其销售额和销售数量,在特定环节征收的一种流转税。简而言之,消费税就是以特定消费品和消费行为为课税对象所征收的一种税。其具有征税项目有选择性、征税环节单一性、征收方法多样性、税收调节具有特殊性及消费税具有转嫁性等特征。

2. 纳税主体

消费税的纳税人是指我国境内生产、委托加工和进口应税消费品的单位和个人,以及销售应税消费品的其他单位和个人。单位,是指企业、行政单位、事业单位、军事单位、社会团体及其他单位;个人,是指个体工商户及其他个人。

3. 征税对象

消费税的征税对象是在我国境内生产、委托加工、进口的特定消费品，主要包括烟、酒、高档化妆品、贵重首饰及珠宝玉石、鞭炮焰火、成品油、摩托车、小汽车、高尔夫球及球具、高档手表、游艇、木制一次性筷子、实木地板、电池和涂料等。

4. 计税方法

消费税实行从价定率、从量定额，或者从价定率和从量定额复合计税（以下简称复合计税）的办法计算应纳税额。纳税人销售的应税消费品以人民币计算销售额。

消费税的应纳税额计算公式如下：

实行从价定率办法计算的应纳税额＝销售额×比例税率

实行从量定额办法计算的应纳税额＝销售数量×定额税率

实行复合计税办法计算的应纳税额＝销售额×比例税率＋销售数量×定额税率

公式中的销售额包括价款和价外费用。价外费用是指价外向购买方收取的手续费、补贴、基金、集资费、返还利润、奖励费、违约金、滞纳金、延期付款利息、赔偿金、代收款项、代垫款项、包装费、包装物租金、储备费、优质费、运输装卸费以及其他各种性质的价外收费。

这里的销售额不包括应向购货方收取的增值税税款。如果纳税人应税消费品的销售额中未扣除增值税税款或者因不得开具增值税专用发票而发生价款和增值税税款合并收取的，在计算消费税时，应当换算为不含增值税税款的销售额。其换算公式为：

应税消费品的销售额＝含增值税的销售额÷（1＋增值税税率或者征收率）

应税消费品连同包装物销售的，无论包装物是否单独计价以及在会计上如何核算，均应并入应税消费品的销售额中缴纳消费税。如果包装物不作价随同产品销售，而是收取押金，此项押金则不应并入应税消费品的销售额中征税。但对因逾期未收回的包装物不再退还的或者已收取的时间超过 12 个月的押金，应并入应税消费品的销售额，按照应税消费品的适用税率缴纳消费税。

对既作价随同应税消费品销售，又另外收取押金的包装物的押金，凡纳税人在规定的期限内没有退还的，均应并入应税消费品的销售额，按照应税消费品的适用税率缴纳消费税。

例如：某企业 5 月 20 日销售白酒 1 000 千克，每千克售价 10 元，销售款项已收到。则其应纳消费税为：

实行复合计税办法计算的应纳税额＝销售额×比例税率＋销售数量×定额税率

＝1 000×10×20%＋1 000×2×0.5＝3 000（元）

11.4　税收征收管理

税收征收管理是指税务机关对纳税人依法征收税款和税务监督管理的总称。税收征收管理是税收管理的重要组成部分，是税务机关为了贯彻税收的基本法规、实现税收计划、协调征纳关系、组织税款入库而开展的一系列活动。我国税收的征收管理机关主要是国家税务总局和地方各级税务机关。我国关于税收征收管理的法律规范主要是1992年9月4日第七届全国人民代表大会常务委员会第二十七次会议通过的《中华人民共和国税收征收管理法》(以下简称《税收征收管理法》),自1993年1月1日起施行。1995年2月、2001年4月、2013年6月和2015年4月,该法经全国人大常委会修正。2016年2月国务院又修订颁布了《中华人民共和国税收征收管理法实施细则》。

税收征管的一般程序包括税务登记、账簿和凭证管理、发票管理、纳税申报、税款征收、税务检查等环节。《税收征收管理法》对税务机关和纳税人在各环节的权利、义务进行了规范,并明确了不履行义务的行政或法律责任。

11.4.1 税务登记

税务登记是纳税人在开业、歇业前以及生产经营期间发生变动时,就其生产经营的有关情况向所在地税务机关办理书面登记的一种制度。税务登记是税收征管的首要环节,具有应税收入、应税财产或应税行为的各类纳税人,都应依法办理税务登记。

1. 开业登记

从事生产经营的纳税人,在领取营业执照之后的30天内,持相关证件和资料,向税务机关申报办理税务登记。税务机关自收到申请之日起,在30天内审核并发给税务登记证件。

2. 变更登记

纳税人税务登记内容发生变化的,在工商行政管理机关办理变更登记后的30天内,持有关证件向税务机关申报办理变更税务登记。

3. 停复业登记

定期定额征收方式的纳税人在营业执照核准的经营期限内需要停业或复业的,向税务机关提出申请,经税务机关审核后进行停业或复业税务登记。纳税人在停业期间发生纳税义务的,应当按照税收法律、行政法规的规定申报缴纳税款。停业期满不能及时恢复生产经营的,应提前向税务机关提出延长停业登记申请,否则税务机关视为已复业进行征税和管理。

4. 注销登记

纳税人发生解散、破产、撤销以及其他情形,需要依法终止纳税义务的,纳税人应当在向工商行政管理机关申请办理注销之前,向税务机关申报办理注销登记。纳税人需要向税务机关提交相关证件和资料,结清应纳税款、多退(免)税款、滞纳金和罚款,缴销发票、税务登记证和其他税务证件,经税务机关核准后,办理注销税务登记手续。

自2015年9月起,税务部门启动了税务登记证和工商营业执照、组织机构代码证"三证合一"改革工作。所谓"三证合一"登记制度,是指企业分别由工商行政管理部门核发工商营业执照、质量技术监督部门核发组织机构代码证、税务部门核发税务登记证,改为一次申请、由工商行政管理部门核发一个加载法人和其他组织统一社会信用代码营业执照的登记制度。"三证合一"推行后,新办企业及换发证照的企业将取得工商登记部门核发的载有18位"统一社会信用代码”的营业执照。该 18 位“统一社会信用代码”既是企业的工商登记号，又是税务登记号。

2016 年 10 月 1 日起，我国实施“五证合一、一照一码”，在全面实施工商营业执照、组织机构代码证、税务登记证“三证合一”的基础上，再整合社会保险登记证和统计登记证，继续深化商事制度改革、优化营商环境，推动大众创业、万众创新。

11.4.2　账簿和凭证管理

账簿是纳税人、扣缴义务人连续记录其各种经济业务的账册和簿籍。凭证是纳税人用来记录其各种经济业务、明确经济责任，并据以登记账簿的书面证明。税务部门按照税收法律、行政法规和财务会计制度规定，对纳税人的会计账簿、凭证等实行管理和监督，是税收征管的重要环节。

1. 纳税人财务、会计制度备案制度

从事生产经营的纳税人应当自领取营业执照之日起 15 日内，将其财务会计制度或者财务会计处理办法和会计核算软件，报送主管税务机关备案。采用计算机记账的，其记账软件和使用说明及有关资料在使用前也应当报送税务机关备案。

2. 企业财务会计制度与税收规定不一致的处理办法

纳税人执行的财务会计制度或办法与税收规定抵触的，依照有关税收规定计算纳税。

3. 账簿设置要求

纳税人应按要求设置总账、明细账、日记账（特别是现金日记账和银行存款日记账）以及与履行纳税义务有关的其他辅助账簿。

4. 记账凭证使用要求

记账凭证应合法、有效。合法是指要按照法律、行政法规的规定取得、填制凭证，不得使用非法凭证；有效是要求取得和填制的凭证内容要真实，要素要齐全。

5. 账簿及凭证保管要求

纳税人应按《会计档案管理办法》的规定保存账簿、记账凭证、完税凭证及其他有关资料，不得伪造、变造或者擅自损毁。

6. 税控装置使用要求

税务部门根据税收征收管理的需要，积极推广税控装置。纳税人应当按照规定安装、使用税控装置，不得损毁或擅自改动税控装置。

7. 违法处理

纳税人未按规定设置、保管账簿或者保管记账凭证和有关资料，未按规定将财务会计制度或办法和会计核算软件报送税务机关备查，未按规定安装使用税控装置，非法印制完税凭证的，由税务机关责令限期改正，并视情节给予相应罚款等行政处罚。

11.4.3　发票管理

发票是生产、经营单位和个人在购销商品、提供和接受服务以及从事其他经营活动中，开具、收取的收付款凭证。按照使用范围，发票可分为增值税专用发票和普通发票两大类。税务机关是发票主管机关，负责发票印制、领购、开具、取得、保管、缴销的管理和监督。

1. 发票印制

发票一般由税务机关统一设计式样，设专人负责办理印制和管理，并套印全国统一发票印制章。其中，增值税专用发票由国家税务总局指定的企业印制；普通发票分别由各省、自治区、直辖市国家税务局、地方税务局指定企业印制。某些特殊经营行业，可由各主管部门统一设计发票格式、内容，报请主管税务机关审核同意，发给"发票印制通知书"。

未经上述税务机关指定，任何单位和个人不得擅自印制发票。

2. 发票领购

依法办理税务登记的单位和个人，在领取税务登记证件后，可提交有关材料，向主管税务机关申请领购发票。纳税人可以根据自己的需要，履行必要的手续后，申请领购普通发票。临时到本省、自治区、直辖市以外从事经营活动的单位或者个人，除了具备领购发票的一般条件外，还应当凭所在地税务机关开具的外出经营证明，并按规定提供保证人或者缴纳不超过1万元的保证金，向经营地主管税务机关申请领购经营地发票，并限期缴销。税务部门对纳税人领购发票实行交旧领新、验旧领新、批量供应方式。

3. 发票开具

销货方应按规定填开发票，购买方应按规定索取发票；纳税人进行电子商务必须开具或取得发票；发票要全联一次填写，严禁开具"大头小尾"发票；发票不得跨省、直辖市、自治区使用，开具发票要加盖财务印章或发票专用章；开具发票后，如发生销货退回需要开红字发票的，必须收回原发票并注明"作废"字样或取得对方有效证明；发生销货折让的，在收回原发票并注明"作废"后，重新开具发票。

增值税一般纳税人销售货物和应税劳务，除另有规定外，必须向购买方开具增值税专用发票。

4. 取得发票的管理

单位和个人在购买商品、接受服务或从事其他经营活动支付款项时，要按规定索取合法发票。对不符合规定的发票，包括发票本身不符合规定（白条或伪造的假发票、作废的发票等）、发票开具不符合规定、发票来源不符合规定的，任何单位和个人均有权拒收。

5. 发票的保管和缴销

税务机关内部或者用票单位和个人必须建立严格的发票专人保管制度、专库保管制度、专账登记制度、保管交接制度、定期盘点制度，保证发票安全。用票单位和个人应按规定向税务机关上缴已经使用或未使用的发票，税务机关应按规定统一将已经使用或者未使用的发票进行销毁。

6. 违法处理

违反发票管理规定，未按规定印制发票或者生产防伪专用品，未按规定领购、开具、取得、保管发票，非法携带、邮寄、运输或者存放空白发票，私自印制、伪造变造、倒买倒卖发票等行为，税务机关可以查封、扣押或者销毁，没收非法所得和作案工具，并处以相应罚款等；情节严重构成犯罪的，移送司法机关处理。

11.4.4　纳税申报

纳税申报是纳税人按照税法规定的期限和内容，向税务机关提交有关纳税事项书面报告的法律行为，是纳税人履行纳税义务、承担法律责任的主要依据，是税务机关税收管理信息的主要来源和税务管理的一项重要制度。

1. 申报对象

纳税人或者扣缴义务人无论本期有无应缴纳或者解缴的税款，都必须按税法规定的申报期限、申报内容，如实向主管税务机关办理纳税申报。

2. 申报内容

纳税申报的内容主要体现在纳税申报表或代扣代缴税款报告表中，主要项目包括：税种、税目，应纳税项目或者应代扣代缴、代收代缴税款项目，计税依据，扣除项目及标准，适用税率或者单位税额，应退税项目及税额、应减免税项目及税额，应纳税额或者应代扣代缴、代收代缴税额，税款所属期限，延期缴纳税款，欠税、滞纳金等。

纳税人办理纳税申报时，除如实填写纳税申报表外，还要根据情况报送有关证件、资料。

3. 申报期限

纳税人、扣缴义务人要依照法律、行政法规或者税务机关依法确定的申报期限如实办理纳税申报，报送纳税申报表、财务会计报表，或者代扣代缴、代收代缴税款报告表以及税务机关要求报送的其他纳税资料。

4. 申报方式

1）直接申报（上门申报）

直接申报是纳税人、扣缴义务人自行到税务机关办理纳税申报或者报送代扣代缴、代收代缴税款报告表的申报方式。

2）邮寄申报

邮寄申报是经税务机关批准，纳税人、扣缴义务人使用统一规定的纳税申报特快专递专用信封，通过邮政部门办理交寄手续，并向邮政部门索取收据作为申报凭据的方式。邮寄申报以寄出的邮戳日期为实际申报日期。

3）电子申报

电子申报是经税务机关批准的纳税人，通过电话语音、电子数据交换和网络传输等办理纳税申报的一种方式。纳税人采用电子申报方式办理纳税申报的，要按照税务机关规定的期限和要求保存有关资料，并定期书面报送主管税务机关。

4）银行网点申报

税务机关委托银行代收代缴税款，纳税人在法定的申报期限内可到银行网点进行申报。

5）简易申报

简易申报是实行定期定额征收方式的纳税人，经税务机关批准，以缴纳税款凭证代替申报。

6)其他方式

纳税人、扣缴义务人可以根据税法的规定,委托中介机构、税务代理人员代为办理纳税申报或简并征收。

5. 延期申报

纳税人、扣缴义务人不能按期办理纳税申报或者报送代扣代缴、代收代缴税款报告表的,经税务机关核准,可以延期申报,但要在纳税期内按照上期实际缴纳的税额或者税务机关核定的税额预缴税款,并在核准的延期内办理税款结算。

6. 违法处理

纳税人、扣缴义务人不按规定期限办理纳税申报的,税务机关可责令限期改正,并视情节给予相应罚款。

11.4.5 税款征收

税款征收是税务机关依据国家税收法律、行政法规确定的标准和范围,通过法定程序将纳税人的应纳税款组织征收入库的一系列活动。税款征收是税收征管活动的中心环节,也是纳税人履行纳税义务的体现。

1. 税款征收的主要方式和适用对象

查账征收是税务机关根据纳税人会计账簿等财务核算资料,依照税法规定计算征收税款的方式。它适用于财务制度健全、核算严格规范、纳税意识较强的纳税人。

核定征收是税务机关根据纳税人从业人数、生产设备、耗用原材料、经营成本、平均利润率等因素,查定核实其应纳税所得额,据以征收税款的方式。它一般适用于经营规模较小、实行简易记账或会计核算不健全的纳税人。

定期定额征收是税务机关根据纳税人自报和一定的审核评议程序,核定其一定时期应税收入和应纳税额,并按月或季度征收税款的方式。它一般适用于生产经营规模小、不能准确计算营业额和所得额的小规模纳税人或个体工商户。

代收代缴、代扣代缴是税务机关按照税法的规定,对负有代收代缴、代扣代缴税款义务的单位和个人,在其向纳税人收取或支付交易款项的同时,依法从交易款项中扣收纳税人应纳税款并按规定期限和缴库办法申报解缴的税款征收方式。它适用于有代收代缴、代扣代缴税款义务的单位和个人。

委托代征是税务机关依法委托有关单位和个人,代其向纳税人征收税款的方式。它主要适用于零星、分散、流动性大的税款征收,如集贸市场税收、车船税等。

查验征收是税务机关对纳税人应税商品通过查验数量,按照市场同类产品平均价格,计算其收入并据以征收税款的方式。它一般适用于在市场、车站、码头等场外临时经营的零星、流动性税源。

2. 纳税期限与延期缴纳

纳税人、扣缴义务人必须依法按照规定的期限,缴纳或者解缴税款。未按照规定期限缴纳或解缴税款的,税务机关除责令限期缴纳外,从滞纳税款之日起,按日加收滞纳税款万分之五的滞纳金。

纳税人因不可抗力发生较大损失，正常生产经营活动受到较大影响，或当期货币资金在扣除应付职工工资、社会保险费后，不足以缴纳税款的，经省、自治区、直辖市国家税务局、地方税务局批准，可以延期缴纳税款，但最长不能超过3个月。经批准延期缴纳的税款不加收滞纳金。

3. 税款减免

税款减免是税务机关依据税收法律、行政法规和国家有关税收的规定，给予纳税人的减税或免税。

按法律、行政法规规定或者经法定的审批机关批准减税、免税的纳税人，要持有关文件到主管税务机关办理减税、免税手续。减税、免税期满，应当自期满之日次日起恢复纳税。

享受减税、免税优惠的纳税人，如果减税、免税条件发生变化的，要自发生变化之日起15日内向税务机关报告；不再符合减税、免税条件的，要依法履行纳税义务，否则税务机关予以追缴。

4. 税款退还和追征

对计算错误、税率适用不当等原因造成纳税人超过应纳税额多缴税款的，税务机关应及时退还。纳税人超过应纳税额缴纳的税款，税务机关发现后立即退还；纳税人自结算缴纳税款之日起3年内发现的，可以向税务机关要求退还多缴的税款并加算银行同期存款利息，税务机关及时查实后要立即退还。

对因税务机关的责任，致使纳税人、扣缴义务人未缴或者少缴税款的，税务机关在3年内可以要求纳税人、扣缴义务人补缴税款，不得加收滞纳金；因纳税人、扣缴义务人计算错误等失误，未缴或者少缴税款的，税务机关在3年内可以追征税款、滞纳金；有特殊情况的，追征期可以延长到5年；对偷税、抗税、骗税的，税务机关追征其未缴或者少缴的税款、滞纳金或者所骗取的税款，不受上述规定期限的限制。

5. 税收保全和强制执行

税收保全措施是税务机关为了保证税款能够及时足额入库，对有逃避纳税义务的纳税人的财产的使用权和处分权予以限制的一种行政保全措施，是保证税收征管活动正常进行的一种强制手段。它主要包括书面通知纳税人开户银行或者其他金融机构冻结纳税人的相当于应纳税款的存款，以及扣押、查封纳税人的价值相当于应纳税款的商品、货物或者其他财产两方面内容。

税收强制执行是税务机关依照法定的程序和权限，强迫纳税人、扣缴义务人、纳税担保人和其他当事人缴纳拖欠的税款和罚款的一种强制措施。它主要包括两方面内容：书面通知纳税人的开户银行或者其他金融机构从其存款中扣缴税款；扣押、查封、依法拍卖或者变卖其相当于应纳税款的商品、货物或者其他财产。

税务机关采取税收保全、强制执行措施必须符合法定的条件和程序，如违法采用，将承担相应的行政赔偿责任。同时，一旦税收得以实现，相应的税收保全、强制执行措施应立即解除。

6. 违法处理

纳税人偷税、骗税、欠税、逃避追缴欠税，纳税人、扣缴义务人不缴或者少缴税款、编造虚假计税依据，有关单位和个人因违法行为导致他人未缴少缴或者骗取税款等行为，妨害税款征收的，由税务机关责令限期改正，给予相应罚款等行政处罚；情节严重构成犯罪的，追究相应的刑事责任。

11.4.6 税务检查

税务检查是税务机关依照国家有关税收法律、法规、规章和财务会计制度的规定，对纳税人、代扣代缴义务人履行纳税义务、扣缴义务情况进行审查监督的一种行政检查。税务检查是确保国家财政收入和税收法律、行政法规、规章贯彻落实的重要手段，是国家经济监督体系中不可缺少的组成部分。

1. 税务机关在税务检查中的权力

为保证税务机关能通过检查全面真实地掌握纳税人和扣缴义务人的生产、经营及财务情况，税收征管法明确规定了税务机关在税务检查中的权力，包括查账权、场地检查权、责成提供资料权、调查取证权、查证权、检查存款账户权，并对各项权力的行使规定了明确的条件和程序。

2. 税务检查形式

按实施主体分类，税务检查可分为税务稽查和征管部门的日常检查。税务稽查是由税务稽查部门依法组织实施的，对纳税人、扣缴义务人履行纳税义务、扣缴义务的情况进行的全面的、综合的专业检查，主要是对涉及偷税、逃税、抗税和骗税的大案要案的检查。征管部门的日常检查是征管机构在履行职责时对征管中的某一环节出现的问题或者防止在征管某一环节出现问题而进行的税务检查。

3. 税务检查的规范

1)对税务机关行使税务检查权的规范

(1)控制检查次数。税务机关建立科学的检查制度，统筹安排检查工作，严格控制对纳税人、扣缴义务人的检查次数。国家税务总局规定，由稽查部门牵头，统一布置部署各类检查，建立国地税联合检查和检查结果共享制度，减少重复检查。

(2)实行检查回避制度。

(3)应当出示相关税务证件。税务机关派出人员进行税务检查时，应当出示税务检查证和税务检查通知书。

(4)税务机关实施税务检查，应当有两人以上参加。

(5)检查存款账户在审批、使用、人员等方面有严格限制。

(6)调账检查有严格的审批和时间限制。

(7)应保守被检查人的秘密。

2)对纳税人和有关部门配合税务检查的规范

纳税人、扣缴义务人必须接受税务机关依法进行的税务检查，如实反映情况，提供有关资料，不得拒绝、隐瞒。有关部门和单位应当支持、协助税务机关依法进行的税务检查，如实向税务机关反映纳税人、扣缴义务人和其他当事人与纳税或者代扣代缴、代收代缴税款有关的情况，提供有关资料或证明材料。

4. 税务检查的程序

1)选案

选案主要采用计算机选案分析系统进行,采取人工归集分类、比例选择或随机抽样进行筛选,根据公民举报、上级交办、有关部门转办、交叉协查、情报交换等资料确定检查对象 3 种方式。其中,涉税举报是查处涉税违法案件重要来源之一。

2)检查

税务检查机构一般应提前以书面形式通知被查对象,向被查的单位和个人下达“税务检查通知书”,告知其检查时间、需要准备的资料、情况等,但有下列情况不得事先通知:公民举报有税收违法行为的;稽查机关有根据认为纳税人有违法行为的;预先通知有碍稽查的。税务人员在检查过程中,应依照法定权限和程序向被查对象、证人及利害关系人了解情况,提取和索取物证、书证,进行实物或实地检查等。

3)审理

在实施检查已完毕的基础上,税务机关专门组织人员核准案件事实,审查鉴别证据、分析认定案件性质,作出处理决定。对数额较大、情节复杂或征纳双方争议较大的重大案件,税务检查机构应及时提请所属税务机关的重大税务案件审理委员会进行集体审理,确保案件定性和处理准确、适当。

4)执行

税务检查事项完毕后,税务部门应及时将“税务处理决定书”送达纳税人,并督促被查对象将查补税款、滞纳金及罚款及时、足额缴入国库。

自　测　题

一、单项选择题

1. 根据企业所得税法律制度的规定,下列项目中享受税额抵免优惠政策的是(　　)。

A. 企业的赞助支出

B. 企业向残疾职工支付的工资

C. 企业购置并实际使用国家相关目录规定的环境保护专用设备投资额 10%的部分

D. 创业投资企业采取股权投资方式投资于未上市的中小高新技术企业 2 年以上的投资额 70%的部分

2. 某金店是增值税一般纳税人,2017 年 3 月采取以旧换新方式销售纯金项链 10 条,每条新项链不含税销售额为 4 000 元,收购旧项链不含税金额为每条 2 000 元,该笔业务的销项税额为(　　)元。

A. 6 800　　B. 5 200　　C. 3 400　　D. 2 600

3. 甲公司为增值税一般纳税人,2017 年 5 月从国外进口一批音响,海关核定的关税完税价格为 117 万元,缴纳关税 11.7 万元。已知增值税税率为 17%,甲公司该笔业务应纳增值税的计算中正确的是(　　)。

A. 117×17%=19.89(万元)　　B. (117+11.7)×17%=21.879(万元)

C. 117÷(1+17%)×17%=17(万元)　　D. (117+11.7)÷(1+17%)×17%=18.7(万元)

4. 根据个人所得税法律制度的规定，下列所得中应缴纳个人所得税的是（ ）。

A. 加班工资　　B. 独生子女补贴

C. 差旅费津贴　　D. 国债利息收入

二、多项选择题

1. 根据个人所得税法律制度的规定，下列所得中缴纳个人所得税的有（ ）。

A. 保险赔偿　　B. 劳动分红

C. 退休工资　　D. 军人转业费

2. 我国企业所得税的税收优惠包括（ ）。

A. 免税收入　　B. 加计扣除

C. 减计收入　　D. 税额抵免

3. 根据税收征收管理法律制度的规定，纳税人办理的下列事项中必须提供税务登记证件的有（ ）。

A. 纳税申报　　B. 开立银行账户

C. 领购发票　　D. 缴纳税务罚款

4. 根据消费税法律制度的规定，下列消费品中实行从量定额与从价定率相结合的复合计征办法征收消费税的有（ ）。

A. 卷烟　　B. 成品油

C. 白酒　　D. 小汽车

5. 依据企业所得税法律制度的相关规定，下列资产中可采用加速折旧方法的有（ ）。

A. 常年处于强震动状态的固定资产

B. 常年处于高腐蚀状态的固定资产

C. 单独估价作为固定资产入账的土地

D. 由于技术进步原因产品更新换代较快的固定资产

三、计算分析题

某手表厂为增值税一般纳税人，生产销售各类手表。2017 年 6 月份销售 A 牌手表 40 只，每只零售价为 15 210 元；销售 B 牌手表 25 只，每只零售价为 10 530 元；销售 C 牌手表 200 只，每只零售价为 234 元。已知高档手表的消费税税率为 20%。假设该手表厂无其他业务。

问题：该手表厂 2017 年 6 月应缴纳多少消费税？

第12章 会计法和审计法

【学习目标】

了解我国会计、审计相关立法；掌握会计法和审计法的基本原则和规则；对会计核算、会计监督、审计的职责和权限及法律责任有一定的了解。

【引导案例】

审计机关对某股份有限公司2016年财务情况进行审计时，发现有以下行为：(1)公司作为一般纳税人，在未发生存货购入业务的情况下，从其他企业买入空白增值税发票，并在发票上注明购入商品，买价2 000万元，增值税340万元。财务部门以该发票为依据，编制购入商品的记账凭证，纳税申报时作为增值税进项税额抵扣税款。(2)会计人员有充分证据证明以上行为属公司总经理强令会计人员所为。(3)公司销售商品开出发票时，"发票联"内容真实，但本单位"记账联"和"存根联"的金额比真实金额小。会计以"记账联"编制记账凭证，登记账簿，导致少记销售收入900万元，少记增值税153万元。

问题：以上3种行为分别属于什么行为？应如何处理？

12.1 会 计 法

12.1.1 会计法概述

1. 会计法的概念

会计是以货币为主要计量单位，采用一系列专门的方法和程序，对经济交易或事项进行连续、系统、综合地核算和监督，提供经济信息，参与预测决策的一种管理活动。它是管理和监督经济的一种活动，是经济管理的重要组成部分。

会计法是调整会计关系的法律规范的总称。会计关系是指会计机构和会计人员在办理会计事务过程中发生的经济关系。在一个单位中，会计关系的主体是会计机构和会计人员，客体是会计与工作相关的各种事务。会计法调整的会计关系具有以下特征：一是以货币为计量单位作为统一计量或衡量的尺度；二是根据会计凭证，按照规定的会计程序，系统全面地、真实准确地、连续地记录和反映经济活动和财务收支情况；三是有一套专门的分析、核算、检查、监督的方法。

2. 会计法的制定

为了规范会计行为，保证会计资料真实、完整，加强经济管理和财务管理，提高经济效益，维护社会主义市场经济秩序，我国在1985年1月21日第六届全国人民代表大会常务委员会第九次会议上通过并公布了《中华人民共和国会计法》(以下简称《会计法》),后经 1993 年 12 月 29 日第八届全国人民代表大会常务委员会第五次会议《关于修改〈中华人民共和国会计法〉的决定》部分修正,1999 年 10 月 31 日第九届全国人民代表大会常务委员会第十二次会议进行全面修订,2017 年 11 月 4 日第十二届全国人民代表大会常务委员会第三十次会议《关于修改〈中华人民共和国会计法〉等十一部法律的决定》第二次修正,共 7 章 52 条,于 2000 年 7 月 1 日起实施。

除了《会计法》之外,我国还颁布了一系列与会计有关的法律、法规,如《中华人民共和国注册会计师法》《企业会计准则》《会计人员工作规则》《企业财务通则》等,与《会计法》一起共同构成了我国的会计法律制度。

3. 会计法的适用范围

我国《会计法》的适用范围包括两方面:办理会计事务的单位和个人;会计主管机关和其他机关。个体工商户不在适用范围。

4. 会计法的基本原则

1)各单位必须依法办理会计事务

根据《会计法》的规定,单位办理会计事务必须依照《会计法》的规定进行。无论何种单位,在进行独立核算、独立记载经济业务、独立办理会计事务时,必须依照《会计法》的规定进行。

2)各单位必须依法设置会计账簿,并保证其真实、完整

根据《会计法》的规定,国家机关、社会团体、公司、企业、事业单位和其他组织都必须依法设置会计账簿,并保证其真实、完整。会计账簿是指具备一定格式,用以记载各项经济业务的账册。会计账簿是重要的会计信息,它既是编制会计报表的主要依据,也是审计工作的重要依据,各单位必须依法设置。

3)单位负责人对本单位的会计工作和会计资料的真实性、完整性负责

根据《会计法》的规定,单位负责人既要对本单位的会计工作负责,也要对本单位保存和提供的会计资料的真实性、完整性负责。对本单位的会计工作负责,是指对本单位的会计工作负领导责任,即要领导本单位的会计机构、会计人员和其他有关人员认真执行《会计法》,按照国家规定组织好本单位的会计工作,支持本单位的会计机构和会计人员依法独立开展会计工作,并保障会计人员的职权不受侵犯。对本单位的会计资料的真实性和完整性负责,即要保证本单位的会计资料不存在弄虚作假、隐瞒等情况。

4)会计机构、会计人员依法进行会计核算,实行会计监督

会计机构和会计人员应依照《会计法》的规定进行会计核算,实行会计监督。任何单位或者个人不得以任何方式授意、指使、强令会计机构、会计人员,伪造、变造会计凭证、会计账簿和其他会计资料,提供虚假财务会计报告。任何单位或者个人不得对依法履行职责、抵制违反《会计法》规定行为的会计人员进行打击报复。

5)对认真执行《会计法》、忠于职守、坚持原则、做出显著成绩的会计人员,给予精神的或物质的奖励

由于会计人员所负的双重责任，会计人员时刻处在处理各种利益关系的特殊位置，常常处于矛盾的交点处，既要按单位领导的意见办，又要严格执行国家财会法规；既要站在本单位的角度开展工作，又要站在国家的角度处理经济业务事项。有些事务如处理不当，不是违反国家规定，就是违背领导意志，或是触犯本单位的利益，在这种情况下，不是要受到国家的制裁，就是有可能遭受打击报复，这就需要他们具有高度的原则性。为了充分调动会计人员依法做好本职工作的积极性，提高会计人员的地位，《会计法》突出了对认真执行本法、忠于职守、坚持原则、做出显著成绩的会计人员，给予精神或物质奖励的基本精神。具体奖励办法和标准由各地区、部门、单位根据实际情况灵活掌握。

12.1.2　会计管理体制

1. 主管部门

国务院财政部门主管全国的会计工作。县级以上地方各级人民政府财政部门管理本行政区域的会计工作。单位负责人对本单位的会计工作负责。

2. 会计制度

国家实行统一的会计制度。国家统一的会计制度由国务院财政部门根据《会计法》制定并公布。

国务院有关部门可以依照《会计法》和国家统一的会计制度制定对会计核算和会计监督有特殊要求的行业实施国家统一的会计制度的具体办法或者补充规定，报国务院财政部门审核批准。

中国人民解放军总后勤部可以依照《会计法》和国家统一的会计制度制定军队实施国家统一的会计制度的具体办法，报国务院财政部门备案。

3. 会计机构和会计人员

1）会计机构和会计人员的设置

根据《会计法》的规定，各单位应当根据会计业务的需要，设置会计机构，或者在有关机构中设置会计人员并指定会计主管人员；不具备设置条件的，应当委托经批准设立从事会计代理记账业务的中介机构代理记账。

国有大中型企业和国有资产占控股地位或者主导地位的大中型企业必须设置总会计师。总会计师的任职资格、任免程序、职责权限由国务院规定。

根据最新会计法规定，取消从事会计工作的人员必须取得会计从业资格证书，改为会计人员应当具备从事会计工作所需要的专业能力。

会计人员应当遵守职业道德，提高业务素质，对会计人员的教育和培训工作应当加强。

2）会计人员的工作交接

根据《会计法》的规定，会计人员调动工作或者离职，必须与接管人员办清交接手续。一般会计人员办理交接手续，由会计机构负责人（会计主管人员）监交；会计机构负责人（会计主管人员）办理交接手续，由单位负责人监交，必要时主管单位可以派人会同监交。

3）稽核制度

稽核制度是会计机构对会计核算工作进行的一种自我检查及审核工作，以此提高会计核算工作的质量，是做好会计核算工作的重要保障。

我国《会计法》规定，会计机构内部应当建立稽核制度。出纳人员不得兼任稽核、会计档案保管，以及收入、支出、费用、债权债务账目的登记工作。

4)会计机构和会计人员的主要职责

依法进行会计监督和核算；拟订本单位办理会计事务的具体办法；参与拟订经济计划、业务计划，考核、分析、预算财务计划的执行情况；办理其他会计事务。

12.1.3 会计核算

1. 会计核算的概念

会计核算是会计工作的基本职能之一，是会计工作的重要环节，具体是指以货币为主要计量单位运用专门的会计方法，对生产经营活动或者预算执行过程及其结果进行连续、系统、全面的记录、分析、计算，定期编制并提供财务会计报告和其他一系列内部管理所需会计资料，为经营决策和宏观经济管理提供依据的一项会计活动。加强会计核算、充分发挥会计核算职能是《会计法》所要解决的核心问题之一。

2. 会计核算的一般要求

各单位应当按照《会计法》和国家统一会计制度的规定建立会计账册，进行会计核算，及时提供合法、真实、准确、完整的会计信息。

第一，各单位发生的下列事项，应当及时办理会计手续、进行会计核算：①款项和有价证券的收付；②财物的收发、增减和使用；③债权债务的发生和结算；④资本、基金的增减；⑤收入、支出、费用、成本的计算；⑥财务成果的计算和处理；⑦其他需要办理会计手续、进行会计核算的事项。

第二，各单位的会计核算应当以实际发生的经济业务为依据，按照规定的会计处理方法进行，保证会计指标的口径一致、相互可比和会计处理方法的前后各期相一致。

第三，会计年度自公历1月1日起至12月31日止。

第四，会计核算以人民币为记账本位币。业务收支以外国货币为主的单位，也可以选定某种外国货币作为记账本位币，但是编制的会计报表应当折算为人民币反映。境外单位向国内有关部门编报的会计报表，应当折算为人民币反映。

第五，各单位根据国家统一会计制度的要求，在不影响会计核算要求、会计报表指标汇总和对外统一会计报表的前提下，可以根据实际情况自行设置和使用会计科目。行政事业单位会计科目的设置和使用，应当符合国家统一行政事业单位会计制度的规定。

第六，会计凭证、会计账簿、会计报表和其他会计资料的内容和要求必须符合国家统一会计制度的规定，不得伪造、变造会计凭证和会计账簿，不得设置账外账，不得报送虚假会计报表。

第七，各单位对外报送的会计报表格式由财政部统一规定。

第八，实行会计电算化的单位，所使用的会计软件及其生成的会计凭证、会计账簿、会计报表和其他会计资料，应当符合财政部关于会计电算化的有关规定。

第九，各单位的会计凭证、会计账簿、会计报表和其他会计资料，应当建立档案，妥善保管。会计档案建档要求、保管期限、销毁办法等依据《会计档案管理办法》的规定进行。实行会计电算化的单位，有关电子数据、会计软件资料等应当作为会计档案进行管理。

第十，会计记录的文字应当使用中文，少数民族自治地区可以同时使用少数民族文字，中国境内的外商投资企业、外国企业和其他外国经济组织也可以同时使用某种外国文字。

3. 会计核算的内容

1）款项和有价证券的收付

款项是作为支付手段的货币资金，主要包括现金、银行存款，以及其他视同现金和银行存款使用的外埠存款、银行汇票存款、银行本票存款、在途货币资金、信用证存款、保函押金和各种备用金等。有价证券是指表示一定财产权或支配权的证券，如国库券、股票、企业债券和其他债券等。款项和有价证券是单位的资产，也是流动性最强的资产。款项和有价证券的核算具有高度的流动性，加强对款项和有价证券的管理和控制十分重要。如果款项和有价证券收付环节出现问题，不仅会使单位款项和有价证券受损，更直接影响单位货币资金的供应，从而影响单位生产经营活动。各单位必须按照国家统一的会计制度的规定，及时、如实地核算款项和有价证券的收付及结存，加强内部控制和监督管理，保证单位货币资金的流通性、安全性，提高货币资金的使用效率。

2）财物的收发、增减和使用

财物是单位财产和物资的简称，是反映一个单位进行或维持经营管理活动、具有实物形态的经济资源，一般包括原材料、燃料、包装物、低值易耗品、在产品、商品等流动资产和房屋、建筑物、机器、设备、设施、运输工具等。财物的收发、增减和使用是会计核算中的经常性业务，也是发挥会计在控制和降低成本、保证财物安全完整、防止资产流失等职能作用的重要内容。各单位必须加强对单位财物收发、增减和使用环节的管理，严格按照国家统一的会计制度的规定进行核算，维护单位正常的生产经营秩序。

3）债权债务的发生和结算

债权是单位收取款项的权利，一般包括各种应收和预付款项等。债务则是指单位承担的、能以货币计量的、需要以资产或劳务偿付的义务，一般包括各项借款、应付和预收款项以及应交款项等。债权债务是单位日常生产经营和业务活动中大量发生的经济业务事项。由于债权债务的发生和结算涉及本单位与其他单位或其他有关方面的经济利益，关系到单位自身的资金周转，影响单位的生产经营活动和业务活动，各单位必须加强对债权债务的核算，及时、真实、完整地核算和反映单位债权债务，防范在债权债务环节发生非法行为。

4）资本、基金的增减

资本是投资者为开展生产经营活动而投入的本钱。基金是各单位按照法律、行政法规的规定而设置或筹集的具有某些特定用途的专项资金，如政府基金、社会保险基金、教育基金等。资本、基金的利益关系人比较明确，用途也基本定向。办理资本、基金增减会计核算的政策性强，一般都应以具有法律效力的合同、协议、董事会决议或政府部门的有关文件等为依据。各单位必须以国家统一的会计制度的规定和具有法律效力的文书为依据进行核算。

5)收入、支出、费用、成本的计算

收入是指公司、企业等在销售商品、提供劳务及让渡资产使用权等日常活动中所形成的经济利益的总流入。支出是指行政事业单位和社会团体在履行法定职能、发挥特定功能时所发生的各项开支,以及企业在正常生产经营活动以外的支出和损失。费用是指公司、企业等在销售商品和提供劳务等日常活动中所发生的经济利益的流出。成本是指公司、企业为生产某种产品而发生的费用,它与一定种类和数量的产品相联系,是对象化了的费用。收入、支出、费用、成本是计算和判断单位经营成果及盈亏状况的主要依据。各单位应当重视收入、支出、成本、费用环节的管理,按照国家统一的会计制度的规定正确核算。

6)财务成果的计算和处理

财务成果主要是指公司、企业和企业化管理的事业单位等在一定时期内通过从事经营活动最终在财务上所取得的结果,具体表现为盈利或亏损。财务成果的计算和处理一般包括利润的计算、所得税的计算和交纳、利润分配或亏损弥补等。财务成果的计算和处理涉及所有者、国家等多方面的利益,各单位必须按照国家统一的会计制度和其他财税法规制度的规定正确计算和处理。

7)其他事项

其他事项是指除上述 6 项经济业务事项以外的、按照统一的会计制度规定应当办理会计手续和进行会计核算的其他经济业务事项。

4. 会计凭证和会计账簿

1)会计凭证

会计凭证,简称凭证,是指财务会计工作中用以记录经济业务、明确经济责任的书面证明,是登记账簿的依据。

会计凭证种类多样,按其填制程序和用途不同,可以分为原始凭证和记账凭证两大类。原始凭证是指经济业务发生或完成时取得或填制的,用以记录和证明经济业务的发生或完成情况的原始凭据,是进行会计核算的原始资料。记账凭证是指会计人员根据审核无误的原始凭证填制的,记载经济业务主要内容,确定会计分录,并作为记账依据的会计凭证。

根据《会计法》的规定,办理经济业务事项,必须填制或者取得原始凭证并及时送交会计机构。会计机构、会计人员必须按照国家统一的会计制度的规定对原始凭证进行审核,对不真实、不合法的原始凭证有权不予接受,并向单位负责人报告;对记载不准确、不完整的原始凭证予以退回,并要按照国家统一的会计制度的规定更正、补充。

【法律小贴士】

原始凭证记载的各项内容均不得涂改;原始凭证有错误的,应当由出具单位重开或者更正,更正处应当加盖出具单位印章。原始凭证金额有错误的,应当由出具单位重开,不得在原始凭证上更正。记账凭证应当根据经过审核的原始凭证及有关资料编制。

2)会计账簿

所谓会计账簿，是指由具有一定格式、相互联系的账页组成，并以会计凭证为依据，用来序时地、分类地记录和反映各项经济业务的簿籍。

会计账簿登记必须以经过审核的会计凭证为依据，并符合有关法律、行政法规和国家统一的会计制度的规定。会计账簿包括总账、明细账、日记账和其他辅助性账簿。会计账簿应当按照连续编号的页码顺序登记。会计账簿记录发生错误或者隔页、缺号、跳行的，应当按照国家统一的会计制度规定的方法更正，并由会计人员和会计机构负责人(会计主管人员)在更正处盖章。使用电子计算机进行会计核算的，其会计账簿的登记、更正，应当符合国家统一的会计制度的规定。

各单位发生的各项经济业务事项应当在依法设置的会计账簿上统一登记、核算，不得违反《会计法》和国家统一的会计制度的规定私设会计账簿登记、核算。

【案例分析 12-1】

某有限责任公司(国有企业)赵某自 2010 年起担任总经理。2016 年 8 月，该公司主管部门接到举报说赵某在任职期间有打击压制坚持原则的会计人员等问题。经调查，赵某因不满会计郑某多次不听从做违法会计账的指令，尤其不满其向上级主管部门反映真实情况，将其调回车间。

分析提示：“赵某因不满会计郑某多次不听从做违法会计账的指令，尤其不满其向上级主管部门反映真实情况，将其调回车间”属于单位负责人对依法履行职责、抵制违反《会计法》规定行为的会计人员实行打击报复的行为，根据《会计法》的规定，单位负责人对依法履行职责、抵制违反《会计法》规定行为的会计人员实行打击报复，构成犯罪的，依法追究刑事责任；尚不构成犯罪的，由所在单位或者有关单位依法给予行政处分。对受打击报复的会计人员，应当恢复其名誉和原有职务、级别。

5. 财务会计报告

财务会计报告是指单位根据经过审核的会计账簿记录和有关资料，编制并对外提供的反映单位某一特定日期财务状况和某一会计期间经营成果、现金流量的书面文件。

财务会计报告应当根据经过审核的会计账簿记录和有关资料编制，并符合《会计法》和国家统一的会计制度关于财务会计报告的编制要求、提供对象和提供期限的规定；其他法律、行政法规另有规定的，从其规定。

财务会计报告由会计报表、会计报表附注和财务情况说明书组成。向不同的会计资料使用者提供的财务会计报告，其编制依据应当一致。有关法律、行政法规规定会计报表、会计报表附注和财务情况说明书须经注册会计师审计的，注册会计师及其所在的会计师事务所出具的审计报告应当随同财务会计报告一并提供。

财务会计报告应当由单位负责人和主管会计工作的负责人、会计机构负责人(会计主管人员)签名并盖章；设置总会计师的单位，还须由总会计师签名并盖章。单位负责人应当保证财务会计报告真实、完整。

6. 财务核对、财产清查及会计档案管理

1)财务核对和财产清查

财务核对和财产清查是保证会计账簿记录质量的重要程序,是会计核算的重要环节,是保证会计信息真实性的重要手段。《会计法》规定:各单位应当定期将会计账簿记录与实物、款项及有关资料相互核对,保证会计账簿记录与实物及款项的实有数额相符、会计账簿记录与会计凭证的有关内容相符、会计账簿之间相对应的记录相符、会计账簿记录与会计报表的有关内容相符。

2)会计档案管理

会计档案是记录和反映经济业务事项的重要史料和证据。《会计法》规定:各单位对会计凭证、会计账簿、财务会计报告和其他会计资料应当建立档案,妥善保管。会计档案的保管期限和销毁办法,由国务院财政部门会同有关部门制定。

7. 公司、企业会计核算的特别规定

《会计法》对公司、企业的会计核算作出了特别的规定,要求公司、企业在进行会计核算时,不仅要遵守《会计法》的一般规定,而且必须根据实际发生的经济业务事项,按照国家统一的会计制度的规定确认、计量和记录资产、负债、所有者权益、收入、费用、成本和利润。

公司、企业进行会计核算不得有下列行为:随意改变资产、负债、所有者权益的确认标准或者计量方法,虚列、多列、不列或者少列资产、负债、所有者权益;虚列或者隐瞒收入,推迟或者提前确认收入;随意改变费用、成本的确认标准或者计量方法,虚列、多列、不列或者少列费用、成本;随意调整利润的计算、分配方法,编造虚假利润或者隐瞒利润;违反国家统一的会计制度规定的其他行为。

12.1.4 会计监督

1. 会计监督的概念

会计监督是会计的另一项基本职能,是《会计法》的核心和根本宗旨。它是指会计机构和会计人员依照法律的规定,通过办理会计手续对经济活动的合法性、合理性、有效性进行的一种监督。

2. 会计监督的内容

1)单位内部会计监督

单位内部会计监督制度是为了保护资产的安全、完整,保证单位的经营活动符合国家法律、法规和内部有关管理制度的规定,提高经营管理水平和效率,在单位内部采取的一系列相互监督的制度和方法。

(1)单位内部会计监督的要求。各单位应当建立健全本单位内部会计监督制度。单位内部会计监督制度应当符合下列要求:记账人员与经济业务事项和会计事项的审批人员、经办人员、财物保管人员的职责权限应当明确,并相互分离、相互制约;重大对外投资、资产处置、资金调度和其他重要经济业务事项的决策和执行的相互监督、相互制约程序应当明确;财产清查的范围、期限和组织程序应当明确;对会计资料定期进行内部审计的办法和程序应当明确。

(2)责任制度。单位负责人应当保证会计机构、会计人员依法履行职责，不得授意、指使、强令会计机构、会计人员违法办理会计事项。

会计机构、会计人员对违反《会计法》和国家统一的会计制度规定的会计事项，有权拒绝办理或者按照职权予以纠正。

会计机构、会计人员发现会计账簿记录与实物、款项及有关资料不相符的，按照国家统一的会计制度的规定有权自行处理的，应当及时处理；无权处理的，应当立即向单位负责人报告，请求查明原因，作出处理。

2)政府会计监督

政府会计监督是一种外部监督，主要是指财务部门代表国家对各单位中相关人员的会计行为实施的监督检查，以及对发现的违法行为进行的行政处罚。

根据《会计法》的规定，县级以上人民政府财政部门是各单位会计工作的监督检查部门，对各单位会计工作行使监督权，对会计违法行为享有行政处罚权。

财政部门对各单位的下列情况实施监督：是否依法设置会计账簿；会计凭证、会计账簿、财务会计报告和其他会计资料是否真实、完整；会计核算是否符合本法和国家统一的会计制度的规定；从事会计工作的人员是否具备从业资格。发现重大违法嫌疑时，国务院财政部门及其派出机构可以向与被监督单位有经济业务往来的单位和被监督单位开立账户的金融机构查询有关情况，有关单位和金融机构应当给予支持。

财政、审计、税务、人民银行、证券监管、保险监管等部门应当依照有关法律、行政法规规定的职责，对有关单位的会计资料实施监督检查。监督检查部门对有关单位的会计资料依法实施监督检查后，应当出具检查结论。有关监督检查部门已经作出的检查结论能够满足其他监督检查部门履行本部门职责需要的，其他监督检查部门应当加以利用，避免重复查账。

财政部门有权对会计师事务所出具审计报告的程序和内容进行监督。

3)社会监督

会计工作的社会监督主要是指由注册会计师及其所在的会计师事务所依法对委托单位的经济活动进行审计、鉴证的一种监督制度。

有关法律、行政法规规定，须经注册会计师进行审计的单位，应当向受委托的会计师事务所如实提供会计凭证、会计账簿、财务会计报告和其他会计资料以及有关情况。任何单位或者个人不得以任何方式要求或者示意注册会计师及其所在的会计师事务所出具不实或者不当的审计报告。

任何单位和个人对违反《会计法》和国家统一的会计制度规定的行为，有权检举。收到检举的部门有权处理的，应当依法按照职责分工及时处理；无权处理的，应当及时移送有权处理的部门处理。收到检举的部门、负责处理的部门应当为检举人保密，不得将检举人姓名和检举材料转给被检举单位和被检举人个人。

12.1.5　法律责任

单位或者个人违反会计法律制度应当承担法律责任，受到法律制裁。违反《会计法》的行为承担法律责任的形式有行政处罚、行政处分、刑事责任等。

1. 违反国家统一的会计制度行为的法律后果

违反《会计法》的规定，有下列行为之一的，由县级以上人民政府财政部门责令限期改正，可以对单位并处3 000元以上50 000元以下的罚款；对其直接负责的主管人员和其他直接责任人员，可以处2 000元以上20 000元以下的罚款；属于国家工作人员的，还应当由其所在单位或者有关单位依法给予行政处分；构成犯罪的，依法追究刑事责任：①不依法设置会计账簿的；②私设会计账簿的；③未按照规定填制、取得原始凭证或者填制、取得的原始凭证不符合规定的；④以未经审核的会计凭证为依据登记会计账簿，或者登记会计账簿不符合规定的；⑤随意变更会计处理方法的；⑥向不同的会计资料使用者提供的财务会计报告，编制依据不一致的；⑦未按照规定使用会计记录文字或者记账本位币的；⑧未按照规定保管会计资料，致使会计资料毁损、灭失的；⑨未按照规定建立并实施单位内部会计监督制度，或者拒绝依法实施的监督，或者不如实提供有关会计资料及有关情况的；⑩任用会计人员不符合《会计法》规定的。

2. 提供虚假会计信息的法律责任

单位或者个人伪造、变造会计凭证、会计账簿，编制虚假财务会计报告，由县级以上人民政府财政部门予以通报，可以对单位并处5 000元以上100 000元以下的罚款；对其直接负责的主管人员和其他直接责任人员，可以处3 000元以上50 000元以下的罚款。属于国家工作人员的，还应当由其所在单位或者有关单位依法给予撤职直至开除的行政处分。情节严重构成犯罪的，依法追究刑事责任。

3. 隐匿或者故意销毁会计资料的法律责任

隐匿或者故意销毁依法应当保存的会计凭证、会计账簿、财务会计报告，由县级以上人民政府财政部门予以通报，可以对单位并处5 000元以上100 000元以下的罚款；对其直接负责的主管人员和其他直接责任人员，可以处3 000元以上50 000元以下的罚款。属于国家工作人员的，还应当由其所在单位或者有关单位依法给予撤职直至开除的行政处分。情节严重构成犯罪的，依法追究刑事责任。

【案例聚焦 12-1】

杨某离任本村会计职务后，将本村会计资料“科目余额表”移交给本村新任会计李某，但并未移交会计凭证。杨某在该乡人民政府工作人员多次督促下，仍不移交。该乡人民政府委托会计事务所对该村账目审计监督时，杨某仍不提供会计账簿、会计凭证。公安机关传唤杨某询问该事后，其才将隐藏在家中的本村会计凭证、会计账簿移交给会计事务所。经会计事务所审计，该村近年来财务收入324.2万元，支出286.2万元。

法院审理后认为，被告人杨某故意隐藏本村会计凭证、会计账簿拒不交出，涉及金额在50万元以上，情节严重，已构成隐匿会计凭证、会计账簿罪。遂依照《中华人民共和国刑法修正案》之规定，杨某被判处拘役2个月，并处罚金20 000元。

4. 授意、指使、强令提供虚假会计信息的法律责任

授意、指使、强令会计机构、会计人员及其他人员伪造、变造会计凭证、会计账簿，编制虚假财务会计报告或者隐匿、故意销毁依法应当保存的会计凭证、会计账簿、财务会计报告，可以处5 000元以上50 000元以下的罚款；属于国家工作人员的，还应当由其所在单位或者有关单位依法给予降级、撤职、开除的行政处分。情节严重构成犯罪的，依法追究刑事责任。

5. 打击报复依法履行会计职责的会计人员的法律责任

单位负责人对依法履行职责、抵制违反《会计法》规定行为的会计人员以降级、撤职、调离工作岗位、解聘或者开除等方式实行打击报复的，由其所在单位或者有关单位依法给予行政处分；构成犯罪的，依法追究刑事责任。对受打击报复的会计人员，应当恢复其名誉和原有职务、级别。

6. 国家机关及其工作人员违法行为的法律责任

财政部门及有关行政部门的工作人员在实施监督管理中滥用职权、玩忽职守、徇私舞弊或者泄露国家秘密、商业秘密，构成犯罪的，依法追究刑事责任；尚不构成犯罪的，依法给予行政处分。有关国家机关将检举人姓名和检举材料转给被检举单位和被检举人个人的，由所在单位或者有关单位依法给予行政处分。

12.2 审　计　法

12.2.1　审计法概述

1. 审计法的概念及制定

审计是指由专设机关依照法律对国家各级政府及金融机构、企业事业组织的重大项目和财务收支进行事前和事后的审查。审计法是调整审计关系的法律规范的总称。审计关系是一种经济监督关系，发生于审计主体与被审计单位之间。《中华人民共和国审计法》(以下简称《审计法》)是审计工作的基本法律依据。它以法律的形式确定了审计工作的地位、任务和作用，规定了审计工作的基本准则。《审计法》属于经济体系的一个组成部分。

我国于 1994 年 8 月 31 日第八届全国人民代表大会常务委员会第九次会议通过《审计法》。2006 年 2 月 28 日，第十届全国人民代表大会常务委员会第二十次会议通过了《关于修改〈中华人民共和国审计法〉的决定》，对《审计法》进行了修订。《审计法》共 7 章 54 条，于 2006 年 6 月 1 日起实施。2010 年 2 月 2 日，国务院第一百次常务会议修订通过了《中华人民共和国审计法实施条例》(以下简称《审计法实施条例》)，自 2010 年 5 月 1 日起施行。

【知识链接】

修订后的《审计法实施条例》，条例更细化和明确，具有更强的操作性。《审计法实施条例》有很多值得期待的亮点：扩大了可以公布的审计结果的范围，加强对审计机关的监督；跟踪审计资金，紧追钱的去向；违反国家规定取得的资产新增了“有价证券”；审计人员与被审计单位有经济利益关系应回避；地方审计机关负责人任免应征求上级审计机关意见；审计机关查询被审计单位金融账户负有保密义务；审计机关封存被审计单位资产期限为 7 日以内；审计组提出审计报告前应征求被审计单位意见。

2. 国家审计的基本原则

国家审计的基本原则是《宪法》和《审计法》确定的，贯穿于审计工作的始终，对全部审计活动都具有指导意义。国家审计机关在执行审计公务活动中必须遵循以下 5 项基本原则：

1)依法审计原则

依法审计是审计监督的一项基本原则，要求审计机关和审计人员应当依照法律规定行使审计监督权，开展各项审计活动。依法审计原则的内容主要有以下几方面：审计机关的职权只能由法定的审计机关行使；审计机关必须依照法律规定的职责、权限和程序开展审计监督活动；审计机关必须依法作出审计结果；对审计争议事项必须通过法定的方式和途径解决。

2)审计独立原则

审计机关独立行使审计监督权，主要指审计机关在组织、人员、经费和工作上的独立性，以保证审计监督的客观性、公正性、权威性和有效性。独立审计原则主要包括：

(1)组织上的独立性，指审计机构单独设置，与被审计单位没有组织上的隶属关系。

(2)工作上的独立性，指审计机关及其审计人员依法独立开展审计工作，作出审计判断、提出审计报告、出具审计意见书和作出审计决定，其他行政机关、社会团体和个人不得干涉。

(3)人员上的独立性，指审计人员与被审计单位应当不存在经济利害关系，不参与被审计单位的经营管理活动。

(4)经费上的独立性，指审计机关履行职责所必需的经费，按照《审计法》的规定单独列入财政预算，以保证有足够的经费独立开展工作。

3)客观公正原则

客观公正就是审计机关在行使审计监督权时必须公平、正当、实事求是，它是审计人员职业道德的重要内容。

4)职业谨慎原则

职业谨慎是防范审计风险应持有的工作态度。审计人员在执行审计业务时，必须保持职业谨慎。审计人员要对审计事项的重要性和审计风险水平进行合理的判断，制订合理的审计方案，并在工作过程中遵守审计规范，以提高审计意见的可靠性，避免因工作疏忽而遗漏重要审计事项或造成审计结论错误。

5)廉洁奉公原则

廉洁奉公是指审计人员要正确行使审计监督职权，不徇私情，廉洁公正地执行公务，克己奉公，艰苦奋斗，努力为人民服务等方面的要求和行为准则。廉洁公正原则是审计人员职业道德的核心内容。

【案例聚焦 12-2】

2003 年，审计署推出审计结果公开制度。同年 6 月 25 日，李金华代表审计署，提交了一份长达 22 页的审计报告，在第一时间全文公布了牵涉很多重要部门的审计报告。一大批中央部委被公开曝光，被点名批评的有财政部、原国家计委、教育部、民政部、水利部等。其中，财政部被点名达9次之多，审计报告在用词上也少有以前的含糊和温和，而代之以“疏于管理和监督”等严厉的字眼。2004年6月23日，李金华代表国务院向全国人大常委会提交了一份很有分量的审计清单。审计报告中，“揭盖子”占到9成以上篇幅。报告中的18项内容，每一项都足够震撼。人们用“审计风暴”来形容其所带来的冲击波。

12.2.2　审计管理体制

1. 审计机关

1)中央审计机关的设置及责任人的任免

根据《宪法》的规定，国务院设立审计机关，对国务院各部门和地方各级政府的财政收支，对国家的财政金融机构和企业事业组织的财务收支，进行审计监督。

据此，国务院于1983年9月15日正式成立了中华人民共和国审计署。《审计法》规定：国务院设立审计署，在国务院总理领导下，主管全国的审计工作。审计长是审计署的行政首长。

审计机关负责人依照法定程序任免。审计机关负责人没有违法失职或者其他不符合任职条件的情况的，不得随意撤换。

2)地方审计机关的设置及责任人的任免

《宪法》规定：县级以上的地方各级人民政府设立审计机关。地方各级审计机关依照法律规定独立行使审计监督权，对本级人民政府和上一级审计机关负责。

地方审计机关实行双重领导体制，《审计法》规定，省、自治区、直辖市、设区的市、自治州、县、自治县、不设区的市、市辖区的人民政府的审计机关，分别在省长、自治区主席、市长、州长、县长、区长和上一级审计机关的领导下，负责本行政区域内的审计工作。地方各级审计机关对本级人民政府和上一级审计机关负责并报告工作，审计业务以上级审计机关领导为主。

审计机关负责人依照法定程序任免。审计机关负责人没有违法失职或者其他不符合任职条件的情况的，不得随意撤换。地方各级审计机关负责人的任免，应当事先征求上一级审计机关的意见。

3)审计机关的派出机构

依据《审计法》，审计机关根据工作需要，经本级人民政府批准，可以在其审计管辖范围内设立派出机构。派出机构根据审计机关的授权，依法进行审计工作。

审计署的派出机构分为两类：一类是派出审计局；另一类是驻地方特派员办事处。

2. 审计人员

审计人员是在审计机关中从事审计工作的专门人员。审计人员应当具备与其从事的审计工作相适应的专业知识和业务能力。审计人员执行职务的原则有：

1)回避原则

审计人员办理审计事项，与被审计单位或者审计事项有利害关系的，应当回避。

2)保密原则

审计人员对其在执行职务中知悉的国家秘密和被审计单位的商业秘密,负有保密的义务。

3)受法律保护原则

审计人员依法执行职务,受法律保护。任何组织和个人不得拒绝、阻碍审计人员依法执行职务,不得打击报复审计人员。

12.2.3 审计机关的职责和权限

1. 审计机关的职责

审计机关最主要的职责是审计监督。依据《审计法》及相关规定,我国审计机关的职责包括:

(1)审计机关对本级各部门(含直属单位)和下级政府预算的执行情况和决算以及其他财政收支情况,进行审计监督。

(2)审计署在国务院总理领导下,对中央预算执行情况和其他财政收支情况进行审计监督,向国务院总理提出审计结果报告。

(3)审计署对中央银行的财务收支进行审计监督。审计机关对国有金融机构的资产、负债、损益进行审计监督。

(4)审计机关对国家的事业组织和使用财政资金的其他事业组织的财务收支,进行审计监督。

(5)审计机关对国有企业的资产、负债、损益进行审计监督。对国有资本占控股地位或者主导地位的企业、金融机构的审计监督,由国务院规定。

(6)审计机关对政府投资和以政府投资为主的建设项目的预算执行情况和决算,进行审计监督。

(7)审计机关对政府部门管理的和其他单位受政府委托管理的社会保障基金、社会捐赠资金以及其他有关基金、资金的财务收支,进行审计监督。

(8)审计机关对国际组织和外国政府援助、贷款项目的财务收支,进行审计监督。

(9)审计机关按照国家有关规定,对国家机关和依法属于审计机关审计监督对象的其他单位的主要负责人,在任职期间对本地区、本部门或者本单位的财政收支、财务收支以及有关经济活动应负经济责任的履行情况,进行审计监督。

(10)审计机关对其他法律、行政法规规定应当由审计机关进行审计的事项,依照《审计法》和有关法律、行政法规的规定进行审计监督。

(11)审计机关对与国家财政收支有关的特定事项,向有关地方、部门、单位进行专项审计调查,并向本级人民政府和上一级审计机关报告审计调查结果。

2. 审计机关的权限

审计机关的权限是指法律赋予审计机关在实施审计监督过程中享有的职能,是审计机关的执法手段。根据《审计法》和《审计法实施条例》的有关规定,审计机关进行审计时,具有下列权限:

1)要求报送资料权

审计机关有权要求被审计单位按照审计机关的规定提供预算或者财务收支计划、预算执行情况、决算、财务会计报告，运用电子计算机储存、处理的财政收支、财务收支电子数据和必要的电子计算机技术文档，在金融机构开立账户的情况，社会审计机构出具的审计报告，以及其他与财政收支或者财务收支有关的资料。

2)检查权

审计机关有权检查被审计单位的会计凭证、会计账簿、财务会计报告和运用电子计算机管理财政收支、财务收支电子数据的系统，以及其他与财政收支、财务收支有关的资料和资产。

3)调查取证权

审计机关有权就审计事项的有关问题向有关单位和个人进行调查，并取得有关证明材料；经县级以上人民政府审计机关负责人批准，有权查询被审计单位在金融机构的账户；有证据证明被审计单位以个人名义存储公款的，经县级以上人民政府审计机关主要负责人批准，有权查询被审计单位以个人名义在金融机构的存款。

4)行政强制措施权

审计机关对被审计单位正在进行的违反国家规定的财政财务收支行为，有权予以制止或通知暂停拨付款项、责令暂停使用款项；对被审计单位转移、隐匿、篡改、毁弃会计凭证、会计账簿、财务会计报告以及其他与财政收支或者财务收支有关的资料，或者转移、隐匿所持有的违反国家规定取得的资产的行为，经县级以上人民政府审计机关负责人批准，有权封存有关资料和违反国家规定取得的资产。

5)提请协助权

审计机关有权提请公安、监察、财政、税务、海关、价格、工商行政管理等机关予以协助。

6)移送权

审计机关需要给予有关责任人员行政处分或者纪律处分的，有权移送纪检监察机关；需要追究有关责任人员刑事责任的，有权移送司法机关；有权建议有关主管部门纠正被审计单位执行的违法规定；有权向有关立法机关、政府及有关部门提出修改完善有关法律法规、政策措施和加强与改进宏观调控的建议。

7)处理处罚权

审计机关对被审计单位违反国家规定的财政财务收支行为，有权依法予以处理处罚。

8)通报或公布审计结果权

审计机关可以向政府有关部门通报或者向社会公布审计结果。

12.2.4　审计程序

审计程序是指审计机关在审计过程中必须遵守的法定顺序、期限、形式的制度。审计程序由规定的工作步骤组成，通常包括制订审计项目计划、审计准备阶段、审计实施阶段和审计终结阶段 4 个阶段。

1. 制订审计项目计划

审计项目计划是国家各级审计机关在每个审计工作年度开始之前，对计划期内的审计项目和专项审计调查项目作出统一安排。

审计项目计划是审计计划的重点，按规定经审计机关或同级人民政府审核批准后执行，并作为检查考核审计工作的依据。审计项目计划由上级审计机关统一组织项目、自行安排项目、授权审计项目、政府交办项目和其他交办、委托或举报项目等组成。审计项目计划的内容由文字和表格两部分组成。编制后的审计项目计划经批准后，如没有特殊情况，不应变更和调整。

为了使审计项目计划能够真正落实，审计机关必须建立审计项目计划执行情况的报告制度。此外，还应组成审计项目质量检查组，根据有关法律、法规和规章的要求，对本级派出审计机关和下级审计机关完成审计项目的质量情况进行检查、评价和考核。

2. 审计准备阶段

审计准备阶段是指审计机关按照审计计划组成审计组，到指定审计单位，并对被审计单位及其环境进行初步调查和评价的这一段时间。

审计准备阶段的工作主要有：

(1)审计机关根据审计项目计划确定的审计事项组成审计组，并应当在实施审计 3 日前，向被审计单位送达审计通知书；遇有特殊情况，经本级人民政府批准，审计机关可以直接持审计通知书实施审计。

(2)进入被审计单位，了解被审计单位及其环境，初步评价其内部控制。

3. 审计实施阶段

审计实施阶段是指审计人员实施项目审计方案的阶段。这是审计全过程的中心环节，也是整个审计程序的关键。

审计实施阶段的主要内容有：审计人员通过审查会计凭证、会计账簿、财务会计报告，查阅与审计事项有关的文件、资料，检查现金、实物、有价证券，向有关单位和个人调查等方式进行审计，并取得证明材料。审计人员向有关单位和个人进行调查时，应当出示审计人员的工作证件和审计通知书副本。审计人员实施审计时必须编制审计工作底稿，对审计中发现的问题作出详细、准确的记录，并注明资料来源。审计人员向有关单位和个人调查取证的重要证明材料，应当有提供者的签名或盖章；不能取得提供者签名或盖章的，应当注明原因。被审计单位应当配合审计机关的工作，并提供必要的工作条件。审计机关应当提高审计工作效率。

4. 审计终结阶段

审计终结阶段的主要内容有：审计组对审计事项实施审计后，应当向审计机关提交审计组的审计报告。审计组的审计报告报送审计机关前，应当征求被审计对象的意见。被审计对象应当自接到审计组的审计报告之日起 10 日内，将其书面意见送交审计组。审计组应当将被审计对象的书面意见一并报送审计机关。

审计机关按照审计署规定的程序对审计组的审计报告进行审议，并对被审计对象对审计组的审计报告提出的意见一并研究后，提出审计机关的审计报告；对违反国家规定的财政收支、财务收支行为，依法应当给予处理、处罚的，在法定职权范围内作出审计决定或者向有关主管机关提出处理、处罚的意见。审计机关应当将审计机关的审计报告和审计决定送达被审计单位和有关主管机关、单位。审计决定自送达之日起生效。

上级审计机关认为下级审计机关作出的审计决定违反国家有关规定的，可以责成下级审计机关予以变更或者撤销，必要时也可以直接作出变更或者撤销的决定。

12.2.5　违反《审计法》的法律责任

违反《审计法》的法律责任是指被审计单位或者审计人员违反《审计法》的禁止性规定而应承担的法律后果，具体来说，包括被审计单位违反《审计法》的法律责任和审计机关与审计人员违反《审计法》的法律责任两部分。

1. 被审计单位违反《审计法》的法律责任

被审计单位违反《审计法》的规定，拒绝或者拖延提供与审计事项有关的资料的，或者提供的资料不真实、不完整的，或者拒绝、阻碍检查的，由审计机关责令改正，可以通报批评，给予警告；拒不改正的，依法追究责任。

被审计单位违反《审计法》的规定，转移、隐匿、篡改、毁弃会计凭证、会计账簿、财务会计报告以及其他与财政收支、财务收支有关的资料，或者转移、隐匿所持有的违反国家规定取得的资产，审计机关认为对直接负责的主管人员和其他直接责任人员依法应当给予处分的，应当提出给予处分的建议，被审计单位或者其上级机关、监察机关应当依法及时作出决定，并将结果书面通知审计机关；构成犯罪的，依法追究刑事责任。

被审计单位报复陷害审计人员的，依法给予处分；构成犯罪的，依法追究刑事责任。

2. 审计机关和审计人员违反《审计法》的法律责任

审计机关和审计人员办理审计事项，应当客观公正、实事求是、廉洁奉公、保守秘密。审计人员对在执行审计中知悉的国家秘密和被审计单位的商业秘密，负有保密的义务。审计人员滥用职权、徇私舞弊、玩忽职守或者泄露所知悉的国家秘密、商业秘密的，依法给予处分；构成犯罪的，依法追究刑事责任。

自　测　题

一、单项选择题

1. 根据会计法律制度的有关规定，在办理会计工作交接手续中发现“白条顶库”现象，应采取的做法是（　　）。

A. 由监交人员负责查清处理

B. 由接管人员在移交后负责查清处理

C. 由移交人员在规定期限内负责查清处理

D. 由会计档案管理人员负责查清处理

2. 根据《会计档案管理办法》的规定，会计档案保管期限分为永久和定期两类。定期保管的会计档案，其最长期限是（　　）年。

A. 10　　B. 15　　C. 25　　D. 30

3. 某国有企业会计科出纳员因工作调动需办理工作交接手续，根据《会计基础工作规范》的规定，负责监交的人员应是(　　)。

A. 该单位一般会计人员　　B. 该单位会计机构负责人

C. 该单位负责人　　D. 当地财政部门派出人员

4.《会计法》规定，各单位必须依法设置会计账簿，并保证其真实、完整。该法律规范属于(　　)。

A. 授权性规范　　B. 禁止性规范

C. 义务性规范　　D. 任意性规范

二、多项选择题

1. 根据《会计档案管理办法》的规定，下列各项中属于会计档案的有(　　)。

A. 信贷计划　　B. 会计档案销毁清册

C. 辅助账　　D. 银行存款余额调节表

2. 根据效力等级的不同，我国会计法律制度分为会计法律、会计法规、会计规章和会计规范性文件 4 个层次。下列各项中属于会计法规的有(　　)。

A. 国务院发布的《总会计师条例》

B. 国务院发布的《企业财务会计报告条例》

C. 省级人大常委会发布的地方会计管理条例

D. 财政部发布的《财政部门实施会计监督办法》

3. 根据《会计法》的规定，下列各项中出纳人员不得兼任的工作有(　　)。

A. 会计档案保管　　B. 收入费用账目登记

C. 固定资产卡片登记　　D. 债权债务账目登记

三、综合题

振光有限责任公司是一家中外合资经营企业，2018 年度发生了以下事项：

(1)1 月 21 日，公司接到市财政局通知，市财政局要来公司检查会计工作情况。公司董事长兼总经理胡某认为，公司作为中外合资经营企业，不应受《会计法》的约束，财政部门无权来检查。

(2)3 月 5 日，公司会计科一名档案管理人员生病临时交接工作，胡某委托单位出纳员李某临时保管会计档案。

(3)4 月 15 日，公司从外地购买一批原材料，收到发票后，与实际支付款项进行核对时发现发票金额错误，经办人员在原始凭证上进行更改，并加盖了自己的印章，作为报销凭证。

(4)6 月 30 日，公司有一批保管期满的会计档案，按规定需要进行销毁。公司档案管理部门编制了会计档案销毁清册，档案管理部门的负责人在会计档案销毁清册上签了字，并于当天销毁。

问题：(1)公司董事长兼总经理胡某认为合资经营企业不受《会计法》约束的观点是否正确？为什么？

(2)该公司由出纳员临时保管会计档案的做法是否符合法律规定？为什么？

(3)该公司经办人员更改原始凭证金额的做法是否符合法律规定？为什么？

(4)该公司销毁会计档案的做法是否符合法律规定？为什么？

第13章 劳动合同法

【学习目标】

了解劳动合同的基本内容和劳动合同法适用范围及规定的基本制度;掌握劳动合同的订立、履行、变更、解除及终止的法律规定;掌握劳动合同法中保护劳动者合法权益的制度及权利救济的措施。

【引导案例】

张某是一家外贸公司的业务骨干,2014年与该公司签订了无固定期限的劳动合同。2016年末,张某所在的公司为摆脱困境,决定采取减人增效的办法。经与工会协商,该公司职代会通过了一项协商解除劳动合同的方案,其中规定:该公司提出与员工协商解除劳动合同,员工在方案公布后一周内书面同意与公司协商解除劳动合同的,该公司在法定经济补偿金之外再给予额外奖励。方案公布一周后,张某才向公司递交了协商解除劳动合同的意见书,并要求公司按规定支付法定经济补偿金和额外奖励。公司表示张某提交协商解除劳动合同意见时超过了公司规定的期限,公司可以同意与张某协商解除劳动合同,但不同意支付经济补偿金和额外奖励,双方于是发生争议。

问题:张某与公司的劳动合同协商解除后,张某是否可以要求公司支付额外奖励和经济补偿金?

13.1 劳动合同法概述

13.1.1 劳动合同

1. 劳动合同的概念

劳动合同,又称劳动契约、劳动协议,是指劳动者与用人单位之间确立劳动关系,明确双方权利和义务的书面协议。可以说,劳动合同是市场经济体制下用人单位与劳动者进行双向选择,确定劳动关系,明确双方权利和义务的协议,是保护劳动者合法权益的基本依据。

这里所说的劳动关系是劳动者和用人单位(包括各类企业、个体工商户、民办非企业、事业单位等)在劳动过程中建立的社会经济关系。《中华人民共和国劳动法》(以下简称《劳动法》)规定,劳动者与用人单位之间建立劳动关系应当订立劳动合同。劳动合同是确立劳动者和用人单位劳动关系的基本前提,是调整劳动关系的基本法律形式。

劳动关系不以书面劳动合同的签订为其建立的前提条件,而是依据用工之日这个事实。《中华人民共和国劳动合同法》(以下简称《劳动合同法》)规定,用人单位自用工之日起即与劳动者建立劳动关系。用人单位应当建立职工名册备查。

2. 劳动合同的法律特征

1)劳动合同的主体具有特定性

劳动合同的主体一方是劳动者,另一方是用人单位。在我国,用人单位是指国家机关、事业单位、社会团体、企业、个体经济组织、民办非企业单位等,劳动者是指依法与用人单位建立劳动关系的自然人。

2)劳动合同的内容具有明确性

劳动合同的内容明确双方当事人的权利义务,在此特指劳动关系建立之后劳动权利和劳动义务的分配,突出表现在不仅劳动合同双方当事人之间可以约定合同内容,还强调劳动法律、法规对劳动内容和形式的限制性规定,如对劳动合同书面形式的严格要求。

3)劳动合同在时间上具有连续性

一般来说,通过劳动合同建立的劳动关系是长期稳定的。劳动合同的完成不是一次性交易,而是劳动者持续付出劳动的连续性过程,即便是以完成一定工作任务为期限的劳动合同亦是如此。这种连续性决定了劳动合同难以回溯,即便劳动合同无效,劳动者已付出劳动的,用人单位也应当向劳动者支付报酬。

13.1.2 劳动合同法立法概况

众所周知,劳动合同是规范劳动关系最基本的法律形式,在法律上完善劳动合同制度,是夯实劳动关系基础的必然要求。尽管我国从 20 世纪 80 年代中期就开始进行劳动合同制度改革试点,1995 年 1 月 1 日施行的《劳动法》正式确立了劳动合同制度,全国陆续开始推行全员劳动合同制度,但受制于多方面因素,劳动合同制度的实施情况并不理想。

为此,2007 年全国人大常委会审议通过了《劳动合同法》,自 2008 年 1 月 1 日起施行(修订方案于 2012 年 12 月 28 日通过,自 2014 年 7 月 1 日起施行)。《劳动合同法》的立法宗旨是:完善劳动合同制度,明确劳动合同双方当事人的权利和义务;保护劳动者的合法权益;构建和发展和谐稳定的劳动关系。

《劳动合同法》是自《劳动法》颁布实施以来,我国劳动和社会保障法建设中的又一个里程碑。《劳动合同法》的颁布实施,对于更好地保护劳动者的合法权益,构建和发展和谐稳定的劳动关系,促进社会主义和谐社会建设,具有十分重要的意义。

【知识链接 13-1】

《劳动法》是劳动领域里的基本法,其主要内容是一些原则规定,其主要条款反映的是立法精神、立法原则。《劳动法》下面要有若干个配套的法律,才能构成劳动领域里的一个整体法律。《劳动合同法》就是《劳动法》的子法之一,它跟《劳动法》构成下位法和上位法的关系。

13.1.3 《劳动合同法》的适用范围

第一,中华人民共和国境内的企业、个体经济组织、民办非企业单位、依法成立的会计师事务所、律师事务所等合伙组织和基金会等组织(简称用人单位)与劳动者建立劳动关系,订立、履行、变更、解除或者终止劳动合同，适用《劳动合同法》。

第二，国家机关、事业单位、社会团体和与其建立劳动关系的劳动者，订立、履行、变更、解除或者终止劳动合同，依照《劳动合同法》执行。

第三，事业单位与实行聘用制的工作人员订立、履行、变更、解除或者终止劳动合同，法律、行政法规或者国务院另有规定的，依照其规定；未作规定的，依照《劳动合同法》有关规定执行。

第四，非全日制用工和劳务派遣工的订立、履行、变更、解除或者终止劳动合同，依照《劳动合同法》执行。

【知识链接 13-2】

民办非企业单位是指企业事业单位、社会团体和其他社会力量以及公民个人利用非国有资产举办的，从事非营利性社会服务活动的社会组织。它的一个明显特征是：不是由政府或者政府部门举办的。

13.2　劳动合同的订立和内容

13.2.1　劳动合同订立的法律原则

订立劳动合同，应当遵循合法、公平、平等自愿、协商一致、诚实信用的原则。依法订立的劳动合同具有约束力，用人单位与劳动者应当履行劳动合同约定的义务。

1. 合法原则

合法原则是指劳动合同订立要遵守国家的法律、法规的要求，确保劳动合同主体合法、劳动合同内容合法、劳动合同程序合法。

2. 公平原则

法律以追求公平正义为依归。公平原则是指在符合法律规定的前提下，劳动者和用人单位公正合理地确定双方的权利义务。公平原则主要规制用人单位不能滥用优势地位，强迫劳动者订立不公平的合同。《劳动合同法》的立法目的倾向于保护劳动者合法权益，公平原则旨在平衡劳动者和用人单位实质上的不平等，从而达致实质公平。

3. 平等自愿原则

平等原则是指劳动合同的缔约双方具有平等的法律地位，享受同等的法律保护；自愿原则是劳动合同当事人完全按照个人意志自主决定是否订立合同、订立合同的内容等，是意思自治的体现。自愿原则与平等原则紧密相连，双方当事人在平等的基础上自愿订立劳动合同。

4. 协商一致原则

协商一致原则是平等自愿原则的进一步延伸，是指劳动者与用人单位在订立劳动合同的过程中自主磋商，就合同内容达成一致意见。

5. 诚实信用原则

诚实信用原则是指双方当事人在订立劳动合同时要诚实守信，不欺诈、不隐瞒，真诚履行所承担的各项义务。此项原则是道德的法律化原则，是和谐劳动关系健康发展的前提。

13.2.2 劳动合同订立的主体

1. 劳动者

劳动者是为用人单位提供劳动力的自然人,又称职工、工人和雇员。劳动法律关系所涉及的劳动者,是指依据劳动法律和劳动合同规定,在用人单位从事体力或脑力劳动,并获取劳动报酬的自然人。

作为劳动者,必须具备法律规定的下列条件:年满 16 周岁(只有文艺、体育、特种工艺单位录用人员可以例外);有劳动权利能力和行为能力。

2. 用人单位

用人单位又称用工单位,也称企业主、资方、雇主、雇佣人等,在我国法律上被统称为用人单位,是指依法招用和管理劳动者,对劳动者承担有关义务者。用人单位应有用人权利能力和行为能力。

用人单位招用劳动者时,应当如实告知劳动者工作内容、工作条件、工作地点、职业危害、安全生产状况、劳动报酬,以及劳动者要求了解的其他情况。用人单位招用劳动者,不得扣押劳动者的居民身份证和其他证件,不得要求劳动者提供担保或者以其他名义向劳动者收取财物。

用人单位有权了解劳动者与劳动合同直接相关的基本情况,劳动者应当如实说明。

13.2.3 劳动合同订立的形式

用人单位自用工之日起即与劳动者建立劳动关系。建立劳动关系,应当订立书面劳动合同。

对于已建立劳动关系,未同时订立书面劳动合同的,应当自用工之日起 1 个月内订立书面劳动合同。用人单位与劳动者在用工前订立劳动合同的,劳动关系自用工之日起建立。

非全日制用工双方当事人可以订立口头协议。

【案例分析 13-1】

2013 年 2 月 9 日,杨某被聘请进入澧县氮金有限责任公司从事物管工作,同年 3 月被任命为副科长。不久,公司发生股权变动,杨某主动提出解除劳动关系,公司多方挽留无果,杨某于当年 7 月 30 日正式离职,双方劳动关系终结。

在杨某被聘用期间,双方未签订书面劳动合同,聘用期间的月工资为 1 600 元。2013 年 12 月,杨某以公司侵害了他的合法权益为由,向澧县劳动争议仲裁委员会申请劳动仲裁,请求裁决澧县氮金有限责任公司给付因未签订书面劳动合同的双倍工资和解除劳动关系的经济补偿金。

分析提示:法院认为,杨某与公司的劳动关系自用工之日起成立,根据《劳动合同法》的规定,已建立劳动关系,未同时签订书面劳动合同的,应当自用工之日起 1 个月内签订书面劳动合同。同时,《劳动合同法》规定,用人单位自用工之日起超过 1 个月不满 1 年未与劳动者签订书面劳动合同的,应当向劳动者每月支付双倍的工资。法院遂依法判决澧县氮金有限责任公司支付给杨某未签订书面劳动合同的双倍工资。

13.2.4　劳动合同的种类

根据《劳动合同法》的规定，我国劳动合同以劳动期限为标准分为以下 3 大类：

1. 固定期限劳动合同

固定期限劳动合同又称定期劳动合同，是指劳动者与用人单位约定了合同终止时间的劳动合同。期限届满，劳动合同即行终止。用人单位与劳动者协商一致可以订立固定期限劳动合同。

2. 无固定期限劳动合同

无固定期限劳动合同又称不定期劳动合同，是指用人单位与劳动者约定无确定终止时间的劳动合同。用人单位与劳动者协商一致可以订立无固定期限劳动合同。

为更好保障劳动者合法权益，《劳动合同法》规定，有下列情形之一，劳动者提出或者同意续订、订立劳动合同的，除劳动者提出订立固定期限劳动合同外，应当订立无固定期限劳动合同：①劳动者在该用人单位连续工作满 10 年的；②用人单位初次实行劳动合同制度或者国有企业改制重新订立劳动合同时，劳动者在该用人单位连续工作满 10 年且距法定退休年龄不足 10 年的；③连续订立两次固定期限劳动合同，且劳动者没有《劳动合同法》规定的情形，续订劳动合同的。用人单位自用工之日起满 1 年不与劳动者订立书面劳动合同的，视为用人单位与劳动者已订立无固定期限劳动合同。

【法律小贴士】

《中华人民共和国劳动合同法实施条例》(以下简称《劳动合同法实施条例》)第九条规定：《劳动合同法》第十四条第二款规定的连续工作满 10 年的起始时间，应当自用人单位用工之日起计算，包括《劳动合同法》实施前的工作年限。

《劳动合同法实施条例》第十条规定：劳动者非因本人原因从原用人单位被安排到新用人单位工作的，劳动者在原用人单位的工作年限合并计算为新用人单位的工作年限。原用人单位已经向劳动者支付经济补偿的，新用人单位在依法解除、终止劳动合同计算支付经济补偿的工作年限时，不再计算劳动者在原用人单位的工作年限。

《劳动合同法实施条例》第十一条规定：除劳动者与用人单位协商一致的情形外，劳动者依照《劳动合同法》第十四条第二款的规定，提出订立无固定期限劳动合同的，用人单位应当与其订立无固定期限劳动合同。对劳动合同的内容，双方应当按照合法、公平、平等自愿、协商一致、诚实信用的原则协商确定；对协商不一致的内容，依照《劳动合同法》第十八条的规定执行。

3. 以完成一定工作任务为期限的劳动合同

以完成一定工作任务为期限的劳动合同是指用人单位与劳动者约定以某项工作的完成为合同期限的劳动合同。用人单位与劳动者协商一致可以订立以完成一定工作任务为期限的劳动合同。它一般适用于完成单项工作任务、项目承包方式完成承包任务、季节性原因临时用工的劳动合同等。

13.2.5　劳动合同的内容

劳动合同的内容可分为必备条款和约定条款。必备条款是劳动合同一般应当具有的条款；约定条款是当事人可以选择适用的条款。

1. 必备条款

第一，用人单位的名称、住所和法定代表人或者主要负责人。

第二，劳动者的姓名、住址和居民身份证或者其他有效身份证件号码。

第三，劳动合同期限。劳动合同期限分为固定期限、无固定期限和以完成一定工作任务为期限3种。

第四，工作内容和工作地点。

第五，工作时间和休息休假。工作时间是指劳动者为履行劳动义务，在法律规定的标准下，根据劳动合同和集体合同的规定提供劳动的时间，即劳动者在一昼夜或一周内从事生产或工作的时间，也就是劳动者每天应工作的时数或每周应工作的天数。休息休假是指劳动者在任职期间，在国家规定的法定工作时间以外，不从事生产和工作而自行支配的休息时间和法定节假日。

第六，劳动报酬。劳动报酬是指用人单位根据劳动者劳动的数量和质量，以货币形式支付给劳动者的工资。工资总额由6部分构成：计时工资、计件工资、奖金、津贴和补贴、加班加点工资以及特殊情况下支付的工资。工资应当以法定货币支付，不得以实物及有价证券替代货币支付。工资必须在用人单位与劳动者约定的日期支付。在法定休假日和婚丧假期间以及劳动者依法参加社会活动期间，用人单位应当依法支付工资。用人单位在劳动者完成劳动定额或规定的工作任务后，根据实际需要安排劳动者在法定标准工作时间以外工作的，应当按照国家标准支付加班加点工资。国家实行最低工资保障制度。

【知识链接 13-3】

日工资和小时工资计算公式：

日工资＝月实得工资÷20.92×70％

小时工资＝月实得工资÷167.4×70％

法定假日用人单位安排加班的，须在正常支付员工工资的基础上，按不低于员工本人日或小时工资的300％另行支付加班工资。

正常工作日内延长工作时间的加班加点工资，或者按小时工资的150％支付工资，或者按“做一小时还一小时”的方式安排补休。

休息日加班工作的，或者按“做一休一”调休，或者按200％支付日或小时工资。但按劳部发〔95〕309号文规定，经批准实行综合计算工作时间的企业（如商业零售业等）可不受此限，仅需将每月累计超过167.4小时（法定节假日除外）的工作视为加班，并按150％计发加班加点工资。

第七，社会保险。社会保险的主要项目包括养老社会保险、医疗社会保险、失业保险、工伤保险、生育保险等。

**【案例分析 13-2】**

2017年6月，小刘被某食品公司录用，入职后该公司告知小刘试用期3个月，每月工资4 000元，试用合格后才为其办理社会保险。小刘当时找工作心切，就答应了该公司的要求。入职1个月之后，小刘发现该公司的做法不妥，就与该公司沟通，希望能够及时缴纳社会保

险。但是该公司坚持认为试用期未满，拒绝为小刘缴纳社保。无奈，小刘以该公司未缴纳社会保险费为由提出解除劳动关系，并向该公司邮寄了书面解除劳动关系通知书。此后小刘通过仲裁及诉讼程序要求该食品公司支付解除劳动关系经济补偿金。

分析提示：法院认为，及时为员工缴纳社会保险是用人单位的法定义务。在小刘与食品公司建立劳动关系后，食品公司未能及时为小刘缴纳社会保险，存在不履行法定义务的行为。小刘以食品公司未依法为其缴纳社会保险费为由书面提出解除劳动关系依据合法。最后，法院判决食品公司按照小刘的工作年限及工资标准支付小刘解除劳动关系经济补偿金 2 000 元。

第八，劳动保护、劳动条件和职业危害防护。

第九，法律、法规规定应当纳入劳动合同的其他事项。

需要注意的是，劳动合同中缺少必备条款中的一些条款并不必然无效。

2. 约定条款

根据《劳动合同法》的规定，劳动合同除必备条款外，用人单位与劳动者还可以在法律、法规规定的框架下约定以下事项：

1）试用期

试用期是指劳动关系处于非正式状态，劳动者对用人单位是否符合自己要求进行了解的期限。试用期包含在劳动合同期限内，劳动合同仅约定试用期的，试用期不成立，该期限为劳动合同期限；同一用人单位与同一劳动者只能约定一次试用期，以完成一定工作任务为期限的劳动合同或者劳动合同期限不满 3 个月的，不得约定试用期；劳动者在试用期的工资不得低于本单位相同岗位最低档工资或者劳动合同约定工资的 80%，并不得低于用人单位所在地的最低工资标准。

【案例分析 13-3】

2017 年 7 月 1 日，大学毕业生李某被一家网络游戏公司聘用，该公司与其签订了为期 1 年的劳动合同，约定试用期为 1 个月。试用期到期前 5 天，该公司表示还要对其考察，要求与李某续签 1 个月的试用期。李某虽然对此持有异议，但为了能得到这份工作，遂同意该公司的要求。2017 年 9 月 29 日，该公司通知李某，认为其在试用期内的工作情况达不到录用条件，故对其不予录用。李某要求该公司补发其 2017 年 9 月工资的差额，并给予其 1 个月工资的经济补偿金。

分析提示：根据《劳动合同法》，案例中的网络游戏公司与李某试用期的约定上存在问题：第一，该公司与李某之间为期 1 年的劳动合同中约定的试用期不得超过 1 个月，续签的 1 个月应当视为双方履行正式的劳动合同；第二，《劳动合同法》明确约定，单位与劳动者之间只能约定一次试用期，并且对于该试用期内的工资水平做了明确限制，不得低于合同约定工资的 80% 或者本单位相同岗位最低档工资。

2）服务期与培训

用人单位为劳动者提供专项培训费用，对其进行专业技术培训的，可以与该劳动者订立协议，约定服务期。

劳动者违反服务期约定提前终止劳动合同的，应当按照约定向用人单位支付违约金。违约金的数额不得超过用人单位提供的培训费用。对已经履行部分服务期限的，用人单位要求劳动者支付的违约金不得超过服务期尚未履行部分所应分摊的培训费用。

在特定情形下，劳动者可以在服务期内依照法律规定解除劳动合同，用人单位不得要求劳动者支付违约金。

培训是指劳动合同中约定由用人单位为劳动者提供专项培训费用，对其进行专业技术培训。《劳动合同法》对专项培训及服务期作出了规定，用人单位为劳动者提供专项培训费用，对其进行专业技术培训的，可以与该劳动者订立协议，约定服务期。

3)保守秘密

保守秘密指在劳动中约定由劳动者对用人单位的秘密负保密义务的合同条款。《劳动合同法》规定了保密义务，用人单位与劳动者可以在劳动合同中约定保守用人单位的商业秘密和与知识产权相关的保密事项。对负有保密义务的劳动者，用人单位可以在劳动合同或者保密协议中与劳动者约定竞业限制条款，并约定在解除或者终止劳动合同后，在竞业限制期限内按月给予劳动者经济补偿。劳动者违反竞业限制约定的，应当按照约定向用人单位支付违约金。

13.2.6 劳动合同的效力

劳动合同的效力根据效力的有无，可分为劳动合同的生效和劳动合同的无效。

1. 劳动合同的生效

劳动合同的生效是指劳动合同具有法律约束力的起始时间。劳动合同成立，并不意味劳动合同一定生效。《劳动合同法》对劳动合同的生效作出了规定，劳动合同由用人单位与劳动者协商一致，并经用人单位与劳动者在劳动合同文本上签字或者盖章生效。劳动合同文本由用人单位和劳动者各执一份。

2. 劳动合同的无效

劳动合同的无效是指由当事人订立，但严重缺乏合同生效要件，国家不予承认其法律效力的劳动合同。劳动合同无效分为全部无效和部分无效。

《劳动合同法》对劳动合同的无效作出了规定，下列劳动合同无效或者部分无效：(1)以欺诈、胁迫的手段或者乘人之危，使对方在违背真实意思的情况下订立或者变更劳动合同的；(2)用人单位免除自己的法定责任、排除劳动者权利的；(3)违反法律、行政法规强制性规定的。

劳动合同部分无效，不影响其他部分效力的，其他部分仍然有效。劳动合同被确认无效后，劳动者已付出劳动的，用人单位应当向劳动者支付劳动报酬。

13.3 劳动合同的履行、变更、解除和终止

13.3.1 劳动合同的履行和变更

1. 劳动合同的履行

1)劳动合同履行的概念及原则

劳动合同履行是指劳动合同双方当事人依照劳动合同约定的内容，完成各自义务的过程。依法订立的劳动合同具有约束力，用人单位与劳动者应当按照劳动合同的约定，全面履

行各自的义务。劳动合同履行的原则包括：

(1) 实际履行原则，要求劳动合同双方当事人严格按照劳动合同约定的标的来履行，不得擅自以其他标的替代，也不得以违约金或者赔偿金等形式予以替代履行。

(2) 全面履行原则，要求劳动合同的双方当事人必须按照劳动合同所约定的时间、地点、内容、方式、期限等全部条款履行自己的全部义务。劳动合同的全面履行实际上也就是双方当事人全部义务的完全履行。

(3)协作履行原则，要求双方当事人在履行劳动合同的过程中应当互相给予对方必要的协作。劳动者与用人单位应互相配合、互相体谅，为对方履行义务提供条件与必要的协助，以实现和谐稳定的劳动关系。

(4) 亲自履行原则，要求劳动合同双方当事人必须以自己的行为履行约定的义务，不得由他人代替。这主要是由劳动关系很强的人身依赖性和不可代替性决定的。

2)特殊情形下劳动合同的履行

(1)用人单位变更名称等时劳动合同的履行。《劳动合同法》规定，用人单位变更名称、法定代表人、主要负责人或者投资人等事项，不影响劳动合同的履行。这是因为这些事项的变更未改变用人单位独立承担民事责任的性质。

(2)用人单位合并或分立时劳动合同的履行。《劳动合同法》规定，用人单位发生合并或者分立等情况，原劳动合同继续有效，劳动合同由承继其权利和义务的用人单位继续履行。这是因为用人单位的合并、分立，它的权利和义务由变更后的用人单位享有和承担。

2. 劳动合同的变更

1)劳动合同变更的概念

劳动合同的变更是指劳动者与用人单位对依法成立的、尚未履行或尚未履行完成的劳动合同内容所作的修改或增删的法律行为。劳动合同依法订立后，双方当事人必须全面履行合同规定的义务，任何一方不得擅自变更劳动合同，但在符合法定或约定的情况下，合同当事人可以对合同内容进行变更。

2)劳动合同变更的原因

(1)基于劳动合同双方当事人的协商一致。一般而言，用人单位和劳动者在不违反法律、行政法规规定的情况下，遵循平等自愿、协商一致、诚实信用原则，就可以变更劳动合同约定的内容。

(2)基于情势变更。情势变更是引起劳动合同变更的另一个重要原因，主要包括以下情形：订立劳动合同所依据的法律法规被依法修改或废止；用人单位由于政策原因或是企业产业调整等内部原因发生变化；劳动者由于健康状况、职业技能水平或其他原因，导致履行原合同内容对劳动者已形成负担；不可抗力或客观经济情况发生重大变化等。

3)劳动合同的变更形式

变更劳动合同应当采取书面形式，必须由双方当事人签字或盖章后生效。变更后的劳动合同文本由用人单位和劳动者各执一份。对劳动合同中约定的条款进行变更，一般经过提议、答复、协议 3 个步骤。

13.3.2 劳动合同的解除和终止

1. 劳动合同的解除

劳动合同的解除是指当事人双方在劳动合同期限届满之前，因当事人一方或双方的意思表示而终止劳动合同关系的法律行为。根据解除劳动合同的方式不同，劳动合同的解除可分为单方解除和协商解除。单方解除又分劳动者单方解除和用人单位单方解除。《劳动合同法》规定了解除劳动合同的3种情况：

1)协商解除劳动合同

《劳动合同法》规定，用人单位与劳动者协商一致，可以解除劳动合同。协商解除劳动合同需符合以下条件：①劳动合同依法成立生效、尚未全部履行前；②双方自愿、平等协商达成一致意见。

在合同履行过程中，主动提起解除劳动合同的一方当事人应尽到提前通知的义务，如果是用人单位提出解除劳动合同并经劳动者同意的，用人单位还要向劳动者支付相应的经济补偿金。

2)劳动者单方解除劳动合同

劳动者提前30日以书面形式通知用人单位，可以解除劳动合同。劳动者在试用期内提前3日通知用人单位，可以解除合同。

(1)劳动者立即解除劳动合同的情形。这包括：如果用人单位以暴力、威胁或者非法限制人身自由的手段强迫劳动者劳动的，或者用人单位违章指挥、强令冒险作业危及劳动者人身安全的，劳动者可以立即解除劳动合同，不需事先告知用人单位。

(2)劳动者随时解除劳动合同的情形。这包括：用人单位未按照劳动合同约定提供劳动保护或者劳动条件的；用人单位未及时足额支付劳动报酬的；用人单位未依法为劳动者缴纳社会保险费的；用人单位的规章制度违反法律、行政法规的规定，损害劳动者权益的；因《劳动合同法》规定的情形致使劳动合同无效的；法律、行政法规规定劳动者可以解除劳动合同的其他情形。

3)用人单位单方解除劳动合同

(1)用人单位即时解除劳动合同的情形。这包括：劳动者在试用期间被证明不符合录用条件的；劳动者严重违反用人单位的规章制度的；劳动者严重失职，营私舞弊，给用人单位造成重大损害的；劳动者同时与其他用人单位建立劳动关系，对完成本单位的工作任务造成严重影响，或者经用人单位提出，拒不改正的；因劳动者采取欺诈、胁迫的手段或者乘人之危，使用人单位在违背真实意思的情况下订立或者变更劳动合同，致使劳动合同无效的；劳动者被依法追究刑事责任的。

(2)用人单位预告解除劳动合同的情形。这包括：劳动者患病或者非因工负伤，在规定的医疗期满后不能从事原工作，也不能从事由用人单位另行安排的工作的；劳动者不能胜任工作，经过培训或者调整工作岗位，仍不能胜任工作的；劳动合同订立时所依据的客观情况发生重大变化，致使劳动合同无法履行，经用人单位与劳动者协商，未能就变更劳动合同内容达成协议的。有以上情形之一，用人单位提前30日以书面形式通知劳动者本人或者额外支付劳动者1个月工资后，可以解除劳动合同。

(3)用人单位经济性裁员解除劳动合同的情形。这包括:用人单位依照企业破产法规定进行重整的;生产经营发生严重困难的;企业转产、重大技术革新或者经营方式调整,经变更劳动合同后,仍需裁减人员的;其他因劳动合同订立时所依据的客观经济情况发生重大变化,致使劳动合同无法履行的。

(4)解除劳动合同的消极条件。劳动者有以下情形的,用人单位不得解除劳动合同:从事接触职业病危害作业的劳动者未进行离岗前职业健康检查,或者疑似职业病病人在诊断或者医学观察期间的;在本单位患职业病或者因工负伤并被确认丧失或者部分丧失劳动能力的;患病或者非因工负伤,在规定的医疗期内的;女职工在孕期、产期、哺乳期的;在本单位连续工作满 15 年,且距法定退休年龄不足 5 年的;法律、行政法规规定的其他情形。

2. 劳动合同的终止

劳动合同终止是指劳动合同的法律效力依法被消灭。它有广义和狭义之分。广义的劳动合同终止包括劳动合同解除。《劳动合同法》上的劳动合同终止采用狭义规定,不包括劳动合同解除。

《劳动合同法》规定,有下列情形之一的劳动合同终止:①劳动合同期届满的;②劳动者开始依法享受基本养老保险待遇的;③劳动者死亡,或者被人民法院宣告死亡或者宣告失踪的;④用人单位被依法宣告破产的;⑤用人单位被吊销营业执照、责令关闭、撤销或者用人单位决定提前解散的;⑥法律、行政法规规定的其他情形。

3. 劳动合同解除和终止的经济补偿

1)经济补偿

经济补偿是按照《劳动合同法》的规定,在劳动者无过错的情况下,用人单位与劳动者解除或者终止劳动合同而依法应给予劳动者的经济上的补助,又称经济补偿金。

2)用人单位应当向劳动者支付经济补偿的情形

(1)由用人单位提出解除劳动合同并与劳动者协商一致而解除劳动合同的。

(2)劳动者符合随时通知解除和不需事先通知即可解除劳动合同的规定情形而解除劳动合同的。

(3)用人单位符合提前 30 日以书面形式通知劳动者本人或者额外支付劳动者 1 个月工资后可以解除劳动合同的规定情形而解除劳动合同的。

(4)用人单位符合可裁减人员规定而解除与劳动者的劳动合同的。

(5)除用人单位维持或者提高劳动合同约定条件续订劳动合同,劳动者不同意续订的情形外,劳动合同期满终止固定期限劳动合同的。

(6)以完成一定工作任务为期限的劳动合同因任务完成而终止的。

(7)用人单位被依法宣告破产终止劳动合同的。

(8)用人单位被吊销营业执照、责令关闭、撤销或者用人单位决定提前解散而终止劳动合同的。

(9)法律、行政法规规定解除或终止劳动合同应当向劳动者支付经济补偿的其他情形。

3)经济补偿的支付标准

经济补偿一般根据劳动者在用人单位的工作年限和工资标准来计算具体金额,并以货币形式支付给劳动者。

(1)经济补偿按劳动者在本单位工作的年限,每满 1 年支付 1 个月工资的标准向劳动者支付。6 个月以上不满 1 年的,按 1 年计算;不满 6 个月的,向劳动者支付半个月工资的经济补偿。

(2)劳动者在劳动合同解除或者终止前 12 个月的平均工资低于当地最低工资标准的,按照当地最低工资标准计算。劳动者工作不满 12 个月的,按照实际工作的月数计算平均工资。

(3)劳动者月工资高于用人单位所在直辖市、设区的市级人民政府公布的本地区上年度职工月平均工资 3 倍的,向其支付经济补偿的标准按职工月平均工资 3 倍的数额支付,向其支付经济补偿的年限最高不超过 12 年。

13.4 集体合同、劳务派遣与非全日制用工

13.4.1 集体合同

1. 集体合同的一般规定

集体合同又称集体协约,是指用人单位与企业职工一方为规范劳动关系而订立的,以全体劳动者的共同利益为中心内容的书面协议。《劳动合同法》规定,企业职工一方与用人单位通过平等协商,可以就劳动报酬、工作时间、休息休假、劳动安全卫生、保险福利等事项订立集体合同。集体合同草案应当提交职工代表大会或者全体职工讨论通过。集体合同由工会代表企业职工一方与用人单位订立;尚未建立工会的用人单位,由上级工会指导劳动者推举的代表与用人单位订立。

集体合同与劳动合同相比具有以下特点:

(1)当事人不同。集体合同的双方当事人分别是代表职工的工会和用人单位,而劳动合同当事人为单个劳动者和用人单位。

(2)内容不同。集体合同内容针对用人单位内的全体劳动者的共同权利义务。

(3)目的不同。集体合同的目的是在其效力范围内规范劳动关系。

(4)效力不同。集体合同的法律效力一般高于劳动合同的效力。

(5)二者在形式和适用范围等方面也有区别。

2. 集体合同的特殊规定

1)专项集体合同

专项集体合同是指用人单位与企业职工一方根据法律、法规、规章的规定,就集体协商的某项内容签订的专项书面协议。我国《劳动合同法》规定,企业职工一方与用人单位可以订立劳动安全卫生、女职工权益保护、工资调整机制等专项集体合同。专项集体合同的订立程序、合同期限、解除或变更依照集体合同的同类规定。

2)行业性集体合同和区域性集体合同

行业性集体合同主要是指在一定地域的一定行业内,由地方工会或者其他行业性工会联合组织与一定行业的企业代表,为保护行业内的全体劳动者合法权益就劳动安全卫生、工作时间、休息休假等事项所协商订立的集体合同。区域性集体合同主要是指在县级以下区域内,由区域工会与该区域内的企业方面代表,就劳动报酬、工作时间、保险福利等事项所协商

订立的集体合同。目前，区域性集体合同主要适用于县级以下的区域内。我国《劳动合同法》规定：在县级以下区域内，建筑业、采矿业、餐饮服务业等行业可以由工会与企业方面代表订立行业性集体合同，或者订立区域性集体合同。

【案例分析 13-4】

2016 年 2 月 1 日，甲公司与工会经过协商签订了集体合同，规定职工的月工资不低于 1 000元。2 月 8 日，甲公司将集体合同文本送劳动行政部门审查，但劳动行政部门一直未予答复。2017 年 1 月，甲公司招聘李某为销售经理，双方签订了为期 2 年的合同，月工资 5 000 元。几个月过去了，李某业绩不佳，甲公司渐渐地对他失去信心。2017 年 6 月，甲公司降低了李某的工资，只发给李某 800 元工资。李某就此事与甲公司协商未果，2017 年 7 月，李某解除了与甲公司的合同。

分析提示：根据《劳动合同法》的规定，集体合同签订后应当报送劳动行政部门；劳动行政部门自收到集体合同文本之日起 15 日内未提出异议的，集体合同即行生效。依法订立的集体合同对用人单位和劳动者具有约束力。因此，可以认定甲公司与工会签订的集体合同有效。根据《劳动合同法》的规定，用人单位与劳动者订立的劳动合同中劳动报酬和劳动条件等标准不得低于集体合同规定的标准。本例中，甲公司因李某的业绩不佳，而把工资降低，并低于集体合同的最低工资约定。按照《劳动合同法》的规定，用人单位与劳动者协商一致，可以变更劳动合同约定的内容。因此，甲公司降低李某的工资，实属单方变更劳动合同中劳动报酬的行为，且其支付的劳动报酬低于集体合同规定，故有违法律规定。

13.4.2　劳务派遣

1. 劳务派遣的概念和特征

劳务派遣又称人才派遣、人才租赁、劳动派遣、劳动力租赁，是指由劳务派遣机构与派遣劳工订立劳动合同，由要派企业（实际用工单位）向派遣劳工给付劳务报酬，劳动合同关系存在于劳务派遣机构与派遣劳工之间，但劳动力给付的事实则发生于派遣劳工与要派企业（实际用工单位）之间。

劳动合同用工是我国的企业基本用工形式。劳务派遣用工是补充形式，只能在临时性、辅助性或者替代性工作岗位上实施。

临时性工作岗位是指存续时间不超过 6 个月的岗位；辅助性工作岗位是指为主营业务岗位提供服务的非主营业务岗位；替代性工作岗位是指用工单位的劳动者因脱产学习、休假等原因无法工作的一定期间内，可以由其他劳动者替代工作的岗位。

劳务派遣与（个别）劳动合同相比，具有如下特征：

（1）劳务派遣中有 3 个主体，劳动者的雇佣和使用相分离。3 个主体是劳务派遣单位（用人单位）、劳动者及用工单位。劳动者与劳务派遣单位建立劳动关系，但实际使用劳动者的是用工单位，用工单位与劳务派遣单位签订劳务派遣协议。

（2）劳动合同的期限为 2 年以上的固定期限合同，按月支付报酬，在无工作期间，也应按照最低工资标准支付。

2. 对劳务派遣的法律规制

1)劳务派遣单位(用人单位)

经营劳务派遣业务应当具备的条件包括:注册资本不得少于人民币 200 万元;有与开展业务相适应的固定的经营场所和设施等。经营劳务派遣业务,应当向劳动行政部门依法申请行政许可。

劳务派遣单位派遣劳动者应当与接受以劳务派遣形式用工的单位订立劳务派遣协议。劳务派遣单位应当将劳务派遣协议的内容告知被派遣劳动者。劳务派遣单位不得克扣用工单位按照劳务派遣协议支付给被派遣劳动者的劳动报酬。劳务派遣单位和用工单位不得向被派遣劳动者收取费用。

2)用工单位

《劳动合同法》规定,用工单位应当履行下列义务:执行国家劳动标准,提供相应的劳动条件和劳动保护;告知被派遣劳动者的工作要求和劳动报酬;支付加班费、绩效奖金,提供与工作岗位相关的福利待遇;对在岗被派遣劳动者进行工作岗位所必需的培训;连续用工的,实行正常的工资调整机制。用工单位不得将被派遣劳动者再派遣到其他用人单位。

3)劳动者

《劳动合同法》第六十三条规定:被派遣劳动者享有与用工单位的劳动者同工同酬的权利。用工单位无同类岗位劳动者的,参照用工单位所在地相同或者相近岗位劳动者的劳动报酬确定。《劳动合同法》第六十四条规定:被派遣劳动者有权在劳务派遣单位或者用工单位依法参加或者组织工会,维护自身的合法权益。《劳动合同法》第六十五条规定:被派遣劳动者可以依照《劳动合同法》第三十六条、第三十八条的规定与劳务派遣单位解除劳动合同。

13.4.3 非全日制用工

1. 非全日制用工的界定

非全日制用工是指以小时计酬为主,劳动者在同一用人单位一般平均每日工作时间不超过 4 小时,每周工作时间累计不超过 24 小时的用工形式。

非全日制用工是全日制用工的一种补充形式,它可以建立多重劳动关系。从事非全日制用工的劳动者可以与一个或者一个以上用人单位订立劳动合同,但是,后订立的劳动合同不得影响先订立的劳动合同的履行。

2. 对非全日制用工的法律规制

1)劳动合同的形式

《劳动合同法》规定:非全日制用工双方当事人可以订立口头协议。

2)工资标准

非全日制用工小时计酬标准不得低于用人单位所在地人民政府规定的最低小时工资标准。非全日制用工劳动报酬结算支付周期最长不得超过 15 日。

3)特殊规定

非全日制用工双方当事人不得约定试用期。非全日制用工双方当事人任何一方都可以随时通知对方终止用工。终止用工时用人单位不向劳动者支付经济补偿。

13.5　劳动争议的解决

13.5.1　劳动争议解决概述

劳动争议解决机制是由劳动争议处理机构和相互衔接的争议处理程序共同构成的解决劳动争议的制度体系。我国现行的劳动争议解决体制大致概括为“一调一裁二审”，对部分劳动争议案件实行有限制的“一裁终局”。

13.5.2　劳动争议协商和解制度

发生劳动争议后，劳动者可以与用人单位自行协商和解，也可以请工会或者第三方共同与用人单位协商，达成和解协议。如果协商不成，可以直接进入劳动争议的法定解决程序。和解协议不具备法律约束力，但就支付工资报酬、加班费、经济补偿或赔偿金等特定事项达成的协议具有法律效力。

13.5.3　劳动争议调解制度

劳动争议调解是指基层群众组织对发生的劳动争议以协商方式，使劳动者和用人单位达成协议，从而解决纠纷。劳动争议调解由基层群众组织负责。

调解的程序是当事人提出调解申请，调解组织审查后，由调解组织主持召开调解会议，基于事实依法在当事人之间调和。

当事人申请劳动争议调解可以书面申请，也可以口头申请。

经调解达成协议后，调解协议书对双方当事人具有约束力，当事人应当履行。一方当事人在协议约定期限内不履行调解协议的，另一方当事人可以依法申请仲裁。因支付拖欠劳动报酬、工伤医疗费、经济补偿或者赔偿金事项达成调解协议，用人单位在协议约定期限内不履行的，劳动者可以持调解协议书依法向人民法院申请支付令。

自劳动争议调解组织收到调解申请之日起 15 日内未达成调解协议的，当事人可以依法申请仲裁。

13.5.4　劳动争议仲裁

1. 劳动争议仲裁概述

劳动争议仲裁是指当事人将劳动争议提交劳动争议仲裁委员会，由其对双方的争议进行处理，并作出具有约束力的裁决，从而解决劳动争议。

劳动争议仲裁具有公正性、及时性和强制性的特点。

劳动争议仲裁是人民法院受理劳动争议案件的前提条件，如果不经过劳动争议仲裁委员会的仲裁，法院是不予受理的。

2. 劳动争议仲裁机构

1)劳动争议仲裁机构组成

劳动争议仲裁机构包括劳动(人事)争议仲裁委员会及其办事机构、仲裁庭以及仲裁员。

劳动争议仲裁委员会由劳动行政部门代表、工会代表和企业方面代表组成，其组成人员应当是单数。

2)劳动争议仲裁案件管辖

劳动争议由劳动合同履行地或者用人单位所在地的劳动争议仲裁委员会管辖；双方当事人分别向劳动合同履行地和用人单位所在地的劳动争议仲裁委员会申请仲裁的，由劳动合同履行地的劳动争议仲裁委员会管辖。

3)劳动争议仲裁案件受理范围

该范围包括：因确认劳动关系发生的争议；因订立、履行、变更、解除和终止劳动合同发生的争议；因除名、辞退和辞职、离职发生的争议；因工作时间、休息休假、社会保险、福利、培训以及劳动保护发生的争议；因劳动报酬、工伤医疗费、经济补偿或者赔偿金等发生的争议；法律、法规规定的其他劳动争议。

3. 劳动争议仲裁的程序

1)劳动争议申请仲裁的时效

劳动争议申请仲裁的时效期间为 1 年，自当事人知道或者应当知道其权利被侵害之日起计算。当事人申请劳动争议仲裁后，可以自行和解。达成和解协议的，可以撤回仲裁申请。

2)劳动争议申请仲裁的程序

劳动争议申请仲裁的程序包括：

(1)申请和受理。申请人申请仲裁，应当提交书面仲裁申请，并按照被申请人人数提交副本。书写仲裁申请确有困难的，可以口头申请，由劳动争议仲裁委员会记入笔录，经申请人签名或盖章确认。

(2)开庭准备。开庭准备包括向被申请人送达申请书、向申请人送达答辩书、组成仲裁庭并通知当事人仲裁庭组成情况、告知当事人提出回避申请的权利以及将开庭日期、地点书面通知双方当事人。

(3)审理。开庭审理时，仲裁员应当听取申请人的陈述和被申请人的答辩，主持庭审调查、质证和辩论，征询当事人最后意见，并进行调解。

(4)裁决。劳动争议仲裁委员会裁决劳动争议案件实行仲裁庭制。仲裁庭由 3 名仲裁员组成，设首席仲裁员；简单劳动争议案件可以由一名仲裁员独任仲裁。

仲裁庭在作出裁决前，应当先行调解。调解达成协议的，仲裁庭应当制作调解书，调解书经双方当事人签收后，发生法律效力。调解不成或者调解书送达前，一方当事人反悔的，仲裁庭应当及时作出裁决。仲裁庭裁决劳动争议案件，应当自劳动争议仲裁委员会受理仲裁申请之日起 45 日内结束。自收到仲裁裁决书之日起 15 日内不起诉的，裁决书发生法律效力。

13.5.5 劳动争议诉讼

劳动争议诉讼是指劳动争议当事人不服劳动争议仲裁委员会的裁决，在规定的期限内向人民法院起诉，人民法院依照民事诉讼程序，依法对劳动争议案件进行审理的活动。

劳动争议诉讼是解决劳动争议的最终程序。

用人单位所在地或者劳动合同履行地的基层人民法院享有对劳动争议的诉讼管辖权。

在我国，劳动争议案件适用民事诉讼的简易程序审理，一般案件适用普通一审程序审理，实行二审终审制。法院审理的对象主要是劳动权利义务。

13.6　违反劳动合同的法律责任

13.6.1　用人单位的法律责任

第一，用人单位直接涉及劳动者切身利益的规章制度违反法律、法规规定的，由劳动行政部门责令改正，给予警告；给劳动者造成损害的，应当承担赔偿责任。

第二，用人单位提供的劳动合同文本未载明《劳动合同法》规定的劳动合同必备条款或者用人单位未将劳动合同文本交付劳动者的，由劳动行政部门责令改正；给劳动者造成损害的，应当承担赔偿责任。

第三，用人单位自用工之日起超过 1 个月不满 1 年未与劳动者订立书面劳动合同的，应当向劳动者每月支付 2 倍的工资。

用人单位违反《劳动合同法》的规定不与劳动者订立无固定期限劳动合同的，自应当订立无固定期限劳动合同之日起向劳动者每月支付 2 倍的工资。

【案例分析 13-5】

从 2007 年 9 月底开始，某知名公司开始实行一项内部调整：包括所有高管在内的所有工作满 8 年的员工，在 2008 年元旦前，都要先后办理主动辞职手续，再竞聘上岗，与公司重新签订 1～3 年的劳动合同。全部辞职老员工均可获得公司支付的赔偿。

分析提示：该公司的目的是想把员工前面的工龄一笔勾销，重新计算工龄，避免出现员工连续工作 10 年签订无固定期限劳动合同的情况。按照《劳动合同法》的规定，在同一单位工作 10 年或以上的员工应当签订无固定期限劳动合同。

（本案例由作者根据相关资料改编）

第四，用人单位违反《劳动合同法》的规定与劳动者约定试用期的，由劳动行政部门责令改正；违法约定的试用期已经履行的，由用人单位以劳动者试用期满月工资为标准，按已经履行的超过法定试用期的期间向劳动者支付赔偿金。

第五，用人单位违反《劳动合同法》的规定，扣押劳动者居民身份证等证件的，由劳动行政部门责令限期退还劳动者本人，并依照有关法律规定给予处罚。

用人单位违反《劳动合同法》的规定，以担保或者其他名义向劳动者收取财物的，由劳动行政部门责令限期退还劳动者本人，并以每人 500 元以上 2 000 元以下的标准处以罚款；给劳动者造成损害的，应当承担赔偿责任。

劳动者依法解除或者终止劳动合同，用人单位扣押劳动者档案或者其他物品的，依照上述规定处罚。

第六，用人单位有下列情形之一的，由劳动行政部门责令限期支付劳动报酬、加班费或者经济补偿；劳动报酬低于当地最低工资标准的，应当支付其差额部分；逾期不支付的，责令用人单位按应付金额 50%以上 100%以下的标准向劳动者加付赔偿金：

其一，未按照劳动合同的约定或者国家规定及时足额支付劳动者劳动报酬的。

其二，低于当地最低工资标准支付劳动者工资的。

其三，安排加班不支付加班费的。

其四，解除或者终止劳动合同，未依照《劳动合同法》的规定向劳动者支付经济补偿的。

第七，劳动合同依照《劳动合同法》的规定被确认无效，给对方造成损害的，有过错的一方应当承担赔偿责任。

第八，用人单位违反《劳动合同法》的规定解除或者终止劳动合同的，应当依照劳动合同法规定的经济补偿标准的 2 倍向劳动者支付赔偿金。

第九，用人单位违反《劳动合同法》的规定未向劳动者出具解除或者终止劳动合同的书面证明，由劳动行政部门责令改正；给劳动者造成损害的，应当承担赔偿责任。

第十，用人单位招用与其他用人单位尚未解除或者终止劳动合同的劳动者，给其他用人单位造成损失的，应当承担连带赔偿责任。

【案例聚焦】

刘某原是 A 公司的产品质量检验员，2016 年入职时与 A 公司签订了 3 年劳动合同。由于 A 公司效益不好，刘某决定“跳槽”。在 2017 年的一次招聘会中，B 公司的福利、待遇都十分符合刘某的心意，于是他参加了竞聘并顺利地通过了各项考核。

几天以后，刘某向 A 公司人事部口头提出要求解除劳动关系，未获同意。刘某不以为然，次日依旧去 B 公司上班，并与 B 公司签订了 3 年劳动合同。B 公司不知刘某身有旧约，为其办理了招工录用登记备案手续。

事隔不久，A 公司得知刘某已被 B 公司录用，遂向劳动争议仲裁委员会申请仲裁，理由是 B 公司与尚未解除劳动关系的刘某签订了劳动合同，并且办理了招工录用手续，给企业造成了经济损失，要求 B 公司承担连带赔偿责任。对此，B 公司深感委屈。

劳动争议仲裁委员会经过调查审理后认为，根据《劳动法》的规定，用人单位招用尚未解除合同的劳动者，对原单位造成经济损失的，该用人单位应当依法承担连带赔偿责任，遂依法作出裁决，B 公司应当承担连带赔偿责任。

13.6.2 劳动者的法律责任

劳动者承担赔偿责任的情形有：

(1)劳动者的过错导致合同无效给用人单位造成损失的。

(2)劳动者违反《劳动合同法》的规定解除劳动合同，或者违反劳动合同中约定的保密义务或者竞业限制，给用人单位造成损失的。

(3)劳动者尚未与用人单位解除或者终止劳动合同，又与其他用人单位建立劳动关系，给其他用人单位造成损失的等。

13.6.3 其他主体的法律责任

1. 劳务派遣单位的法律责任

劳务派遣单位违反《劳动合同法》规定的，由劳动行政部门和其他有关主管部门责令改正;情节严重的,以每人 1 000 元以上 5 000 元以下的标准处以罚款,并由工商行政管理部门吊销营业执照;给被派遣劳动者造成损害的,劳务派遣单位与用工单位承担连带赔偿责任。

2. 非法用工单位的法律责任

对不具备合法经营资格的用人单位的违法犯罪行为,依法追究法律责任;劳动者已经付出劳动的,该单位或者其出资人应当依照《劳动合同法》有关规定向劳动者支付劳动报酬、经济补偿、赔偿金;给劳动者造成损害的,应当承担赔偿责任。

3. 发包的组织与个人承包经营者的法律责任

个人承包经营违反《劳动合同法》的规定招用劳动者,给劳动者造成损害的,发包的组织与个人承包经营者承担连带赔偿责任。

4. 劳动行政部门和其他有关主管部门及其工作人员的法律责任

劳动行政部门和其他有关主管部门及其工作人员玩忽职守、不履行法定职责,或者违法行使职权,给劳动者或者用人单位造成损害的,应当承担赔偿责任;对直接负责的主管人员和其他直接责任人员,依法给予行政处分;构成犯罪的,依法追究刑事责任。

自　测　题

一、单项选择题

1. 郑某于 2017 年 6 月 15 日与甲公司签订劳动合同,约定试用期为 1 个月。2017 年 7 月 2 日郑某上班。郑某与甲公司建立劳动关系的时间是(　　)。

A. 2017 年 6 月 15 日

B. 2017 年 7 月 2 日

C. 2017 年 7 月 15 日

D. 2017 年 8 月 2 日

2. 以下条款中(　　)不是劳动合同的必备条款。

A. 劳动合同期限

B. 用人单位的名称、住所和法定代表人或者主要负责人

C. 劳动报酬和社会保险

D. 试用期

3. 甲某在一企业工作,试用期未满便想解除劳动合同,则下列各项表述中(　　)是正确的。

A. 甲应当提前 30 日以口头或书面形式通知企业解除合同

B. 甲应当提前 30 日以书面形式通知企业解除合同

C. 甲可以提前 3 日通知企业解除合同

D. 甲可以随时通知企业解除合同

4. 用人单位自用工之日起满 1 年不与劳动者订立书面劳动合同的,视为用人单位与劳动者(　　)。

A. 已订立无固定期限劳动合同

B. 已订立为期 1 年的固定期限劳动合同

C. 未订立劳动合同

D. 未建立劳动关系

5. 根据劳动合同法律制度的规定，下列情形中，用人单位与劳动者可以不签订书面劳动合同的是(　　)。

A. 试用期用工

B. 非全日制用工

C. 固定期限用工

D. 无固定期限用工

二、多项选择题

1. 用人单位与劳动者终止劳动合同的下列情形中，用人单位需要支付劳动者经济补偿的有(　　)。

A. 用人单位被依法宣告破产而终止劳动合同的

B. 用人单位被吊销营业执照而终止劳动合同的

C. 用人单位被责令关闭而终止劳动合同的

D. 用人单位决定提前解散而终止劳动合同的

2. 根据劳动合同法律制度的规定，下列情形中，劳动者可以单方面与用人单位解除劳动合同的有(　　)。

A. 用人单位未为劳动者缴纳社会保险费

B. 用人单位未及时足额支付劳动报酬

C. 用人单位未按照劳动合同的约定提供劳动保护

D. 用人单位未按照劳动合同的约定提供劳动条件

3. 劳动者因用人单位拖欠劳动报酬发生劳动争议申请仲裁的，应当在仲裁时效期间内提出。下列关于仲裁时效期间的表述正确的有(　　)。

A. 从用人单位拖欠劳动报酬之日起 1 年

B. 从用人单位拖欠劳动报酬之日起 2 年

C. 劳动关系存续期间无仲裁时效期间限制

D. 劳动关系终止的自劳动关系终止之日起 1 年

4. 用人单位招用劳动者时，不得有以下(　　)行为。

A. 扣押劳动者的居民身份证和其他证件

B. 要求劳动者提供担保或者以其他名义向劳动者收取财物

C. 了解劳动者与劳动合同直接相关的基本情况

D. 不如实告之劳动者工作内容、工作条件、工作地点、职业危害、安全生产状况、劳动报酬

5. 某国有企业员工韩某，自向该企业递交辞职书的次日自行脱岗，该企业向仲裁委员会申请仲裁时，有权提出要求韩某赔偿以下(　　)损失。

A. 该企业招录韩某时向有关管理机构交纳的 200 元行政管理费用

B. 韩某擅离岗位给企业造成的直接经济损失 2 万元

C. 韩某擅离岗位给企业造成的间接经济损失 2 万元

D. 企业送韩某去国外进修所支付的培养费 2 万元

三、案例分析题

1. 王某到某公司应聘填写录用人员情况登记表时，隐瞒了自己曾先后 2 次受行政、刑事处分的事实，与公司签订了 3 年期限的劳动合同。事隔 3 日，该公司收到当地检察院对王某不起诉决定书。经公司进一步调查得知，王某曾因在原单位盗窃电缆受到严重警告处分，又盗窃原单位苫布被查获，因王某认罪态度较好，故不起诉。

问题：该公司调查之后，以王某隐瞒受过处分、不符合本单位录用条件为由，在试用期内解除了与王某的劳动关系是否合理？

2. 某市劳动行政部门在对甲公司进行例行检查时，发现甲公司存在以下问题：

(1)2017 年 2 月 1 日，甲公司在与王某签订劳动合同时，以工作证押金的名义向王某收取 200 元，至今尚未退还给王某。

(2)张某自 2017 年 4 月 1 日起在甲公司工作，月工资 3 000 元，直到 2017 年 7 月 1 日，甲公司才与张某签订了书面劳动合同。

(3)孙某自 2016 年 1 月 1 日起在甲公司工作，月工资 3 000 元，直到 2017 年 1 月 1 日，甲公司一直未与孙某签订书面劳动合同。2017 年 1 月 2 日，孙某要求与甲公司签订无固定期限的劳动合同，遭到甲公司拒绝。

(4)2017 年 8 月 1 日，甲公司与周某的劳动合同到期，已在甲公司连续工作 12 年的周某提出与甲公司签订无固定期限的劳动合同，遭到甲公司拒绝。

(5)2017 年 9 月 1 日，甲公司与曹某的 2 年期劳动合同到期。曹某提出，由于自己与甲公司已经连续订立了两次固定期限劳动合同(合同订立日期分别为 2013 年 9 月 1 日、2015 年 9 月 1 日)，而且自己在合同期内没有不良表现，因此，甲公司应当与自己订立无固定期限的劳动合同，遭到甲公司拒绝。

要求：根据劳动合同法律制度的规定，分别指出(1)～(5)中所存在的问题。

参 考 文 献

[1] 贵立义,林清高.经济法概论[M].8版.大连:东北财经大学出版社,2016.
[2] 李永军.合同法[M].4版.北京:中国人民大学出版社,2016.
[3] 程延园.劳动合同法教程[M].2版.北京:首都经济贸易大学出版社,2014.
[4] 杨紫烜.经济法[M].5版.北京:北京大学出版社,2014.
[5] 张斌生.仲裁法新论[M].4版.厦门:厦门大学出版社,2010.
[6] 王辉.财经法规[M].4版.大连:东北财经大学出版社,2014.
[7] 李昌麒.经济法学[M].3版.北京:法律出版社,2016.
[8] 张守文.经济法学[M].7版.北京:北京大学出版社,2018.
[9] 漆多俊.经济法基础理论[M].5版.北京:法律出版社,2017.
[10] 顾功耘.经济法教程[M].3版.上海:上海人民出版社,2018.
[11] 经济法编写组.经济法学[M].2版.北京:高等教育出版社,2018.
[12] 殷洁.经济法[M].北京:法律出版社,2018.
[13] 赵威.经济法[M].6版.北京:中国人民大学出版社,2017.
[14] 葛恒云,吴贵春.经济法[M].3版.北京:机械工业出版社,2017.